भारतीयता का काव्य

भक्तिकाव्य

भारतीयता का काव्य

भक्तिकाव्य

रसाल सिंह

वाणी प्रकाशन

वाणी प्रकाशन

4695, 21-ए, दरियागंज, नयी दिल्ली 110 002

फ़ोन : +91 11 23273167 फ़ैक्स : +91 11 23275710

शाखाएँ

अशोक राजपथ, पटना 800 004, बिहार

कॉफ़ी हाउस कैम्पस, महात्मा गाँधी मार्ग, इलाहाबाद 211 001, उत्तर प्रदेश

महात्मा गाँधी अन्तरराष्ट्रीय हिन्दी विश्वविद्यालय, वर्धा 442 001, महाराष्ट्र

www.vaniprakashan.com
marketing@vaniprakashan.in
sales@vaniprakashan.in

Bharatiyata Ka Kavya : Bhaktikavya
by Rasal Singh

ISBN : 978-93-5518-408-5
Criticism

प्रथम संस्करण 2022

मूल्य : ₹ 450

आर. टेक ऑफ़सेट प्रिंटर्स, दिल्ली-110032 में मुद्रित

वाणी प्रकाशन का लोगो मक़बूल फ़िदा हुसेन की कूची से

पण्डित दीनदयाल उपाध्याय को...

भक्त कवियों की ही तरह
व्यष्टि, समष्टि, सृष्टि और परमेष्टि की एकात्मता
पर आधारित जिनके चिन्तन का मूल स्रोत
सनातन संस्कृति और मूल प्रेरणा 'अन्त्योदय' है।

भूमिका

मात्रा और गुणवत्ता की दृष्टि से भक्तिकाव्य हिन्दी भाषा की ही नहीं, बल्कि सभी भारतीय भाषाओं की चमत्कारिक उपलब्धि है। यह लोकरक्षण और लोकरंजन की भावभूमि का लोकधर्मी काव्य है। भाव और भाषा का अद्वितीय संस्कार और अभूतपूर्व विस्तार इस कविता का प्रदेय है। यह काव्य भारतीय समाज और भाषाओं के परिष्कार का सांस्कृतिक आयोजन है। यह विदेशी आक्रान्ताओं द्वारा थोपी जा रही सांस्कृतिक दासता के ख़िलाफ़ समस्त भारतीय समाज और भाषाओं का समन्वित उद्‌घोष है। सत

कम–से–कम तीन आन्दोलनों ने सम्पूर्ण भारत को प्रभावित और प्रेरित किया है। ये तीन आन्दोलन भक्ति आन्दोलन, नवजागरण आन्दोलन और स्वाधीनता आन्दोलन हैं। इन तीनों आन्दोलनों का स्वरूप, स्वभाव और प्रभाव अखिल भारतीय रहा है। ये तीनों आन्दोलन भारतीयता के मूल्यबोध से प्रभावित और प्रेरित रहे हैं। भारतीयता से प्रभावित इन आन्दोलनों ने भारतीयता को परिपुष्ट भी किया है।

भक्ति आन्दोलन मध्यकालीन अन्धकार का सांस्कृतिक प्रतिरोध और प्रतिकार है। विदेशी आक्रान्ताओं के पददलन के प्रतिरोधस्वरूप भारतीय चिन्ताधारा नयी चेतना और नयी ऊर्जा के साथ भारतीयता का पुनराविष्कार करती है। साथ ही, समाज को चेतना के स्तर पर संगठित भी करती है। यह सांस्कृतिक जागरण और संगठन विषम परिस्थितियों में भारतीयता को बचाये रखने का जतन है। यह जतन कश्मीर से कन्याकुमारी तक और कच्छ से कामरूप तक स्पष्ट दिखाई पड़ता है। कबीरदास, सूरदास, तुलसीदास, मीराबाई, लल्लेश्वरी, नानकदेव, रैदास, श्रीमन्त शंकरदेव, माधवदेव, रसखान, जायसी, चण्डीदास, नामदेव, चैतन्य महाप्रभु, जयदेव आदि इस मध्यकालीन सांस्कृतिक क्रान्ति के सूत्रधार हैं। इन्होंने अपने–अपने ढंग से भारतीय

समाज की चेतना का परिष्कार किया। सनातनी संस्कृति का सर्वोत्तम इन सांस्कृतिक योद्धाओं का पाथेय है। 'सर्वे भवन्तु सुखिनः' जैसी सर्वकल्याण कामना और 'वसुधैव कुटुम्बकम्' की सर्वसमावेशी भावना भक्तिकाव्य की उद्गमस्थली है। वेद, वेदान्त, उपनिषद्, पुराण, रामायण, महाभारत और श्रीमद्भागवत गीता भक्तिकाव्य के उपजीव्य हैं। महाप्राण निराला भी अपने दीर्घकाव्य 'तुलसीदास' में इस सांस्कृतिक संकट को सम्बोधित करते हैं।

मध्यकालीन अँधेरे में बर्बर और कट्टर घात–प्रतिघातों और कुटिल चालों के बावजूद सनातन संस्कृति की अक्षुण्णता इन क्रान्ति–चेता कवियों की साधना का ही सुफल है।

धर्मान्तरण के रक्तरंजित दबावों और चमचमाते प्रलोभनों से जूझते समाज के अन्दर अपने धर्म के प्रति गौरव जाग्रत करते हुए इन्होंने भारत की सनातन संस्कृति के संरक्षण और संवर्द्धन की उल्लेखनीय परियोजना चलायी। हतभाग्य और पददलित समाज के अन्दर आत्मविश्वास और एकता पैदा करते हुए भारतीयता की प्राणरक्षा की। धर्मप्राण भारतीय समाज के मन और चिन्तन में परमात्मा की पुनःप्रतिष्ठा महनीय कार्य था। पाशविकता के बरअक्स मनुष्यता और भौतिकता के बरअक्स आध्यात्मिकता की प्रतिष्ठा इस परियोजना की मूल प्रेरणा रही है। इस काव्य में सामाजिक संशोधन और उन्नयन की चिन्ता केन्द्रीभूत है। मनुष्यभाव और भारतबोध इस काव्य की धमनियों में आद्योपान्त धड़कते पाये जाते हैं। भक्तिकाव्य में उदात्त मानव–मूल्यों की सार्वजनीन और सार्वभौमिक उपस्थिति है।

भक्ति आन्दोलन भारत की सांस्कृतिक एकात्मता को भी आधार प्रदान करता है। 'म्लेच्छाक्रान्त देशेषु' को 'निसिचरहीन' करने के प्रण का परिणाम यह काव्य भारतीय समाज की सांस्कृतिक स्वाधीनता का भी संकल्प–पत्र है। इस अन्तर्धारा के अनेक आयाम और रूप होते हुए भी यह विविधताओं की एकता का काव्य है। इसी एकता और भारतीयता के सूत्रों की पहचान और पड़ताल का परिणाम यह पुस्तक है।

यह पुस्तक और भी बेहतर ढंग से लिखी जा सकती थी, लेकिन 'सीकरी' सम्बन्धी तमाम व्यस्तताओं और पारिवारिक–सामाजिक प्रतिबद्धताओं के कारण बीज विकसित होकर वृक्ष नहीं बन सका है। इस पुस्तक की अपूर्णता का उत्तरदायित्व मुझसे ज़्यादा मेरे पुत्र पोरस का है। वह 'तपस्या–भंग' करने में असुरों और अप्सराओं से बढ़कर है...।

अगले संस्करण में भूल–सुधार की कोशिश होगी। यह पुस्तक जैसी भी बन पड़ी है, उसमें मेरे गुरुओं, मित्रों, परिजनों और छात्रों की विशेष भूमिका रही है। वे सब मेरी रचना–यात्रा के उत्प्रेरक और सहचर हैं। मेरी चेतना में उनकी सतत उपस्थिति है।

अपने विचारों के पुस्तकाकार मूर्तन के लिए मैं अपने मित्रों–रमेश, राजीव रंजन बन्धु, निर्भय, आशुतोष, शेखर, दिलबाग और वाणी प्रकाशन के स्वामी श्रीमान अरुण माहेश्वरी जी के प्रति विशेष कृतज्ञता व्यक्त करता हूँ।

–रसाल सिंह

अनुक्रम

भक्ति आन्दोलन का अखिल भारतीय स्वरूप

भक्ति आन्दोलन का एक अखिल भारतीय या राष्ट्रीय स्वरूप रहा है। लेकिन, क्या इसका स्वरूप पूरे भारतवर्ष में एक समान रहा है? क्या अनिवार्यतः सबके तार एक–दूसरे से जुड़े हुए हैं? हम इन सवालों पर आगे विचार करेंगे। इसके अलावा क्या 'भक्ति आन्दोलन' से हमारा जो अभिप्राय होता है, उसके लिए 'आन्दोलन' शब्द का प्रयोग उचित है? यदि हाँ, तो इसके क्या कारण हैं? इन सवालों पर विचार करने से पहले आइए पहले हम 'भक्ति आन्दोलन' का एक सामान्य परिप्रेक्ष्य देखते हैं।

भक्ति आन्दोलन की शुरुआत धर्म और दर्शन के क्षेत्र में नवीन उत्थानों से होती है। लेकिन यह विशुद्ध रूप से एक धार्मिक आन्दोलन न होकर एक सामाजिक और सांस्कृतिक आन्दोलन के रूप में हमारे सामने आता है। करवट लेती हुई सामाजिक शक्तियाँ इसमें मुखर होकर बोलती हैं। कई विद्वानों ने इसीलिए इसे 'नवजागरण' का नाम दिया है। साहित्य, संस्कृति, समाज, धर्म और उपासना के क्षेत्र में इसने व्यापक परिवर्तनों को जन्म दिया।

हिन्दी जनता भक्ति आन्दोलन को हिन्दी साहित्य के भक्तिकाल और महान भक्त कवियों के साहित्य के माध्यम से जानती है। लेकिन निश्चित रूप से इसका एक अखिल भारतीय स्वरूप भी रहा है। कश्मीर से लेकर कन्याकुमारी यानी उत्तर से दक्षिण और पूरब से पश्चिम तक इसका एक पूरा मानचित्र बनाया जा सकता है। इनमें परस्पर सांस्कृतिक और सामाजिक साझापन तो है ही, लेकिन भिन्नताएँ भी कम नहीं हैं। धार्मिक मताग्रहों सम्बन्धी भिन्नता, सम्प्रदायगत भिन्नता, उपासना पद्धतियों की भिन्नता, युगबोध सम्बन्धी भिन्नता, सामाजिक आदर्श सम्बन्धी भिन्नता आदि अनेक तरह की भिन्नताएँ। भाषा और काल सम्बन्धी भिन्नताएँ तो ख़ैर हैं ही। काल सम्बन्धी भिन्नता का पता इसी बात से चल सकता है कि हिन्दी प्रदेशों में भक्ति आन्दोलन जहाँ 15वीं सदी से शुरू होता है, वहीं दक्षिण में यह इससे

लगभग आधी सदी पहले से शुरू होता दिखाई देता है। महाराष्ट्र में भी यह हिन्दी प्रदेशों से सौ साल पहले शुरू होता है।

धार्मिक सम्प्रदायों की स्थापना और उनके संस्थापक धार्मिक–दार्शनिक आचार्यों, भाष्यकारों के आविर्भाव के साथ–साथ 'भक्ति आन्दोलन' के लिए सामाजिक–राजनीतिक परिस्थितियाँ भी ज़िम्मेवार रही हैं। इन परिस्थितियों के भीतर ही महान काव्य प्रतिभाओं ने वह सांस्कृतिक भवन खड़े किये जिनके कारण भक्ति आन्दोलन संसार भर के लिए आकर्षण और आश्चर्य का विषय बना।

'भक्ति आन्दोलन' में प्रयुक्त 'आन्दोलन' शब्द के अर्थ पर विचार करें तो अखिल भारतीय स्तर पर भक्ति आन्दोलन में इतनी भिन्नताएँ हैं कि स्पष्ट रूप से यह कहने में कोई आपत्ति नहीं होनी चाहिए कि यह व्यापक रूप से कोई व्यवस्थित, सुनियोजित या प्रायोजित आन्दोलन नहीं था। न ही इसे स्वतःस्फूर्त जनआन्दोलन कहा जा सकता है। विभिन्न सामाजिक–राजनीतिक घटनाओं और परिस्थितियों ने अलग–अलग प्रान्तों में अलग–अलग समय में इसे जन्म दिया और सबको मिलाकर भक्ति की एक महाधारा बनती चली गई, जो एक अखिल भारतीय सांस्कृतिक धारा के रूप में दिखाई देती है। इस विशाल देश के विभिन्न प्रान्तों में थोड़ा आगे–पीछे और एक–दूसरे के समानान्तर इतनी बड़ी संख्या में एक से बढ़कर एक भक्त कवि, दार्शनिक सम्प्रदाय और धर्माचार्य तथा समाज के पथ–प्रदर्शक दिखाई देते हैं कि इन सबको व्यापक रूप से एक राष्ट्रीय स्तर का भक्ति आन्दोलन मान लेना ग़लत नहीं होगा।

लेकिन भक्ति जैसे क्षेत्र के लिए 'आन्दोलन' शब्द के प्रयोग की शुरुआत कब और कैसे हुई? क्या भारतीय विद्वानों ने इस शब्द का चलन शुरू किया? क्या हिन्दी के विद्वानों ने इसका प्रयोग शुरू किया? या कहानी कुछ और है।

हिन्दी में दो सबसे बड़े विद्वानों, आचार्य रामचन्द्र शुक्ल और आचार्य हजारी प्रसाद द्विवेदी ने पहले–पहल इस शब्द का प्रयोग किया है। आचार्य शुक्ल ने इस शब्द पर ज़्यादा बल नहीं दिया, जबकि द्विवेदी जी ने थोड़ा बल देकर इस शब्द का प्रयोग किया है, जिससे इस शब्द के महत्त्व और सार्थकता को लेकर वे अधिक सचेत दिखाई देते हैं। आचार्य शुक्ल ने 'आन्दोलन' शब्द पर ज़्यादा बल नहीं दिया, यह बात पूरे प्रमाण के साथ कही जा सकती है। उन्होंने अपने अत्यन्त महत्त्वपूर्ण ग्रन्थ 'हिन्दी साहित्य का इतिहास'

के अलावा भी भक्तिकाल पर काफ़ी कुछ लिखा है। उनका एक महत्त्वपूर्ण निबन्ध है–'भक्ति का विकास'। यह 1932–33 में लिखा गया था, जो बाद में प्रकाशित कृति 'सूरदास' में संकलित है। इस कृति का सम्पादन आचार्य विश्वनाथ प्रसाद मिश्र ने 1943 में किया। शुक्लजी के निधन के बाद प्रकाशित यह उनकी एक महत्त्वपूर्ण कृति है। 'भक्ति का विकास' निबन्ध में शुक्लजी भारत की धार्मिक–दार्शनिक परम्परा में भक्ति के विकास पर ज़्यादा बल देते हैं। हिन्दी पट्‌टी में या अखिल भारतीय स्तर पर 'आन्दोलन' के अर्थ का वे कोई संकेत नहीं देते। वे इसमें 'भक्ति के मार्ग' की बात करते हैं। 'आन्दोलन' शब्द का उन्होंने इसमें एक बार भी प्रयोग नहीं किया है।

'हिन्दी साहित्य का इतिहास' में उन्होंने दो बार इसका प्रयोग किया है। पहली बार भक्तिकाल के प्रकरण–1 में और दूसरी बार प्रकरण–5 में। प्रकरण–1 के दूसरे पृष्ठ पर वे लिखते हैं–"भक्ति के आन्दोलन की जो लहर दक्षिण से आयी उसी ने उत्तर भारत की परिस्थिति के अनुसार हिन्दू–मुसलमान दोनों के लिए एक सामान्य भक्तिमार्ग की भावना कुछ लोगों में जगाई।"[1] यह वाक्य उन्होंने सन्त नामदेव और कबीर का उल्लेख करने से पहले निर्गुण भक्ति के सन्दर्भ में कहा है। इसके थोड़ा पहले उन्होंने सगुण भक्ति की चर्चा करते हुए लिखा है–"भक्ति का जो सोता दक्षिण की ओर से धीरे–धीरे उत्तर की ओर पहले से ही आ रहा था, उसे राजनीतिक परिवर्तन के कारण शून्य पड़ते हुए जनता के हृदय–क्षेत्र में फैलने का पूरा स्थान मिला। रामानुजाचार्य ने (संवत् 1073) शास्त्रीय पद्धति से जिस भक्ति का निरूपण किया था, उसकी ओर जनता आकर्षित होती चली आ रही थी।"[2]

प्रकरण–5 में वे पहले ही वाक्य में कहते हैं–"पहले कहा जा चुका है कि विक्रम की 15वीं और 16वीं शताब्दी में वैष्णव धर्म का जो आन्दोलन देश के एक छोर से दूसरे छोर तक रहा, उसके प्रवर्तकों में श्री वल्लभाचार्य प्रधान प्रवर्त्तकों में से थे।"[3] दोनों ही उद्धरणों में आप लक्ष्य करेंगे कि शुक्लजी 'भक्ति आन्दोलन' की अवधारणा की प्रस्तावना देते नहीं जान पड़ते हैं, न ही वे इसकी व्याख्या करते हैं। वे बस सन्दर्भ की तरह इसका प्रयोग करते हैं। 'भक्ति के आन्दोलन की जो लहर' और 'वैष्णव धर्म का जो आन्दोलन' वाक्यांशों में आप इसे पकड़ सकते हैं। एक और बात आप लक्ष्य करेंगे कि

पहले उद्धरण में शुक्लजी दक्षिण से आने वाली भक्ति के आन्दोलन की लहर की बात करते हैं, जबकि दूसरे उद्धरण में भक्ति आन्दोलन को पूरी तरह 15वीं–16वीं सदी के वैष्णव धर्म के आन्दोलन के रूप में देखते हैं।

अब हम आचार्य हजारी प्रसाद द्विवेदी द्वारा 'भक्ति आन्दोलन' के प्रयोग को देखेंगे। द्विवेदीजी ने 'भक्ति आन्दोलन' पद का प्रयोग भक्तिकाल और इतिहास सम्बन्धी अपनी प्रायः सभी रचनाओं में किया है। 'सूर साहित्य' (1936), 'हिन्दी साहित्य की भूमिका' (1940), 'कबीर' (1942), 'हिन्दी साहित्य का उद्‌भव और विकास' (1953) इन ग्रन्थों को प्रमाणस्वरूप देखा जा सकता है। लेकिन शुक्लजी से द्विवेदीजी में ये अन्तर है कि द्विवेदीजी इस शब्द के पहले प्रयोक्ता का नाम लेते हैं और एक बात में उससे सहमत दिखाई देते हैं जबकि एक दूसरी बात के लिए उसका कड़ा विरोध करते हैं। अपने पहले ही ग्रन्थ 'सूर साहित्य' (1936) में द्विवेदीजी प्रसिद्ध भाषावैज्ञानिक और प्राच्यविद् जॉर्ज अब्राहम ग्रियर्सन को उद्धृत करते हुए लिखते हैं–*''कोई भी मनुष्य जिसे पन्द्रहवीं और बाद की शताब्दियों का भारतीय साहित्य पढ़ने का अवसर मिला है, उस भारी व्यवधान (gap) को लक्ष्य किये बिना नहीं रह सकता जो प्राचीन और नयी (धार्मिक भावनाओं) में विद्यमान है। हम अपने को एक ऐसे धार्मिक आन्दोलन के सामने पाते हैं, जो उन सब आन्दोलनों से कहीं अधिक विशाल है, जिन्हें भारतवर्ष ने कभी देखा है–यहाँ तक कि वह बौद्ध धर्म के आन्दोलन से भी अधिक विशाल है, क्योंकि इसका प्रभाव आज भी वर्त्तमान है। धर्म ज्ञान का विषय नहीं, 'रस' (emotion) का विषय हो गया था।''*[4]

ग्रियर्सन से सहमत होते हुए द्विवेदीजी लिखते हैं–''यह स्पष्ट ही प्रकट हो जाता है कि भारतीय मध्ययुग का भक्ति आन्दोलन संसार के इतिहास में बेजोड़ है। जैसा कि डॉक्टर साहब ने बताया है, इस युग का धर्म ज्ञान का विषय नहीं, रस का विषय है। दूसरे शब्दों में हम कह सकते हैं कि इस युग के धर्म और कला को अलग–अलग रखकर विचार नहीं किया जा सकता।''[5]

लेकिन ग्रियर्सन की एक दूसरी मान्यता या स्थापना से द्विवेदीजी 'सूर–साहित्य' में ही नहीं, अन्य ग्रन्थों में भी अपनी असहमति और विरोध ज़ाहिर करते हैं। इस स्थापना को द्विवेदीजी ने इस प्रकार प्रस्तुत किया है–''भाषाशास्त्र के प्रकाण्ड पण्डित डॉक्टर ग्रियर्सन मध्ययुग के इस आन्दोलन

के सम्बन्ध में कहते हैं : ''बिजली की चमक के समान अचानक इस समस्त (अर्थात् पुराने धार्मिक मतों के) अन्धकार के ऊपर एक नयी बात दिखाई दी। कोई हिन्दू नहीं जानता कि यह बात कहाँ से आयी, कोई भी इसके प्रादुर्भाव का काल निश्चित नहीं कर सकता; किन्तु वे सभी शास्त्रीय ग्रन्थ जो इस (भक्ति) के सम्बन्ध में लिखे गये हैं, और जिनका काल निश्चयपूर्वक बताया जा सकता है, ईसाई सन् के बहुत बाद लिखे गये हैं।'' द्विवेदीजी लिखते हैं, ''इसीलिए डॉक्टर साहब इस नयी बात का अनुभव कर सके हैं। आपका कहना है कि यह बात मद्रास प्रान्त में आकर बस गये नेस्टोरियन सम्प्रदाय के ईसाइयों से ग्रहण की गयी है।''[6] 'सूर–साहित्य' में ही इस बात का प्रत्याख्यान द्विवेदी जी पृष्ठ 51 से 55 में विस्तार से करते हैं। उपर्युक्त दोनों उद्धरणों में द्विवेदीजी ने कुछ शब्द कोष्ठकों के भीतर लिखे हैं। इनका क्या महत्त्व है, इस पर हम बाद में चर्चा करेंगे।

'हिन्दी साहित्य की भूमिका' (1940) में भी द्विवेदीजी ने भक्ति आन्दोलन सम्बन्धी जॉर्ज ग्रियर्सन के मत को उद्धृत किया है, लगभग उन्हीं शब्दों में। बस Emotion के लिए 'रस' की जगह 'भावावेश' शब्द का प्रयोग किया है[7] और कोष्ठक के एक शब्द में भी संशोधन किया है–*''कोई भी मनुष्य जिसे पन्द्रहवीं और बाद की शताब्दियों का भारतीय साहित्य पढ़ने का मौक़ा मिला है, उस भारी व्यवधान (gap) को लक्ष्य किये बिना नहीं रह सकता जो (पुरानी और नयी) धार्मिक भावनाओं में विद्यमान है। हम अपने को एक ऐसे धार्मिक आन्दोलन के सामने पाते हैं, जो उन सब आन्दोलनों से कहीं अधिक विशाल है, जिन्हें भारतवर्ष ने कभी देखा है–यहाँ तक कि वह बौद्ध धर्म के आन्दोलन से भी अधिक विशाल है, क्योंकि इसका प्रभाव आज भी वर्त्तमान है। इस युग में धर्म ज्ञान का नहीं, भावावेश का विषय हो गया था।''*[8]

'बिजली की चमक' वाला उद्धरण भी यहाँ दोहराया है और लिखा है–''जो लोग इस युग के वास्तविक विकास को नहीं सोचते उन्हें आश्चर्य होता है कि ऐसा अचानक कैसे हो गया। स्वयं डॉक्टर ग्रियर्सन ने ही लिखा है कि ''बिजली की चमक के समान अचानक इस समस्त पुराने धार्मिक मतों के अन्धकार के ऊपर एक नयी बात दिखाई दी...''

–यहाँ आप देख सकते हैं कि 'पुराने धार्मिक मतों' को इस बार द्विवेदीजी ने बिना कोष्ठक के ही सीधे अपनी तरफ़ से लिख दिया है। द्विवेदीजी ने ग्रियर्सन के इस मत को काटते हुए लिखा है–''जिस बात को

ग्रियर्सन ने बिजली की चमक के समान अचानक फैल जाना लिखा है, वह वैसी नहीं। उसके लिए सैकड़ों वर्ष से मेघखण्ड एकत्र हो रहे थे। फिर भी उसका प्रादुर्भाव तो एकाएक हो ही गया।"[9]

कृष्णा शर्मा ने अंग्रेज़ी में भक्तिकाल पर महत्त्वपूर्ण काम किया है। वे 'भक्ति आन्दोलन' की अवधारणा पर सवाल उठाते हुए इसके लिए यूरोपीय प्राच्यविदों एच. एच. विल्सन, वेबर, लॉरिन्सर, मोनियर विलियम्स और विशेष रूप से जॉर्ज ग्रियर्सन के चिन्तन को और उनके भारतीय सहयोगियों को ज़िम्मेवार ठहराती हैं।[10] कृष्णा शर्मा की आपत्तियों के मूलतः दो आधार हैं। वे कहती हैं कि इन प्राच्यविदों ने 'भक्ति आन्दोलन' की अपनी अवधारणा विकसित करने के लिए केवल वैष्णव भक्ति को ही आधार बनाया है। शैव भक्ति, निर्गुण भक्ति अथवा अद्वैतवाद पर आधारित भक्ति को वे छोड़ देते हैं, जिससे भक्ति आन्दोलन की उनकी अवधारणा एकपक्षीय हो गयी है। आपत्ति का दूसरा मुख्य आधार है भक्ति आन्दोलन की अवधारणा के पीछे काम कर रहे एक धार्मिक पूर्वाग्रह का, जो मध्ययुग की वैष्णव प्रेममूलक भक्ति के प्रति इन प्राच्यविदों के झुकाव को स्वाभाविक बनाता है। कृष्णा शर्मा के अनुसार यह इनके अपने ईसाई धर्म में मौजूद भक्ति की परम्पराओं के मेल में है। इसके लिए इन प्राच्यविदों ने बार–बार ईसाई धर्म में भक्ति की परम्परा और उसकी पद्धतियों के प्रमाण दिये हैं, यही नहीं बल्कि इसी आधार पर भक्ति आन्दोलन को ईसाई धर्म से प्रभावित भी माना है।

कृष्णा शर्मा की आपत्तियाँ निराधार नहीं हैं। भक्तिकाल पर गहन अध्ययन करने वाले अधिकतर प्राच्यविदों ने मूलतः वैष्णव भक्ति की परम्पराओं पर ही अपना ध्यान केन्द्रित किया है। और ईसाई धर्म से भक्ति आन्दोलन का सम्बन्ध स्थापित करने वाले ग्रियर्सन के सिद्धान्त का हजारी प्रसाद द्विवेदी ने विरोध किया है, इसका उल्लेख हम पहले ही कर चुके हैं। जिस 25 पृष्ठ के निबन्ध में ग्रियर्सन ने यह सम्बन्ध स्थापित किया है और उसमें अपने पूर्व के प्राच्यविदों के काम का हवाला दिया है, उसके शीर्षक से ही ये स्पष्ट है। लेकिन अपने इसी निबन्ध में वे भक्ति साहित्य पर काम कर रहे तीन तरह के प्राच्यविदों का उल्लेख करते हैं। इनमें वेबर उन विद्वानों का नेतृत्व करते हैं, जो 'भक्ति' को ईसाई मूल का मानते हैं। दूसरी तरफ़ एम. बार्थ ऐसे विद्वानों में हैं, जो इसके विपरीत धारणा व्यक्त करते हैं। प्रोफ़ेसर हॉपकिंस को ग्रियर्सन ने इन दोनों का मध्यवर्ती कहा है।

So far we have been dealing with Sanskrit literature, and on this evidence, opinion has been much divided. The late Professor Weber was the leader of those who maintained the Christian origin of this *bhakti*, while M. Bath may be mentioned as one of the most prominent of those who held the opposite opinion. Professor Hopkins occupies an intermediate position.[11] (Modern Hinduism and its debt to the Nestorians, The Journal of the Royal Asiatic Society of Great Britain and Ireland, April 1907, P.317 (full article on 311-335) https://www.jstor.rg/stable/25210407?read-now=1&seq=7#page_scan_tab_contents

कृष्णा शर्मा की आपत्तियों के आधार को हिन्दी के भक्त कवियों पर अत्यन्त विस्तृत और गहन शोध करने वाले अमेरिकी विद्वान जॉन स्ट्रेटन हॉली ने बहुत हद तक सही माना है। लेकिन उनकी इस धारणा का उन्होंने खण्डन किया है कि 'भक्ति आन्दोलन' शब्द पूरी तरह से प्राच्यविदों या मुख्यतः जॉर्ज ग्रियर्सन की देन है। उन्होंने बताया है कि 'भक्ति आन्दोलन' (Bhakti Movement) शब्द का प्रयोग ग्रियर्सन ने किया ही नहीं है, बल्कि यह हिन्दी में अनुवाद की प्रक्रिया से जन्म लेकर प्रचलित हुआ है और ग्रियर्सन के मूल आशय को प्रस्तुत नहीं करता। इसके अलावा उन्होंने प्रमाण के साथ सिद्ध किया है कि 'भक्ति आन्दोलन' की अवधारणा को विकसित करने में बंगाल के मनीषी क्षितिमोहन सेन, स्वाधीनता सेनानी और चिन्तक बिपिनचन्द्र पाल और दर्शनशास्त्री सुरेन्द्रनाथदास गुप्त का भी अप्रत्यक्ष योगदान है, लेकिन वर्तमान रूप में स्थापित करने में हिन्दी के विद्वानों की भूमिका निर्णायक रही है।

यह देखने की बात है कि ग्रियर्सन ने मूलतः किन शब्दों का प्रयोग किया था। ग्रियर्सन के हिन्दी साहित्य के इतिहास ग्रन्थ 'द वर्नाक्युलर लिटरेचर ऑफ़ हिन्दुस्तान' में इस आशय का कोई शब्द नहीं है। आचार्य हजारी प्रसाद द्विवेदी ने 'भक्ति आन्दोलन' शब्द के लिए ग्रियर्सन की लिखी दो रचनाओं को सन्दर्भ बनाया है। एक, 15 जनवरी, 1907 को रॉयल एशियाटिक सोसायटी की एक सभा में पढ़ा गया और लगभग तीन महीने बाद अप्रैल 1907 में इसके जर्नल में प्रकाशित निबन्ध। दूसरा, 'भक्ति मार्ग' नाम का ग्रियर्सन का निबन्ध, जो वस्तुतः 1909 में कई खण्डों में प्रकाशित विशालकाय 'एनसाइक्लोपीडिया ऑफ़ रिलीजन एण्ड इथिक्स' की एक प्रविष्टि है। इस प्रविष्टि के बारे में हॉली के अनुसार ईसाई धर्म के प्रभाव सम्बन्धी भूल को ग्रियर्सन ने सुधार लिया था।

शुक्लजी ने ग्रियर्सन का नाम तो नहीं लिया है, लेकिन वे 'एनसाइक्लोपीडिया ऑफ़ रिलीजन एण्ड इथिक्स' से बहुत अच्छी तरह परिचित थे। उन्होंने 'हिन्दी साहित्य का इतिहास' में तो नहीं, लेकिन 'भक्ति का विकास' नामक 64 पृष्ठ के अपने महत्त्वपूर्ण निबन्ध में कई बार इसका हवाला दिया है (कुल छह बार– पृ. 24, 28, 30, 31, 37, 39)। यह सम्भव नहीं है कि शुक्लजी जैसे धुरन्धर अध्येता इस एनसाइक्लोपीडिया में भारत के भक्ति साहित्य पर लिखी जॉर्ज ग्रियर्सन जैसे सुविख्यात विद्वान की प्रविष्टि से अनभिज्ञ रहे हों। जाने किन कारणों से उन्होंने अपने निबन्ध में भी ग्रियर्सन का नाम नहीं लिया है। न ही उनकी किसी धारणा का विरोध ही किया है। उन्होंने यह ज़रूर लिखा है कि "भारतवर्ष में भक्ति का विकास किस प्रकार हुआ, यह हम दिखा आये हैं। उसका तात्त्विक आधार कहीं बाहर से नहीं लिया गया।"[12] लेकिन इसके आगे–पीछे पढ़ने से ग्रियर्सन का कोई संकेत नहीं मिलता। ग्रियर्सन को सीधे–सीधे उद्धृत करने का काम हिन्दी में पहली बार द्विवेदीजी ही करते हैं। पहले हम ये उद्धरण दे चुके हैं। यहाँ महत्त्वपूर्ण बात यह है कि ग्रियर्सन ने अंग्रेज़ी के शब्द Revolution का प्रयोग किया है, जो आन्दोलन शब्द का अंग्रेज़ी समानार्थी नहीं है। लेकिन हिन्दी में इसे अनूदित करके 'आन्दोलन' के रूप में प्रस्तुत किया गया है। हॉली ने इस तथ्य को उजागर किया है। ग्रियर्सन का मत मूल अंग्रेज़ी में प्रस्तुत है–

"We are in the face of the greatest religious revolution that India has ever seen, a revolution the effects of which are still the moving force of the spiritual lives of millions of Hindus.[13]

हम देख सकते हैं कि जिसे द्विवेदीजी 'धार्मिक आन्दोलन' के रूप में उद्धृत करते हैं, वह मूल अंग्रेज़ी में Religious Movement न होकर *Religious Revolution* है। 'रिलीजियस रिवॉल्यूशन' या 'धार्मिक क्रान्ति' से धर्म के क्षेत्र में बड़े परिवर्तन की सूचना मिलती है, जबकि 'धार्मिक आन्दोलन' से परिवर्तन की व्यापकता का संकेत मिलता है। ग्रियर्सन के एक और मत को हूबहू देखते हैं, जिसे द्विवेदीजी ने हिन्दी में प्रस्तुत किया है।

Suddenly like a flash of lightening, there came upon all this darkness a new idea. No Hindu knows where it came from and no one can date its appearance, but all the official writings which describe it and which can be dated with certainty were written long after the Christian era.

This new idea was that of Bhakti. Religion was now no longer a matter of knowledge. It became a matter of emotion.[14]

'बिजली की चमक के समान' वाले द्विवेदीजी के उद्धरण से तुलना करें, तो यह स्पष्ट हो जायेगा कि द्विवेदीजी ने 'समस्त अन्धकार' को कुछ शब्द जोड़कर अपनी तरफ़ से व्याख्यायित किया है। उन्होंने लिखा है–'समस्त पुराने धार्मिक मतों के अन्धकार'। ग्रियर्सन ने Flash of Lightening 'भक्ति' को कहा है। इस उद्धरण से पहले ग्रियर्सन ने चर्चा की है कि वेदों और अन्य प्राचीन हिन्दू धर्मग्रन्थों में ईश्वर और मनुष्य का सम्बन्ध निर्वैयक्तिक था। मनुष्य ईश्वर की उपासना तो करता था लेकिन उससे प्रेममूलक व्यक्तिगत सम्बन्ध नहीं जोड़ता था, जो 'भक्ति' में हमें सर्वत्र मिलता है। भक्ति–सम्बन्धी विचार और दर्शन ने इसमें क्रान्तिकारी बदलाव किया।[15] (313) 'धर्म ज्ञान का विषय नहीं रह गया था' इस विचार के लिए ग्रियर्सन बार्थ को उद्धृत करते हैं, और अपनी तरफ़ से जोड़ते हैं–'यह भावना (Emotion) का विषय हो गया था।' इसे द्विवेदीजी ने 'रस' और 'भावावेश' के रूप में लिखा है। स्पष्ट है कि द्विवेदीजी ग्रियर्सन को उद्धृत करते हुए अपनी धारणा का मिश्रण भी करते चलते हैं। इसे सिर्फ़ अनुवाद का अन्तर या अनुवाद की ग़लती नहीं कहा जा सकता। द्विवेदीजी ग्रियर्सन के कथित 'आन्दोलन' वाली बात से पूरी तरह सहमत दिखाई देते हैं। तो क्या द्विवेदीजी ख़ुद रिलीज़ियस रिवॉल्यूशन को 'भक्ति आन्दोलन' कहना चाहते हैं? शुक्लजी भी 'भक्ति का आन्दोलन' कहते हैं।

इन दोनों विद्वानों के पहले या ठीक इनके समय क्या 'भक्ति आन्दोलन' नाम या भक्ति के देशव्यापी आन्दोलन का विचार आ चुका था? इसका जवाब 'हाँ' में मिलता है। श्रीमद्भागवत पुराण की महिमा बताने वाला ग्रन्थ 'श्रीमद्भागवत माहात्म्य' कुछ सदी पहले लिखा जा चुका था। इसमें एक प्रसंग है, जिसका उल्लेख आलोचक शिवकुमार मिश्र, जॉन स्ट्रेटन हॉली आदि कुछ विद्वान कर चुके हैं। इसमें 'भक्ति' एक युवती है, जिससे नारद पूछते हैं–तुम कौन हो? उत्तर में स्त्री *"अहं भक्तिरिति ख्याता इमौ मे तनयौ मतौ। ज्ञानवैराग्यनामानौ कालयोगेन जर्जरौ।"* कहती है। वह अपनी पूरी यात्रा बताती है जिससे भक्ति की सर्वव्यापकता का निश्चित संकेत मिलता है।

उत्पन्ना द्राविड़े साहं वृद्धिं कर्नाटके गता।
क्वचित्क्वचित् महाराष्ट्र गुर्जरे जीर्णतांगता।
तत्र घोरे कलेयोगात पाखण्डै खण्डिताक का।
दुर्बलाहं चिरंयाता पुत्राभ्याँ सह मन्दताम्।
वृन्दावनं पुनः प्राप्य नवीनैव सरूपिणी।
जातां युवती, सम्यक श्रेष्ठरूप तु सान्प्रतम्।

इस श्लोक में 'भक्ति' के मुख से यह कहलवाया गया है कि भक्ति का उदय द्रविड़ देश में हुआ। यानी तमिलनाडु में हुआ। भक्ति का आगे का विकास कर्नाटक और फिर धीरे–धीरे महाराष्ट्र में हुआ। इसका पतन गुजरात में हुआ। फिर वृन्दावन में उसे पुनर्जीवन, उत्कर्ष तथा श्रेष्ठत्व की प्राप्ति हुई। संस्कृत के इस श्लोक को आधुनिक भारत के प्रमुख दर्शनशास्त्री सुरेन्द्रनाथदास गुप्त ने 1922 में प्रकाशित अपने प्रसिद्ध ग्रन्थ 'ए हिस्ट्री ऑफ इंडियन फिलॉसफ़ी' खण्ड–3 में आलवार भक्तों पर लिखे अध्याय–17 में उद्धृत किया है। यहाँ उन्होंने यह मत व्यक्त किया है कि ''इससे पता चलता है कि कम से कम भागवत पुराण की परम्परा के अनुसार दक्षिण भारत को भक्ति पन्थ का बड़ा केन्द्र माना जाता था।''[16] यहाँ उन्होंने 'भक्ति पन्थ' या 'भक्ति सम्प्रदाय' (अंग्रेज़ी में 'भक्ति कल्ट') कहा है।

आचार्य हजारी प्रसाद द्विवेदी शान्तिनिकेतन में अध्यापन कार्य कर चुके थे। वहाँ वे आचार्य क्षितिमोहन सेन के निकट सम्पर्क में थे। क्षितिमोहन सेन ने 'मिडिएवल मिस्टिसिज़्म ऑफ़ इंडिया' में, जो बांग्ला में लिखी उनकी किताब का अंग्रेज़ी अनुवाद है, अन्तिम आलवार भक्तों और रामानुजाचार्य से शुरू हुई भक्ति को 'नियो भक्ति कल्ट' तथा 'नियो भक्ति मूवमेंट' भी कहा है।[17] उन्होंने श्रीमद्‌भागवत पुराण से शुरू हुई 'भक्ति' को 'भागवत कल्ट' तथा 'यूनिक भक्ति कल्ट' कहा है।[18] हॉली ने द्विवेदीजी पर आचार्य सेन का प्रभाव बताया है और ये कहा है कि द्विवेदीजी ने 'नियो' या 'नव' शब्द का परित्याग कर दिया और 'आन्दोलन' शब्द रख लिया।[19] इसके अलावा हॉली ने बंगाल के ही प्रसिद्ध स्वतन्त्रता सेनानी और चिन्तक बिपिनचन्द्र पाल के लेखन का भी हवाला दिया है और इस तरह 'भक्ति आन्दोलन' की अवधारणा के विकास में बंगाल के योगदान को भी स्थापित किया है। बिपिनचन्द्र पाल ने अंग्रेज़ी में लिखे 'बंगाल वैष्णविज़्म' में 'नियो वैष्णविक मूवमेंट' और 'नियो भक्ति मूवमेंट' शब्दों का प्रयोग 19वीं सदी में

बंगाल में हुए धार्मिक सुधार के सम्बन्ध में किया है। साथ ही 15वीं–16वीं सदी के भक्ति आन्दोलन के लिए 'वैष्णविक मूवमेंट ऑल ओवर इंडिया' 'कॉन्टिनेंटल मूवमेंट', 'जनरल भक्ति मूवमेंट' और 'मास मूवमेंट' शब्दों का भी प्रयोग किया है।[20]

यह तो हुई पूर्ववर्ती तथा अन्य भाषा के विद्वानों की बात, जिन्होंने प्रत्यक्ष तथा अप्रत्यक्ष रूप से 'भक्ति आन्दोलन' की धारणा को जन्म दिया। लेकिन जब हिन्दी के दो प्रकाण्ड विद्वान 'भक्ति आन्दोलन' शब्द का प्रयोग कर रहे हैं, तो क्या वे अपने पूर्ववर्ती या समकालीन अन्य विद्वानों के संयोगवश पड़ने वाले या सीधे प्रभाव के कारण ही ऐसा कर रहे हैं या बात इससे कहीं बड़ी है? हॉली ने कृष्णा शर्मा के प्राच्यविदों पर आरोपों की जाँच करते हुए और ग्रियर्सन की बजाय द्विवेदीजी को 'भक्ति आन्दोलन' शब्द का मुख्य प्रयोक्ता बताते हुए जो बात कही है उसकी चर्चा करते हुए हम विषय के अगले चरण की ओर बढ़ेंगे।

हॉली ने अनुवाद में हुए अर्थान्तर को द्विवेदीजी की 'सांस्कृतिक रचनात्मकता' कहा है और इसे उनके समय के भारत के राष्ट्रीय परिदृश्य से जोड़ते हुए राष्ट्रीय एकता और स्वतन्त्रता के आन्दोलन में एक लेखक के रूप में उनकी भागीदारी का परिणाम माना है।[21] हॉली आगे लिखते हैं–"भक्ति आन्दोलन का विचार वास्तव में आधुनिकता के पुनर्निर्माण के रूप में उपस्थित होता है, जो औपनिवेशिक अभिव्यक्ति के ख़िलाफ़ भारतीय सांस्कृतिक एकता की वैसी ही मुखर प्रतिक्रिया है, जिसने भारतीय राष्ट्रीयता के आन्दोलन को भी जन्म दिया।"

हम इसे ऐसे कह सकते हैं कि भारत के स्वतन्त्रता आन्दोलन में जिस तरह भारत के राष्ट्रीय स्वरूप तथा राष्ट्रीय एकता की अभिव्यक्ति हुई, द्विवेदीजी और एक हद तक शुक्लजी 'भक्ति आन्दोलन' के विचार के माध्यम से ऐसी ही राष्ट्रीयता के सूत्र को सांस्कृतिक तौर पर स्थापित कर रहे थे। भक्ति आन्दोलन का पूरा विचार इन विद्वानों के अपने समय की राष्ट्रीयता और राष्ट्रीय स्वतन्त्रता आन्दोलन से प्रभावित है। यह महज़ संयोग नहीं है कि 'देशभक्ति' और 'राष्ट्रभक्ति' जैसे शब्दों के रूप में 'भक्ति' शब्द का प्रयोग राष्ट्रीय राजनीति के क्षेत्र में अत्यन्त लोकप्रिय हो जाता है। इस दोतरफ़ा आवाजाही में एक तरफ़ राष्ट्रीयता का विचार 'भक्ति' सम्बन्धी आलोचना के क्षेत्र में प्रविष्ट होता है, वहीं दूसरी तरफ़ 'भक्ति' का विचार राष्ट्रीय राजनीति में प्रविष्ट होता है।

15वीं–16वीं सदी से, बल्कि उससे पहले से ही हमें भक्ति आन्दोलन का जो विस्तार दिखाई पड़ता है, उसमें इसकी अखिल भारतीयता (अखिल भारतीय स्तर पर या राष्ट्रीय स्तर पर इसकी उपस्थिति) ही उल्लेखनीय नहीं है, बल्कि इसकी विविधता भी इसे अनोखा बनाती है। डॉ. पीताम्बरदत्त बड़थ्वाल ने भक्तिकाल के निर्गुण सन्तों पर प्रकाशित अपनी प्रसिद्ध पुस्तक में ('द निर्गुण स्कूल ऑफ़ हिन्दी पोएट्री' जिसे बाद में अनूदित करके 'हिन्दी काव्य में निर्गुण सम्प्रदाय' के रूप में प्रस्तुत किया गया। इसके अध्याय 1, 2, और 6 का अनुवाद अपने निधन से पहले स्वयं पीताम्बरदत्त बड़थ्वाल कर चुके थे। बाक़ी अध्याय आचार्य परशुराम चतुर्वेदी और भगीरथ मिश्र ने अनूदित किये।) 'निर्गुण भक्ति के आन्दोलन' की चर्चा की है। इसके अलावा सूफ़ी मत की भक्ति भी है, जिसका प्रसार और प्रभाव अत्यन्त व्यापक है।

इसके अलावा कुछ और तत्त्व भी हैं जो भक्ति आन्दोलन को आन्दोलन का स्वरूप प्रदान करते हैं। एक, भक्ति के क्षेत्र में वर्णव्यवस्था की बेड़ियों का टूटना। कबीर आदि जिन सन्त कवियों ने वर्णव्यवस्था का विरोध किया है, उन्होंने उसके संस्थानीकरण और जड़ता का विरोध किया है। उनके लिए वह आधुनिक जाति–व्यवस्था की ही तरह है। वैसी ही जड़, निर्मम और संकुचित...! जबकि तुलसीदास आदि भक्त कवियों के लिए वर्ण–व्यवस्था एक गतिशील, विकासमान और सामाजिक सरणि है। वे उसे आधुनिक जाति–व्यवस्था के पर्याय रूप में नहीं देखते। इसीलिए कबीर और तुलसीदास; दोनों ही भक्त कवि वर्णव्यवस्था के प्रति–अलग दृष्टि रखते हैं। दूसरा, जिसे शास्त्र की जगह लोकानुभव की व्यापक और मुखर अभिव्यक्ति के रूप में देख सकते हैं, जिसकी भारतीय जनता को लम्बे समय से प्रतीक्षा थी। इसके अलावा संस्कृत और अपभ्रंश की जगह भक्तिकाव्य के माध्यम से विभिन्न प्रान्तों में अनेकानेक जनभाषाओं का व्यापक उभार भी भक्ति आन्दोलन को आन्दोलन की सार्थकता प्रदान करता है। जिन्हें हम आधुनिक भारतीय आर्यभाषाएँ कहते हैं, उनमें से अधिकतर के उभार और विकास का यही श्रेष्ठतम काल है। और फिर भक्ति काव्य में स्त्री–स्वर की मुखर अभिव्यक्ति को कैसे भूला जा सकता है, जो अपने–आप में ऐतिहासिक है। इस तरह भक्ति आन्दोलन नाम की सार्थकता स्वतः सिद्ध हो जाती है। इसमें संकीर्णता नहीं, बल्कि विस्तार देखने की ज़रूरत है।

यहाँ से हम आगे संक्षेप में भारत के विभिन्न भागों में भक्ति या भक्ति आन्दोलन की उपस्थिति की चर्चा करेंगे और इसकी शुरुआत करेंगे दक्षिण भारत से, जिसके लिए कहा गया है–'भक्ति द्राविड़ ऊपजी, लाये रामानन्द'।

दक्षिण भारत में 'भक्ति' की उत्पत्ति हुई, यह बात अधिकतर विद्वानों ने मानी है। हालाँकि भक्ति की सर्वप्रथम चर्चा और बीज विचार श्रीमद्‌भागवत गीता में ही मौजूद है, लेकिन मध्ययुग में भक्ति जिस रूप में सर्वत्र दिखाई देती है, उसकी उत्पत्ति द्रविड़ प्रदेश या तमिल प्रदेश से मानी जाती है। हिन्दी में कहा गया है–'भक्ति द्राविड़ ऊपजी लाये रामानन्द।' श्रीमद्‌भागवत माहात्म्य का एक श्लोक हम दिखा चुके हैं जिसमें कहा गया है कि भक्ति की उत्पत्ति द्रविड़ देश यानी तमिलनाडु से हुई और फिर कर्नाटक, महाराष्ट्र, गुजरात होते हुए वृन्दावन को पहुँची। दक्षिण भारत में भक्ति की परम्परा के चार स्रोत हैं। आलवार वैष्णवों की भक्ति की परम्परा, नायनार शैवों की भक्ति की परम्परा, रामानुजाचार्य, यमुनाचार्य, मध्वाचार्य, निम्बार्काचार्य, विष्णुस्वामी आदि शास्त्रज्ञान सम्पन्न धार्मिक आचार्यों द्वारा स्थापित वैष्णव भक्ति के अलग–अलग सम्प्रदायों की परम्परा और श्रीमद्‌भागवत पुराण में प्रस्तुत भक्ति की परम्परा। श्रीमद्‌भागवत पुराण में आये नदियों आदि के भौगोलिक वर्णनों से यह प्रमाणित किया गया है कि इसकी रचना दक्षिण भारत में हुई है। और यह सातवीं सदी के आस–पास की रचना है। भागवत पुराण न सिर्फ़ दक्षिण भारत की, बल्कि समस्त उत्तर भारत, बंगाल, गुजरात आदि की कृष्णभक्ति की परम्परा का मुख्य स्रोत है। यह प्रेममूलक माधुर्यभाव की भक्ति की महिमा स्थापित करने वाला पौराणिक ग्रन्थ है, जो ईश्वर की मनोहर प्रेम लीलाओं में मग्न होने का सन्देश भक्तों को देता है।

आलवार वैष्णव भक्तों की भक्ति प्रेममूलक है। उन्होंने मुख्य रूप से भगवान विष्णु और कभी–कभी कृष्ण की भक्ति भी की है। आलवार भक्तों की परम्परा वैसे तो दूसरी सदी से ही मानी जाती है, लेकिन पाँचवीं सदी से नौवीं सदी के बीच के आलवार भक्तों में से कुछ बहुत महत्त्वपूर्ण हुए हैं। प्राचीन आलवार भक्तों में तिरुमलि सइ और मध्यवर्ती आलवार में नम्म आलवार प्रमुख थे।[22] नम्म आलवार छठी सदी में हुए थे। उन्हें सर्वप्रमुख आलवार भी माना जाता है। वे वर्णव्यवस्था की दृष्टि से शूद्र कुल में उत्पन्न हुए थे।

उनके पदों में माधुर्य भाव के पद मिलते हैं। उन्होंने उपास्य देव से मिलन को 'आध्यात्मिक सहवास' की संज्ञा दी है और उसके लिए तीन प्रकार के प्रेम को मुख्य साधन ठहराया है, जिन्हें हम सख्य, वात्सल्य और माधुर्य कह सकते हैं। किन्तु इन तीनों में उन्होंने माधुर्य को ही प्रधानता दी है और ये प्रसिद्ध है कि इस भाव की अभिव्यक्ति के लिए कभी–कभी वे स्त्री का वेश तक धारण कर लिया करते थे।[23] एक पद में वे कहते हैं–"बेचैन होकर अपने द्रवित चित्त को लिए हुए दौड़–धूप करती–करती, पुनः पुनः आँसू बहाती और गाती तथा हे नरसिंह, तेरा नाम पुकारती, तुझे सर्वत्र खोजती मैं सुन्दर कन्या अब मुरझा रही हूँ।"[24] सातवीं सदी के आलवार भक्त कुलशेख़र राजा या राजकुमार थे। वे रामायण से प्रभावित थे। उन्होंने संस्कृत और तमिल दोनों में रचनाएँ कीं। सातवीं सदी में हुए पेरि आलवार कम शिक्षित, साधारण परिवार के ब्राह्मण थे। उन्होंने विष्णु के प्रेम में मग्न होकर स्तुति की और कृष्ण की लीलाओं सम्बन्धी पदावली लिखी। आलवारों में प्रसिद्ध भक्त स्त्री आण्डाल इन्हीं की पुत्री मानी जाती हैं। आण्डाल विष्णु और कृष्ण से मिलन की भूखी प्रेमयाचना की भक्ति की कविताओं के लिए प्रसिद्ध हैं।

तिरुमंगई अन्तिम आलवार हुए थे जो आठवीं सदी के उत्तरार्ध या नौवीं सदी के पूर्वार्द्ध में हुए थे। आलवारों की कुल संख्या 12 मानी जाती है। इन सभी आलवार भक्तों की रचनाओं के संकलन का कार्य 10वीं सदी के प्रारम्भ में नाथमुनि द्वारा शुरू किया गया था। "नाथमुनि के उपरान्त उनके पौत्र यामुनाचार्य ने भी उन पदों का महत्त्व बतलाकर उनका प्रचार किया और इस प्रकार उनके भी उत्तराधिकारी श्री रामानुजाचार्य के समय अथवा अनुमानतः ईसवी सन् 1100 से 1500 के मध्यकाल में उक्त आचार्य के आदेशानुसार प्रबन्धम् के वर्तमान रूप का सम्पादन किया गया। आलवार भक्तों के पदों के इस संग्रह को 'दिव्य प्रबन्धम' या 'नालयिरा दिव्य प्रबन्धम्' के नाम से जाना जाता है। इसमें 4 हज़ार छन्द हैं।

आलवार वैष्णव भक्तों के समानान्तर नायनार शैव भक्तों की भी दक्षिण में बड़ी मज़बूत परम्परा रही है। इस परम्परा में 63 भक्त हुए थे। इनका काल दूसरी सदी से नौवीं सदी तक माना जाता है। अप्पर, ज्ञान सम्बन्धर, सुन्दरर और माणक्कवाचकर इनमें सबसे श्रेष्ठ थे। इन भक्तों ने भगवान शिव की भक्ति के असंख्य पद लिखे, जिन्हें दसवीं सदी में कई खण्डों में

संकलित किया गया। इन शैव भक्तों में कुछ स्वयं राजा थे, तो कुछ ब्राह्मण, शूद्र एवं अन्य पिछड़े माने जाने वाले समुदायों से हुए थे।

आलवार और शैव भक्तों को इस बात का भी श्रेय दिया जाता है कि उन्होंने वर्णव्यवस्था के आधार पर होने वाले भेदभाव को दूर करने की कोशिश की थी। आलवार वैष्णवों की भक्ति को 11वीं सदी में दक्षिण में हुए वैष्णव सम्प्रदाय के पुनरुत्थान की पूर्व पीठिका के तौर पर देखा जा सकता है। दूसरी तरफ़ नायनार शैवों की भक्ति को 12वीं–13वीं सदी में उभरे लिंगायत या वीर शैव सम्प्रदाय की पूर्वपीठिका के तौर पर देखा जा सकता है। दक्षिण के भक्ति आन्दोलन में लिंगायत सम्प्रदाय के शैव भक्तों की महत्त्वपूर्ण भूमिका है। इनका वर्तमान कर्नाटक तथा आन्ध्र प्रदेश व महाराष्ट्र के कुछ हिस्सों में व्यापक प्रभाव रहा है। इस भक्ति सम्प्रदाय में अनेक भक्त कवि हुए हैं। इनमें अक्क महादेवी नामक एक प्रसिद्ध भक्त कवयित्री भी हुई हैं। इनकी भक्ति शिव के प्रति माधुर्य भाव की है।

दक्षिण भारत में उपनिषदों पर आधारित वेदान्तसूत्र या वेदान्त दर्शन की व्याख्या करते हुए अपने–अपने दार्शनिक–धार्मिक मतों की स्थापना करने वाले आचार्यों ने शास्त्रसम्मत भक्ति के भिन्न–भिन्न सम्प्रदायों की स्थापना इसी काल में की थी। 11वीं और 12वीं सदी में रामानुजाचार्य, यामुनाचार्य, विष्णुस्वामी, मध्वाचार्य, निम्बार्काचार्य जैसे धार्मिक आचार्यों ने भक्ति के अलग–अलग सिद्धान्तों के आधार पर वैष्णव भक्ति के अनेक मार्ग खोल दिये। इन्होंने अपने पूर्ववर्ती दार्शनिक धर्मगुरु शंकराचार्य (8वीं सदी) के अद्वैतवाद के सिद्धान्त का विरोध करते हुए ईश्वर और जीव के बीच प्रेम के सम्बन्ध पर आधारित भक्ति का व्यापक प्रचार किया। इन्होंने धर्म को मोक्ष नहीं, बल्कि प्रेम का विषय माना। इन आचार्यों ने अनेक धार्मिक–दार्शनिक ग्रन्थों की रचना करने के साथ–साथ देश के प्रमुख धार्मिक केन्द्रों की यात्रा करते हुए देश भर में अपने मतों का प्रचार किया। इस उद्देश्य के लिए उन्होंने प्रचारक दल का भी गठन किया और उनकी लम्बी शिष्य परम्परा ने इनके मतों का आगे भी प्रचार–प्रसार किया।

उत्तर भारत में सगुण भक्ति, मूलतः कृष्णभक्ति और रामभक्ति के प्रचार में दक्षिण भारत के इन आचार्यों के दिखाये भक्तिमार्ग का बहुत बड़ा योगदान माना जाता है। उत्तर भारत के स्वामी रामानन्द को रामानुजाचार्य की परम्परा से, वल्लभाचार्य को विष्णुस्वामी की परम्परा से और बंगाल के

महाप्रभु चैतन्यदेव को मध्वाचार्य की परम्परा से जोड़कर देखा जाता है। इन आचार्यों ने ईश्वर की दृष्टि में सबको समान माना और भक्ति का द्वार सभी जातियों के लिए खोल दिया। भक्ति के क्षेत्र में इस उदारता का प्रभाव उत्तर भारत के भक्ति आन्दोलन पर भी स्पष्ट दिखाई पड़ता है।

दक्षिण भारत के बाद भक्ति की पुरज़ोर परम्परा पहले–पहल महाराष्ट्र में दिखाई देती है। यहाँ भक्ति की परम्परा में अनेक सामाजिक और साम्प्रदायिक विविधताएँ भी दिखाई देती हैं। वारकरी सम्प्रदाय, रामदासी सम्प्रदाय, महानुभाव सम्प्रदाय और सत्पन्थी सम्प्रदाय, ये चार पन्थ मिलकर महाराष्ट्र में भक्ति आन्दोलन का परिप्रेक्ष्य निर्मित करते हैं। इनमें निम्न कही जाने वाली जातियों से भी अनेक सन्त और महात्मा हुए तथा कुछ मुसलमान भक्त कवि भी हुए। महाराष्ट्र में 13वीं सदी में सन्त ज्ञानेश्वर और सन्त नामदेव से भक्ति की परम्परा की शुरुआत होती है और सन्त एकनाथ, तुकाराम आदि भक्तों में इसका पूर्ण विकास दिखाई देता है। महाराष्ट्र के इन चार सर्वाधिक लोकप्रिय भक्त कवियों को वारकरी पन्थ के अन्तर्गत रखा गया है। हालाँकि इनमें आपस में भिन्नता भी दिखाई देती है, जो लगभग तीन सदी के विकास (ज्ञानदेव और नामदेव 13वीं सदी, तुकाराम 16वीं सदी) का परिणाम है।

सन्त ज्ञानेश्वर या ज्ञानदेव से महाराष्ट्र की भक्ति परम्परा का प्रारम्भ माना जाता है। सन्त ज्ञानदेव की चर्चा आचार्य शुक्ल महान सन्त कवि नामदेव के गुरु के रूप में करते हैं और उनका सम्बन्ध नाथपन्थ से मानते हैं। नाथपन्थ का विस्तार भक्तिकाल से पूर्व समस्त उत्तर भारत में दिखाई देता है। इसका विस्तार आगे महाराष्ट्र तक मिलता है। निश्चित रूप से निर्गुण भक्ति में नाथ सम्प्रदाय की कुछ विशेषताएँ मिलती हैं। लेकिन भिन्नताएँ भी बहुत स्पष्ट हैं, इसलिए भक्तिकाल में उनका एक अलग और विशिष्ट स्वरूप दिखाई देता है। शुक्लजी के अनुसार सन्त ज्ञानदेव के प्रभावस्वरूप ही सगुण भक्ति की राह पर चलने वाले नामदेव निर्गुण भक्ति के मार्ग पर चले जाते हैं।

महाराष्ट्र के पंढरपुर में स्थित भगवान विट्ठल, बिठोबा या भगवान विष्णु के मन्दिर से वारकरी सम्प्रदाय के भक्तों का गहरा सम्बन्ध है। ये भगवान विट्ठल की भक्ति के गीत गाते हैं, और सन्त ज्ञानेश्वर और नामदेव निर्गुण भक्ति की परम्परा के भी महत्त्वपूर्ण स्तम्भ बनते हैं। कृष्ण के बालरूप की भक्ति के बावजूद इस पन्थ के भक्त कवि द्वैतवाद की जगह अद्वैतवाद

को ज़्यादा महत्त्व देते हैं। "अद्वैतवाद के साथ भक्ति का मेल करा देना इस मार्ग की अपनी विशेषता है। यह भक्ति ज्ञान के प्रतिकूल नहीं है, प्रत्युत एकनाथ महाराज के कथनानुसार भक्ति मूल है और ज्ञान फल है। जिस प्रकार बिना मूल रहे फल पाने की सम्भावना नहीं रहती, उसी तरह बिना भक्ति के, ज्ञान के उत्पन्न होने की भी बात असम्भव है। भक्ति तथा ज्ञान दोनों का समन्वय इस मार्ग में है। एकनाथ जी ने अपने भागवत में स्पष्ट कहा है–

भक्ति तें मूल ज्ञान ते फल।
वैराग्य केवल तेथीं चे फूल।।
भक्ति युक्त ज्ञान तेथे नाही पतन।
भक्ति माता तथा करित से जगन।।"

ये अधिकतर विद्रोही कवि हैं। प्रेमपूर्ण भक्ति का सन्देश देने के साथ–साथ ये धार्मिक कर्मकाण्डों और रूढ़ियों का खुलकर विरोध करते हैं और वर्णव्यवस्था की बेड़ियों को तोड़ने का सामाजिक सन्देश भी देते हैं। सन्त नामदेव स्वयं दर्ज़ी समुदाय से थे। और सन्त तुकाराम एक शूद्र परिवार से थे। लेकिन समस्त महाराष्ट्र में वे महान भक्त के रूप में पूजे गये। सन्त नामदेव की चर्चा नाभादास ने 'भक्तमाल' में बहुत आदर के साथ की है। कबीर ने भी नामदेव के प्रति अपना सम्मान दिखाया है।

महाराष्ट्र में कृष्णभक्ति पर आधारित महानुभाव पन्थ वारकरी पन्थ के समानान्तर ही उत्पन्न हुआ। बल्कि इसका साहित्य सन्त ज्ञानेश्वर रचित ग्रन्थों से भी पुराना पाया गया है। इस पन्थ की शुरुआत 12वीं सदी में भरुच (गुजरात) निवासी श्री चक्रधर ने की, जिन्हें भरुच का राजा भी माना जाता है। उन्होंने मराठी में अनेक ग्रन्थ लिखे। उनके अनेक शिष्य हुए, जिनमें नागदेवाचार्य को इस पन्थ का प्रचार करने का विशेष श्रेय जाता है। इस पन्थ का विस्तार महाराष्ट्र, गुजरात और पंजाब के क्षेत्रों में भी हुआ। महाराष्ट्र में यह मानभाव (महानुभाव का अपभ्रंश), गुजरात में अच्युत पन्थ और पंजाब में जयकृष्णि पन्थ के नाम से प्रसिद्ध हुआ। इस पन्थ के अनुयायी अपने धर्मग्रन्थों को बहुत गुप्त रखते थे और अन्य मतावलम्बियों के सामने आने देना नहीं चाहते थे। इसके लिए उन्होंने सांकेतिक लिपि भी बनायी थी। यही कारण है कि इस पन्थ के धर्मग्रन्थों और पन्थ की विशेषताओं का पता इतिहासकारों को बहुत बाद में चला।

श्रीकृष्ण और दत्तात्रेय इनके उपास्य देवता हैं। गीता इनका मान्य ग्रन्थ है। इस पन्थ के भक्तों ने मराठी में गीता के अनेक भाष्य लिखे हैं। ये लोग द्वैतवादी थे। परमेश्वर को निर्गुण और निराकार मानते थे, जो भक्तों पर कृपा के कारण साकार रूप धारण कर लेता है। लेकिन महानुभाव पन्थ के भक्त मूर्तिपूजा में विश्वास नहीं करते थे। ये श्रीकृष्ण और दत्तात्रेय से सम्बद्ध तीर्थ–स्थानों पर अपना चबूतरा बनाने लगे, स्त्री तथा शूद्रों के लिए भी संन्यास की व्यवस्था की। भगवा वस्त्रधारी संन्यासी से भेद बतलाने के लिए इनके संन्यासी काला कपड़ा पहनने लगे। कहते हैं, इन्हीं कारणों से हिन्दू समाज का एक बड़ा हिस्सा इनसे नाराज़ हो गया। सन्त एकनाथ और तुकाराम के साहित्य में भी इनके प्रति तिरस्कार का भाव मिलता है। महीद्र भट्ट का 'लीला–चरित्र' (चक्रधर स्वामी का जीवन चरित), भास्कर कवि का 'शिशुपाल वध', 'एकादश स्कन्ध भागवत', और 'कृष्णचरित्र' (गद्य), केशव व्यास और गोपाल पण्डित का 'सिद्धान्त–सूत्रपाठ' (गद्य) आदि महानुभाव पन्थ के भक्तों के मराठी में लिखे प्रमुख ग्रन्थ हैं।

समर्थ स्वामी रामदास (17वीं सदी) महाराष्ट्र में भक्ति आन्दोलन के परवर्ती दौर में अत्यन्त प्रभावशाली सन्त हुए थे। ये राम के उपासक थे। इनका पन्थ रामदासी पन्थ कहलाता है। उन्होंने भक्ति के क्षेत्र में निवृत्ति और प्रवृत्ति दोनों का समन्वय किया। हरिकथा–निरूपण और उद्योगशीलता को उन्होंने अपने सम्प्रदाय का मुख्य लक्षण बनाया। वे छत्रपति शिवाजी के आध्यात्मिक गुरु थे। स्वामी रामदास को महाराष्ट्र में रामनवमी का उत्सव मनाने की परम्परा शुरू करने का श्रेय जाता है।

महाराष्ट्र के उपर्युक्त सभी भक्त कवियों ने मराठी में अपनी रचनाएँ कीं। एक समय इन्हें पुरोहित वर्ग द्वारा संस्कृत की जगह मराठी में भगवान की आराधना करने के लिए लांछनों का शिकार भी बनना पड़ता था, लेकिन बाद में उनकी प्रसिद्धि के साथ–साथ स्थितियाँ बदल गयी। मराठी के विकास में इन भक्तों का योगदान अतुल्य है। प्रसिद्ध भक्तों में सन्त नामदेव की कुछ रचनाएँ हिन्दी में भी मिलती हैं।

महाराष्ट्र के भक्ति आन्दोलन में सत्पन्थी सम्प्रदाय भी उल्लेखनीय है, जो सामाजिक रूप से एक विशिष्ट पक्ष को प्रस्तुत करता है। इस पन्थ की शुरुआत 15वीं सदी में इमाम शाह नामक एक मुसलमान फ़क़ीर ने की थी, लेकिन इस पन्थ में हिन्दू अनुयायियों की बड़ी संख्या थी। आज भी इस पन्थ में दोनों धर्मों के अनुयायी पाए जाते हैं।

बंगाल मध्यकाल में बौद्ध सिद्धों और तान्त्रिकों के व्यापक प्रभाव का क्षेत्र था। यहीं 12वीं सदी में जयदेव ने राधाकृष्ण के प्रेमरस से भरे 'गीत गोविन्द' की रचना की। यह रचना है तो संस्कृत में, लेकिन इसमें अपभ्रंश और बांग्ला की भी विशेषताएँ दिखलाई पड़ती हैं। इस ग्रन्थ ने बंगाल और निकटवर्ती प्रान्तों में राधा–कृष्ण की भक्ति को लोकप्रिय बनाने में बड़ी भूमिका निभाई। बाद में चैतन्य महाप्रभु (15वीं सदी) के प्रादुर्भाव से बंगाल में वैष्णव भक्ति का व्यापक प्रचार–प्रसार होता है। उन्होंने वेदों, उपनिषदों और ब्रह्मसूत्र या वेदान्त के महत्त्व को स्वीकार करते हुए भी भक्ति के लिए श्रीमद्भागवत पुराण को ही सर्वोच्च महत्त्व का ग्रन्थ माना और उसे पंचम वेद कहा। उन्होंने कृष्ण को परमब्रह्म माना। उनके अनुसार कृष्ण अवतार नहीं हैं, बल्कि स्वयं अवतारी हैं। यह मत भागवत के अनुरूप ही है। इनके अनुसार कृष्ण ही परम तत्त्व हैं और वे सदैव वृन्दावन में ही रहते हैं। उन्होंने कहीं और जाकर कोई लीला नहीं की। उनके यहाँ सांख्य दर्शन की ब्रह्म और संसार सम्बन्धी 'पुरुष' और 'प्रकृति' की धारणा से मिलती–जुलती धारणा पायी जाती है। लेकिन यहाँ 'पुरुष' ब्रह्मस्वरूप कृष्ण हैं और राधा प्रकृति हैं।

चैतन्यदेव के भक्तिमार्ग को गौड़ीय सम्प्रदाय भी कहा जाता है। इसका प्रचार–प्रसार पूरे बंगाल और उड़ीसा के अलावा वृन्दावन तक हुआ। स्वयं चैतन्यदेव ने शास्त्रार्थ और वैष्णव भक्तिमार्ग के प्रचार के लिए दूर–दूर तक यात्राएँ कीं। बनारस में शंकर वेदान्त के आचार्य स्वामी प्रकाशानन्द से हुआ उनका शास्त्रार्थ प्रसिद्ध है।

चैतन्यदेव से क़रीब सौ साल पहले बंगाल में चण्डीदास का प्रादुर्भाव हुआ था। उन्होंने भी राधा–कृष्ण की भक्ति के गीत गाये। भक्ति के क्षेत्र में उन्होंने अत्यन्त मानवतावादी दृष्टिकोण अपनाते हुए स्वयं मनुष्य को बहुत महत्त्व दिया था। उन्हें आचार्य परशुराम चतुर्वेदी ने बंगाल के सहजिया वैष्णव सम्प्रदाय की परम्परा का जनक माना है, जिन पर बौद्धों के सहजयान की मान्यताओं का प्रभाव दिखाई देता है। परशुराम चतुर्वेदी के अनुसार चण्डीदास के "अनुकरण में रचना करने वालों का एक पृथक् सहजिया वैष्णव सम्प्रदाय ही प्रतिष्ठित हो गया।"[25] "चण्डीदास ने सहज के विषय में लिखा है–

'सहज सहज सबाइ कहय, सहज जानिबे के।
तिमिर अन्धकार ये हैयाछे पार, सहज जेनेछे से।।'

अर्थात् सहज के विषय तो सभी चर्चा किया करते हैं किन्तु (दुख की बात है कि) सहज के अभिप्राय को कोई भी नहीं जानता। सहज को केवल वही जान सकता है जिसने (मनोविकारों अथवा इन्द्रिय वृत्तियों के घनीभूत) अन्धकार को पार कर लिया है। सहज की साधना करते समय साधक के लिए इस बात में दृढ़ विश्वास का रहना आवश्यक है कि मानव परमात्मतत्त्व का ही मूर्त स्वरूप है। प्रेम उस तत्त्व का सारभूत है। इसी कारण प्रेम का प्रत्येक मानव के हृदय में पाया जाना उसके जन्म से ही सिद्ध है।"[26]

बंगाल में भक्ति को एक अलग आयाम देने में बाउल गायकों की भी उल्लेखनीय भूमिका रही है। बंगाल में इनका प्रचार 16वीं सदी से शुरू होता है, जो 18वीं और 19वीं सदी तक प्रमुखता से चलता है। इनकी भक्ति स्वच्छन्द प्रकृति की थी। बंगाल में ये अधिकतर वैष्णव धर्म के अनुयायियों से मिलते–जुलते हैं, जबकि पूर्वी बंगाल या आज के बांगलादेश में ये लोग बहुत कुछ सूफ़ियों के समान दिख पड़ते हैं। आचार्य परशुराम चतुर्वेदी के अनुसार उन पर वैष्णव अथवा सूफ़ी से कहीं अधिक बौद्ध मतों का प्रभाव दिख पड़ता है। "बाउलों की वास्तविक विशेषता उनकी 'मनेर मानुष' की धारणा में है। यह 'मानुष' अथवा ईश्वरीय मानव उनके अनुसार प्रत्येक व्यक्ति के अन्तस्थल में प्रतिष्ठित है, किन्तु उसे उसकी स्पष्ट अनुभूति नहीं हो पाती। यह उसके सर्वोत्कृष्ट आदर्श का प्रतीक है, अनुपम सौन्दर्य की राशि है और उसके प्रेम का सहज और सर्वप्रमुख आधार है। यह उनके अनुसार वह 'ब्रह्मकमल' है जो तत्त्वतः पूर्ण है, किन्तु जो फिर भी सदा अपने दलों को विकसित और प्रफुल्लित करता रहता है।" बाउल साधक उसे अपने प्रत्यक्ष अनुभव में लाना चाहता है और यही उसकी समस्त साधना का प्रधान उद्देश्य है। उसके विषय में आतुर होकर बाउल साधक गाता है–

कोथाय पाब तारे, आमार मनेर मानुष ये रे!

कृत्तिवास रामायण

बंगाल से सटे उड़ीसा में भक्तिकाल के दौरान वैष्णव भक्ति का व्यापक प्रचार–प्रसार हुआ जिसका श्रेय मुख्यतः गीतगोविन्द के रचयिता जयदेव और फिर इसे अत्यन्त व्यापक बनाने में चैतन्य महाप्रभु तथा उनके शिष्यों को जाता है। जयदेव का प्रादुर्भाव उड़ीसा में ही हुआ था और चैतन्य महाप्रभु ने

अपने जीवन के अनेक वर्ष पुरी के प्रसिद्ध जगन्नाथ मन्दिर के निकट स्थित मठ में गुज़ारे थे और वहीं से वैष्णव भक्ति का व्यापक प्रचार–प्रसार किया था। उड़ीसा स्थित पुरी शहर एक प्राचीन धार्मिक केन्द्र रहा है। सातवीं सदी में शंकराचार्य ने यहाँ की यात्रा की थी और यहाँ प्रसिद्ध चतुर्पीठ में से एक पीठ की स्थापना की थी, जो आज भी हिन्दू आस्था का एक महत्त्वपूर्ण केन्द्र है। धार्मिक दृष्टि से पूरे उड़ीसा को देखें तो यहाँ अनेक धार्मिक मतों और सम्प्रदायों का प्रचार रहा है। भुवनेश्वर में शैव सम्प्रदाय का, पुरी में वैष्णव सम्प्रदाय का, यजपुर में शाक्त सम्प्रदाय का और कोणार्क में सौर सम्प्रदाय का भक्तिकाल के आगमन से पहले से ही प्रचार रहा है। इनके अलावा उड़ीसा प्राचीन काल से बौद्ध और जैन धर्मों का भी महत्त्वपूर्ण केन्द्र रहा है। मध्ययुग में जगन्नाथपुरी वैष्णव भक्ति का प्रमुख केन्द्र रहा, जो आज भी है। इसमें भक्तिकाल के दौर में चैतन्य महाप्रभु और उनके शिष्यों द्वारा प्रचारित भागवत पर आधारित भक्ति की बड़ी भूमिका है। यहीं से वैष्णव भक्ति में कीर्तन पद्धति का प्रचार पूरे देशभर में हुआ माना जाता है। भक्तिकाल में महान भक्त कवि कबीर के शिष्य धर्मदास भी जगन्नाथपुरी में रहकर निर्गुण भक्ति का प्रचार करते हैं। उसी काल में वहाँ कबीर मठ की भी स्थापना होती है, जिससे उस क्षेत्र में निर्गुण भक्ति के प्रचार–प्रसार का भी अनुमान लगाया जा सकता है।

पूर्वी भारत के असम की बात करें तो, इस प्रान्त में भक्तिकाल से पूर्व वैदिक कर्मकाण्डों पर आधारित धार्मिक मत का प्रचार अधिक था। इसके अलावा शाक्त सम्प्रदाय और तान्त्रिक मत का भी व्यापक प्रचार था। प्रसंग मिलता है कि वैष्णव भक्ति के महान सन्त शंकरदेव (15वीं–16वीं सदी) के बाद में प्रसिद्ध शिष्य बने धर्मदेव देवी को बलि चढ़ाने के लिए पशु को लेकर जा रहे थे। तभी शंकरदेव से उनकी मुलाक़ात हुई और उन्होंने धर्मदेव को उस राह से हटाकर वैष्णव भक्ति का उपदेश दिया और दीक्षित किया। स्वयं शंकरदेव को भागवत पर आधारित वैष्णव भक्ति का सन्देश देने का श्रेय तिरहुत (बिहार का मिथिला क्षेत्र) के पण्डित जगदीश मिश्र को जाता है, जिन्होंने तीर्थयात्रा करके धार्मिक जीवन अपना चुके शंकरदेव के सामने भागवत की कथाओं का संस्कृत में वर्णन किया, जिससे शंकरदेव इतने अभिभूत हुए कि कृष्ण को ही अपना परम आराध्य बना लिया।

उन्होंने कृष्णभक्ति का जगह–जगह जाकर प्रचार किया। इसके लिए दूर–दूर तक देशाटन भी किया। उन्होंने एक लम्बा जीवन पाया और इस लम्बे जीवन में कृष्णभक्ति के गीतों के साथ–साथ नाटक भी रचे और अपने मार्गदर्शन में उन्हें मंचित करवाया। असम में उन्होंने कृष्णभक्ति सम्बन्धी संगीत, अभिनय, चित्रकला सभी के प्रचार–प्रसार में स्वयं सक्रिय भूमिका निभाई। अहोम और कोच राजवंशों से उन्हें अपने जीवन में अच्छे और बुरे दोनों तरह के अनुभव मिले, लेकिन वैष्णव भक्ति के संरक्षण में इन राजपरिवारों से उन्हें अनेक प्रकार की सहायता भी मिली थी। असम में शंकरदेव और उनके शिष्यों की परम्परा ने भक्ति आन्दोलन को एक नयी ऊर्जा दी।

हिन्दी प्रदेशों में भक्ति आन्दोलन अपनी समस्त ऊर्जा और सर्वाधिक विविधता के साथ प्रकट होता है। यहाँ कृष्णभक्ति के विविध स्वर मिलते हैं, तो अष्टछाप के रूप में कृष्णभक्ति का एक संगठित सम्प्रदाय भी मिलता है। केवल वृन्दावन में ही कृष्णभक्ति के कई सम्प्रदाय भक्ति आन्दोलन को अनोखी छटा देते हैं। रामभक्ति के क्षेत्र में यह क्षेत्र पूरे देश का पथप्रदर्शक बना। गोस्वामी तुलसीदास ने न सिर्फ़ रामचरितमानस जैसे महाकाव्य की रचना की, बल्कि रामकथा और रामभक्ति के प्रचार–प्रसार में भी बड़ी निर्णायक भूमिका निभाई। निर्गुण भक्ति के साथ सामाजिक विद्रोह की भावना मिश्रित कर सन्त कबीर धर्म और समाज दोनों ही क्षेत्रों में क्रान्तिकारी बदलावों के प्रणेता बनते हैं, जिनका अनुसरण करने वालों की बहुत बड़ी संख्या भक्तिकाल में हमें दिखाई देती है। सूफ़ी सन्तों और सूफ़ी कवियों की भी एक बड़ी संख्या इस काल में दिखाई देती है, जो प्रेमपूर्ण भक्ति का एक नया आयाम पूरे भक्ति आन्दोलन में जोड़ते हैं। इनका सूफ़ी मत इस्लाम की कोख से जन्म लेकर भारतीय हिन्दू परिवारों की कहानियों को लेकर आगे बढ़ता है और हिन्दू समाज और संस्कृति के तत्त्वों को भी खुले मन से अपनाता है, जिसकी तारीफ़ शुक्लजी जैसे विद्वानों ने खुलकर की है।

हिन्दी प्रदेश के भक्ति आन्दोलन में रामानन्द और वल्लभाचार्य के रूप में दो ऐसे धर्मसुधारक व दार्शनिक आचार्यों का प्रादुर्भाव होता है, जिनका प्रभाव पूरे भक्ति आन्दोलन पर स्पष्ट दिखाई देता है। इन्होंने भक्ति के विषय में न केवल नये सिद्धान्तों का प्रतिपादन किया, बल्कि अपने मतों के प्रचार के लिए दूर–दूर तक देशाटन किया, जिसे 'दिग्विजय' भी कहा गया है। इनके प्रयासों से पूरे उत्तर भारत में भक्ति आन्दोलन का व्यापक प्रचार–प्रसार हुआ।

आज के उत्तर प्रदेश, बिहार, मध्य प्रदेश, दिल्ली, हरियाणा से लेकर राजस्थान तक बल्कि गुजरात तक हिन्दी पट्टी का भक्ति आन्दोलन फैला हुआ दिखाई देता है। अपने मूल प्रवर्त्तकों से प्रेरित होकर अपने निजी व्यक्तित्व और स्थानीय रूप से प्रचलित भक्तिमार्ग के तत्त्वों को मिश्रित कर भक्ति के अनेकानेक सम्प्रदाय और पन्थ इस युग में विकसित होते हैं, जिनका प्रभाव पूरे युग पर दिखाई देता है। दादू, प्राणनाथ जैसे अनेक निर्गुण सन्तों के अपने–अपने सम्प्रदाय विकसित होते हैं। रामभक्ति का अनेक शाखाओं में प्रसार होता है, जिसमें राम की शृंगारिक भक्ति पर आधारित रसिक सम्प्रदाय भी शामिल हैं।

कृष्णभक्ति के क्षेत्र में वल्लभाचार्य द्वारा प्रवर्तित पुष्टिमार्ग या वल्लभ सम्प्रदाय, निम्बार्क के निम्बार्क सम्प्रदाय, चैतन्य महाप्रभु के गौड़ीय सम्प्रदाय, हितहरिवंश के राधावल्लभ सम्प्रदाय आदि के रूप में कृष्णभक्ति का व्यापक समारोह सा दिखाई पड़ता है। इनमें आपस में समानताएँ हैं, तो अनेक सम्प्रदायगत भिन्नताएँ भी हैं। अनेक धाराओं में बँटे इस भक्ति आन्दोलन ने अनेक युगान्तरकारी भक्त कवियों को जन्म दिया। इनमें से कुछ भक्त कवि स्वयं नवीन धर्म और सम्प्रदाय के प्रवर्त्तक के रूप में सामने आये। गुरु नानक, दादू जैसे सन्त कवियों को उदाहरण के तौर पर देखा जा सकता है, जिनका व्यापक प्रभाव जनसमाज पर पड़ा।

हिन्दी क्षेत्रों में भक्ति आन्दोलन को आन्दोलन का रूप देने में निम्न कही जाने वाली जातियों से आये सन्तों–भक्तों का भारी योगदान है। कबीर, रैदास, सेन, दादू जैसे सन्तों ने न सिर्फ़ वर्णव्यवस्था के विरोध की अलख जगाई बल्कि सभी मनुष्यों को समान समझने वाले भक्ति मार्ग के विकास में महत्त्वपूर्ण भूमिका निभाई और व्यापक जनसमाज की आत्मा को भक्ति के रस से सिंचित किया। हिन्दी क्षेत्र में घटित भक्ति आन्दोलन में निर्गुण–सगुण विवाद भी अन्य प्रदेशों के भक्ति आन्दोलन की तुलना में इसे विशिष्ट बनाता है। इसने भक्ति आन्दोलन के भीतर विशिष्ट बहसों को जन्म दिया और वाद–विवाद–संवाद की एक नयी प्रक्रिया शुरू की, जिसका प्रभाव आने वाले युगों तक दिखाई देता है।

कबीर, नानक, सूरदास, तुलसीदास, मीराबाई, रसखान, जायसी, मंझन, रैदास, नन्ददास, कुम्भनदास, अग्रदास, नाभादास, दादू, मलूकदास, सेन, पीपा, सहजोबाई भक्तिकाल के ऐसे अनेक रत्नों के नाम लिए जा सकते हैं, जिनके भक्तिकाव्य ने जनमानस में भक्ति आन्दोलन को हमेशा के लिए अंकित कर दिया।

गुजरात में भक्ति आन्दोलन का विस्तार पन्द्रहवीं सदी से मुख्य रूप से देखा जा सकता है, जो आगे के लगभग दो सौ वर्षों तक सफलतापूर्वक चलता है। नरसी मेहता, मीराबाई, भालण, प्रेमानन्द भट्ट, अखों आदि गुजरात के सर्वप्रसिद्ध भक्त कवि हैं। इनमें भक्ति के अलग–अलग आयाम मिलते हैं। नरसी मेहता पन्द्रहवीं सदी के उत्तरार्ध या सोलहवीं सदी के एक़दम प्रारम्भ में हुए माने जाते हैं। ये गुजराती भक्ति साहित्य के प्रवर्त्तक कहे जा सकते हैं। इनकी प्रसिद्धि के कारण इनके जीवन को लेकर अनेक किंवदन्तियाँ भी प्रचलित हो गयी हैं। ये मुख्य रूप से कृष्णभक्ति धारा के कवि हैं। कृष्णभक्ति धारा की एक अनन्य विशेषता पूरे भारत में पद साहित्य की रचना करना है। हिन्दी के सभी कृष्णभक्त कवियों को हम उदाहरण के रूप में देख सकते हैं। नरसी मेहता गुजरात में पद साहित्य के जन्मदाता हैं। अपने पदों में उन्होंने कृष्णभक्ति की अत्यन्त मधुर अनुभूतियों को सादगी से व्यक्त किया है। अधिकतर इन्होंने आत्माभिव्यक्ति की शैली अपनाई है। कृष्णभक्ति में भी रासलीला से जुड़ी अनुभूतियाँ उन्होंने अधिकता से व्यक्त की हैं। इसके अलावा व्यापक वैष्णव भावना उनकी कविताओं में प्रचुरता से मिलती है। *'वैष्णव जन तो तेनें कहिए जो पीर पराई जानीं रे'* जैसी उनकी पंक्तियाँ आज भी दुहराई जाती हैं।

गुजराती भक्ति साहित्य में नरसी मेहता की परम्परा में कृष्णप्रेम की धुन में मगन रहने वाली महान कवयित्री मीराबाई को देखा जा सकता है। मीराबाई के परवर्ती जीवन का अधिकांश भाग द्वारका में रहकर बीता था और इस दौरान उन्होंने हिन्दी के अलावा पर्याप्त संख्या में गुजराती में भी भक्ति काव्य की रचना की। इसलिए इनकी गणना गुजराती में भी अत्यन्त महत्त्वपूर्ण कवयित्री के रूप में की जाती है। उन्होंने अपने पूर्ववर्ती भक्तकवि नरसी मेहता पर बहुत आदरपूर्वक काव्य भी रचा है।

गुजरात में भालण कवि को नरसी मेहता का समकालीन भक्त कवि कहा जा सकता है। इनकी मुख्य देन है रामायण, महाभारत और श्रीमद्भागवत पुराण के विभिन्न प्रसंगों को आधार बनाकर गरबा साहित्य का आविष्कार। अपने आख्यानपरक गरबा साहित्य के माध्यम से तत्कालीन वातावरण को भक्तिमय करने में उनका बड़ा योगदान है। उनकी रचनाओं में वात्सल्य और श्रृंगार दोनों का चित्रण मिलता है। गुजरात में भक्ति साहित्य को श्रेष्ठतम स्तर पर ले जाने में 17वीं सदी के भक्त कवि प्रेमानन्द भट्ट का भी बड़ा

महत्त्वपूर्ण योगदान है। भक्ति–भावना की दृष्टि से ही नहीं, साहित्यिक उपलब्धियों की दृष्टि से भी उनके साहित्य का अत्यधिक महत्त्व है। गुजरात में भक्ति की परम्परा के प्रचार–प्रसार में उनकी रचनाओं ने बड़ी भूमिका निभाई है। इन्होंने भी भालण कवि के समान रामायण, महाभारत और भागवत के विभिन्न प्रसंगों को आधार बनाकर आख्यान काव्य रचे। इन्होंने भक्तिपरक आख्यान–काव्य के अलावा तीन नाटकों की भी रचना की। इन नाटकों से भी गुजरात में भक्ति की लहर के प्रचार–प्रसार में मदद मिली।

गुजरात में निर्गुण भक्ति का भी स्वर प्रमुखता से मिलता है। हालाँकि सगुण भक्ति की तुलना में इसका प्रसार क्षेत्र हिन्दी प्रदेशों की तुलना में कम दिखाई देता है। निर्गुण भक्ति के प्रसार में गुजराती सन्त कवि अखों का नाम प्रमुखता से लिया जा सकता है, जिन्होंने अपने काव्य में निर्गुण–निराकार ईश्वर के प्रति भक्ति–भावना की अभिव्यक्ति के साथ–साथ बाह्य कर्मकाण्डों और वर्णव्यवस्था जैसी सामाजिक बुराइयों पर भी साहसिक ढंग से लिखकर सामाजिक चेतना के निर्माण में महत्त्वपूर्ण भूमिका निभाई।

अन्त में हम भक्ति आन्दोलन की कुछ झलक कश्मीर में दिखाकर भक्ति आन्दोलन की अखिल भारतीयता की इस चर्चा को विराम देंगे। कश्मीर भारत का वह प्रान्त है, जहाँ प्राचीन काल से ही आध्यात्मिकता का व्यापक प्रचार–प्रसार रहा है। विशेष रूप से शैव दर्शन का यहाँ अत्यन्त मौलिक दृष्टि से विकास हुआ है। प्राचीन काल से ही आनन्दवर्धन, अभिनवगुप्त, क्षेमेन्द्र और लल्लेश्वरी जैसे विख्यात कवियों, लेखकों और दार्शनिकों ने कश्मीर में दर्शन और संस्कृत साहित्य की समृद्ध परम्परा का निर्माण किया है। अभिनवगुत्त ने जहाँ शैव दर्शन को शिखर पर पहुँचाया, वहीं क्षेमेन्द्र ने 'दशावतारचरित' तथा 'राममंजरी' जैसी साहित्यिक रचनाओं में राम और कृष्ण सम्बन्धी प्रसंगों का अत्यन्त सुन्दरता से वर्णन किया। कल्हण जैसे विख्यात इतिहासकार इसी पर्वतीय प्रदेश में उत्पन्न हुए हैं। कथासरित्सागर जैसी आख्यानपरक रचनाओं का भी यह क्षेत्र रहा है। अभिप्राय यह कि यह समस्त क्षेत्र साहित्यिक और दार्शनिक ऊर्जा की उत्कृष्ट परम्परा से सम्पन्न रहा है।

भक्ति आन्दोलन की बात करें, तो दक्षिण भारत और हिन्दी प्रदेशों में वैष्णव भक्ति का जो व्यापक प्रचार–प्रसार हुआ, उसका प्रबल प्रभाव यहाँ अठारहवीं सदी से पहले दिखाई नहीं देता। यहाँ की शैव परम्परा और

रहस्यवाद की भावना ही यहाँ के भक्ति साहित्य में प्रबलता से दिखाई देती है। संस्कृत साहित्य की समृद्ध परम्परा वाले कश्मीर में 14वीं सदी तक फ़ारसी का भी व्यापक प्रचलन हो चुका था और सूफ़ी मत का भी प्रचार हो रहा था। अतः भक्तिपरक रचनाओं का एक रंग सूफ़ी भावनाओं का भी मिलता है। भक्त कवियों में सबसे पहला प्रमुख नाम ललद्यद या लल्लेश्वरी का आता है। ललद्यद 14वीं सदी में हुई थीं और उन्हें कश्मीरी भाषा की पहली प्रमुख रचनाकार माना जाता है। इनकी कविताएँ कश्मीर की सन्त काव्य परम्परा का निर्माण करती हैं। इस परम्परा में दूसरे उल्लेखनीय सन्त कवि शेखनुरुद्दीनवली या नन्द ऋषि आते हैं। इन्होंने अपनी रचनाओं के माध्यम से प्रेम, समानता, अहिंसा, आचरण की शुद्धता और सात्विकता का उपदेश दिया। इनके बाद कश्मीर की भक्ति काव्य–परम्परा में तीसरे महत्त्वपूर्ण रचनाकार के रूप में माता रूप भवानी का नाम लिया जाता है। इनकी रचनाओं का मुख्य विषय आध्यात्मिक रहस्यवाद है। माता रूप भवानी 16वीं सदी में हुई थीं।

ललद्यद और रूप भवानी दोनों की रचनाओं को 'वाख' (वाक्य) कहा जाता है। इनके बाद भक्त कवि प्रेमानन्द, लक्ष्मण बुलबुल, साहिब कौल, गोविन्द कौल आदि ने अपनी रचनाओं के माध्यम से कश्मीर में भक्ति–भावना का प्रचार–प्रसार किया। प्रेमानन्द ने भजन और लीला–काव्य की रचना की, जो आज भी कश्मीर की लोक–संस्कृति का अभिन्न अंग बना हुआ है। राधा स्वयंवर, शिव लगन, सुदामा चरित्र आदि उनकी प्रमुख रचनाएँ हैं। कश्मीरी भाषा में लिखे भक्ति–काव्य में जो एक बात आसानी से लक्षित की जा सकती है, वह ये कि आरम्भिक भक्त कवियों की रचनाओं में शैव दर्शन से प्रभावित आध्यात्मिक और रहस्यात्मक अनुभूतियाँ ज़्यादा अभिव्यक्त होती दिखाई देती हैं। लेकिन 18वीं सदी तक आते–आते यहाँ दक्षिण भारत और हिन्दी प्रदेशों के समान ही वैष्णव–भक्ति की रचनाएँ प्रमुखता से रची जाने लगती हैं।

उपर्युक्त विवरणों के आधार पर देखें तो प्रायः पूरे भारतवर्ष में काल के थोड़े–बहुत अन्तर के साथ भक्ति सम्बन्धी रचनाएँ बड़ी मात्रा में रची जाती हैं। अनेक श्रेष्ठ भक्त कवियों का परिदृश्य में आगमन होता है। सब अपना विशिष्ट दार्शनिक व सामाजिक स्वर और तेवर लेकर आते हैं। इनके पीछे पूर्ववर्ती दार्शनिकों के चिन्तन का आधार भी है, लेकिन साथ ही ये अपनी

मौलिक दृष्टि से भक्ति को शास्त्रीय चिन्तन के दायरे से बाहर समकालीन चिन्ताओं के सामने ला खड़ा करते हैं और भक्ति के माध्यम से समकालीन मानवता की समस्याओं को दूर करने का प्रयास भी करते हैं। इतने व्यापक स्तर पर भक्ति कविता के अभूतपूर्व प्रचार–प्रसार को एक आन्दोलन कहने में किसी को आपत्ति नहीं होनी चाहिए।

सन्दर्भ

1. रामचन्द्र शुक्ल, हिन्दी साहित्य का इतिहास, नागरी प्रचारिणी सभा, वाराणसी, सं. 2053, पृ. 35
2. वही, पृ. 62
3. वही, पृ. 85
4. हजारी प्रसाद द्विवेदी, सूर साहित्य, राजकमल प्रकाशन, नयी दिल्ली, 2017, पृ. 62
5. वही, पृ. 61
6. वही, पृ. 61
7. 'भावावेश' शब्द का ही प्रयोग उन्होंने 'हिन्दी साहित्य का उद्‌भव और विकास (पृ. 58) में भी किया है। मेरे विचार में 'इमोशन' शब्द के लिए 'भावावेश' शब्द का प्रयोग उन्होंने जान–बूझकर किया है, जिसका प्रयोजन ईसाई मत के प्रभाव सम्बन्धी ग्रियर्सन के मत को सटीक ढंग से प्रस्तुत करना है।
8. हजारी प्रसाद द्विवेदी, हिन्दी साहित्य की भूमिका, हिन्दी ग्रन्थ रत्नाकर, बम्बई, 1948, पृ. 44
9. वही, पृ. 45
10. कृष्णा शर्मा, भक्ति एण्ड द भक्ति मूवमेंटः अ न्यू पर्सपेक्टिव, मुंशीराम मनोहरलाल पब्लिशर्स, नयी दिल्ली, 2015
11. जॉर्ज ए. ग्रियर्सन, मॉडर्न हिन्दुइज़्म एण्ड इट्स डेब्ट टु द नेस्टोरियंस, द जर्नल ऑफ़ द रॉयल एशियाटिक सोसायटी ऑफ़ ग्रेट ब्रिटेन एण्ड आयरलैंड, अप्रैल 1907, पृ. 317 https://www.jstor.org/stable/25210407?read-now=1 &seq =7#page_scan_tab_contents
12. रामचन्द्र शुक्ल, भक्ति का विकास, 'सूरदास' में संकलित, नागरी प्रचारिणी सभा, वाराणसी, संवत् 2026, पृ. 44
13. जॉर्ज ए. ग्रियर्सन, मॉडर्न हिन्दुइज़्म एण्ड इट्स डेब्ट टु द नेस्टोरियंस, द जर्नल ऑफ़ द रॉयल एशियाटिक सोसायटी ऑफ़ ग्रेट ब्रिटेन एण्ड आयरलैंड, अप्रैल 1907, पृ. 319

14. जॉर्ज ए. ग्रियर्सन, वही, पृ. 313
15. वही।
16. सुरेन्द्रनाथदास गुप्त, ए हिस्ट्री ऑफ़ इंडियन फिलॉसफ़ी, खण्ड–3, कैम्ब्रिज, 1922, पृ. 63
17. क्षितिमोहन सेन, मिडिएवल मिस्टिसिज़्म ऑफ़ इंडिया', लुजाक एण्ड कं., लन्दन, 1935, पृ. 46
18. वही, पृ. 45
19. जॉन स्ट्रेटन हॉली, द भक्ति मूवमेंट–फ्रॉम वेयर? सिंस वेन?, इंडिया इंटरनेशनल सेंटर, पृ. 12
20. हॉली द्वारा उद्धृत, पृ. 11
21. जॉन स्ट्रेटन हॉली, द भक्ति मूवमेंट–फ्रॉम वेयर? सिंस वेन?, इंडिया इंटरनेशनल सेंटर, पृ. 7
22. परशुराम चतुर्वेदी, मध्यकालीन प्रेमसाधना, साहित्य भवन, इलाहाबाद, 1952, पृ. 6–7
23. वही, पृ. 20
24. के. दामोदरन, भारतीय चिन्तन परम्परा, पीपुल्स पब्लिशिंग हाउस, नयी दिल्ली, पृ. 247
25. परशुराम चतुर्वेदी, मध्यकालीन प्रेमसाधना, साहित्य भवन, इलाहाबाद, 1952, पृ. 27
26. वही, पृ. 27–28

भक्ति की दार्शनिक पृष्ठभूमि-एक

भक्ति को धर्म का हृदय तथा धर्म का रसात्मक रूप कहा गया है। भक्तिरसामृतसिन्धु में रूप गोस्वामीजी ने भक्ति को रस रूप में स्थापित करते हुए इसकी रसात्मकता को विस्तृत सैद्धान्तिक आधार दिया है। आचार्य रामचन्द्र शुक्ल ने अपने एक प्रसिद्ध निबन्ध में श्रद्धा और प्रेम के योग को भक्ति कहा है। भक्ति के अन्तर्गत ईश्वर की प्रेममयता और ईश्वर से भक्त के प्रेमपूर्ण सम्बन्ध को सर्वत्र स्वीकार किया गया है। बल्कि यह प्रेममयता ही तो भक्ति का आधार है, जिसने ईश्वर सम्बन्धी समस्त पूर्व चिन्तन से भक्ति का एक अलग अस्तित्व स्थापित किया। समस्त भक्ति साहित्य में हमें इस प्रेममयता के दर्शन होते हैं। धर्म और उपासना के क्षेत्र में माधुर्य भाव की स्थापना इसी प्रेममयता का प्रमाण है। आश्चर्य नहीं कि भक्तिकाल का आधे से ज़्यादा साहित्य माधुर्य भाव में डूबा हुआ है। भक्ति की इस प्रेममयता का दार्शनिक आधार क्या है? भक्ति की कौन–सी दार्शनिक परम्परा या परम्पराएँ रही हैं, जिसने भक्ति के साहित्य को प्रभावित किया है? और इन सबके लिए भक्ति का क्या अभिप्राय है? आगे हम इन्हीं प्रश्नों पर विचार करेंगे।

व्युत्पत्ति के आधार पर देखें, तो भक्ति शब्द 'भज्' धातु से बना है, जिसका अर्थ है–सेवा करना और भक्ति शब्द का अर्थ है भगवान की सेवा।[1] पाणिनि ने अष्टाध्यायी में भक्ति का अर्थ अनुराग और साहचर्य बताया है। पाणिनि के समय भक्ति शब्द का प्रयोग ईश्वर की भक्ति के लिए निश्चित नहीं हुआ था। इसलिए उसमें इसका दार्शनिक और धार्मिक अर्थ नहीं मिलता।

भक्ति की दार्शनिक और धार्मिक अवधारणा सर्वप्रथम श्रीमद्भगवद्गीता में मिलती है। इसमें भगवान श्रीकृष्ण अर्जुन को उपदेश देते हुए भक्ति और भक्त के स्वरूप को स्पष्ट करते हैं। भगवद्गीता के पाँचवें, आठवें, नौवें, दसवें, ग्यारहवें, बारहवें और अठारहवें अध्याय में भक्ति से सम्बन्धित श्लोक

अलग–अलग सन्दर्भों के साथ मिलते हैं। इसके अलावा भगवद्गीता जिस महाभारत का अभिन्न अंग है, उसके शान्तिपर्व के नारायणी उपाख्यान में भी भक्ति सम्बन्धी चर्चा की गयी है।

भगवद्गीता में भक्ति का स्वरूप

भगवद्गीता में भक्त और भक्ति से सम्बन्धित श्लोकों में कृष्ण ने स्वयं को सर्वज्ञ, अनादि, अचिंत्यस्वरूप, अचल, निराकार, सर्वव्यापी, निर्गुण ब्रह्म, परम पुरुष, परम दिव्य पुरुष आदि के साथ सहृदय (6:29) भी कहा है और जो उनकी भक्ति करता है, उसे शान्ति प्रदान करने वाला, परमगति प्रदान करने वाला, उसका उद्धार करने वाला, अपनी शरण में लेने वाला कहा है। इसमें भक्ति के जिस स्वरूप का उपदेश दिया गया है, उसमें योग का मार्ग भी सम्मिलित है। योगयुक्त भक्ति का उपदेश अनेक श्लोकों में दिया गया है। स्वयं श्रीकृष्ण योगेश्वर कहे गये हैं। इसी कारण सभी विद्वानों ने गीता में सांख्य दर्शन का व्यापक प्रभाव माना है। स्वयं गीता के भीतर विभूतियोग के अन्तर्गत सांख्य दर्शन के प्रणेता कपिल मुनि का उल्लेख किया गया है। योगयुक्त भक्ति के सम्बन्ध में गीता में कहा गया है–हे अर्जुन, जो मुझमें अनन्य चित्त होकर सदा ही निरन्तर मुझे स्मरण करता है, उस नित्य निरन्तर मुझमें युक्त हुए योगी के लिए मैं सुलभ हूँ, अर्थात् उसे सहज ही प्राप्त हो जाता हूँ। (8:14) परमसिद्धि को प्राप्त महात्माजन मुझको प्राप्त होकर दुखों के घर और क्षणभंगुर पुनर्जन्म को प्राप्त नहीं होते। (8:15) एक स्थान पर कहा गया है–यदि तू मुझमें मन को अचल स्थापन करने के लिए समर्थ नहीं है तो हे अर्जुन, अभ्यासरूप योग के द्वारा मुझको प्राप्त होने के लिए इच्छा कर। (12:9)

ईश्वर या परमात्मा को भक्ति से ही प्राप्त किया जा सकता है, इसकी सर्वत्र स्वीकृति है। जैसे–हे पार्थ, जिस परमात्मा के अन्तर्गत सर्वभूत हैं और जिस परमात्मा से यह समस्त जगत् परिपूर्ण है, वह सनातन अव्यक्त परमपुरुष तो अनन्य भक्ति से ही प्राप्त किया जा सकता है। (8:22) गीता में श्रीकृष्ण अर्जुन को अपना विराट, अलौकिक स्वरूप दिखाने के बाद कहते हैं–जिस रूप में तुमने मुझे देखा है, उस रूप को न वेदों से, न तप से, न दान से, न यज्ञ से देखा जा सकता है। उसे केवल भक्ति से देखा जा सकता है। (11:48,53,54) परम दिव्य पुरुष की समस्त विभूति का विस्तृत

वर्णन दसवें अध्याय 'विभूतियोग' में हुआ है। इस सम्बन्ध में आचार्य शुक्ल ने कहा है–"गीता के विभूतियोग में भगवान की अनन्त दीप्ति, शक्ति, सौन्दर्य, ऐश्वर्य, माधुर्य आदि को सामने करके मनुष्य का हृदय उनकी ओर आकर्षित किया गया। ईश्वर के स्वरूप पर मन का लुभाना या आकर्षित होना ही भगवत् प्रेम है, जिसे भक्ति कहते हैं।"[2] लेकिन गीता में जो भक्ति–वर्णन है, वह मध्यकाल में जिस भक्ति का व्यापक प्रचार होता है, जिसका प्रेममय भक्ति का स्वरूप है, उससे अलग है, इसमें सन्देह नहीं। इसमें ईश्वर का प्रेममय स्वरूप न होकर अधिकतर उद्धारकर्ता का स्वरूप है, जो भक्तों को अपनी शरण में लेता है और मुक्ति तथा परमगति प्रदान करता है। गीता के अठारहवें अध्याय में कहा गया है–भक्ति के द्वारा वह इस बात को जान लेता है कि मैं वस्तुतः कौन हूँ और कितना हूँ। तब तत्त्व रूप में मुझे जान लेने के बाद वह मुझमें प्रवेश कर जाता है। (18:55) इसकी व्याख्या सर्वपल्ली राधाकृष्णन ने इस प्रकार की है–"ज्ञाता तथा भक्त परमेश्वर, पूर्ण पुरुष के साथ आत्मज्ञान और आत्मानुभव में एकाकार हो जाता है। ज्ञान और भक्ति दोनों का एक ही लक्ष्य है। ब्रह्म बनने का अर्थ है–परमात्मा से प्रेम करना, उसे पूरी तरह जानना और उसमें प्रवेश कर जाना।[3] अठारहवें अध्याय में ही कहा गया है–तुम सभी धर्मों अर्थात् सभी कर्तव्यों को त्यागकर केवल मेरी शरण में आ जाओ। तुम दुखी मत हो, मैं तुम्हें सभी पापों से मुक्त कर दूँगा। (18:66) इसलिए जैसा कि आचार्य परशुराम चतुर्वेदी ने कहा है, "ऐसे कथनों में भक्ति के शरणागति तत्त्व का अंश तो आ जाता है, किन्तु इसमें हमें उसके व्यापक रूप के दर्शन नहीं होते, जो प्रेम भाव के समाहित हो जाने पर निर्मित होता है और जो हमें सर्वप्रथम मध्यकाल में ही दिख पड़ता है।"[4]

वेदग्रन्थों में पूजा और यज्ञ का विधान

भगवद्गीता से पहले उपनिषदों में एकाधिक अवसरों पर भक्ति के प्रेममय स्वरूप की थोड़ी अस्पष्ट अभिव्यक्ति मिलती है। उससे पहले आये वेदग्रन्थों में इस तरह का कोई आभास नहीं मिलता। वेदों में यज्ञ पर आधारित 'पूजा' का विधान था, जबकि उपनिषदों में 'उपासना' को प्रधानता दी गयी, जिसे भक्ति की दिशा में एक क़दम आगे की प्रगति कहा जा सकता है। वैदिक युग में धर्म पूरी तरह से निर्वैयक्तिक परमात्मा पर और यज्ञ द्वारा परमात्मा को प्रसन्न करने की पद्धति पर आधारित था। भक्ति के विकास पर विचार

करते हुए शुक्लजी ने लिखा है–"अत्यन्त प्राचीन काल में देवता ऐसे शासक के रूप में थे, जिनकी प्रसन्नता और अप्रसन्नता का सम्बन्ध पूजा के साथ ही था, मनुष्य के शील या आचरण के साथ नहीं। इसी के अनुरूप पूजा का उद्‌देश्य अपना सुख रहता था। पहले तो सुख इसी लोक का सुख या अभ्युदय था। पर आगे चलकर जब परलोक की भावना हुई तब परलोक के सुख या 'निःश्रेयस' की कामना भी होने लगी।"[5] वे आगे लिखते हैं– "प्राचीन काल के मनुष्यों में देवता के प्रति तीन भाव हो सकते थे–भय, लोभ और कृतज्ञता। इन तीनों भावों में मन सुख की ओर ही उन्मुख रहता है, देवता की ओर नहीं। कृतज्ञता कुछ उदार वृत्ति है, पर उसमें भी ध्यान मुख्यतः 'कृत' या किये हुए उपकार पर ही रहता है, उपकार करने वाले पर नहीं। कृतज्ञ कृत के स्वरूप में अनुरक्त रहता है, कर्ता के स्वरूप में नहीं। लोभ, भय और कृतज्ञता, इन तीनों भावों का प्रकाश विनीत वचन, स्तुति और उत्तम द्रव्यों की भेंट द्वारा पूरी तरह से हो जाता है। इन तीनों भावों की प्रेरणा 'पूजा' तक ही पहुँचती है। प्राचीन यज्ञ जिसे 'द्रव्ययज्ञ' भी कहते हैं, इसी पूजा के विधान हैं। इस विधान में मानस पक्ष या हृदय पक्ष का पूज्य के साथ पूरा योग नहीं था। मन्त्र काल या वैदिक काल में सामान्य प्रवृत्ति इसी द्रव्ययज्ञ की थी।"[6]

लेकिन यज्ञ और कर्मकाण्ड का विधान करने वाले वेदग्रन्थों में भी कभी–कभार ऐसा उल्लेख मिलता है, जो भक्ति का आभास देता जान पड़ता है। ऋग्वेद के एक श्लोक में कहा गया है, "मेरे समस्त विचार सुख की प्राप्ति के लिए इन्द्र की स्तुति करते हैं और उसी को प्राप्त करने की प्रबल अभिलाषा रखते हैं। वे उसका उसी प्रकार से आलिंगन करती हैं, जैसे पत्नियाँ सुन्दर पति का आलिंगन करती हैं। वह जो दैवी उपहारों का प्रदाता है, वह मेरी सहायता करे। मेरा मन तेरी ओर प्रेरित होता है और तुझसे विमुख नहीं होता। मैं अपनी इच्छा को तेरे ऊपर केन्द्रित करता हूँ, हे अत्यन्त पुकारे जाने वाले।"[7]

उपनिषद्‌काल में ईश्वर और उपासना सम्बन्धी दर्शन

उपनिषद् काल में थोड़ा परिवर्तन होता है। उपनिषदों में पूजा से बढ़कर उपासना का प्रवर्तन किया गया, जिसमें अखिल, व्यापक परोक्ष शक्ति के स्वरूप का अधिक परिचय कराकर मनुष्य का हृदय उसके कुछ और पास पहुँचाया गया।

इसी अधिक परिचय के अनुरूप अभिव्यक्त का और हृदय का योग भी कुछ अधिक हुआ।[8] पूज्य के लिए जहाँ केवल अर्जित द्रव्यों का, जो व्यक्ति की सत्ता से बाहर की वस्तुएँ हुआ करती थीं, का अर्पण अपेक्षित था, वहाँ इस उपासना में व्यक्ति की भीतरी वृत्ति को, उसके जीवन के कुछ अंश को लगाना आवश्यक हुआ। छान्दोग्य उपनिषद् में साफ़ कहा गया कि मनुष्य का जीवन भी एक प्रकार का यज्ञ ही है। यह यज्ञ ज्ञानयज्ञ कहा गया। ज्ञानयज्ञ का अभिप्राय बुद्धि और हृदय, बुद्धिवृत्ति और रागात्मिका वृत्ति दोनों को ब्रह्म या परमात्मा में लगाना है। इस ज्ञानयज्ञ को द्रव्ययज्ञ से श्रेष्ठ माना गया।[9]

उपनिषद्काल में धर्म या साधना के क्षेत्र में तीन तरह के मार्ग मिलते हैं—कर्मकाण्ड, ज्ञानकाण्ड और उपासनाकाण्ड। 'काण्ड' का अर्थ है मार्ग। उपासनाकाण्ड के बारे में आचार्य परशुराम चतुर्वेदी ने लिखा है, "इस मार्ग का अनुसरण करने वाले बहुत से साधक अन्तर्मुखी वृत्ति के थे, जिनका अधिक प्रयास ध्यान की ओर होता था और उनकी इसी विशेषता के आधार पर उनके मार्ग को योगमार्ग की संज्ञा दी जाती है। किन्तु उनमें से अनेक ऐसे भी थे जो देवों की स्तुति किया करते थे और उनसे अपने ऐहिक अभीष्ट की याचना करते रहते थे। वे प्राचीन भक्तिमार्गी थे, जिनके भक्तिमार्ग में पीछे चलकर बहुत से परिवर्तन हुए।"[10]

उपनिषदों के ज्ञानकाण्ड के अन्तर्गत ब्रह्म सम्बन्धी समस्त चिन्तन मिलता है। इस ब्रह्मचिन्तन से ही आगे चलकर वेदान्तदर्शन का विकास हुआ। इसमें ब्रह्म के निर्गुण और सगुण दो स्वरूपों की व्याख्या की गयी है। वृहदारण्यक उपनिषद्, छान्दोग्य उपनिषद्, मुण्डकोपनिषद् आदि उपनिषद् ग्रन्थों में ब्रह्म सम्बन्धी चिन्तन विस्तार से मिलता है। मुण्डकोपनिषद् में ही वह प्रसिद्ध श्लोक है, जिसमें कहा गया है कि ब्रह्म को जान लेने वाला ब्रह्म हो जाता है। (ब्रह्मवित् ब्रह्मैव भवति) छान्दोग्य उपनिषद् के एक श्लोक में कहा गया है कि "यह सब कुछ परमात्मा ही है, जो ऐसा मानता और समझता है, वह परमात्मा में परम अनुराग, परमात्मा में ही क्रीड़ा, उन्हीं में संयोग का सुख और उन्हीं में आनन्द का अनुभव करता हुआ परमात्मरूप हो जाता है।" शाण्डिल्यसूत्र के व्याख्याकार के अनुसार इसमें दर्शन, मनन आदि ज्ञान के साधन आत्मरतिरूप भक्ति के अंग हैं।

वृहदारण्यक उपनिषद् के एक श्लोक में ब्रह्मानुभूति या ब्रह्मानन्द की अनुभूति की तुलना प्रियतमा के आलिंगन से दी गयी है, जिसे उपनिषद्काल में प्रेममय भक्ति का आभास माना जा सकता है। "जिस प्रकार कोई पुरुष अपनी प्रियतमा द्वारा आलिंगित होने पर सभी बाहरी व भीतरी बातों को भूल जाता है, इसी प्रकार जीवात्मा भी परमात्मा के साथ संयुक्त हो जाने पर सभी बाहरी व भीतरी बातों का ज्ञान खो देता है।"[11] यह परमात्मा और जीवात्मा के मिलन की प्रबल अभिव्यक्ति है। इस दृष्टान्त के सम्बन्ध में आचार्य परशुराम चतुर्वेदी ने लिखा है–"ब्रह्म के स्वरूप की तुलना किसी प्राकृत पुरुष द्वारा अनुभूत उसकी पत्नी के आलिंगनजनित आनन्द के साथ की गयी है। किसी साधक के अपने इष्टदेव के साथ मिलन तथा तज्जन्य आनन्दानुभूति के इस रूप को सूफ़ियों ने भी अपने ढंग से प्रकट किया है।"[12] पीताम्बरदत्त बड़थ्वाल इस दृष्टान्त का उदाहरण भक्तिकाल की निर्गुण भक्ति के सन्दर्भ में देते हुए कहते हैं–"हिन्दुओं के लिए यह नितान्त नयी अनुभूति नहीं थी। पुरुष एवं प्रकृति, सांख्य दर्शन के अनुसार विश्व की प्रेमभरी लीला में पुरुष एवं स्त्री के ही प्रतीक बहुत काल से समझे जाते रहे। उपनिषदें भी जिन्हें शुद्ध तत्त्वज्ञान के ग्रन्थ समझा जाता है, परमात्मा से जीवात्मा के मिलन की तुलना दो प्रेमियों के आलिंगन के साथ करती हैं।"[13] उनका स्पष्ट मत है कि "उपनिषदों का उद्देश्य जितना रूपकों के आधार पर उक्त सम्बन्ध का वर्णन करना नहीं था, उतना अनुभूति के बल पर उसे व्यक्त करना था।" लेकिन आचार्य रामचन्द्र शुक्ल इसे अनुभूति का अनुमान कराने के लिए प्रयोग किया गया एक दृष्टान्त भर मानते हैं। उनके अनुसार, "वह वचन केवल दृष्टान्त रूप में कहा गया है। 'जैसे' शब्द से यह बात स्पष्ट है। उसमें उपास्य ब्रह्म की प्रियतमा के रूप में भावना नहीं है।"[14] लेकिन आगे वे स्वयं इस तरह के एक और दृष्टान्त का उल्लेख करते हैं–"एक स्थान पर उपनिषद् में यही बात इस ढंग से कही गयी है कि ब्रह्म–साक्षात्कार का आनन्द या ब्रह्मानन्द प्रियतमा के समागम से सौ गुना होता है।" ब्रह्मानुभूति के क्षेत्र में प्रयुक्त इस तरह के दृष्टान्त भक्तिकाल में माधुर्यभाव की भक्ति के रूप में परिणत होते हैं, इसमें कोई सन्देह नहीं। दृष्टान्त के रूप में ही देखें, तो भी यह अध्यात्म के भीतर समाज का, ठोस लौकिक क्षेत्र में अनुभूत आनन्द के यथार्थ का प्रवेश है। अध्यात्म और दर्शन से इसे बाहर निकाला नहीं जा सकता, यह दृष्टान्त हमें इसका

संकेत भी देता है। कोई भी दर्शन हवा में जन्म नहीं लेता, उसका ठोस सामाजिक–ऐतिहासिक धरातल होता है, जिसमें वह विकसित होता है। वेद, गीता, उपनिषद्, ये सभी दर्शन किसी मानवमुक्त अनैतिहासिक काल और अनैतिहासिक स्थान में नहीं रचे गये। इसलिए इनका एक छोर पारलौकिक सत्य की दिशा बताता है, तो दूसरा छोर मानव सत्य की दिशा बताता है।

इसके अलावा भक्ति की दार्शनिक परम्पराओं पर और बात आगे बढ़ाने से पहले इससे सम्बन्धित एक और तथ्य का कथन उचित होगा, जिस पर विद्वानों ने बहुत कम विचार किया है और हम भी विषयान्तर के भय से विस्तार में नहीं जायेंगे। वेद, उपनिषद्, गीता आदि प्राचीन काल के जो दार्शनिक ग्रन्थ हैं, वे अपने समय के समस्त समाज का प्रतिनिधित्व नहीं करते दिखते। उस समय का समाज भी कोई एकरूप समाज नहीं था। अनेक तरह की विकसित और अविकसित सामाजिक–राजनीतिक संस्थाएँ थीं। अलग–अलग भौगोलिक क्षेत्रों में अनेक तरह के समाज थे। एक ही भौगोलिक क्षेत्र के भीतर भी पूर्ण एकरूपता नहीं थी। वर्णव्यवस्था की उपस्थिति स्वयं सामाजिक अनेकरूपता का ही प्रतिबिम्ब है। वेद, उपनिषद्, गीता आदि में व्यक्त दर्शन परम्पराओं से अलग भी समाज में दर्शन की अल्पविकसित, अविकसित परम्पराएँ रही होंगी, जिन्हें लिपिबद्ध नहीं किया गया होगा। उपनिषदों के भीतर भी एकरूपता नहीं मिलती। उनमें भी परस्पर विरोधी दर्शन मिलते हैं। वे अलग–अलग अनेक ऋषियों द्वारा, वाद–विवाद की प्रक्रिया में अलग–अलग समयों में रचे गये। इसलिए कुछ ग्रन्थों में निर्गुण ब्रह्म की व्यापक स्वीकृति मिलती है तो कुछ ग्रन्थों में सगुण ब्रह्म के स्वरूप की भी विस्तृत व्याख्या मिलती है। किसी ग्रन्थ में विशुद्ध निवृत्तिपरक ज्ञानमार्ग और ब्रह्मचिन्तन है, तो किसी में हृदयपक्ष को भी समन्वित किया गया है। यही कारण है कि इन उपनिषदों के सार को ग्रहण करते हुए बाद में जो ब्रह्मसूत्र या वेदान्तसूत्र रचा गया, जिससे वेदान्त दर्शन का विकास हुआ, और शंकराचार्य, रामानुजाचार्य, मध्वाचार्य और निम्बाकाचार्य ने जिसकी टीकाएँ लिखीं, सबमें आपस में व्यापक भिन्नताएँ मिलती हैं।

भगवद्गीता में भी देखें तो अपने पूर्व के कई दर्शनों का समाहार इसमें मिलता है। प्राचीनकाल में ही दर्शन की अनेक और परम्पराएँ मिलती हैं, जिनमें प्रमुख छह दर्शनों की परम्पराओं को सम्मिलित रूप से षट्दर्शन भी कहा जाता है। न्याय दर्शन, वैशेषिक दर्शन, मीमाँसा दर्शन, सांख्य दर्शन,

योग दर्शन और वेदान्त दर्शन। इन छह दर्शनों में भी व्यापक भिन्नताएँ हैं। निश्चित रूप से समाज में इन सबका कम या ज़्यादा प्रभाव रहा होगा। एक–दूसरे का सामाजिक विरोध भी रहा होगा। इन दर्शनों के अलावा चार्वाक या लोकायत दर्शन, जो सर्वाधिक भौतिकवादी दर्शन है, तथा बौद्ध दर्शन और जैन दर्शन की भी परम्पराएँ हैं, जिनका आविर्भाव छठी सदी ईसवी पूर्व में हुआ, लेकिन उनकी परम्परा और समाज में उनका प्रभाव आगे बहुत लम्बे समय तक दिखाई देता है। भक्ति की दार्शनिक परम्पराओं का इन सभी दर्शनों से किसी न किसी प्रकार का सम्बन्ध है। कहीं टकराहट के रूप में, तो कहीं स्वीकार के रूप में। और कहीं वाद–विवाद–संवाद या सामंजस्य के रूप में। इस तरह आगे जब हम पुराणकाल में भक्ति के दर्शन के विकास की बात करेंगे, तो इसका यह अभिप्राय नहीं कि वेद, उपनिषद् और गीता के बाद दर्शन की परम्पराएँ ख़त्म हो गयीं और सीधे सातवीं सदी के आस–पास पुराणकाल में ही दर्शन का पुनः आविर्भाव हुआ।

पुराण ग्रन्थों में, मुख्यतः भागवत पुराण में प्रेममय भक्ति का जो दर्शन प्रतिपादित किया गया, वह अभूतपूर्व था। लेकिन उसका भी निश्चित सामाजिक और ऐतिहासिक आधार था। उसी तरह जैसे उसके पूर्व की दार्शनिक परम्पराओं का समाजिक–ऐतिहासिक आधार था।

भागवत पुराण में भक्ति का दर्शन

पुराणकाल में भक्ति के दर्शन का वास्तविक उत्कर्ष होता है। सातवीं सदी के आस–पास रचित (इसके रचनाकाल को लेकर विद्वानों में मतभेद है। इसे सातवीं सदी, आठवीं सदी और नौवीं सदी में रचा हुआ भी माना गया है। सर्वपल्ली राधाकृष्णन ने इसका रचनाकाल नौवीं सदी माना है।[15] श्रीमद्भागवतपुराण में भक्ति के जिस स्वरूप को प्रस्तुत किया गया, उसने परवर्ती काल में प्रायः समस्त भारत के भक्ति आन्दोलन और भक्ति साहित्य को प्रभावित किया। अखिल भारतीय स्तर पर भक्ति आन्दोलन को सर्वाधिक प्रभावित करने का श्रेय किसी एक ग्रन्थ को देना हो, तो वह इसी धर्मग्रन्थ को देना होगा। इसके महत्त्व पर टिप्पणी करते हुए शुक्लजी लिखते हैं–"गीता और भागवत पुराण, ये ही वैष्णव भक्ति के दो प्रधान ग्रन्थ हैं, जिनमें गीता प्राचीन है और भक्ति का कर्म–ज्ञान–समन्वित रूप प्रत्यक्ष करती है। उसके पीछे भागवत में कर्म और ज्ञान के क्षेत्र से अलग भक्ति का स्वतन्त्र क्षेत्र तैयार किया गया।"[16]

भक्ति का यह स्वतन्त्र क्षेत्र क्या है और इसके आविर्भाव के कारण क्या रहे, इस पर चर्चा करने से पहले हम इसके महत्त्व से सम्बन्धित एक और टिप्पणी यहाँ उद्धृत करेंगे। "श्रीमद्भागवतपुराण मध्यकालीन युग के लिए कदाचित सबसे महत्त्वपूर्ण भक्ति–ग्रन्थ सिद्ध हुआ। इसके आदर्श पर अथवा इसके विषय और वर्णन–शैली का अनुसरण करते हुए अन्य कई पुराणों की भी रचना की गयी। इसकी विविध टीकाएँ लिखी गयी, अनुवाद किये गये तथा इसकी कृष्णकथा के आधार पर उस अवतार का गुणानुवाद प्रायः प्रत्येक प्रचलित भाषा में किया जाने लगा। इस प्रकार एक ऐसे भक्ति साहित्य की सृष्टि हो गई, जिसका प्रभाव संगीत, चित्रकला और मूर्तिकला पर भी पड़ने लगा। मध्यकालीन भारत में जहाँ एक ओर रामानुजाचार्य आदि धर्मसुधारक भक्तितत्त्व का प्रतिपादन अपने दार्शनिक भाष्यों द्वारा कर रहे थे और उसकी व्याख्या नारद, शाण्डिल्य आदि के भक्तिसूत्रों के द्वारा होती जा रही थी, वहाँ इस प्रकार के साहित्य ने विविध रोचक कथाओं के आधार पर उसका सपष्टीकरण भी कर डाला और इस बात में उक्त कलाओं ने उसे भरपूर सहयोग प्रदान किया। भक्ति की सरिता बहुमुखी होकर एक साथ विविध स्रोतों से फूट निकली और धार्मिक क्षेत्र को वह सभी ओर से आप्लावित करने लगी, जिसका परिणाम यह हुआ कि जिन लोगों के इष्टदेव श्रीकृष्णावतार से भिन्न थे, अथवा जो वैष्णव सम्प्रदाय से भिन्न वर्गों के अनुयायी तथा अन्य धार्मिक विचारधाराओं तक के समर्थक थे, वे भी इसके न्यूनाधिक प्रभाव में आ गये।"[17]

भागवत पुराण में एकान्तिक भक्ति के स्वरूप को प्रस्तुत किया गया। इसमें निर्वैयक्तिक ईश्वर या ब्रह्म की जगह प्रेममय, वैयक्तिक ईश्वर की अवधारणा को प्रतिपादित किया गया, जहाँ ईश्वर प्रेम करता है और ईश्वर को प्रेम किया जा सकता है। भागवत पुराण, भागवतम् या भागवत महापुराण की रचना बारह स्कन्धों में की गयी है। इन बारह स्कन्धों में 355 अध्याय और 18,000 श्लोक हैं। भागवत पुराण में अवतारवाद को पूरी तरह से स्थापित किया गया है। इसमें भगवान के प्रसिद्ध अवतारों सहित कुल 24 अवतारों की चर्चा की गयी है, जिनमें कुछ प्रसिद्ध ऋषि मुनियों के नाम भी शामिल हैं। इस सम्बन्ध में आचार्य हजारी प्रसाद द्विवेदी ने लिखा है–इस युग में अवतार को मानने वाली दृष्टि में थोड़ा परिवर्तन भी हुआ। पहले विश्वास किया जाता था कि भगवान दुष्टों के दमन और साधुओं के परित्राण

के लिए अवतार धारण करते हैं—गीता में अवतार का यही हेतु बताया गया है—किन्तु बाद में इस दृष्टिकोण में परिवर्तन हुआ। भागवत पुराण के अनुसार भगवान बैकुंठ आदि धामों में तीन रूपों में रहते हैं—स्वयंरूप, तदेकात्मरूप और आवेशरूप। स्वयंरूप तो श्रीकृष्ण हैं। तदेकात्मरूप में उन अवतारों की गणना होती है जो तत्त्वतः भगवतरूप होकर भी रूप और आकार में भिन्न होते हैं। मत्स्य, वाराह, कूर्म आदि इसके उदाहरण हैं। ज्ञानशक्ति आदि विभाग द्वारा भगवान जिन महत्तम जीवों में आविष्ट होकर रहते हैं, उन नारद, शेष, सनकनन्दन आदि महानुभावों को आवेशरूप कहा जाता है। इस काल तक आकर यह विश्वास किया जाने लगा कि भगवान के अवतार का मुख्य हेतु भक्तों पर अनुग्रह करने के लिए लीला का विस्तार करना ही है। भक्त भगवान के चरित का अनुशीलन किसी अन्य उद्देश्य से नहीं, भक्ति पाने के उद्देश्य से करते हैं। (59—60)

भागवत के प्रथम स्कन्ध में मुख्य रूप से भक्ति के अध्यात्म या दार्शनिक पक्ष की चर्चा मिलती है। आगे के स्कन्धों में और मुख्यतः दशम स्कन्ध में भक्ति के व्यावहारिक पक्ष का वर्णन अत्यन्त मधुर भाव से किया गया है। दशम स्कन्ध में कृष्ण की समस्त मधुर लीलाओं का वर्णन है। इसमें वर्णित रासलीला, वेणुगीत, गोपीगीत, युगलगीत और भ्रमरगीत माधुर्य भक्ति को सर्वोत्कृष्ट रूप में प्रस्तुत करते हैं, जिनका महत्त्व भक्ति, अध्यात्म और साहित्य सभी दृष्टियों से है। दशम स्कन्ध में बताया गया है कि कन्याओं ने सर्वोच्च देवी कात्यायनी से प्रार्थना की कि वे उन्हें पति के रूप में कृष्ण को प्रदान करें। पूरे दशम स्कन्ध में कथा की दृष्टि से एक तरफ़ गोपियों को लौकिक परकीया स्त्रियों के रूप में दिखाया गया है, जो कृष्ण से प्रेम करती हैं, लेकिन अध्यात्म की दृष्टि से गोपियाँ जीवात्मा हैं और श्रीकृष्ण परमात्मा। दशम स्कन्ध में चित्रित माधुर्य भक्ति के अन्तर्गत गोपीभाव की भक्ति को प्रतिपादित किया गया है, जिसके अनुसार सर्वोच्च भगवान ही एकमात्र पुरुष हैं। ब्रह्मा से लेकर नीचे तक सभी प्राणी स्त्रियों की भाँति हैं, जो उनसे मिलने के लिए लालायित हैं। भक्तिकाल में मीराबाई जब वृन्दावन में जीवगोस्वामी से मिलने की इच्छा प्रकट करती हैं, तो एक शिष्य उन्हें यह कहकर मना कर देता है कि स्वामीजी किसी स्त्री से नहीं मिलते। इस पर मीराबाई कहती हैं, इस संसार में श्रीकृष्ण के अतिरिक्त और कौन पुरुष है? शेष सभी तो स्त्रियाँ ही हैं। तो वह उसी भाव को प्रकट करती हैं, जो भागवत में वर्णित है।

भागवत में ब्रह्म, जीव, जगत, प्रकृति और माया को लेकर अद्वैत और द्वैत दोनों प्रकार के वेदान्तिक दृष्टिकोणों का समन्वय मिलता है। अध्यात्म की दृष्टि से अद्वैत की प्रधानता दिखाई देती है और भक्ति के क्षेत्र में द्वैत की। लेकिन माधुर्य भाव की भक्ति के प्रसंगों को देखें, विशेषरूई से रासलीला प्रसंग को, तो वह अद्वैत का उदाहरण जान पड़ता है। इसमें गोपियाँ पहले तो समझती हैं कि यह समस्त संसार कृष्णमय है, सब कुछ कृष्ण ही है। इससे आगे की अवस्था में वे कृष्ण के प्रेमरस में डूबने के बाद समझती हैं कि वे स्वयं भी कृष्ण ही हैं।

भागवत में भगवान की लीलाओं का वर्णन है इसलिए सगुण की महिमा का ही सर्वत्र वर्णन किया गया है, लेकिन अध्यात्म की दृष्टि से निर्गुण ब्रह्म को भी स्वीकार किया गया है। शुकदेवजी राजा परीक्षित से कहते हैं–हे राजन्, गौ, ब्राह्मण, देवता, साधु, धर्म और अर्थ की रक्षा करने के निमित्त भगवान समय–समय पर अवतार ग्रहण किया करते हैं। वे बुद्धि के गुणों से वायु के समान ऊँच और नीच प्राणियों में भ्रमण करते हैं परन्तु वे स्वयं निर्गुण हैं। इससे वे ऊँच–नीच नहीं होते। (619) ईश्वर के निर्गुण या अशरीरी स्वरूप, अविद्या या भगवान की माया आदि विषयों का विवेचन अनेक अवसरों पर किया गया है। देवकी के गर्भ में श्रीकृष्ण के धारण करने पर महादेव, ब्रह्मा, नारद आदि श्रीकृष्ण की स्तुति करते हुए कहते हैं–हे ईश, आप अशरीरी हैं, अतः आपके जन्म का कारण लीला करने के अतिरिक्त और कुछ अनुमान नहीं किया जा सकता। जीवात्माओं का जो उत्पत्ति, स्थिति और संहार होता है, वह आपकी अविद्या से ही होता है। वास्तव में जीवात्मा का भी जन्म आदि कुछ नहीं है। आपने मत्स्य, कच्छप, वराह, हंस, नृसिंह, क्षत्रिय, विप्र और देवताओं में अवतार लेकर संसार और हमारा जैसे पोषण किया है, हे यदुश्रेष्ठ ऐसे ही इस समय पृथ्वी के भारी बोझ को दूर करो, हम सब आपको प्रणाम करते हैं। (708)

भागवत में परब्रह्म के रूप में सर्वत्र हरि या वासुदेव को ही देखा गया है। विभिन्न अवतारों के वर्णन के अन्तर्गत कुछेक श्लोकों में विष्णु का उल्लेख भी हुआ है लेकिन अधिकतर वासुदेव या श्रीकृष्ण को ही परब्रह्म कहा गया है, जो अवतार नहीं हैं, बल्कि अवतारी हैं, जो अपनी माया के कारण विभिन्न रूपों में स्वयं अवतार लेते हैं। एक श्लोक में कहा गया है–ये पूर्वोक्त अवतार तो भगवान की कला हैं परन्तु श्रीकृष्ण तो सोलह कलायुक्त हैं। श्रीकृष्ण स्वयं भगवान हैं। 1.3.28 भीष्म युधिष्ठिर से कहते हैं–"यह श्रीकृष्ण साक्षात् नारायण हैं। अपनी माया से सृष्टि को मोहित करते और

यादवों में गुप्त भाव से विचरते हैं। हे राजा, इनके कर्मों को भगवान शिव, देवर्षि नारद, साक्षात् भगवान कपिल जी जानते हैं।''(29)

श्रीकृष्ण के जन्म के प्रसंग में यह कथन आया है कि श्रीकृष्ण ने निज रूप में ही जन्म ग्रहण किया और श्रीकृष्णरूप में अपनी ही पूजा की। शुकदेव राजा परीक्षित से कहते हैं–हे राजन, श्रीकृष्ण निजरूप से जन्म ग्रहण कर फिर मनुष्याकार हो पिता के घर से ब्रज में आये और वहाँ शत्रुओं का नाश कर ब्रजवासियों की इच्छा पूर्ण की। तदनन्तर बहुत–सी स्त्रियों को ग्रहण कर उन सबमें सौ–सौ पुत्र उत्पन्न किये और लोक में अपने किये वेदमार्ग का विस्तार कर अनेक यज्ञों द्वारा अपनी ही पूजा की। (696)

पुराण ग्रन्थों में ब्रह्मा, विष्णु और शिव तीनों को ही सृष्टिकर्ता कहा गया है। भागवत में एक जगह कहा गया है कि तीनों एक ही हैं, इनमें कोई भेद नहीं है। ब्रह्मवेत्ता अत्रि पुत्र के लिए घोर तप करते हैं और चाहते हैं कि जो जगत का ईश्वर है, वह अपने ही समान मुझे पुत्र दे। उनकी स्तुति सुनकर ब्रह्मा, विष्णु और महेश तीनों पधारते हैं। इस पर अत्रिजी कहते हैं कि ''विश्व की उत्पत्ति, स्थिति और लय के हेतु विभज्यमान माया के गुणों से जो युग–युग में देह ग्रहण करते हैं उन ब्रह्मा, विष्णु, महेश आपको मैं दण्डवत करता हूँ। मैंने तो आपमें से किसी एक की इच्छा की थी। मैंने तो एक ही भगवान विष्णु का नाना उपचारों से पुत्र के हेतु ध्यान किया था, पर आप तीनों कैसे पधारे?'' इस पर वे तीनों कहते हैं, ''जिस एक तत्त्व का तुम ध्यान करते हो, हम तीनों देवता वह एक ही हैं। हममें भेद नहीं है। अब हम तीनों के अंश से तुम्हारे जगत्विख्यात तीन पुत्र होंगे।'' फिर ब्रह्माजी के अंश से चन्द्रमा, विष्णुजी के अंश से दत्तात्रेय और शिवजी के अंश से दुर्वासा उत्पन्न हुए। (219, 4:27–33)

लेकिन भागवत में सृष्टि का मूल कारण विष्णु, वासुदेव या कृष्ण को ही सिद्ध किया गया है। ब्रह्मा को भी एक जगह उनसे उत्पन्न बताया गया है। ''जो भगवान छोटे–बड़े सब प्राणियों के आत्मा हैं, कल्पान्त में केवल वही थे और कुछ नहीं था। उन परमपुरुष की नाभि से एक सुवर्णकमल उत्पन्न हुआ है महाराज, उससे चतुर्मुखी ब्रह्मा उत्पन्न हुए। (623)

भागवत में नवधा या नवरत्नमालिका के रूप में भक्ति के विभिन्न लक्षणों का उल्लेख किया गया है। प्रहलाद–हिरण्यकश्यप संवाद में प्रहलाह हिरण्यकश्यप को भक्ति के नौ लक्षण बताते हैं–

श्रवणंकीर्तनंविष्णो स्मरणंपादसेवनम्।
अर्चनंवंदनन्दास्यं सख्यमात्मनिवेदनम्।।

(7.5 23–24 499–500)

विष्णु की कथा का श्रवण, कीर्तन, स्मरण, पादसेवन, अर्चन, वन्दन, दास्यभाव, मित्रभाव, और आत्मनिवेदन–इन नवलक्षणों वाली भक्ति से विष्णु के प्रति समर्पित होने का यहाँ उपदेश किया गया है। भागवत में जितनी कथाएँ कही गयी हैं, उन सबके माध्यम से सन्त भाव, दास्य भाव, सख्य भाव, वात्सल्य भाव और माधुर्य भाव सभी प्रकार के भक्तिभावों का वर्णन किया गया है। ध्रुव, प्रहलाद, अर्जुन, अम्बरीष, गोप, गोपियाँ, यशोदा आदि अनेक चरित्रों के माध्यम से उक्त सभी प्रकार की भक्ति या भक्तिभावों का निदर्शन करा दिया गया है। दशम स्कन्ध तो भक्ति का सागर ही है।

भागवत में कर्मकाण्ड और ज्ञानकाण्ड के शास्त्रों से भागवत पुराण को श्रेष्ठ बताया गया है क्योंकि इसमें प्रतिपादित भक्तिमार्ग उक्त दोनों मार्गों से श्रेष्ठ है। कहा गया है–मनुष्यों का वही मुख्य धर्म है, जिससे श्रीकृष्ण भगवान में निष्काम और विघ्नरहित भक्ति उत्पन्न हो। (1.2.6) यदि मनुष्यों के भली–भाँति अनुष्ठान किये हुए धर्म से भक्ति की प्राप्ति नहीं होती हो, तो उस धर्म को केवल श्रमरूप ही जानना चाहिए। (1.2.8) इस प्रकार भगवान के भक्तियोग से जिसका मन प्रसन्न हो जाता है, उसको भगवान के तत्त्वों का ज्ञान हो जाता है। (1.2.20) भागवत में निष्काम भक्ति का उपदेश करते हुए सच्चा भक्त उसे माना गया है, जो भगवान से कोई वस्तु नहीं पाना चाहता, स्वयं भगवान को पाना चाहता है, उसके दर्शन और उससे मिलन की आकांक्षा ही जिसका ध्येय है। इसी को अहेतुक भक्ति कहा जाता है। (अहेतुकव्यवहिता या भक्तिः पुरुषोत्तमे।–भागवत) लेकिन इसका यह अर्थ नहीं कि परमगति, मोक्ष आदि धारणाओं की भागवत में अवहेलना की गयी है। इसके अनेक स्कन्धों के अनेक अध्यायों में और दशम स्कन्ध में भी परमगति का विधान किया गया है। इसके अलावा भक्ति के साग़र इस पुराणग्रन्थ में योग के महत्त्व को भी यथास्थान स्वीकार किया गया है। सांख्य दर्शन के प्रवर्तक कपिल मुनि को स्वयं भगवानस्वरूप बताया गया है। और अनेक स्थलों पर श्रीकृष्ण को योगेश्वर कहा गया है। (1.8.14, 1.8.43 आदि) लेकिन निश्चित रूप से इसकी नवीनता माधुर्य भाव की भक्ति को प्रस्तुत करने में है। शुक्लजी ने लिखा है–"भागवत ने कृष्ण की वह मधुर

मूर्ति सामने रखी जो प्यार करने के योग्य थी।...भागवत ने प्यार करने के लिए भगवान को भक्तों के बीच ला खड़ा किया।"[18] इस प्रकार भक्ति का एक नवीन और सुव्यवस्थित दर्शन श्रीमद्भागवत पुराण प्रस्तुत करता है।

पुराणकाल में अन्य अनेक पुराणों और उपपुराणों के माध्यम से भक्ति की दार्शनिक परम्परा को आगे बढ़ाया गया। ब्रह्मवैवर्त पुराण का इस दृष्टि से विशेष महत्त्व है।

भक्तिसूत्रों में भक्ति का स्वरूप

11वीं से 13वीं सदी के बीच रामानुजाचार्य, निम्बार्काचार्य, मध्वाचार्य आदि द्वारा वेदान्त का आधार लेते हुए भक्ति के विभिन्न मत प्रतिपादित किये जाने से पहले भक्ति के दर्शन को सैद्धान्तिक रूप से प्रतिपादित करने वाले तीन छोटे–छोटे परन्तु महत्त्वपूर्ण ग्रन्थ हुए हैं–शाण्डिल्यभक्तिसूत्र, नारदभक्तिसूत्र और नारदपाँचरात्र। बहुत आगे चलकर 16वीं सदी के पूर्वार्द्ध में रूपगोस्वामी द्वारा रचित उज्ज्वलनीलमणि और भक्तिरसामृतसिन्धु में भी भक्ति की अत्यन्त विस्तृत चर्चा मिलती है। शुक्लजी ने नारदसूत्र और नारदपाँचरात्र के बारे में लिखा है कि ये "दो ग्रन्थ तो भागवत के बाद के हैं। शाण्डिल्यसूत्र उसके पहले का हो सकता है।"[19] ऋषि शाण्डिल्य के भक्ति सम्बन्धी मत का उल्लेख नारदसूत्र में मिलता है। श्लोक 19 इससे ये तो सिद्ध होता ही है कि शाण्डिल्यासूत्र नारदसूत्र से पहले की रचना है।

शाण्डिल्यभक्तिसूत्र में भक्ति

शाण्डिल्यभक्तिसूत्र में भक्ति के स्वरूप का विवेचन करते हुए यह स्थापित किया गया है कि भक्ति अनुरागरूप है। उसका स्वरूप ज्ञानात्मक या क्रियात्मक नहीं है। भक्ति का स्वरूप बताते हुए कहा गया है कि भक्ति ईश्वर के प्रति परम अनुरागरूप है। (सापरानुरक्तिरीश्वरे।। शाण्डिल्यभक्तिसूत्र–2 इसे ही पराभक्ति कहा जाता है। एक स्थल पर कहा गया है कि इस अनुराग का कोई प्रयोजन नहीं है। (निर्हेतुका) इसे ही भागवत में अहेतुक भक्ति कहा गया है।

शाण्डिल्यभक्तिसूत्र में यह प्रश्न उठाया गया है कि भक्ति को ज्ञानरूप क्यों न मानें, क्रियारूप क्यों न मानें, अनुरागरूप ही क्यों मानें? और उत्तर देते हुए कहा गया है कि ज्ञान तो द्वेष रखने वाले शत्रु को भी होता है,

परन्तु वह ज्ञातव्य व्यक्ति के प्रति उसकी निष्ठा का बोधक नहीं होता। (ज्ञान मिति चेन्न द्विषऽतोपि ज्ञानस्य तदसंस्थिते) अतः भक्ति ज्ञानरूप नहीं है। भक्ति के उदय होने से ज्ञान का क्षय होता है। (तयोपक्षयाच्च।) इसलिए भी भक्ति और ज्ञान की एकता नहीं है। शाण्डिल्य के अनुसार भक्ति क्रियारूप नहीं है, इसका कारण यह है कि भक्ति कर्ता के प्रयत्न की अपेक्षा नहीं रखती। भक्ति के अनुरागरूप होने के दो कारण दिये गये हैं। एक, कि यह द्वेषभाव की विरोधिनी है। और दूसरा, कि यह रस शब्द से प्रतिपादित है। (द्वेषप्रतिपक्षभावाद्रसशब्दाच्च रागः।) रस शब्द से प्रतिपादित होने के कारण यह रागरूप या अनुरागरूप है।

शाण्डिल्य ने माना है कि भक्ति ही मुख्य है क्योंकि ज्ञान, योग आदि इतर साधन उसकी अपेक्षा रखते हैं। (सामुख्येतरापेक्षितत्वात्।) इस तरह अन्य साधन अंग हैं और भक्ति अंगी है। इसमें लोकानुभव का हवाला दिया गया है कि किसी के रूप का दर्शन, गुण का श्रवण और स्वरूप का परिचय पहले प्राप्त होता है, और उसके प्रति अनुराग बाद में होता है। अतः दर्शन और ज्ञान का फल प्रीति है, प्रीति का फल ज्ञान नहीं। इसलिए ज्ञान अंग है और भक्ति ही अंगी है।

शाण्डिल्य ने भक्ति को कर्म, ज्ञान और योग से श्रेष्ठ सिद्ध करने के लिए गीता का हवाला देते हुए कहा है कि भक्ति सर्वश्रेष्ठ है, यह बात निश्चित है क्योंकि भगवान ने कर्मी, ज्ञानी और योगी से भक्त को श्रेष्ठ बताया है। (तदेव कर्मिज्ञानियोगिभ्य आधिक्य शब्दात्।। 22) शाण्डिल्य ने यह सिद्ध करने का प्रयास किया है कि उपनिषदों का जो ब्रह्मकाण्ड है, जिसमें ब्रह्मतत्त्व का निरूपण किया गया है और जो ज्ञानकाण्ड के नाम से भी जाना जाता है, वह भक्ति के लिए ही है, ज्ञान के लिए नहीं। क्योंकि जैसे ब्रह्मकाण्ड अज्ञात अर्थ का ज्ञान कराता है, उसी प्रकार जो शेष दो काण्ड हैं, वे भी अज्ञात अर्थ का ज्ञान कराते हैं, इस दृष्टि से सभी काण्ड समान हैं। अतः भक्ति के लिए ब्रह्मकाण्ड का आरम्भ होने के कारण उसे 'भक्तिकाण्ड' भी मानना चाहिए।

शाण्डिल्यसूत्र में ब्रह्मज्ञान, ब्रह्म और जीव का स्वरूप, दोनों की एकता और उनमें अन्तर आदि प्रश्नों पर भी विचार किया गया है। इसके लिए उपनिषदों, गीता और जैमिनी आदि दार्शनिकों की भक्ति सम्बन्धी दार्शनिक स्थापनाओं की सहायता ली गयी है। निष्कर्षतः देखें तो इसमें पराभक्ति या

रागानुगा भक्ति की श्रेष्ठता को ही स्थापित किया गया है। भक्ति दो प्रकार की मानी गयी है। पराभक्ति और विधिभक्ति। पराभक्ति स्वतःस्फूर्त और अनुरागरूप को कहते हैं। जबकि विधि–विधान वाले रूप को विधिभक्ति या वैधि भक्ति कहते हैं। गोपियों की कृष्ण के प्रति भक्ति पराभक्ति का उदाहरण है।

नारदभक्तिसूत्र में भक्ति

'नारदभक्तिसूत्र' में भी भक्ति के स्वरूप की व्याख्या की गयी है। नारदभक्तिसूत्र के रचयिता के नाम को लेकर अधिकतर विद्वान एकमत हैं कि ये नारद प्राचीनकालीन देवऋषि नारद से भिन्न कोई और नारद हैं। या फिर सम्भव है, उस युक्ति से रचयिता नारद को कहा गया है, जिस युक्ति से भागवत का रचयिता व्यास को बताया गया है और जिनके पुत्र शुकदेव भागवत कथा का वर्णन करते हैं। पुरुषोत्तम अग्रवाल ने लिखा है, "नारद के नाम से विख्यात भक्तिसूत्रों के ऐतिहासिक कर्ता के बारे में हम कुछ नहीं जानते, लेकिन यह महत्त्वपूर्ण है कि इनका रचनाकाल ग्यारहवीं सदी में माना जाता है।"[20] 'नारदभक्तिसूत्र' में भक्ति की परिभाषा देते हुए इसे परमात्मा के प्रति उत्कट प्रेम बताया गया है। इसके अनुसार भक्ति परमप्रेमरूप है (सा त्वस्मिन् परमप्रेमरूप।। 2) और अमृतस्वरूप भी है। (अमृतस्वरूप च।। 3) इस प्रेमस्वरूप भक्ति के प्राप्त होने पर मनुष्य न किसी वस्तु की इच्छा करता है, न शोक करता है, न द्वेष करता है, न किसी वस्तु में आसक्त होता है और न उसे सांसारिक भोग्य वस्तुओं में उत्साह होता है। (यत्प्राप्य न किंचिद्वांछति, न शोचति न द्वेष्टि, न रमते, नोत्साही भवति।। 5) परमप्रेमरूप भक्ति को जान लेने वाला भक्त उन्मत्त (मस्त) हो जाता है, भक्ति को पाकर वह शान्त हो जाता है और आत्माराम में बदल जाता है। (यज्ज्ञात्वा मत्तो भवति, स्तब्धो भवति, आत्मारामो भवति।। 6)

नारदभक्तिसूत्र में अनुरागमय या प्रेमस्वरूप भक्ति का निश्चय करने के बाद भी शास्त्रों की रक्षा करने का उपदेश दिया गया है क्योंकि इसके अनुसार शास्त्रानुसार कर्म न करने पर मनुष्य के गिर जाने या पतित हो जाने की सम्भावना है। (सूत्र संख्या 12, 13) हालाँकि एक सूत्र में वे स्वयं यह भी कहते हैं कि भक्ति स्वयं प्रमाणस्वरूप है, इसके लिए किसी अन्य प्रमाण की कोई ज़रूरत नहीं। (सूत्र संख्या 59) वे प्रेम को निरोधस्वरूप

बताते हुए यह भी कहते हैं कि प्रेमरूप भक्ति कामनायुक्त नहीं है, क्योंकि वह निरोधस्वरूप है। (सूत्र संख्या 7) और 'निरोधस्वरूप' से उनका क्या अभिप्राय है? उन्होंने इसे स्पष्ट किया है–लौकिक और वैदिक समस्त प्रकार के कर्मों के त्याग को निरोध कहते हैं। (निरोधस्तु लोकवेदव्यापारनाशः।। सूत्र संख्या 8) इस तरह भक्ति के निरोधस्वरूप होने का अभिप्राय हुआ कि इसमें लौकिक और वैदिक समस्त प्रकार के कर्मों को त्याग दिया जाता है।

नारदभक्तिसूत्र का महत्त्व प्रेमस्वरूप भक्ति की व्याख्या करने में है। इसके रचयिता ने अन्य ऋषियों के भक्ति सम्बन्धी मत से अपने मत को अलग बताते हुए कहा है कि पराशरनन्दन व्यासजी के अनुसार भगवान की पूजा आदि में अनुराग होना भक्ति है। श्रीगर्गाचार्य के मत से भगवान की कथा आदि में अनुराग होना भक्ति है। शाण्डिल्य ऋषि के मत में आत्मरति के अविरोधी विषय में अनुराग होना ही भक्ति है परन्तु नारद के (नारदसूत्र के रचयिता के) मत में अपने सब कर्मों को भगवान में अर्पण करना और भगवान के थोड़ा भी विस्मरण होने पर परम व्याकुल होना ही भक्ति है। ठीक वैसा ही जैसे गोपियों की भक्ति। लेकिन यह लौकिक प्रेम से भिन्न है क्योंकि यह भगवान को भगवान जानकर किया जाने वाला प्रेम है। भगवान के प्रति प्रेम को अनिर्वचनीय कहा गया है, (अनिर्वचनीयं प्रेमस्वरूपम्।। 51) जो गूँगे के स्वाद के समान है (मूकास्वादनवत्।। 52) अर्थात् वह उसका स्वाद ले सकता है लेकिन उसका वर्णन नहीं कर सकता। कबीर इसे ही गूँगे के गुड़ के समान कहते हैं। यह संयोग मात्र नहीं है। कबीर ने अपनी कुछ रचनाओं में स्पष्ट रूप से नारदी भक्ति की महिमा गयी है। 'कैसे तूं हरि को दास कहायो' पद में वे कहते हैं–'भगति नारदी मगन सरीरा। इहि विधि भव तिरि कहै कबीरा।'

नारदभक्तिसूत्र में प्रेमारूप भक्ति के बारे में कहा गया है कि यह एक होकर भी 1. गुणमाहात्म्यासक्ति, 2. रूपसक्ति, 3. पूजासक्ति, 4. स्मरणसक्ति, 5. दास्यासक्ति, 6. सख्यासक्ति, 7. कांतासक्ति, 8. वात्सल्यासक्ति, 9. आत्मनिवेदनासक्ति, 10. तन्मयासक्ति और 11. परमविरहासक्ति, इस प्रकार ग्यारह प्रकार की होती है। (नारदभक्तिसूत्र 82)

प्रेमरूप भक्ति के अन्तर्गत प्रेम के बारे में कहा गया है कि यह प्रेम गुणरहित है, कामनारहित है, प्रतिक्षण बढ़ता रहता है, विच्छेदरहित है,

सूक्ष्म से भी सूक्ष्मतर है और अनुभवरूप है। (नारदभक्तिसूत्र 54) इस प्रेम को पाकर प्रेमी इस प्रेम को ही देखता है, प्रेम को ही सुनता है, प्रेम का ही वर्णन करता है और प्रेम का ही चिन्तन करता है। (नारदभक्तिसूत्र 53) यह प्रेमरूप और अमृतरूप भक्ति नारद के अनुसार शान्तिरूप और परमानन्दरूप भी है। (शान्तिरूपत्परमानन्द रूपच्च।। नारदभक्तिसूत्र 60) इस भक्ति के मार्ग में कुछ विधि–निषेधों का भी वर्णन किया गया है। ऐसे ही एक निषेध के रूप में कहा गया है कि स्त्री, धन, नास्तिक और बैरी का चरित्र नहीं सुनना चाहिए। गोपियों के प्रेम को आदर्श प्रेम और उनकी भक्ति को भक्ति के आदर्श के रूप में प्रतिष्ठित करने वाले ग्रन्थ में स्त्री सम्बन्धी इस मत को एक विरोधाभास ही कहा जायेगा।

नारदभक्तिसूत्र में एकान्तिक भक्ति या अनन्यभाव की भक्ति को तथा ऐसे भक्त को श्रेष्ठ कहा गया है। (नारदभक्तिसूत्र 67) अनन्यता का अर्थ है–अपने प्रियतम भगवान को छोड़कर दूसरे आश्रयों को त्याग देना। (अन्याश्रयाणां त्यागोऽनन्यता।। नारदभक्तिसूत्र 10) ऐसे अनन्य भक्त कण्ठावरोध, रोमॉच और अश्रुयुक्त नेत्रों वाले होकर परस्पर सम्भाषण करते हुए अपने कुलों को और पृथ्वी को पवित्र करते हैं। (नारदभक्तिसूत्र 68) ऐसे भक्त तीर्थों को सुतीर्थ, कर्मों को सुकर्म और शास्त्रों को सत्–शास्त्र कर देते हैं। (नारदभक्तिसूत्र 69) क्योंकि वे तन्मय हैं। (नारदभक्तिसूत्र 70)

नारदभक्तिसूत्र में एक जगह कहा गया है कि भक्तों में जाति, विद्या, रूप, कुल, धन और क्रिया आदि का भेद नहीं है। (नास्ति तेषु जातिविद्यारूपकुलधन क्रियादिभेदः।। नारदभक्तिसूत्र 72) क्योंकि सभी भक्त भगवान के ही हैं।

पन्द्रहवीं सदी में और सोलहवीं सदी के पूर्वार्द्ध में चैतन्य महाप्रभु के गौड़ीय सम्प्रदाय के अन्तर्गत उनके शिष्यों द्वारा भक्तिदर्शन सम्बन्धी दो अत्यन्त महत्त्वपूर्ण ग्रन्थ रचे गये–चैतन्यचरितामृत और भक्तिरसामृतसिन्धु। दोनों में भक्ति के लक्षण, साधन, स्वरूप आदि से सम्बन्धित अत्यन्त महत्त्वपूर्ण चर्चा की गयी है। रूपगोस्वामी द्वारा रचित भक्तिरसामृतसिन्धु में रसरूप में भक्ति का विस्तृत विवेचन किया गया है। लेकिन यहाँ हमने भक्ति आन्दोलन और भक्ति साहित्य की पृष्ठभूमि के रूप में इनसे पहले की भक्ति सम्बन्धी दार्शनिक परम्पराओं की चर्चा तक ही स्वयं को सीमित रखा है।

वेदान्त पर आधारित भक्ति–दर्शन की परम्पराएँ

आठवीं सदी से लेकर पन्द्रहवीं सदी के बीच वेदान्त दर्शन के आधार पर ईश्वर और भक्ति सम्बन्धी सिद्धान्तों को प्रतिपादित करने वाले अनेक दार्शनिक आचार्य हुए, जिनमें से अधिकतर ने अपने–अपने धार्मिक सम्प्रदायों की स्थापना की। शंकराचार्य, भाष्कराचार्य, यमुनाचार्य, रामानुजाचार्य, मध्वाचार्य, निम्बार्काचार्य, विष्णुस्वामी, रामानन्द, वल्लभाचार्य आदि। इनमें से बाद के छह नाम भक्ति के विभिन्न सम्प्रदायों के प्रवर्तकों के हैं। यहाँ हम उपर्युक्त दार्शनिकों द्वारा दिये गये विशिष्टाद्वैतवाद, द्वैतवाद, द्वैताद्वैतवाद और शुद्धाद्वैतवाद की चर्चा विशेष रूप से करेंगे। लेकिन इन सभी दर्शनों को जिस मूलभूत दर्शन से टकराकर अपनी राह बनानी पड़ी, उस अत्यन्त मौलिक दर्शन अद्वैतवाद की चर्चा हम सबसे पहले करेंगे। आगे की निर्गुण भक्ति का सम्बन्ध इस दर्शन से जुड़ता है, जबकि सभी वैष्णव और शैव दर्शनों ने उसके विरोध का ही रास्ता अपनाया। इस अद्वैतवाद के दर्शन के प्रवर्तक थे महान दार्शनिक शंकर या शंकराचार्य।

शंकराचार्य का अद्वैतवाद

शंकराचार्य का जन्म आठवीं सदी के अन्त में वर्तमान केरल में हुआ था। उन्होंने ब्रह्मसूत्र, प्रमुख उपनिषदों और भगवद्गीता पर विस्तृत भाष्य लिखे और उनसे अपने सिद्धान्तों का निर्माण किया। उन्होंने उत्तर, दक्षिण, पूरब, पश्चिम देश के चार छोरों पर चार मठों की स्थापना की। मैसूर में शृंगेरी मठ, उड़ीसा में पुरी मठ, काठियावाड़ में द्वारका मठ और उत्तर में हिमालय पर बद्रीनाथ मठ। उन्होंने हिन्दू मन्दिरों में पूजा पद्धति में सुधार किये और कई पूर्वप्रचलित कुरीतियों और अन्धविश्वास से जुड़े कर्मकाण्डों को समाप्त करवाया। शंकराचार्य के प्रमुख ग्रन्थ हैं–प्रमुख उपनिषदों, भगवद्गीता और वेदान्तसूत्र पर किये गये शांकरभाष्य तथा उपदेशसहस्री, विवेक चूड़ामणि, आनन्दलहरी, सौन्दर्यलहरी आदि।

शंकराचार्य के दो पक्ष हैं, सैद्धान्तिक या दार्शनिक पक्ष और व्यावहारिक पक्ष। व्यवहार में वे देवी–देवताओं को, मूर्तिपूजा को और धर्म के प्रचलित पारम्परिक रूप को मान्यता देते हुए प्रतीत होते हैं। उन्होंने स्वयं विष्णु, शिव, शक्ति तथा सूर्य पर छन्दों की रचना की। लेकिन अपने दर्शन में वे पूर्ण रूप

से अद्वैतवादी हैं, जो निर्गुण निराकार ब्रह्म की अवधारणा पर आधारित है। उपनिषदों और ब्रह्मसूत्र के आधार पर वेदान्त दर्शन को प्रतिष्ठित करने में उनका अत्यन्त महत्त्वपूर्ण योगदान है। उन्होंने प्राचीन धर्मशास्त्रों को धर्म के क्षेत्र में अन्तिम प्रमाण के रूप में स्थापित किया। लेकिन उन्होंने उपनिषदों तथा ब्रह्मसूत्र के आशयों से अलग जाकर भी अपने कुछ मौलिक सिद्धान्त विकसित किये, जिन पर ब्रह्मसूत्र का कम और बौद्ध दर्शन का प्रभाव ज़्यादा माना जाता है। इसके पीछे उनके दार्शनिक गुरु गौड़पाद के दर्शन की भी भूमिका मानी जाती है, जिन्होंने यह विचार दिया था कि यह जीवन जाग्रत अवस्था का स्वप्न है। शंकराचार्य ने गौड़पाद के शिष्य गोविन्द की वैदिक पाठशाला में उपनिषदों और ब्रह्मसूत्र का ज्ञान प्राप्त किया था। अपने ग्रन्थों में उन्होंने गोविन्द का ही अपने गुरु के रूप में उल्लेख किया है। लेकिन अपने गुरु के माध्यम से वे गौड़पाद के दर्शन से प्रभावित हुए हैं, इसमें कोई सन्देह नहीं। राधाकृष्णन ने दोनों के दर्शन के बीच कुछ समानताओं को अच्छी तरह दर्शाया है।

शंकराचार्य ने अपना दर्शन जिस युगीन पृष्ठभूमि में दिया था, उसका वर्णन करते हुए राधाकृष्णन लिखते हैं, "दक्षिण भारत में बौद्ध धर्म पतन के मार्ग की ओर जा रहा था। और जैनमत अपने उच्च शिखर पर आसीन था। वैदिक क्रियाकलाप अप्रतिष्ठा को प्राप्त होने लगा था। शैव मतावलम्बी भक्त और वैष्णव मतावलम्बी भक्त (आलवार) ईश्वरभक्ति के मत का प्रचार कर रहे थे। मन्दिरों में पूजा तथा त्योहार जिनका सम्बन्ध पौराणिक हिन्दू धर्म से था, सर्वत्र प्रसार पा रहे थे। दक्षिण भारत में पल्लव साम्राज्य सर्वश्रेष्ठ था और स्वातन्त्र्य और उस शान्ति के समय में, जो एक केन्द्रीय शासन के कारण प्राप्त थी, ब्राह्मण धर्म शनैः शनैः हिन्दू धर्म में परिणत हो रहा था। पल्लव राजाओं की धार्मिक प्रेरणाएँ उस समय हो रहे पुनः संघटन का स्पष्ट संकेत करती हैं। जहाँ पल्लव वंश के सबसे पूर्व के शासक बौद्ध मतावलम्बी थे, वहाँ क्रमानुसार उनके पीछे आने वाले वैष्णव मतावलम्बी थे और सबसे अर्वाचीन शैव मत को मानने वाले थे। बौद्ध धर्म की त्याग प्रवृत्ति की प्रतिक्रिया स्वरूप तथा ईश्वरवाद की भक्तिपरक प्रवृत्ति के विरुद्ध मीमांसक लोग वैदिक क्रियाकलापों के महत्त्व को अत्यन्त बढ़ाकर जनता के समक्ष प्रस्तुत कर रहे थे। कुमारिल तथा मण्डन मिश्र ने ज्ञान और संन्यास के महत्त्व को दूषित ठहराया तथा कर्म के महत्त्व और गृहस्थाश्रम की उपयोगिता

पर बल दिया। शंकर एक साथ और एक ही समय में कट्टर सनातन धर्म के उत्साही रक्षक और धार्मिक सुधारक के रूप में भी प्रकट हुए। उन्होंने पुराणों के उज्ज्वल विलासमय युग के स्थान में उपनिषदों के रहस्यमय सत्य के युग को फिर से लौटा लाने का प्रयत्न किया।"[21]

शंकराचार्य अपने अद्वैतवाद के दर्शन के अन्तर्गत ब्रह्म, जीव और जगत के स्वरूप तथा उनके बीच सम्बन्धों की व्याख्या करते हैं। वे कहते हैं कि ब्रह्म और समस्त जीव–जगत में एकत्व का सम्बन्ध है, वे दो नहीं हैं, यानी उन्हें अलग–अलग नहीं किया जा सकता। वे ब्रह्म द्वारा निर्मित हैं और ब्रह्मस्वरूप हैं। उनका कोई स्वतन्त्र अस्तित्व नहीं है। जो स्वतन्त्र दिखाई देता है, वह भ्रम है, माया है। अविद्या से निर्मित इस माया से पीछा छुड़ाकर ही ब्रह्म को जाना जा सकता है।

शंकराचार्य ने व्यक्तिगत मानव आत्मा (जीवात्मा) और सर्वव्यापी आत्मा (परमात्मा) के द्वैत से, आत्मा और पदार्थ के द्वैत से इनकार किया। उनकी दृष्टि में व्यक्तिगत आत्मा और इस घटनापूर्ण जगत का ब्रह्म से अलग कोई यथार्थ नहीं। और ब्रह्म तो अद्वितीय है ही। ब्रह्मसूत्र के प्रथम अध्याय के भाष्य में शंकराचार्य ने ब्रह्म की इस प्रकार परिभाषा की है–*ब्रह्म वह है जो समस्त तत्त्वों का कारण है, जिसके फलस्वरूप वे अस्तित्वपूर्ण हैं और जिसमें अन्ततः वे विलीन हो जाते हैं। ब्रह्म अनादि है। वह अनन्त है। वह ही शुद्ध ज्ञान और सच्चे आनन्द का दाता है। ब्रह्म ही अस्तित्वमय है, और कुछ नहीं। ब्रह्म ही एकमात्र सत्य है।*[22]

प्रश्न उठता है कि जब सब कुछ ब्रह्म ही है, वही एकमात्र सत्य है, उसके सिवा और कोई यथार्थ है नहीं, तो फिर जो जगत हम अपनी आँखों से देखते हैं, जो घटनाएँ हम घटित होते देखते हैं और अपनी इन्द्रियों द्वारा विभिन्न वस्तुओं का अनुभव करते हैं, वह क्या है। इसका उत्तर शंकराचार्य ने दिया कि यह सब माया है। जीवात्मा का भ्रम है, जिसके कारण उसे यह सब यथार्थ दिखाई देता है। इसके लिए वह रस्सी और साँप का उदाहरण देते हैं। जैसे मनुष्य अँधेरे में रस्सी को भ्रम से साँप समझ लेता है। उसी तरह अपने भ्रम के कारण वह संसार को सत्य समझ लेता है। एक बार सही ज्ञान प्राप्त हो जाने पर सिद्ध हो जाता है कि साँप का कोई अस्तित्व नहीं था। उसी प्रकार सही ज्ञान हो जाने पर इस संसार के भ्रममात्र होने का,

असत्य होने का ज्ञान हो जाता है और फिर ब्रह्म ही एकमात्र सत्य है, इसका निश्चय हो जाता है। "माया के जाल में फँसी आत्माएँ और उनके चारों ओर का जगत यथार्थ का आभास प्रकट करते हैं। यह भ्रम, माया अथवा अविद्या अर्थात् ज्ञान के अभाव का परिणाम है। अविद्या के फलस्वरूप ही हम वहाँ भिन्नता देखते हैं, जहाँ अभिन्नता है। वहाँ विविधता और अद्वैत देखते हैं जहाँ वास्तव में अद्वैत है।"

शंकराचार्य ने एक तरफ़ यह स्थापित किया है कि यह समस्त जगत ब्रह्म की ही सृष्टि है और दूसरी तरफ़ वे इसे माया भी कहते हैं। जब ये ब्रह्म की ही सृष्टि है, तो फिर ये भ्रम, असत्य या माया कैसे है? इस प्रश्न का उत्तर देते हुए शंकराचोर्य ने दो प्रमुख बातें कही हैं। एक, कि माया ब्रह्म की शक्ति है। (बावजूद इसके कि ब्रह्म सभी गुणों से शून्य अर्थात् निर्गुण माना गया है।) यह शक्ति सत् नहीं है, कारण यह कि केवल ब्रह्म ही सत् है। किन्तु माया को असत् भी नहीं कहा जा सकता, क्योंकि वह जगत के अस्तित्व का आभास उत्पन्न करती है। इस अर्थ में माया ही संसार का भौतिक कारण है, क्योंकि माया के कारण ही हमें यह भौतिक जगत अस्तित्वमय प्रतीत होता है।[23] दूसरी बात उन्होंने यह कही कि यह जगत ब्रह्म की सृष्टि है, लेकिन ब्रह्म स्वयं इससे प्रभावित नहीं होता क्योंकि वह तो स्वयं इसका कारण है। "शंकराचार्य ने कहा, यह जगत ब्रह्म पर निर्भर है और ब्रह्म के बिना उसका अस्तित्व रह ही नहीं सकता। किन्तु ब्रह्म को अपने यथार्थ के लिए जगत पर निर्भर होना नहीं पड़ता, क्योंकि उसका स्वतन्त्र अस्तित्व है।" इस बात को शंकराचार्य ने इन्द्रजाल रचने वाले मनुष्य के तर्क से समझाया। जिस प्रकार इन्द्रजाल रचने वाला व्यक्ति किसी भी समय–भूत, वर्तमान या भविष्य में–स्वयं इन्द्रजाल का, जो कि झूठा है, शिकार नहीं बनता, उसी प्रकार परमात्मा इस जगत से, जो एक भ्रम मात्र है, प्रभावित नहीं होता।[24]

अविद्या के कारण लोग ब्रह्म के स्थान पर अनेकानेक सांसारिक वस्तुओं को ही देख पाते हैं। उनके लिए माया ही वास्तविक होती है। वह ही उन्हें इस जगत का जीवन दिखाई पड़ती है। किन्तु जब अविद्या का परदा हटा दिया जायेगा तो यह स्पष्ट हो जायेगा कि ब्रह्म ही एकमात्र सत्य है। विवेक चूड़ामणि में कहा है, "शाश्वत और क्षणभंगुर वस्तुओं का भेद जानकर यह समझ लो कि केवल ब्रह्म ही सत्य है और यह जगत एक भ्रम मात्र है।"

यहाँ यह स्पष्ट होना ज़रूरी है कि शंकराचार्य जगत की व्यावहारिक सत्ता को अस्वीकार नहीं करते, लेकिन परमार्थिक दृष्टि से उसे भ्रम, माया तथा अविद्या की सृष्टि कहते हैं। वे कहते हैं, ''जगत किसी न किसी प्रकार से अस्तित्व रखता है और ब्रह्म के साथ इसका सम्बन्ध अनिर्वचनीय है।''[25] जगत का स्वरूप क्या है, इसे स्पष्ट करते हुए वह कहते हैं, ''ब्रह्म और जगत एक हैं और क्रमशः यथार्थता और आभास के रूप में अपना अस्तित्व रखते हैं।... यदि हम निरपेक्ष परब्रह्म के स्वरूप को जान लें तो समस्त सीमित आकृतियाँ और सीमाएँ अपने आप विलुप्त हो जाती हैं। जगत माया है क्योंकि यह ब्रह्म की अनन्त यथार्थता का सत्य नहीं है। उसका आभास है।[26]

जगत और ब्रह्म के सम्बन्ध की उपर्युक्त धारणा पर दो आपत्तियाँ उठाई गयी हैं जिनका समुचित उत्तर शंकराचार्य ने दिया है। 1. ईश्वर जगत का कारण नहीं हो सकता क्योंकि दोनों के स्वभाव में अन्तर है। अर्थात् कारण और कार्य एक–दूसरे से विलक्षण है। *सोने का एक टुकड़ा मिट्टी के बर्तन का कारण नहीं हो सकता। इसी प्रकार विशुद्ध तथा धार्मिक ईश्वर जगत का कारण नहीं हो सकता क्योंकि जगत अशुद्ध तथा अधार्मिक है। शंकराचार्य उत्तर में कहते हैं कि अचेतन पदार्थ प्रायः चेतन प्राणियों से जन्म लेते हैं, जैसे बाल और नाखून चेतन मनुष्य से उत्पन्न होते हैं। अचेतन गोबर से गुबरैला उत्पन्न हो जाता है।*[27]

एक अन्य आपत्ति में कहा गया है कि *यदि जगत ईश्वर से उत्पन्न होता है और उसी में समा जाता है तो समाने के समय जगत के ऐसे गुण, जैसे भौतिकता, जड़ता, सीमितता, अशुद्धता इत्यादि अवश्य ईश्वर को मलिन कर देते होंगे। इसके उत्तर में शंकराचार्य का कहना है कि जब कार्य अपने कारणों में वापस लौटते हैं तो वे अपने विशिष्ट गुणों को त्याग देते हैं और अपने कारणों में अन्तर्लीन हो जाते हैं, जिस प्रकार सोने के आभूषण फिर से सोने में परिवर्तित होते समय अपने साथ खोट आदि नहीं लाते।*[28]

शंकराचार्य ने जीवात्मा के स्वरूप और जीवात्मा तथा ब्रह्म के सम्बन्ध पर जो विचार व्यक्त किये हैं, वह अधिकतर उपनिषदों तथा ब्रह्मसूत्र पर आधारित हैं, लेकिन इन विचारों को दार्शनिकता के चरम उत्कर्ष तक ले जाने का श्रेय शंकराचार्य को है। उन्होंने अपने पूर्ववर्ती सभी दर्शनों के साथ संवाद और विवाद किया है। *उनके अनुसार शरीर तथा उस जैसी*

अन्य वस्तुएँ अविद्या की सृष्टि हैं। वे उतनी ही अस्थायी हैं, जितने पानी के बुलबुले होते हैं। अतः ज्ञान की सहायता से यह जानो कि 'मैं ही परम ब्रह्म हूँ' (अहम् ब्रह्मास्मि)। उपनिषदों में यह कहा गया है कि ब्रह्म का ज्ञाता ब्रह्म हो जाता है तो ज्ञाता को अवश्य ब्रह्म के साथ एकात्मरूप होना चाहिए। सब कुछ ब्रह्म ही है (सर्व खल्विदं ब्रह्मः), तो इसके अनुसार जीव तथा जीवात्मा भी और कुछ नहीं, स्वयं ब्रह्म ही है। अतः वह भी ब्रह्म के समान स्वतःप्रकाशित, अनन्त और उन्मुक्त है। उसकी सीमाएँ उन उपाधियों और परिस्थितियों का परिणाम है, जो अविद्या के कारण दिखाई पड़ती है। अविद्या को विद्या से दूर कर दो, तुरन्त जीव और ब्रह्म के बीच का द्वैत तिरोहित हो जायेगा, जीव का कोई अलग अथवा भिन्न अस्तित्व नहीं रहेगा और वह अपने यथार्थ रूप में अर्थात् ब्रह्म रूप में दृष्टिगत होगा।[29] यही शंकराचार्य का अद्वैतवाद है।

शंकराचार्य का कहना है कि यदि कोई वस्तु अयथार्थ है तो किसी वास्तविक यथार्थसत्ता का होना अवश्यंभावी है। "जहाँ कहीं हम किसी वस्तु का उसे अयथार्थ समझकर निराकरण करते हैं तो हम किसी अन्य यथार्थसत्ता के सम्बन्ध से ही करते हैं। भावात्मक के कारण ही हम अभावात्मक का बहिष्कार करते हैं। कोई वस्तु 'नहीं है', इसका तात्पर्य ही यही है कि किसी भावात्मक वस्तु का अस्तित्व भी अवश्य है।"[30] यहाँ एक हद तक बौद्ध दर्शन के शून्यवाद से प्रभावित होकर शंकराचार्य पुनः उपनिषदों की शरण में आ जाते हैं। यदि हम यथार्थ और अयथार्थ दोनों को ही न मानें तो हम शून्यता पर जा पहुँचते हैं। जहाँ शंकराचार्य बौद्धमत के इस विचार के साथ इस अंश में सहमत हैं कि सभी वस्तुएँ परिवर्तित होती रहती हैं, वहीं वे एक इन्द्रियातीत सत्ता की माँग करते हैं, जो परिवर्तनशील जगत के अन्तर्गत नहीं है। वह सत्ता ब्रह्म ही है। शंकराचार्य ब्रह्म और जीव की एकता तथा जीव के ब्रह्म हो जाने की धारणा तो प्रस्तुत करते हैं, दोनों में अद्वैत है, लेकिन तथ्यतः दोनों एक नहीं हैं। "यदि सर्वोपरि ईश्वर और व्यक्तिगत जीवात्मा परस्पर पूर्ण इकाई और उसके भाग के रूप में सम्बद्ध हो, तो जब कभी जीवात्मा को पीड़ा होगी तो ईश्वर भी उस पीड़ा को अनुभव करेगा। इस प्रश्न का उत्तर देते हुए शंकराचार्य ने कहा है, एक मौलिक है, दूसरा उसका प्रतिबिम्ब मात्र है। प्रतिबिम्ब पर लगी चोट मौलिक पर कोई असर पैदा नहीं करती।"[31]

शंकराचार्य पुनर्जन्म और कर्मफल के सिद्धान्त को स्वीकार करते हैं, लेकिन मृत्यु के बाद मोक्ष की अवस्था को स्वीकार नहीं करते। उनके अनुसार जब अन्तर्ज्ञान का सूर्योदय इसी लोक में हो जाता है तो मोक्ष की प्राप्ति हो गयी। *"जिस प्रकार मिट्टी का पात्र बन जाने पर भी कुम्हार का चक्र कुछ देर तक चलता रहता है, उसी प्रकार मोक्ष के बाद भी जीवन बना रहता है।"*[32] *यह जीवात्मा के भीतर ब्रह्मज्ञान और ब्रह्म के साक्षात्कार की अवस्था है। यही मोक्ष है। ब्रह्म का साक्षात्कार तभी हो सकता है जब जीवात्मा अप्रतिबन्धित निर्गुण ब्रह्म से अपने आप को मिला दे। ज्ञान अथवा यथार्थ का संज्ञान ब्रह्म से एकाकार होने का साधन है। भक्ति और कर्म केवल मन को शुद्ध करने और साधक को ब्रह्म के और निकट ले जाने के उपाय मात्र हैं।* वे ज्ञान को प्राप्त करने में सहायक हैं। यदि मनुष्य चेतना के उस उच्च स्तर तक पहुँचना चाहता है जो सच्चे ज्ञान का स्तर है, तो उसे इन्द्रियों और मस्तिष्क को पूर्ण नियन्त्रित कर लेना चाहिए, सभी सांसारिक आकर्षणों को त्याग देना चाहिए और इस लौकिक जीवन के भ्रामक स्वरूप को पहचान लेना चाहिए।[33] विवेक के द्वारा ही ज्ञान की प्राप्ति हो सकती है और वास्तविक तथा अवास्तविक के बीच भेद को समझा जा सकता है। विवेक चूड़ामणि में उन्होंने कहा है, "ब्रह्म का नाम बार–बार जपने से ही मोक्ष की प्राप्ति नहीं होती। ब्रह्म की प्राप्ति सीधे ब्रह्म का अनुभव करने से होती है।"

शंकराचार्य ने अपने दर्शन में सर्वत्र निर्गुण, निराकार और निरपेक्ष ब्रह्म की धारणा प्रस्तुत की है। सगुण ईश्वर की उन्होंने चर्चा की है लेकिन उसे 'शरीरधारी ईश्वर' के रूप में भिन्न स्तर का माना है। "ईश्वर सगुण भी हो और निर्गुण भी, उसके ये दोनों रूप एक साथ नहीं हो सकते। एक ऐसी यथार्थसत्ता जिसके दो पार्श्व हों, अथवा जिसका अनुभव दो भिन्न–भिन्न प्रकार से हो, उच्चतम यथार्थसत्ता नहीं है। अपने आप में निरपेक्ष परम सत्ता बिना किसी पार्श्व के है, आकृतिविहीन है, और द्वैत भाव के किसी भी अंश से रहित तथा गुणों से भी विहीन है।"[34] इसीलिए राधाकृष्णन ने कहा है कि "यह एकेश्वरवाद सम्बन्धी आदर्श का एक महान सिद्धान्त है।"[35]

शंकराचार्य ने धर्म के सम्बन्ध में कहा है कि धर्म कोई सिद्धान्त अथवा अनुष्ठान नहीं है, बल्कि जीवन तथा अनुभव है। इसका प्रारम्भ आत्मा की अनन्त सम्बन्धी भावना से होता है और इसके अनन्त बन जाने में जाकर अन्त होता है। जीवन का लक्ष्य है साक्षात्कार अथवा यथार्थसत्ता का अन्तर्ज्ञान।

यथार्थ भक्ति अपने सत्य स्वरूप को खोज निकालना ही है।[36] उन्होंने सगुण, साकार, शरीरधारी ईश्वर के बारे में अनेक अवसरों पर अपने मत व्यक्त किये हैं। अधिकतर उसकी सीमाएँ ही बताई हैं और निर्गुण, निराकार ब्रह्म से उसे निम्न बताया है। एक जगह उन्होंने लिखा है। *"एक 'साकार ईश्वर' का कुछ अर्थ क्रियात्मक धार्मिक चैतन्य के लिए तो हो सकता है, किन्तु उच्चतम साक्षात्कार के लिए नहीं। सीमित जीवात्मा को जिसके आगे परदा पड़ा हुआ है, निरपेक्ष परब्रह्म अपने से भिन्न प्रतीत होता है।"*[37]

लेकिन शंकराचार्य धर्म के व्यावहारिक क्षेत्र में भिन्न मार्ग अपनाने को तैयार हो जाते हैं। धर्म और धार्मिक जीवन के भीतर वे सगुण ईश्वर और मन्दिरों को भी मान्यता देते हैं। स्वयं विष्णु, शिव आदि पर छन्द रचते हैं। राधाकृष्णन ने लिखा है, "यद्यपि शंकर के मत को किन्हीं मन्दिरों एवं मठों की आवश्यकता नहीं है और न ही किसी धार्मिक क्रियाकलाप की ही आवश्यकता है, तो भी उन्हें एक इतिहासज्ञ के समान पर्याप्त अनुभव था, जिसके आधार पर उन्होंने ऐसे व्यक्तियों के लिए, जिन्हें इनकी आवश्यकता है, इनका भी विधान किया।[38] ऐसा कहा जाता है कि शंकराचार्य ने मन्दिरों में बार–बार जाने के लिए अपनी मृत्युशैया पर क्षमायाचना की थी क्योंकि ऐसा करके उन्होंने माना कि उन्होंने एक प्रकार से ईश्वर की सर्वव्यापकता का निषेध किया।

शंकराचार्य के दर्शन के महत्त्व को बताते हुए राधाकृष्णन ने कहा है, "अपने अद्वैत सिद्धान्त को जनसाधारण के मस्तिष्क में बैठाकर उन्होंने ईश्वर के आध्यात्मिक महत्त्व की व्याख्या का मर्म समझने में मनुष्य समाज की सहायता की।"[39] लेकिन दामोदरन इससे भिन्न मत व्यक्त करते हैं। वह शंकराचार्य के दर्शन की उच्चता को स्वीकार करते हुए भी इसे सामन्तवाद के हितों की अभिव्यक्ति मानते हैं, जिसमें "परिवर्तनों की वास्तविकता तथा जीवन में नये तत्त्वों के उदय को स्वीकार करने से लगातार इनकार किया गया। शंकराचार्य के दर्शन में यही प्रवृत्ति प्रतिबिम्बित है।" वे प्रश्न करते हैं कि "यदि ब्रह्म ही एकमात्र सत्य है और यदि समस्त घटनाएँ–मानव प्राणियों सहित समस्त वस्तुएँ–ब्रह्म ही हैं, तो क्या इस निष्कर्ष पर पहुँचना ग़लत होगा कि सभी मनुष्यों को बराबर माना जाना चाहिए? क्या एक ही ब्रह्म ब्राह्मण और शूद्र में मौजूद नहीं है?" दामोदरन लिखते हैं, "इस ख़तरनाक सम्भावना को दूर करने के लिए शंकराचार्य ने यह सिद्धान्त प्रतिपादित किया कि केवल उच्च कुल में उत्पन्न लोग ही आत्मा और ब्रह्म के बीच अभिन्नता को समझ सकते हैं। कहने की आवश्यकता नहीं कि वेदों और उपनिषदों

का अध्ययन–मनन केवल उच्च कुल में उत्पन्न 'कुलीन' लोगों, सामन्तवाद के अन्तर्गत कुछ गिने–चुने लोगों का विशेषाधिकार बन गया।"[40] यही नहीं, शंकराचार्य ने शास्त्रों और श्रुतियों का हवाला देकर, जिनमें वेद सुनने या वेद के शब्दों का उच्चारण करने पर शूद्रों को दण्डित करने का प्रावधान किया गया है, इसे न्यायसंगत भी ठहराया है।

स्पष्ट है कि अद्वैतवाद के प्रवर्तक महान दार्शनिक शंकराचार्य व्यवहार में द्वैतभाव के शिकार हो जाते हैं। शंकराचार्य के दर्शन की यहाँ विस्तार से चर्चा दो कारणों से की गयी है। एक, कि शंकराचार्य के अद्वैतवाद के बाद भक्ति की परम्परा में रामानुजाचार्य, मध्वाचार्य, निम्बार्काचार्य आदि ने जो दर्शन सिद्धान्त दिये उनकी दार्शनिक पृष्ठभूमि को समझा जाये, क्योंकि ये सभी आचार्य शंकराचार्य के अद्वैतवाद के विरोध को अपना प्रस्थानबिन्दु बनाते हुए अपने सिद्धान्तों का प्रतिपादन करते हैं। दूसरा कारण है, भक्ति आन्दोलन, विशेषरूप से हिन्दी के भक्तिकाल पर शंकराचार्य के दर्शन का व्यापक प्रभाव, जो कहीं प्रत्यक्ष और कहीं अप्रत्यक्ष दोनों रूपों में आया है, जिस पर कम ध्यान दिया गया है। हालाँकि बहसें सब जगह हैं। कबीर, सूर, तुलसी के पूरे साहित्य में शंकराचार्य के दर्शन से टकराहट की आवाज़ें सुनाई देती हैं। अपने–अपने भक्तिमार्ग और विचारधारा के अनुसार कुछ विचारों को स्वीकार किया गया है और कुछ का त्याग किया गया है। आधुनिक युग के शुक्लजी जैसे आलोचक भी यही करते हैं। वे इसके महत्त्व को तो स्वीकार करते हैं, लेकिन भक्ति के क्षेत्र में इसे अस्वीकार करते हैं।

सन्दर्भ

1. भगवद्गीता, राधाकृष्णन, 76
2. वही।
3. भगवद्गीता, राधाकृष्णन, पृ. 428
4. परशुराम चतुर्वेदी, मध्यकालीन प्रेमसाधना, साहित्य भवन, इलाहाबाद, 1952, पृ. 170
5. रामचन्द्र शुक्ल, भक्ति का विकास, 'सूरदास' में संकलित, नागरी प्रचारिणी सभा, वाराणसी, संवत् 2026, पृ. 4
6. वही, पृ. 5
7. ऋग्वेद, 10:43, 1 राधाकृष्णन, 705
8. रामचन्द्र शुक्ल, सूरदास, पृ. 12

9. रामचन्द्र शुक्ल, सूरदास, पृ. 12–13
10. परशुराम चतुर्वेदी, मध्यकालीन प्रेमसाधना, पृ. 168
11. पीताम्बरदत्त बड़थ्वाल, हिन्दी काव्य में निर्गुण सम्प्रदाय, अवध पब्लिशिंग हाउस, लखनऊ, सं. 2007, प्रथम संस्करण, पृ. 354
12. परशुराम चतुर्वेदी, मध्यकालीन प्रेमसाधना, पृ. 195
13. पीताम्बरदत्त बड़थ्वाल, हिन्दी काव्य में निर्गुण सम्प्रदाय, पृ. 354
14. रामचन्द्र शुक्ल, सूरदास, पृ. 41
15. डॉ. सर्वपल्ली राधाकृष्णन, भारतीय दर्शन भाग–2, राजपाल एण्ड संस, नयी दिल्ली, पृ. 669
16. रामचन्द्र शुक्ल, सूरदास पृ. 19
17. परशुराम चतुर्वेदी, मध्यकालीन प्रेंमसाधना, पृ. 175–76
18. रामचन्द्र शुक्ल, सूरदास, पृ. 19
19. रामचन्द्र शुक्ल, सूरदास, पृ. 19
20. पुरुषोत्तम अग्रवाल, अकथ कहानी प्रेम की, राजकमल प्रकाशन, नयी दिल्ली, 2010, पृ. 347)
21. डॉ. सर्वपल्ली राधाकृष्णन, भारतीय दर्शन भाग–2, पृ. 442–443
22. के. दामोदरन, भारतीय चिन्तन परम्परा, पीपुल्स पब्लिशिंग हाउस, नयी दिल्ली, पृ. 253
23. वही, पृ. 256–57
24. वही, पृ. 259
25. डॉ. सर्वपल्ली राधाकृष्णन, भारतीय दर्शन भाग–2, पृ. 565
26. वही, पृ. 565
27. वही, पृ. 545
28. वही, पृ. 545
29. के. दामोदरन, भारतीय चिन्तन परम्परा, पृ. 259
30. डॉ. सर्वपल्ली राधाकृष्णन, भारतीय दर्शन भाग–2, पृ. 529
31. वही, पृ. 546
32. वही, पृ. 646
33. के. दामोदरन, भारतीय चिन्तन परम्परा, पृ. 261
34. डॉ. सर्वपल्ली राधाकृष्णन, भारतीय दर्शन भाग–2, पृ. 537
35. वही, पृ. 658
36. वही, पृ. 651
37. वही, पृ. 651–52
38. वही, पृ. 653
39. वही, पृ. 656
40. के. दामोदरन, भारतीय चिन्तन परम्परा

भक्ति की दार्शनिक पृष्ठभूमि-दो

रामानुजाचार्य का विशिष्टाद्वैतवाद

रामानुजाचार्य का भक्ति आन्दोलन पर व्यापक प्रभाव माना गया है। वैष्णव धर्म के प्रचार में उनका बड़ा योगदान है। उनका दर्शन विशिष्टाद्वैतवाद के नाम से जाना जाता है। यह अद्वैतवाद ही है, लेकिन विशेष प्रकार का अद्वैतवाद है, जो शंकराचार्य की कुछ मान्यताओं से सहमत होता है और कुछ मान्यताओं का कड़ा विरोध करता है। रामानुजाचार्य भी शंकराचार्य की तरह ही उपनिषदों और ब्रह्मसूत्र को अपने दर्शन का आधार बनाते हैं, उनका भाष्य करते हैं और उन्हीं के आधार पर अपना सिद्धान्त विकसित करते हैं। लेकिन वे शंकराचार्य पर बौद्ध दर्शन के प्रभाव से आये शून्यवाद से अपने को पूरी तरह मुक्त रखते हैं। वह जगत को माया या भ्रम मानने से इनकार करते हैं और जीव तथा ब्रह्म की एकता को स्वीकार करने के बावजूद इस सम्भावना से इनकार करते हैं कि जीव ब्रह्म के समान हो सकता है अर्थात् 'अहम् ब्रह्मास्मि' को वे अस्वीकार करते हैं, जबकि उपनिषदों में इसे स्वीकार किया गया है।

रामानुज का जन्म श्रीपेररुम्बुदूर में 1027 ई. में हुआ था। उन्होंने वेदान्तसार, वेदार्थ संग्रह और वेदान्त दीपिका नामक ग्रन्थ लिखे तथा ब्रह्मसूत्र तथा भगवद्गीता पर अपनी महत्त्वपूर्ण टीकाएँ लिखीं।

रामानुज अपना ध्यान जगत का ईश्वर के साथ जो सम्बन्ध है, उसी के ऊपर केन्द्रित करते हैं और तर्क करते हैं कि *ईश्वर वस्तुतः यथार्थ सत्ता है तथा स्वतन्त्र है, किन्तु जगत की आत्माएँ भी यथार्थ हैं। यद्यपि उनकी यथार्थता ईश्वर की यथार्थता पर निर्भर है। उनका विश्वास है कि इस जगत के मूल में एक आध्यात्मिक तत्त्व है, अतः इस जगत को हम भ्रम मात्र नहीं समझ सकते।*

रामानुज मुक्तात्माओं की निरन्तर सत्ता पर भी बल देते हैं। यद्यपि यह भौतिक जगत और जीवात्मा अपनी–अपनी यथार्थ सत्ता रखते हैं तो भी उनमें से कोई भी तात्त्विक रूप में ब्रह्म के समान नहीं है क्योंकि ब्रह्म अनादि काल से सब प्रकार की अपूर्णता से अलग है। जबकि प्रकृति चेतनारहित या जड़ है और जीवात्मा अज्ञान तथा दुख का शिकार बनता है। इतने पर भी इन सबमें एकता है क्योंकि प्रकृति तथा आत्माएँ केवल ब्रह्म की देहमात्र के रूप में अपना अस्तित्व रखते हैं। इसका अर्थ यह है कि उनका अस्तित्व इस रूप में इसलिए है क्योंकि ब्रह्म उनकी आत्मा और नियामक शक्ति के रूप में है। ब्रह्म के अतिरिक्त उनका अस्तित्व कुछ नहीं है।

जीवात्मा तथा जड़ प्रकृति तात्त्विक रूप से ब्रह्म से भिन्न है, यद्यपि उसके सिवा या उसके लिए उपयोगी होने के सिवा उनकी कोई सत्ता या उपयोगिता नहीं है। इस तरह रामानुज का सिद्धान्त अद्वैत सिद्धान्त है, लेकिन उनके सिद्धान्त में एक विशिष्टता है, कि वे बहुत्व यानी जीव और जगत की यथार्थ सत्ता को भी स्वीकार करते हैं। सर्वोच्च आत्मा आकृतियों के बहुत्व यानी जीवात्मा तथा प्रकृति के रूप में विद्यमान रहती है। इसलिए रामानुज के सिद्धान्त को विशिष्टाद्वैतवाद कहते हैं। यानी विशेष प्रकार का अद्वैत।

विष्णुपुराण में कहा गया है कि समाज का तब पतन होने लगता है जब धन–सम्पत्ति के कारण ही ऊँचा दर्जा प्राप्त होता है, लक्ष्मी को ही पुण्य का एकमात्र आधार मान लिया जाता है, विषय भोग को ही स्त्री और पुरुष के बीच सम्बन्ध का एकमात्र आधार मान लिया जाता है, जीवन में असत्य ही जब सफलता का साधन मान लिया जाता है, यौन सम्बन्ध ही जब सुख का एकमात्र साधन मान लिया जाता है और बाह्य आडम्बर को ही जब भूल से आन्तरिक भाव समझ लिया जाता है। (विष्णुपुराण 4:24, 21–22) रामानुज के सिद्धान्तों पर विष्णुपुराण तथा भागवत पुराण का स्पष्ट प्रभाव माना गया है। आलवार वैष्णव भक्तों का भी उन पर प्रत्यक्ष प्रभाव है। नाथमुनि को आलवार वैष्णव भक्तों की रचनाएँ 'दिव्यप्रबन्धम्' नाम से क्रमबद्ध करके संकलित करने का श्रेय दिया जाता है। नाथमुनि के शिष्य यमुनाचार्य ने अपने तर्कों द्वारा यह स्थापित किया कि समस्त वैष्णव साहित्य का महत्त्व वेदों के समान ही है। रामानुज इस परम्परा से प्रभावित होते हैं। उन्होंने अपने मुख्य ग्रन्थों में उपनिषदों, भगवद्गीता और ब्रह्मसूत्र का

वैष्णव सन्तों के विश्वासों तथा मतों के साथ समन्वय करने का प्रयत्न किया है। इस तरह स्पष्ट रूप से रामानुज वैष्णव भक्ति की परम्परा में आते हैं और विष्णु की भक्ति का सर्वत्र प्रचार करते हैं। परिणामस्वरूप वे अपने *विशिष्टाद्वैतवाद सिद्धान्त के अन्तर्गत परम सत्ता या परब्रह्म की पहचान सगुण ईश्वर विष्णु के रूप में करते हैं, न कि शंकराचार्य की तरह निर्गुण ब्रह्म के रूप में। उनका मुख्य उद्देश्य भक्ति के द्वारा मोक्षप्राप्ति के सिद्धान्त का प्रचार करना था और यह सिद्ध करना था कि उपनिषदों, गीता और ब्रह्मसूत्र की शिक्षाएँ भी इसी का प्रतिपादन करती हैं।*[1]

रामानुज की स्थापना है कि परम यथार्थसत्ता निर्गुण नहीं हो सकती। वे कहते हैं–सत्, चित् तथा आनन्द ये तीनों ब्रह्म को एक विशेष स्वरूप और व्यक्तित्व प्रदान करते हैं। ब्रह्म का ज्ञान साक्षात् है, वह इन्द्रियों पर निर्भर नहीं है। ब्रह्म सर्वज्ञ है और उसे सब कुछ का प्रत्यक्ष अन्तर्ज्ञान रहता है। ब्रह्म का व्यक्तित्व सर्वोपरि है जबकि जीवात्माएँ शरीरधारी हैं और उनके साधन भी अपूर्ण हैं। ईश्वर का व्यक्तित्व पूर्ण है क्योंकि वह समस्त अनुभव को अपने अन्दर धारण करता है और वह अपने से बाह्‌य किसी वस्तु पर निर्भर नहीं करता। ऐसे भेद जो व्यक्तित्व के लिए आवश्यक हैं, सब उसके अन्दर हैं। *ईश्वर के सबसे प्रधान गुण हैं ज्ञान, शक्ति और करुणा। करुणा के कारण ही ईश्वर ने इस जगत की रचना की, धार्मिक विधान का निर्माण किया और उन सब व्यक्तियों की जो पूर्णता की प्राप्ति के लिए प्रयत्न करते हैं, बराबर उनकी सहायता करता है।*[2]

निर्गुण ईश्वर पर आक्षेप करते हुए वे कहते हैं कि ईश्वर के साथ व्यक्तिगत संयोग के अन्तर्गत किसी अन्य दैवी सत्ता के साथ यथार्थ साहचर्य (मित्रता) का भाव स्वतः अन्तर्निहित रहता है। धार्मिक अन्तर्दृष्टि ऐसे निर्गुण ब्रह्म को जो हमारी त्यागमयी भक्ति तथा मौन साधना का विचार न करके केवलमात्र साक्षी बना हुआ जड़ दृष्टि से हमारी ओर देखता रहे, स्वीकार नहीं कर सकती।

रामानुज ने ज्ञान नहीं बल्कि भक्ति को मोक्ष का साधन माना है। वे कहते हैं, विचार अपने आप में हमें यथार्थता का साक्षात् ज्ञान नहीं करा सकते। यहाँ तक कि वेद भी परोक्ष ज्ञान ही प्रदान करते हैं। केवल शास्त्रों के शब्दों को समझ लेने से भी अधिक की आवश्यकता होती है। यथार्थता का साक्षात्कार इसका तर्कसिद्ध ज्ञान नहीं है, बल्कि यह साक्षात्कार ऐसी

समाधि में ही सम्भव है जो भक्ति का रूप धारण करती हो। मोक्षप्राप्ति के विषय में रामानुज ने कहा है कि मोक्ष ज्ञान और कर्म के द्वारा नहीं, बल्कि भक्ति और ईश्वर के प्रसाद (दया) के द्वारा सम्भव है। धर्मशास्त्रों में ज्ञान का अभिप्राय ध्यान और एकाग्रतापूर्ण समाधि से है। *भक्ति की साधना इस सत्य के ऊपर एकाग्रतापूर्ण ध्यान लगाने से हो सकती है कि ईश्वर ही हमारा अन्तिम आत्मतत्त्व है और यह कि हम उसी तत्त्व के प्रकारान्तर मात्र हैं।*

रामानुज ने मायावाद या जगत के मिथ्या होने की धारणा का अनेक तर्कों द्वारा प्रबल विरोध किया है। कई बार वे दार्शनिक दृष्टिकोण के साथ धार्मिक दृष्टिकोण का भी प्रयोग करते हैं। वे कहते हैं, अगर जगत में विद्यमान भेद मनुष्य के अपने मन की अपूर्णता के कारण है, तो फिर ईश्वर की दृष्टि में इस प्रकार का कोई भेद नहीं होना चाहिए। किन्तु *धर्मशास्त्र हमें बतलाता है कि ईश्वर संसार की रचना करता है और भिन्न–भिन्न आत्माओं को उनके कर्मों के अनुसार फल देता है। इस प्रकार धर्मशास्त्र का संकेत है कि ईश्वर संसार में विद्यमान भेदों को स्वीकार करता है। हम यह नहीं कह सकते कि अनेकत्व मिथ्या है, जिस प्रकार कि मृगमरीचिका है, क्योंकि मृगमरीचिका तो इसलिए मिथ्या है कि उसके द्वारा प्रेरित हमारी क्रिया निष्फल होती है, लेकिन संसार की प्रत्यक्ष वस्तुओं के प्रति हम जो क्रिया करते हैं, वह इस प्रकार निष्फल नहीं होती।*[3]

रामानुज ने ब्रह्म और जीव की एकता को स्वीकार किया है और साथ ही दोनों की अलग–अलग यथार्थ सत्ता भी मानी है, यह पहले कहा जा चुका है। उनके अनुसार दोनों में स्पष्ट तात्त्विक भेद है। इस सम्बन्ध में गीता के इस कथन पर कि 'भक्तिभाव से जो कुछ भी पत्र–पुष्प मुझे अर्पित किया जाये, मैं उसी से प्रसन्न हो जाता हूँ।' टिप्पणी करते हुए रामानुज कहते हैं, 'यद्यपि मैं अपने स्वाभाविक, असीम और अपार आनन्द में रहता हूँ, तो भी मैं उक्त उपहारों से प्रसन्नता लाभ करता हूँ, मानो मेरी इच्छा की परिधि से बाहर का कोई प्रिय पदार्थ मुझे अर्पित किया गया हो।' ईश्वर अपने भक्तों की स्वेच्छापूर्वक की गयी भक्ति के द्वारा भी प्रसन्नता लाभ करने के लिए तत्पर है, किन्तु उसी प्रकार दूसरों के दुखों अथवा क्लेशों से अपने को अभिभूत करने के लिए तत्पर नहीं है। यदि आत्माएँ प्रभु के अंश हैं तब तो आत्माओं के दुख से प्रभु को भी दुखानुभूति होनी चाहिए, जैसे हाथ या पैर की पीड़ा से मनुष्य दुखी होता है। लेकिन रामानुज कहते हैं, 'आत्माओं का

दुख ईश्वर के स्वभाव को कलुषित नहीं करता।' एक जगह वे कहते हैं, 'यदि संसार में इतना दुख और संकट है तो इसके लिए ईश्वर उत्तरदायी नहीं है बल्कि मनुष्य उत्तरदायी है, जिसे पाप और पुण्य करने की शक्ति प्राप्त है।'[4] संसार के अन्दर बैठे रहकर भी ईश्वर अनुचित हस्तक्षेप करने वाला नहीं बनना चाहता।[5]

शंकराचार्य के दर्शन से रामानुज के दर्शन की तुलना करते हुए राधाकृष्णन ने लिखा है–"शंकर तथा रामानुज दोनों ही वेदान्त के प्रकाण्ड विचारक हुए हैं और प्रत्येक के सर्वोत्कृष्ट गुण दूसरे के लिए दोष हैं। शंकर का प्रकट रूप में शुष्क तर्क उनके दर्शन को धार्मिक रूप से अनाकर्षक बनाता है। रामानुज द्वारा प्रतिपादित परलोक की सुन्दर गाथाएँ, जिनका वर्णन वे ऐसे व्यक्ति के विश्वास के साथ करते हैं जिसने सृष्टि की उत्पत्ति में व्यक्तिरूप में सहायता की हो, सर्वथा अविश्वास के योग्य है।" लेकिन हम देखते हैं कि धर्म और भक्ति के क्षेत्र में रामानुज ने परवर्ती काल को व्यापक रूप से प्रभावित किया। अपने समय में ही उन्हें भक्ति के प्रचार में शासक वर्ग का व्यापक प्रोत्साहन और समर्थन मिला। दक्षिण भारत से बौद्ध और जैन मत के प्रभाव को खत्म करके वैष्णव मत को प्रभावशाली रूप में स्थापित करने में उनकी सबसे निर्णायक भूमिका रही है। हम राधाकृष्णन के शब्दों में कह सकते हैं कि "रामानुज में दार्शनिक भाव तो प्रबल था, किन्तु धार्मिक आकांक्षाएँ भी उतनी ही प्रबल थीं। उन्होंने धार्मिक भावनाओं की माँग का तार्किक विचार पद्धति के साथ समन्वय करने का पूरा प्रयत्न किया है।"[6]

मध्वाचार्य का द्वैतवाद

मध्व या मध्वाचार्य का दार्शनिक सिद्धान्त द्वैतवाद के नाम से जाना जाता है। उनका जन्म 1199 ई. में वर्तमान कर्नाटक के नगर उदीपी के निकट स्थित एक गाँव में हुआ था। उन्होंने अपने गुरु अच्युतप्रेक्ष के साथ, जो अद्वैतवाद के अनुयायी थे, वाद–विवाद करके अपने द्वैतपरक दर्शन का विकास किया। उन्होंने विष्णु को परमेश्वर घोषित किया और अपने कन्धों को विष्णु की भुजाओं से दागने की प्रथा को निर्दोष बताया। इस प्रथा को रामानुज ने प्रचलित किया था। उन्होंने देश के भिन्न–भिन्न भागों में अपने धर्म में अनेक शिष्यों को दीक्षित किया, उदीपी में कृष्ण मन्दिर की स्थापना की और उसे अपने अनुयायियों के सम्मिलन का केन्द्र बनाया।

यज्ञों में पशुहिंसा का निषेध करके उन्होंने एक उपयोगी सुधार किया।[7] मध्वाचार्य ने शंकराचार्य और रामानुजाचार्य की तरह ही ब्रह्मसूत्र का भाष्य लिखा। इसके अलावा भगवद्गीता तथा उपनिषदों पर किये गये उनके भाष्य, उनके द्वारा रचित महाभारत का संक्षिप्त सार, जिसे 'भारततात्पर्यनिर्णय' नाम दिया गया, और भागवत पुराण का भाष्य उनकी दार्शनिक मान्यताओं को समझने में सहायता करते हैं। राधाकृष्णन के अनुसार उनके ग्रन्थों को पढ़ने से ऐसा आभास मिलता है कि प्रस्थानत्रय अर्थात् उपनिषद्, भगवद्गीता और ब्रह्मसूत्र की अपेक्षा उन्होंने बराबर पुराणों के ऊपर अधिक भरोसा किया है।

द्वैत सिद्धान्त की केन्द्रीय शिक्षा यह है कि *यह जगत यथार्थ है और जीवात्मा तथा परमात्मा के बीच भेद है। जीवात्मा, ब्रह्म और जगत–ये तीन शाश्वत यथार्थ हैं। तीनों का अपना अलग–अलग स्वतन्त्र अस्तित्व है। शंकराचार्य के सिद्धान्त का खण्डन करते हुए उन्होंने कहा कि यदि ब्रह्म और जीवात्मा एक ही हैं, तो किसी मनुष्य का ब्रह्म से साक्षात्कार का प्रयत्न निरर्थक है, क्योंकि साक्षात्कार के लिए साधना करने वाला तो स्वयं ब्रह्म है। उनके अनुसार ब्रह्म से साक्षात्कार इसीलिए ज़रूरी है कि मनुष्य की जीवात्मा ब्रह्म से भिन्न है।* ज्ञान होने के लिए कोई ज्ञाता और ज्ञेय वस्तु होनी चाहिए। मध्व ने कहा कि ज्ञेय के यथार्थ को स्वीकार किये बिना किसी विचार के सत्य का ज्ञान नहीं हो सकता। अतः जिस प्रकार ब्रह्म यथार्थ है, चेतन और अचेतन भी यथार्थ है। इसी प्रकार उनके बीच भेद भी यथार्थ है। उन्होंने ज़ोर देकर कहा कि यह जगत भ्रम मोत्र नहीं है, काल और अवकाश में इसका वास्तविक अस्तित्व है।[8] मध्व के अनुसार *अनुभव ही सत्य के ज्ञान की एकमात्र कसौटी है। मनुष्य जब वस्तु के निकट जाता है और यह देखता है कि वह सर्प नहीं बल्कि रस्सी है, तो सर्प के बारे में उसका पूर्वज्ञान, जो भ्रम था ठीक कर लिया जाता है।*[9]

मध्व के अनुसार इस संसार की सभी वस्तुएँ प्रकृति में होने वाले विकास सम्बन्धी परिवर्तनों के परिणामस्वरूप उत्पन्न हुई हैं। मानव शरीर भी प्रकृति से ही उत्पन्न हुआ है। प्रकृति ही सत्व, रजस् और तमस् नामक तीन आधारभूत गुणों का स्रोत है। लेकिन मध्व ज़ोर देते हैं कि प्रकृति और मनुष्य या जीवात्मा ब्रह्म से भिन्न होने पर भी उससे स्वतन्त्र नहीं हैं। वे ब्रह्म पर आश्रित हैं। वे ब्रह्म के पथ प्रदर्शन पर ही चलते हैं। और यह ब्रह्म विष्णु हैं। विष्णु ही सर्वोच्च सिद्धान्त, सृष्टि का प्रथम कारण और

परमात्मा हैं, जिन्होंने इस जगत को वास्तविकता प्रदान की है। जीवात्माएँ और यह भौतिक जगत उनकी शक्ति के अधीन है। जबकि सर्वशक्तिमान विष्णु सभी दोषों और सीमाओं से परे हैं, सद्‌गुणों से विभूषित हैं और सर्वशक्ति सम्पन्न हैं।

मध्व के अनुसार पदार्थ दो प्रकार के हैं–स्वतन्त्र और परतन्त्र। ब्रह्म या ईश्वर एकमात्र स्वतन्त्र पदार्थ है। परतन्त्र पदार्थ दो प्रकार के हैं–चेतन पदार्थ अर्थात् जीवात्माएँ और अचेतन पदार्थ अर्थात् प्रकृति और काल। ईश्वर को सर्वशक्ति सम्पन्न, सर्वगुण सम्पन्न मानने के कारण मध्व स्पष्ट रूप से सगुण ईश्वर को स्वीकार करते हैं और विष्णु को उसका पर्याय मानते हैं। वे कहते हैं, उसका स्वरूप ऐसा नहीं है कि उसका वर्णन न हो सके। ज़्यादा से ज़्यादा यही कहा जा सकता है कि उसके बारे में सर्म्पूण ज्ञान प्राप्त करना कठिन है।

मध्वाचार्य के अनुसार इस सुप्रसिद्ध वाक्य का कि ब्रह्म एक ही है और दूसरा नहीं है (एक में वाद्वितीय ब्रह्म) का तात्पर्य यही है कि उत्कर्ष में ब्रह्म से बढ़कर कोई दूसरा नहीं है और उसके समान भी नहीं है क्योंकि वह सबके अन्दर समाविष्ट है। "*ब्रह्म में सब प्रकार की पूर्णता है। उसको तथा विष्णु को एकरूप माना गया है और कहा गया है कि वह अपनी इच्छानुसार संसार का संचालन करता है और अन्य सबका भी जो उसके अन्तर्गत है, स्वतन्त्र शासक के रूप में संचालन करता है। वह संसार को बार–बार रचता और संहार करता है। उसकी देह अतिप्राकृत है और वह सब संसार से ऊपर है और वह संसार के अन्तर्निहित भी है क्योंकि वह सब जीवात्माओं में अन्तर्यामी है। वह अपने को नानाविध आकृतियों में प्रकट करता है, समय–समय पर अवतारों के रूप में प्रकट होता है और पवित्र मूर्तियों में गुप्त रूप में उपस्थित रहता है। वह ज्ञान का प्रदाता है, अपने को नाना प्रकार से व्यक्त करता है, कुछ को दण्ड देता है और अन्य को मुक्ति देता है। लक्ष्मी उसकी पार्श्ववर्तिनी है जिसमें नानारूप धारण करने की शक्ति है किन्तु जिसकी देह भौतिक नहीं है। ईश्वर के साथ–साथ वह भी नित्य है और सर्वव्यापी है।* वह अनन्तकाल से ईश्वर के वैभव की साक्षी है। अन्य देवताओं और देवियों के विपरीत जो कई जन्मों के अनन्तर मोक्ष प्राप्त कर लेते हैं, लक्ष्मी नित्ययुक्त है।

लक्ष्मी ईश्वर की उत्पादक शक्ति का शरीरधारी रूप है। वह ज्ञान सम्पन्न प्रकृति है, यद्यपि ईश्वर उससे सूक्ष्मता तथा गुणों में महान है। ईवर आत्माओं और प्रकृति के ऊपर शासन करता है यद्यपि वह न तो अभाव से उसका निर्माण ही करता है, और न उसे नष्ट करके अभावात्मक बनाता है। वह जगत का उपादान कारण न होकर निमित्त कारण है, क्योंकि जड़ जगत की उत्पत्ति एक सर्वोपरि ज्ञान सम्पन्न से नहीं हो सकती।[10]

मध्वाचार्य की मान्यता है कि मोक्ष की अवस्था में भी जीव और ब्रह्म में अभिन्नता स्थापित नहीं होती। ब्रह्म और जीव के बीच भेद अथवा द्वैत को स्पष्ट करते हुए वे कहते हैं, *यह समझना भूल है कि मोक्ष की अवस्था में जीव और ब्रह्म अभिन्न हो जाते हैं और संसार में भिन्न हैं। क्योंकि दो भिन्न पदार्थ किसी भी समय अभिन्न नहीं हो सकते और इसके विपरीत दो अभिन्न पदार्थ भिन्न नहीं हो सकते। इस प्रकार 'आत्माएँ ब्रह्म हैं, ऐसा मत रखना ठीक नहीं है। पूर्ण तथा अपूर्ण आत्माएँ मिलकर एक नहीं हो सकतीं।'*

मोक्ष तथा भक्ति के सम्बन्ध में उनके प्रमुख विचार इस प्रकार हैं: 'मोक्ष प्राप्ति के लिए सबसे पहले एक स्वस्थ और नैतिक जीवन का होना आवश्यक है। बिना किसी इच्छा तथा फलप्राप्ति के दावे के नैतिक नियमों का पालन करना तथा कर्त्तव्य कर्मों का निभाना आवश्यक है। धार्मिक जीवन हमें सत्य की गहराई में ले जाने में सहायक है। वेदों के माध्यम से हम सत्य का ज्ञान प्राप्त कर सकते हैं और उसकी प्राप्ति के लिए एक उपयुक्त गुरु की आवश्यकता है।'

'ध्यान के द्वारा आत्मा दैवीय कृपा से अपने अन्तःकरण में ईश्वर का साक्षात् ज्ञान प्राप्त कर सकती है। जब आत्मा को इस प्रकार का ज्ञान हो जाता है, जो सूर्य की भाँति स्थिर होना चाहिए, न कि बिजली के समान शीघ्रगामी और क्षणिक। तब इसके बन्धन कट जाते हैं और इसे मुक्त कहा जाता है।'[11]

मध्व के अनुसार प्रभु की कृपा भी हमें उसके प्रति भक्ति के अनुपात में ही प्राप्त होती है। हमारा अपना आचरण ही हमें स्वयं में मोक्ष की ओर नहीं ले जा सकता, ईश्वर का सहयोग आवश्यक है। सर्वोपरि सत्ता जो अव्यक्त है, हमारे अपने प्रयत्नों के बल से व्यक्त नहीं की जा सकती। जब हमारी भक्ति के द्वारा वह प्रसन्न होती है तभी वह अपने को प्रकट करती है। ईश्वर की कृपा उपासक के विश्वास के अनुरूप ही होती है।'[12]

उन्होंने ईश्वर की कृपाप्राप्ति के लिए ईश्वर की पूजा, यज्ञ, तीर्थयात्रा, दया, दान–दक्षिणा आदि का समर्थन किया है।

निम्बार्क का द्वैताद्वैतवाद

निम्बार्क वैष्णव मतावलम्बी एक तेलगू ब्राह्मण थे, जो रामानुज के बाद और मध्व से पहले लगभग ग्यारहवीं शताब्दी में हुए। उन्होंने ब्रह्मसूत्र के ऊपर 'वेदान्तपारिजातसौरभ' नामक भाष्य लिखा और दशश्लोक नामक एक लघुग्रन्थ लिखा है। *उनके दार्शनिक सिद्धान्त को द्वैताद्वैतवाद के नाम से जाना जाता है। उनके अनुसार ब्रह्म के साथ जीव और जगत के सम्बन्ध में भेद और अभेद, द्वैत और अद्वैत दोनों हैं। उन्होंने भी अपने दार्शनिक सिद्धान्त ब्रह्मसूत्र के आधार पर ही विकसित किये और अपने दर्शन में भक्ति के विचार को और स्पष्टता से रखा।*

उनके अनुसार *'ब्रह्म ही सर्वोच्च यथार्थ है। वह सगुण है। वह आनन्दमयता, सौन्दर्य और दया आदि सुन्दर गुणों से विभूषित है। वही संसार का निमित्त कारण और भौतिक (उपादान) कारण है। जीव और जगत का उद्‌भव ब्रह्म से हुआ है, जो निम्बार्क के अनुसार अवैयक्तिक परमात्मा नहीं, बल्कि वैयक्तिक ईश्वर है। इस ब्रह्म की उन्होंने राधा के चिर प्रेमी के रूप में अवधारणा की।*[13]

निम्बार्क ने ब्रह्मसूत्र पर लिखे अपने भाष्य में उन्होंने ब्रह्म की स्वतन्त्र यथार्थता और जीव तथा जगत की परतन्त्र यथार्थता के बीच भेद बताया है। उन्होंने जीव को आत्मचेतन, ज्ञानस्वरूप और कर्म का कर्ता बताया है। उनके अनुसार ईश्वर और जीव दोनों ही आत्मचेतन हैं, लेकिन जीव परिमित शक्ति वाला है, जबकि ईश्वर वैसा नहीं है। जीव भोक्ता है, संसार भोग्य है और सर्वोपरि नियन्ता है।

निम्बार्क ने सर्वोपरि आत्मा और कृष्ण को एक समान माना है तथा समस्त गुणों का आगार और अहम्मन्यता, अज्ञान, वासना और आसक्ति आदि दोषों से रहित माना है। वह दिव्य शरीर धारण किये हुए है। सौन्दर्य, कोमलता, माधुर्य और कान्ति से पूर्ण है। वह अपने को अवतारों के रूप में प्रकट करता है। वही जगत का उपादान और निमित्त कारण है। उपादान या भौतिक कारण इस कारण है कि सृष्टि रचना से तात्पर्य ब्रह्म की सूक्ष्मरूपिणी चित् और अचित् शक्तियों की अभिव्यक्ति है, इसलिए वह सृष्टि

या जगत का उपादान कारण है। वह जगत का निमित्त कारण है क्योंकि वह जीवात्माओं को उनके अपने–अपने कर्मों व फलों के साथ जोड़ता है तथा उनका अनुभव प्राप्त करने के साधन जुटाता है।

निम्बार्क के अनुसार *इस संसार की उपेक्षा केवल भ्रान्ति कहकर नहीं की जा सकती क्योंकि जो कुछ ईश्वर के स्वरूप में सूक्ष्म रूप में विद्यमान है, उसी का यह संसार अभिव्यक्त रूप* (परिणाम) है। दर्शनशास्त्र में इसे परिणामवाद कहा जाता है। *निम्बार्क के अनुसार जीव, जगत और ईश्वर इन तीन तत्त्वों का सम्बन्ध नितान्त एकत्व अथवा अभेदपरक नहीं है क्योंकि इस प्रकार के मत को मानने से उपनिषद् के असंख्य वाक्यों का विरोध होगा, जिनमें इनके आपसी भेद पर बल दिया गया है। लेकिन यह भी नहीं कहा जा सकता कि ये तीनों तत्त्व परस्पर सर्वथा भिन्न हैं क्योंकि यदि परमात्मा जीवात्मा और जगत से सर्वथा भिन्न होता तो वह सर्वव्यापक नहीं हो सकता था। वह वैसे ही परिमित होता जैसे जीव और जगत परिमित सत्ता हैं ओर इसलिए इसे नियंता या शासक नहीं माना जाता। इसलिए निम्बार्क इस निष्कर्ष पर पहुँचते हैं कि भेद और अभेद दोनों यथार्थ है। जीवात्मा और जगत ब्रह्म से भिन्न हैं क्योंकि उनके स्वरूप और गुण ब्रह्म के गुणों से भिन्न हैं। वे भिन्न नहीं हो सकते क्योंकि वे स्वतन्त्र रूप से अपना अस्तित्व स्थिर नहीं रख सकते और सर्वथा ब्रह्म के ऊपर आश्रित हैं। इस सम्बन्ध को वे एक दृष्टान्त से स्पष्ट करते हुए कहते हैं कि यद्यपि आत्माएँ तथा प्रकृति ईश्वर से भिन्न हैं, वे उसके साथ घनिष्ठ सम्बन्ध भी रखते हैं, जैसे लहरें जल के साथ रखती हैं।*

निम्बार्क भक्ति के स्वरूप को स्पष्ट करते हुए कहते हैं कि ऐसे व्यक्तियों के ऊपर, जो ईश्वर के प्रति आत्मसमर्पण की भावना रखते हैं, ईश्वर की उन पर कृपा रहती है और ईश्वर उनके अन्दर भक्तिभाव उत्पन्न करता है, जो अन्त में जाकर ब्रह्म–साक्षात्कार में परिणत हो जाता है। भक्ति के अन्तर्गत उन्होंने सर्वोपरि यथार्थसत्ता का ज्ञान, जीवात्मा के स्वरूप का ज्ञान तथा दैवी कृपा का फल अथवा मोक्ष को माना है, जिसके परिणामस्वरूप सभी प्रकार की स्वार्थपरता और अज्ञान पूरी तरह नष्ट हो जाते हैं। उनके अनुसार भक्ति उपासना नहीं है, बल्कि प्रेम और श्रद्धा है। ईश्वर की कृपा हमेशा ही असहाय मनुष्यों को ऊँचा उठाने और उन्हें वस्तुओं की यथार्थता का ज्ञान कराने के लिए तत्पर रहती है। निम्बार्क के यहाँ विष्णु और उनकी

पत्नी लक्ष्मी का स्थान कृष्ण और राधा ले लेते हैं, जिनकी भक्ति प्रेममूलक मानी गयी है।

वल्लभाचार्य का शुद्धाद्वैतवाद

हिन्दी में सूरदास तथा कृष्णभक्तिधारा के अनेक कवियों पर वल्लभाचार्य का प्रत्यक्ष प्रभाव माना गया है। वल्लभाचार्य सूरदास के समकालीन थे। वल्भाचार्य का जन्म 1478 ई. में हुआ था।

अपने ग्रन्थों अणुभाष्य, सिद्धान्तरहस्य तथा भागवत टीका सुबोधिनी में वे वेदान्त की एक ऐसी ईश्वरज्ञानपरक व्याख्या करते हैं, जो शंकराचार्य और रामानुजाचार्य दोनों से भिन्न है। उनके सिद्धान्त का नाम है शुद्धाद्वैतवाद, यानी शुद्ध अद्वैतवाद। उनका कहना है कि *समस्त जगत यथार्थ है और सूक्ष्म रूप से ब्रह्म ही है। जीवात्माएँ और जड़ जगत तात्त्विक रूप में ब्रह्म ही है।* वल्लभाचार्य मानते हैं कि जीव, काल और प्रकृति अथवा माया सब नित्य वस्तुएँ हैं, वे ब्रह्म के तत्त्व से ही सम्बद्ध हैं और उनकी कोई अलग सत्ता नहीं है। *ऐसे व्यक्ति जो माया की शक्ति को जगत का कारण मानते हैं, शुद्ध अद्वैतवादी नहीं हैं क्योंकि वे ब्रह्म के अलावा भी एक दूसरी सत्ता को स्वीकार करते हैं। जहाँ शंकराचार्य जगत की उत्पत्ति माया की शक्ति के द्वारा ब्रह्म से मानते हैं, वहीं दूसरी ओर वल्लभ मानते हैं कि ब्रह्म माया जैसे किसी तत्त्व के साथ सम्बन्ध के बिना भी जगत का निर्माण करने में समर्थ है।*

ईश्वर या ब्रह्म के स्वरूप सम्बन्धी अपने मत को स्पष्ट करते हुए वल्लभ ने लिखा है कि *ईश्वर सच्चिदानन्द है और गुणों से युक्त है। उनके अनुसार श्रुति (उपनिषदों) के उन वाक्यों का, जिनमें कहा गया है कि ब्रह्म निर्गुण है, का तात्पर्य यह है कि उसमें 'साधारण गुणों का अभाव' है। ईश्वर शरीरधारी कृष्ण हैं, जिनमें ज्ञान और गुणों का आधान है। वही जगत का स्रष्टा है। यद्यपि ईश्वर को शरीर धारण करने की तो कोई आवश्यकता नहीं होती, तो भी वह विभिन्न रूपों में अपने भक्तों को प्रसन्न करने के लिए प्रकट होता है।* उसका सबसे श्रेष्ठ रूप वह है जिसे यज्ञ रूप कहा गया है और जिसका सम्बन्ध कर्म करने से है और उसकी पूजा जैसा कि ब्राह्मण ग्रन्थों में कहा गया है, कर्मों के द्वारा ही की जा सकती है। (कर्म से यहाँ अभिप्राय पूजा के विधि–विधान या कर्मकाण्ड से है।) जब वह ज्ञान से सम्बद्ध होता है तो

वह ब्रह्म है तथा उस अवस्था में ज्ञान के द्वारा ही, जैसा कि उपनिषदों में कहा गया है, उसे प्राप्त किया जा सकता है। सर्वोपरि कृष्ण की पूजा गीता तथा भागवत के अनुसार ही करनी चाहिए।[14]

जीवात्मा के बारे में उन्होंने कहा है कि वस्तुतः यह ब्रह्म के समान ही यथार्थ और नित्य है। जीवों में तीन प्रकार की श्रेणियाँ उन्होंने बताई हैं–शुद्ध जीव, संसारी जीव और मुक्त जीव। शुद्ध जीव वे हैं जिनके ऐश्वर्य आदि गुण अविद्या की शक्ति से मलिन नहीं हो पाते। संसारी जीव वे हैं, जो अविद्या के जाल में जकड़े होने के कारण जन्म और मरण का अनुभव करते हैं क्योंकि वे स्थूल या सूक्ष्म शरीर धारण किये रहते हैं। मुक्त जीव वे हैं जो विद्या या ज्ञान के बल पर संसार के बन्धनों से मुक्त हैं। जब आत्मा मोक्ष प्राप्त करती है तो उसे अपने अव्यक्त गुण पुनः प्राप्त हो जाते हैं और वह ब्रह्म के साथ एकाकार हो जाती है।

वल्लभ सृष्टि की रचना और प्रलय को केवलमात्र सर्वोपरि सत्ता का आविर्भाव और तिरोभाव मानते हैं। जगत के बारे में उनके विचार हैं कि जगत ब्रह्म के समान ही तात्त्विक है और इसकी रचना तथा विनाश ब्रह्म की शक्ति के ही कारण है। जगत को केवल माया या भ्रम नहीं माना जा सकता और न ही यह तात्त्विक रूप से ब्रह्म से भिन्न है। उनमें कारण–कार्य सम्बन्ध है जो नितान्त एकत्व रूप सम्बन्ध है। यह विश्व यथार्थ में ब्रह्म है। ब्रह्म सर्वथा अपनी इच्छा से अपने को जीवात्माओं तथा जगत के रूप में प्रकट करता है। लेकिन इससे उसके तात्त्विक स्वरूप में कोई विकार या दोष नहीं आता। यानी ऐसा नहीं कि उसमें जीव और जगत की सीमाएँ और दोष आ जाते हों।

वृहदारण्यक उपनिषद् में एक वर्णन आया है कि ब्रह्म ने अनेक होने की इच्छा की और स्वयं अनेकों जीवात्माओं और जगत के रूप में प्रकट हो गया। ब्रह्म के अन्दर आत्माभिव्यक्ति की इच्छा विद्यमान रहती है। वृहदारण्यक के इस वर्णन को स्वीकार करते हुए वल्लभ कहते हैं कि ईश्वर में वह शक्ति है, जिससे वह जगत के विकास तथा विनाश को सम्भव बना सकता है। वल्लभ ईश्वर को पूर्ण इकाई और जीव को उसका अंश मानते हैं। उनके अनुसार यह सम्बन्ध वैसा ही है जैसे आग का उसकी चिनगारियों के साथ।

मोक्ष और भक्ति के बारे में विचार प्रकट करते हुए वे कहते हैं कि माया के बन्धनों से मुक्त होकर जीव ब्रह्म के साथ एकाकार हो जाता है।

माया के द्वारा जकड़ा हुआ मनुष्य बिना ईश्वर की कृपा के मोक्ष प्राप्त नहीं कर सकता। मोक्ष का मुख्य साधन भक्ति है, यद्यपि ज्ञान भी उपयोगी है। यदि हम ईश्वर के प्रति श्रद्धा रखें तो सभी पाप दूर हो जाते हैं। वल्लभ ने मोक्ष और भक्ति के लिए सभी प्रकार की तपस्याओं को तुच्छ बताया है। यह शरीर ईश्वर का बनाया हुआ मन्दिर है और इसे नष्ट करने का प्रयत्न करना कोई औचित्य नहीं रखता। उनके अनुसार सर्वोच्च सत्ता के ज्ञान अर्थात् मोक्ष से पहले कर्मों का स्थान है और जब ईश्वर का ज्ञान या मोक्ष प्राप्त हो जाता है, तब भी कर्म विद्यमान रहते हैं। मुक्तात्मा मनुष्य सब कर्मों को करते हैं। वल्लभ के अनुसार उच्चतम लक्ष्य मोक्ष नहीं है, बल्कि कृष्ण की निरन्तर सेवा है तथा दिव्यलोक वृन्दावन की लीलाओं में भाग लेना है। *वल्लभ भागवत पुराण के दशम स्कन्ध के अनुसार भक्ति का विधान करते हैं। उनके द्वारा प्रवर्तित पुष्टि सम्प्रदाय में भागवत पुराण के अनुसार ही भक्ति की लीलाओं का वर्णन किया जाता है। सूरदास सहित अष्टछाप के सभी भक्त कवियों ने कृष्ण के प्रति इस प्रकार की भक्ति प्रदर्शित की है।*

वल्लभाचार्य के अनुसार जीवन की बाधाओं से मुक्ति प्राप्त आत्माएँ भिन्न–भिन्न प्रकार की हैं। एक वे हैं जिन्होंने अपने को जीवन की बाधाओं की अधीनता से पूरी तरह मुक्त कर लिया है, जैसे सनक ऋषि (जिन्हें पुराण ग्रन्थों में ब्रह्मा का पुत्र माना गया है।), जो ईश्वर की नगरी में निवास करते हैं जहाँ उन्हें ईश्वर की कृपा से मोक्ष प्राप्त होता है। दूसरी वे हैं, जो भक्ति का आश्रय लेती हैं और पूर्ण प्रेम का परिष्कार करके ईश्वर की सहचरी हो जाती हैं। *वल्लभ ईश्वर के प्रति निष्काम प्रेम के जीवन पर अत्यधिक बल देते हैं।*

अब तक हमने जिन दार्शनिक परम्पराओं की चर्चा की है, वे सभी आदर्शवादी दर्शन–पद्धति को प्रस्तुत करती हैं। जिन दर्शनों में ब्रह्म अथवा ईश्वर और जगत के बीच द्वैत को स्वीकार किया गया है, उदाहरणस्वरूप मध्वाचार्य के दर्शन में, उनमें आदर्शवाद के साथ भौतिकवादी दृष्टि का भी समन्वय मिलता है। लेकिन एक ऐसे भौतिकवादी दर्शन की, जिसकी महिमा का बखान भगवद्गीता में किया गया है, भागवत पुराण में जिसके प्रवर्तक को भगवान विष्णु के चौबीस अवतारों में एक और 'भगवान' कहकर सम्बोधित किया गया है और वेदान्त दर्शन के दो प्रमुख व्याख्याकारों मध्वाचार्य और निम्बार्क के दर्शन पर जिसका प्रभाव माना जाता है,

चर्चा किये बिना अब तक का विश्लेषण अधूरा माना जायेगा। वह दर्शन है षट्दर्शनों में से एक और सबसे प्राचीन भारतीय दर्शनों में से एक सांख्य दर्शन। इसके प्रवर्तक कपिल मुनि माने गये हैं। इनका कोई मौलिक ग्रन्थ उपलब्ध नहीं है, इसकी विभिन्न टीकाओं के माध्यम से इस दर्शन में आये सिद्धान्तों को समझा गया है। भक्ति सम्बन्धी सभी ग्रन्थों में किसी न किसी रूप में इसका उल्लेख ज़रूर मिलता है। हम भी इसकी चर्चा उतने तक ही सीमित रखेंगे, जितने का सम्बन्ध भक्ति के दर्शन से है। सांख्य दर्शन में संसार को पुरुष और प्रकृति के रूप में देखा गया है। बाद में इसकी व्याख्या अनेक रूपों में की गयी और इसे आदर्शवादी रंग भी दिया गया। कहीं पुरुष को बदलकर परम पुरुष या ब्रह्म या ईश्वर किया गया, तो कहीं प्रकृति को बदलकर उसकी व्याख्या स्त्री के रूप में की गयी। पहले तरह की व्याख्याएँ हम देख चुके हैं, जो मूलतः उपनिषदों और ब्रह्मसूत्र पर आधारित हैं, लेकिन उनमें सांख्य दर्शन की विचार–पद्धति का उपयोग किया गया है। दूसरी तरह की व्याख्या भक्ति को प्रेममूलक और स्त्री–पुरुष संयोग के रूपक के तौर पर प्रस्तुत करने वाली दार्शनिक और भक्ति–परम्परा के भीतर की गयी है और इसके प्राचीन स्रोत के रूप में सांख्य दर्शन का प्रायः उल्लेख किया जाता है।

सांख्य दर्शन के प्रवर्तक कपिल मुनि कहे गये हैं, लेकिन इसका विकास परवर्ती कई अन्य दार्शनिकों द्वारा किया गया माना जाता है। कपिल मुनि सातवीं या छठी सदी ई. पू. के माने जाते हैं, इस तरह यह दर्शन भी इतना ही पुराना सिद्ध होता है। सांख्य दर्शन सत्कार्यवाद के सिद्धान्त पर आधारित है। इसके अनुसार किसी भी वस्तु की उत्पत्ति शून्य से नहीं हो सकती थी। सृष्टि तो केवल...। जो कुछ भी मौजूद है उसका कोई कारण तो अवश्य रहा होगा क्योंकि बिना कारण के किसी चीज़ का अस्तित्व नहीं हो सकता। ...कारण और प्रभाव, कारण और कार्य एक–दूसरे से अभिन्न रूप से जुड़े हैं। उदाहरण के लिए दही दूध से ही बनाया जा सकता है, पानी से नहीं। कुम्हार मिट्टी से ही मिट्टी के बरतन बना सकता है, कपड़े से नहीं। प्रभाव कारण में उसी तरह निहित रहता है, जिस प्रकार तिल का तेल तिल के बीजों में निहित रहता है।[15]

सांख्य दर्शन के अनुसार इस जगत की सभी वस्तुएँ, जिनमें हमारा शरीर, मस्तिष्क, बुद्धि, इन्द्रियाँ आदि भी शामिल हैं, प्रकृति के रूपन्तरण का परिणाम है।

लेकिन प्रकृति का कोई मूल नहीं है। यानी वह किसी और का परिणाम नहीं है। वह स्वयं निमित्त कारण भी है और उपादान कारण भी।

उपनिषद्दों के इस आदर्शवादी सिद्धान्त का खण्डन करते हुए कि ब्रह्माण्ड की उत्पत्ति का मूल कारण एक आध्यात्मिक परम सत्ता अर्थात् ब्रह्म है, सांख्य ने सिखाया कि अनेकानेक रूप वाले इस जगत का क्रमिक विकास प्रकृति से हुआ, जो बोधहीन और संवेदनाहीन है।[16]

इसके अनुसार विकास की प्रक्रिया तीन परस्पर गुणों की क्रिया–प्रतिक्रिया का परिणाम है। ये गुण पदार्थ में निहित होते हैं। ये तीन गुण हैं–सत्व, रजस् और तमस्। विकास इन गुणों की सक्रियता और असन्तुलन का परिणाम है। गुणों में परिवर्तन होने से प्रकृति में भी परिवर्तन हुए। प्रकृति से जो प्रत्येक वस्तु उत्पन्न हुई उसमें विभिन्न अनुपातों में ये तीन गुण मौजूद हैं। यही कारण है कि वस्तुओं में इतनी विविधता है।

सांख्य विचारकों ने बताया कि न केवल प्रकृति की जड़ वस्तुओं का, बल्कि शरीर तथा ज्ञानेन्द्रियों का, चेतना और बुद्धि का भी जन्म पदार्थ से हुआ है। इस तरह पर्वत और मनुष्य, नक्षत्र और ज्वाला, उनके बारे में हमारा बोध और हमारी संवेदनाएँ, ये सब प्रकृति ही है–यद्यपि विभिन्न प्रकार की। इनमें कोई अपवाद है तो आत्मा अथवा पुरुष, जो यद्यपि पदार्थ से स्वतन्त्र और शाश्वत है, तो भी पार्थिव शरीर द्वारा संबद्ध है।[17]

लेकिन 'पुरुष' शब्द से अभिप्राय केवल एक आत्मा से नहीं है। कारण यह कि सांख्य के अनुसार अनगिनत पुरुष प्रकृति से सम्बद्ध हैं यानी इस जगत में भिन्न–भिन्न व्यक्ति जन्म लेते हैं और विभिन्न प्रकार के गुणों और व्यक्तियों को प्रकट करते हैं। इन सबकी आत्माएँ किसी सर्वव्यापी आत्मा या परमात्मा का अंश नहीं हैं क्योंकि सांख्य ऐसी अवधारणा को स्वीकार नहीं करता। प्रत्येक आत्मा अलग है। इसके अलावा प्रकृति और पुरुष के बीच क्रिया और प्रतिक्रिया की निरन्तर प्रक्रिया चलती रहती है। तो भी, पुरुष सक्रिय शक्ति नहीं है। मूलभूत प्राथमिक कारण प्रकृति ही है जिससे हर वस्तु का विकास हुआ है। प्रेममूलक भक्ति के सन्दर्भ में सांख्य सिद्धान्त की इस तरह की व्याख्या करने की कोशिश की गयी है कि इस जगत की उत्पत्ति प्रकृति, जो स्त्रीरूप है और पुरुष के समागम से हुई है। लेकिन सांख्य दर्शन में किसी एक पुरुष की अवधारणा है ही नहीं। वह तो अनेकानेक 'पुरुष' अथवा आत्माओं की बात करता है।

अभी तक हमने दर्शन की सभी शास्त्रीय परम्पराओं की चर्चा की है। ब्रह्मसूत्र की व्याख्या पर आधारित भक्ति के दार्शनिक–शास्त्रीय सिद्धान्तों को प्रतिपादित करने वाले दक्षिण भारत के जिन दार्शनिक आचार्यों की हमने चर्चा की, उनके बारे में सबसे पहली बात यह है कि उन्होंने सिर्फ़ सिद्धान्त नहीं दिये बल्कि अपने–अपने सम्प्रदायों की स्थापना भी की, स्वयं उनके और उनके शिष्यों तथा अनुयायियों द्वारा उनके सम्प्रदायों का देश के अनेक हिस्सों में प्रचार–प्रसार हुआ। ये सब ईश्वर की भक्ति से जुड़े सम्प्रदाय थे। इसके अलावा इन सम्प्रदायों के प्रभाव से और उनमें पहले से चली आ रही कुछ अन्य परम्पराओं के मिश्रण से मध्यकाल में भक्ति से जुड़े अनेक अन्य सम्प्रदायों का जन्म हुआ। बंगाल का गौड़ीय वैष्णव सम्प्रदाय, सहजिया वैष्णव सम्प्रदाय, उत्तर और पूर्वी तथा पश्चिमी भारत में फैला निर्गुण भक्ति सम्प्रदाय, गुजरात का वैष्णव भक्ति सम्प्रदाय, महाराष्ट्र का वारकरी सम्प्रदाय आदि अनेक सम्प्रदायों में दो या दो से अधिक परम्पराओं का मिश्रण दिखाई देता है। वे किसी एक शास्त्र का अन्धानुकरण नहीं करते बल्कि अपनी–अपनी स्थानीय परम्पराओं के मेल से और अपनी मौलिक प्रतिभाओं के द्वारा अपने भक्ति–मार्गों का विकास करते हैं। विभिन्न भक्त कवियों और आचार्यों द्वारा प्रतिपादित शास्त्रीय या दार्शनिक सिद्धान्तों के बीच सम्बन्ध पर हजारी प्रसाद द्विवेदी ने कुछ महत्त्वपूर्ण विचार व्यक्त किये हैं। हम संक्षेप में उनका उल्लेख कर रहे हैं :

–कोई भी मतवाद जब किसी नवीन भूमि में प्रवेश करता है तो वहाँ की रीति–नीति, आचार–विचार से मिलकर एक नया रूप धारण करता है। महाराष्ट्र की भक्ति दूसरी चीज़ है, उत्तर प्रदेश की दूसरी और बंगाल की दूसरी।[18]

–जो लोग दक्षिणात्य आचार्यों के दार्शनिक और धार्मिक मतों का अध्ययन करके ही तुलसीदास और सूरदास के रहस्यों का उद्घाटन करते हैं, वे लोकमत के साथ अविचार करते हैं।[19]

–जान पड़ता है शास्त्रीय आदेशों के पालन में ज्यों–ज्यों शिथिलता आती जा रही थी, त्यों–त्यों ब्राह्मण आचार्य अधिक सतर्क भाव ग्रहण करते जा रहे थे। अनुमान होता है कि शास्त्रों की व्यवस्थाओं से लोकमत बेपरवा होता जा रहा था।[20]

–वैष्णव धर्म शास्त्रीय धर्म की अपेक्षा लोक–धर्म अधिक है।[21]

—वल्लभाचार्य या चैतन्यदेव प्रभृति ने इस लोक धर्म को शास्त्रसम्मत रूप दिया। ज्यों ही उसने (लोक धर्म ने) एक बार शास्त्र का सहारा पाया, त्यों ही विद्युत की भाँति इस छोर से उस छोर तक फैल गया, क्योंकि असल में उसके लिए क्षेत्र बहुत पहले से ही तैयार था।[22]

—मध्ययुग के वैष्णव धर्म ने इसे जो रूप दिया, वह महायान भक्ति का विकसित और मार्जित रूप था।[23]

यहाँ हम यह भी जोड़ना चाहेंगे कि जैसा कि द्विवेदीजी ने वल्लभाचार्य और चैतन्यदेव के सम्बन्ध में कहा है कि उन्होंने लोकधर्म को शास्त्रीय रूप दिया, रामानुजाचार्य, मध्वाचार्य, निम्बार्काचार्य जैसे दक्षिण के आचार्यों के साथ भी हम यह बात देख सकते हैं, जिन्होंने भले ही ब्रह्मसूत्रों के आधार पर अपने सिद्धान्त खड़े किये, लेकिन भक्ति साहित्य, पुराण साहित्य और लोकपरम्पराओं से भी प्रेरणा ग्रहण की, अन्यथा उनके सिद्धान्तों में इतना अन्तर नहीं होता। रामानुजाचार्य आलवार वैष्णव भक्तों की परम्परा से प्रभावित होते हैं। मध्वाचार्य पुराण साहित्य से प्रभावित होते हैं, जो शुद्ध रूप से शास्त्र नहीं है, साहित्य भी है। निम्बार्क राधा—कृष्ण की युगल—भक्ति का विधान करते हैं, जिसका शास्त्रीय आधार बहुत ही क्षीण है। प्राचीन शास्त्रों में राधा का नाम तक नहीं है। लेकिन यह सच है कि इन आधारों को ग्रहण करते हुए भी वे अन्ततः शास्त्र रचते हैं, भक्ति का काव्य नहीं रचते। कवि और शास्त्रकार का यही तो मूल अन्तर है कि शास्त्रकार अपने शास्त्र का उल्लंघन नहीं होने देता, जबकि कवि अधिकतर शास्त्र की सीमाओं के पार जाकर ही महान काव्य रचता है।

जिन दार्शनिक परम्पराओं की हमने चर्चा की, वे सब संस्कृत में हैं। संस्कृत भारत में शास्त्रों की मुख्य भाषा रही है। लेकिन भक्ति के क्षेत्र में हम देखें, तो इन दार्शनिक परम्पराओं के अलावा बौद्धों के सिद्ध सम्प्रदाय तथा नाथ सम्प्रदाय और सूफ़ी सम्प्रदाय की दार्शनिक मान्यताओं का भी भक्ति साहित्य पर प्रत्यक्ष या अप्रत्यक्ष प्रभाव दिखाई देता है। सिद्धों में 'सहज' की साधना के भीतर 'प्रज्ञा' और 'उपाय' की जो धारणा है, जिसे स्त्री और पुरुष के रूप में देखा गया, उसका प्रभाव जयदेव के गीतगोविन्द (12वीं सदी का राधा—कृष्ण पर रचित प्रसिद्ध संस्कृत काव्य ग्रन्थ) पर और चण्डीदास (बांगला) के भक्ति काव्य पर, जिसे सहजिया वैष्णव के रूप में जाना गया, तथा नरसी मेहता (गुजराती) के कृष्णभक्ति काव्य पर दिखाई देता है।

राधा–कृष्ण की भक्ति के अलावा सूफ़ी भक्ति और निर्गुण भक्ति में भी इससे मिलती–जुलती अवधारणा है। सिद्ध सम्प्रदाय और नाथ सम्प्रदाय की समाज और धार्मिक आचारों–सम्बन्धी मान्यताओं का निर्गुण भक्ति सम्प्रदाय पर काफ़ी प्रभाव दिखाई देता है। इनकी अनेक दार्शनिक शब्दावलियाँ भी उनके साहित्य में दिखाई देती हैं। नाथ सम्प्रदाय में निर्गुण ब्रह्म की जो मान्यता है, हिन्दी के निर्गुण भक्त कवियों पर उसका व्यापक प्रभाव पड़ा है। सूफ़ी सम्प्रदाय की मान्यताओं का प्रभाव न सिर्फ़ सूफ़ी कवियों पर बल्कि इससे इतर सम्प्रदायों पर भी दिखाई देता है। इसके अलावा स्वयं सूफ़ी भक्त कवियों पर इस देश की अन्य दार्शनिक परम्पराओं का प्रभाव मिलता है। ये सब भक्ति की दार्शनिक परम्परा का हिस्सा हैं। यही कारण है कि हजारी प्रसाद द्विवेदी ने भक्ति साहित्य पर सिर्फ़ शास्त्र का प्रभाव नहीं माना है, बल्कि उसे पहले से चली आ रही स्थानीय परम्पराओं तथा लोकपरम्पराओं या लोकधर्म से जोड़कर देखने पर भी बल दिया है।

सन्दर्भ

1. डॉ. सर्वपल्ली राधाकृष्णन, भारतीय दर्शन भाग–2, राजपाल एण्ड संस, नयी दिल्ली, पृ. 671
2. रहस्यत्रयसार 23, राधाकृष्णन 685
3. डॉ. सर्वपल्ली राधाकृष्णन, भारतीय दर्शन भाग–2, पृ. 702
4. वही, पृ. 695
5. वही, पृ. 696
6. वही, पृ. 721
7. वही, पृ. 740
8. के. दामोदरन, भारतीय चिन्तन परम्परा, पीपुल्स पब्लिशिंग हाउस, नयी दिल्ली, पृ. 270
9. वही, पृ. 271
10. डॉ. सर्वपल्ली राधाकृष्णन, भारतीय दर्शन भाग–2, पृ. 744
11. वही, पृ. 749
12. वही, पृ. 749
13. के. दामोदरन, भारतीय चिन्तन परम्परा, पृ. 273
14. डॉ. सर्वपल्ली राधाकृष्णन, भारतीय दर्शन भाग–2, पृ. 758
15. के. दामोदरन, भारतीय चिन्तन परम्परा, पृ. 141
16. वही, पृ. 143

17. वही, पृ. 146
18. हजारी प्रसाद द्विवेदी, सूर साहित्य, राजकमल प्रकाशन, नयी दिल्ली, 2017, पृ. 68
19. वही, पृ. 68
20. वही, पृ. 69
21. वही, पृ. 73
22. वही, पृ. 73
23. वही, पृ. 73

कबीर की प्रेमानुभूति

कबीर की कविता के अनेक रंग हैं। निर्गुण ब्रह्म के प्रति भक्ति के कारण कबीर की कविता में निर्गुण ब्रह्म से जुड़ी सभी प्रमुख दार्शनिक मान्यताएँ मिलती हैं। उपनिषदों में इनकी चर्चा ज्ञानकाण्ड के अन्तर्गत मिलती है और वेदान्त दर्शन की परम्परा में शंकराचार्य ने अद्वैतवाद के दर्शन के अन्तर्गत इनकी चर्चा की है। दोनों में ही ब्रह्म से साक्षात्कार, ब्रह्मानन्द या ब्रह्म से मिलन को ब्रह्मज्ञान का परिणाम माना गया है। दोनों में ही माना गया है कि ब्रह्म का ज्ञान हो जाने पर जीव ब्रह्म हो जाता है। मुण्डकोपनिषद् में कहा ही गया है–ब्रह्मवित् ब्रह्मैव भवति। कबीर ज्ञान की अवस्था से आगे जाकर निर्गुण ब्रह्म को भक्ति का विषय बनाते हैं। इस अर्थ में कबीर भारतीय साहित्य में ही नहीं, भारतीय दर्शन की परम्परा में भी अत्यन्त मौलिक कहे जा सकते हैं। भक्ति केवल ज्ञान से नहीं हो सकती, ज्ञान तो भक्ति का साधन है। शाण्डिल्यभक्तिसूत्र में भी ज्ञान को साधन कहा गया है और भक्ति को साध्य। ज्ञान अंग है और भक्ति अंगी। भक्ति की भावुकता में कबीर अनेक बार राम, गोविन्द, माधव आदि ईश्वर के सगुण या वैष्णव रूपों के नाम लेते हैं और नाम की महिमा का वर्णन भी करते हैं। इस कारण उन पर वैष्णवता का प्रभाव भी माना गया है। लेकिन कबीर की कविता यह सिद्ध करती है कि उन्हें किसी एक मान्यता में समा पाना, किसी एक रंग में रंग पाना सम्भव नहीं है और उनकी कविता को देखने की ऐसी कोई भी कोशिश एक अधूरी कोशिश भर बनकर रह जायेगी। कबीर के साथ ऐसी कई कोशिशें हुई हैं और उनके नुक़सान भी हुए हैं। कबीर को ज्ञानाश्रयी या ज्ञानमार्गी बताया गया, सूफ़ी मत से प्रभावित बताया गया, अटपटी बानी बोलने वाला कवि कहा गया, लेकिन ऐसी कोशिशों से कबीर की काव्यानुभूति के यथार्थ को उजागर करने के बजाय इन कोशिशों की नाकामी ही ज़्यादा उभरी है।

हमारा मानना है कि कबीर ज्ञान या ब्रह्मज्ञान का आश्रय तो लेते हैं, लेकिन उनकी विशिष्टता उनकी भक्ति है जो प्रेमानुभूति पर आधारित है। इस प्रेमानुभूति में वासना नहीं, पवित्रता है। ऐसी पवित्रता जो मन को शीतल करती है, हमें लौकिक से अलौकिक अनुभूति की ओर ले जाती है। हम आगे देखेंगे कि यह केवल सूफ़ी मत से प्रभावित होने का परिणाम नहीं है, जैसा कि आमतौर पर मान लिया जाता है। इसका भारतीय प्रेममार्गी परम्पराओं से गहरा सम्बन्ध है। आलवार वैष्णव, बौद्धों का सहजयानी सम्प्रदाय, जयदेव का गीतगोविन्द, सहजिया वैष्णव सम्प्रदाय, शैव सम्प्रदाय में प्रचलित अर्द्धनारीश्वर की धारणा, प्रेमाभक्ति पर आधारित दशधा भक्ति और बाउल गायकों की भक्ति के साथ–साथ सांख्य दर्शन और उपनिषद्‌ों से भी हमें कुछ सूत्र मिलते हैं, जो भक्ति की भारतीय प्रेममार्गी परम्परा अथवा परम्पराओं से हमारा परिचय कराते हैं। इनमें से सहजिया वैष्णव भक्तों और बाउल गायकों को छोड़कर सभी कबीर के पूर्ववर्ती हैं। कबीर की कविताओं में प्रेम की अभिव्यक्ति करने वाली जो ढेरों उक्तिया मिलती हैं, उनमें और इन भक्ति परम्पराओं में गहरी समानता है। इस समानता का आधार क्या है, हम आगे देखेंगे।

कबीर को 'ज्ञानाश्रयी' कहने के कारण

आचार्य रामचन्द्र शुक्ल ने भक्तिकाल के विभिन्न भक्ति–मार्गों का वर्गीकरण करते समय सबसे पहले सन्त कवियों की निर्गुण ईश्वर पर आधारित भक्ति धारा का नामकरण 'ज्ञानाश्रयी शाखा' के रूप में किया। उनके शब्दों में "यह निर्गुण धारा दो शाखाओं में विभक्त हुई–एक तो ज्ञानाश्रयी शाखा और दूसरी शुद्ध प्रेममार्गी शाखा (सूफ़ियों की)"[1]

इस 'ज्ञानाश्रयी' शाखा के बारे में उन्होंने कई ऐसी स्थापनाएँ दी हैं, जो युक्तिसंगत नहीं हैं, जिनकी असंगति को बाद के आलोचकों ने उजागर भी किया है। इसके पीछे कारण है शुक्लजी का भक्ति और साहित्य सम्बन्धी निजी दृष्टिकोण, जिसके रंग में उनकी आलोचना गहरे रंग जाती है और निष्पक्ष आलोचक पीछे छूट जाता है। मसलन ज्ञानाश्रयी शाखा के बारे में वे बेधड़क कहते हैं–"इस शाखा की रचनाएँ साहित्यिक नहीं हैं। फुटकर दोहों या पदों के रूप में हैं, जिनकी भाषा और शैली अधिकतर अव्यवस्थित और ऊटपटाँग है।"[2] निश्चित रूप से साहित्यिक अन्तःसाक्ष्य के प्रति इसमें गहरी अवहेलना का भाव तो छुपा हुआ है ही, अपनी पसन्द से इतर काव्य–रूपों

के प्रति गहरा तिरस्कार भाव भी प्रत्यक्ष रूप से प्रकट हुआ है। प्रश्न किसी एक मत विशेष को पसन्द–नापसन्द करने भर का नहीं है, बल्कि साहित्यिक आलोचना के मानदण्ड का भी है। भक्तिकाल में रामभक्तिकाव्य, कृष्णभक्ति काव्य, सूफ़ी काव्य सबमें अपने धार्मिक–दार्शनिक मतों या भक्ति मतों की स्पष्ट और मुखर अभिव्यक्ति हुई है, रामभक्तिकाव्य और कृष्णभक्तिकाव्य में तो विशेष रूप से। भक्तिकाव्य में भक्तिमार्ग की अभिव्यक्ति तो होगी ही। इसलिए निर्गुण भक्ति में अपने मतों की अभिव्यक्ति कोई अचम्भे की बात नहीं। लेकिन प्रश्न साहित्यिक मानदण्डों का भी है। सूफ़ी काव्य में सूफ़ी मान्यताओं की अभिव्यंजना की गयी है, लेकिन शुक्लजी उसकी, विशेष रूप से पद्मावत की खुलकर प्रशंसा करते हैं। इसका कारण प्रबन्ध काव्य के प्रति उनका अतिरिक्त लगाव है। रीतिकाल का वर्णन करते हुए भी वे मुक्तक काव्य के प्रति बहुत प्रशंसा भाव नहीं रखते। उन्हें काव्य में कथा का तत्त्व प्रभावित करता है और कथा का तत्त्व न होने पर वे खिन्न हो उठते हैं। इस अर्थ में वे बहुत रूढ़ शास्त्रीय दृष्टिकोण अपनाते हैं। 'फुटकर दोहों और पदों' के प्रति उनका यही बैर भाव यहाँ प्रकट हुआ है।

'भाषा और शैली अधिकतर अव्यवस्थित और ऊटपटांग है।' यह मान्यता साहित्यिक अन्तःसाक्ष्य का विश्लेषण करते ही ग़लत और पूर्वाग्रहपूर्ण साबित हो जाती है। न सिर्फ़ कबीरदास की रचनाएँ, बल्कि अनेक अन्य निर्गुण सन्त कवियों की बहुत–सी रचनाएँ साहित्यिक दृष्टि से उत्कृष्ट हैं। भले ही वे साहित्य–रचना को अपना उद्देश्य न मानते हों। वैसे ही जैसे अधिकतर सगुण कवि भी खुद को कवि कहलाने से हिचकते हैं। वे कविता को भक्ति का उपादान ही मानते हैं। तभी तो यह भक्तिकाल है।

तो क्या 'ज्ञानाश्रयी' शाखा के भीतर कबीर की कविता की बात करें, शुक्लजी अनुभूति का अभाव मानते हैं और इसे एकमात्र ज्ञान पर ही आश्रित मानते हैं? नहीं, वे ऐसा नहीं मानते। उनके अनुसार "नाथपन्थियों की अन्तस्साधना हृदयपक्ष शून्य थी, उसमें प्रेमतत्त्व का अभाव था। कबीर ने यद्यपि नाथपन्थ की बहुत सी बातों को अपनी बानी में जगह दी, पर यह बात उन्हें खटकी।"[3] स्पष्ट है कि शुक्लजी यह नहीं मानते कि कबीर की कविता में प्रेमतत्त्व का अभाव है।

कबीर की कविता में प्रेमतत्त्व किस प्रकार का है और किस परम्परा से जुड़ता है? शुक्लजी का मत उनके ही तीन वाक्यों में प्रस्तुत है :

–कबीर ने जिस प्रकार एक निराकार ईश्वर के लिए भारतीय वेदान्त का पल्ला पकड़ा, उसी प्रकार उस निराकार ईश्वर की भक्ति के लिए सूफ़ियों का प्रेमतत्त्व लिया और अपना 'निर्गुण पन्थ' बहुत धूमधाम से निकाला।[4]

–कबीर का 'ज्ञानपक्ष' तो रहस्य की गुह्य भावना से विकृत मिलेगा, पर सूफ़ियों से जो प्रेमतत्त्व उन्होंने लिया, वह सूफ़ियों के यहाँ चाहे काम भावना से ग्रस्त हुआ हो, पर निर्गुण पन्थ में अविकृत रहा।[5]

–'निर्गुणमार्ग' के निर्दिष्ट प्रवर्तक कबीरदास ही थे, जिन्होंने एक ओर तो रामानन्दजी के शिष्य होकर भारतीय अद्वैतवाद की कुछ स्थूल बातें ग्रहण कीं, और दूसरी ओर योगियों और सूफ़ी फ़कीरों के संस्कार प्राप्त किये।[6]

उपर्युक्त तीन वाक्यों में आप स्पष्ट महसूस करेंगे कि कबीर की क्षमता से ज़्यादा उनकी सीमा का निर्देश करने पर शुक्लजी का पूरा ज़ोर है। और कबीर की जो क्षमता है, वह भी बहुलांश में उधार ली हुई है। कबीर के सन्दर्भ में शुक्लजी 'इससे यह लिया, उससे वह लिया' की भाषा ही सर्वत्र अपनाते हैं। कबीर ने सूफ़ियों का प्रेमतत्त्व लिया, यह बात स्वतःसिद्ध मान ली गयी है। जैसे इसकी जाँच की कोई ज़रूरत ही नहीं है। दुर्भाग्य से शुक्लजी ने इसके लिए साक्ष्य देना भी ज़रूरी नहीं समझा है। इसका कारण क्या है? कारण है शुक्लजी की यह मान्यता कि "भारतीय भक्तिमार्ग साकार और सगुण रूप को लेकर चला था, निर्गुण और निराकार ब्रह्म भक्ति या प्रेम का विषय नहीं माना जाता।"[7] यानी जो चीज़ पहले से नहीं है, जो कि पूरा तथ्य नहीं है, अपने विवेक से नहीं रची जा सकती। उसके लिए किसी से उधार लेना ज़रूरी है, किसी से प्रभावित होना ज़रूरी है, मानो कवि में नवोन्मेष नाम की कोई चीज़ नहीं होती। वह भी तब जबकि कबीर की प्रतिभा की प्रशंसा शुक्लजी ने अपने इतिहास ग्रन्थ में ही दो बार की है। कवि के अपने विवेक और नवोन्मेष के प्रति शुक्लजी का यह अविश्वास कबीर ही नहीं, महाराष्ट्र के प्रसिद्ध भक्त कवि नामदेव के मामले में भी प्रकट होता है। संयोग नहीं कि दोनों ही निर्गुण भक्ति के बड़े नाम हैं। दोनों ही निम्न कही जाने वाली जातियों से आते हैं और दोनों ही संस्कृत में रचे शास्त्रों में पारंगत कवि नहीं हैं। (शुक्लजी का पूर्वाग्रह इन शब्दों में प्रकट है–संस्कृत बुद्धि, संस्कृत हदय और संस्कृत वाणी का वह विकास इस शाखा में नहीं पाया जाता जो शिक्षित समाज को अपनी ओर आकर्षित करता।)

कबीर के मामले में प्रेमतत्त्व को लेकर शुक्लजी ने कबीर को सूफ़ियों का ऋणी बताया है, तो नामदेव के मामले में नामदेव को निर्गुण भक्ति के लिए ज्ञानदेव का ऋणी बताया है। उनके शब्द हैं–"नामदेव सीधे–सादे सगुण भक्तिमार्ग पर चले जा रहे थे, पर पीछे वे उस नाथपन्थ के प्रभाव के भीतर भी लाये गये, जो अन्तर्मुख साधना द्वारा सर्वव्यापक निर्गुण ब्रह्म के साक्षात्कार को ही मोक्ष का मार्ग मानता था। लाने वाले थे ज्ञानदेव।"[8] 'सीधे–सादे सगुणमार्ग' पर चलने वाले नामदेव ज्ञानदेव के प्रभाव और उनकी तमाम तिकड़मों के प्रभाव में आकर पराश्रित हो जाते हैं और निर्गुण भक्ति करने लगते हैं। नामदेव जैसे प्रतिभाषाली भक्त कवि का स्वतन्त्र चिन्तन और विवेक कोई मायने नहीं रखता, महत्त्व है तो ज्ञानदेव की नामदेव को निर्गुण पन्थ में लाने की कोशिशों का, और परिणामस्वरूप नामदेव पर पड़ने वाले उनके प्रभाव का। दो बार शुक्लजी ने 'बेचारे नामदेव' शब्दों का प्रयोग किया है। मानो किसी बच्चे को कोई घेर–पकड़ रहा हो। जबकि तथ्य यह है कि दोनों में उम्र का बहुत मामूली सा ही फ़ासला था। और शुक्लजी ने भी जिक्र किया है कि ज्ञानदेव की मृत्यु कम उम्र में ही हो गयी थी। दूसरी तरफ़ नामदेव ने लम्बी उम्र तक भक्ति और कविता की। प्रश्न है कि नामदेव ने ज्ञानदेव की मृत्यु के बाद भी उनके प्रभाव के चंगुल से निकलने की कोशिश क्यों नहीं की? आश्चर्य नहीं कि शुक्लजी इन सब बातों के लिए तथ्यगत प्रमाण नहीं देते बल्कि भक्तचरित से जुड़ी हुई कथाओं और किंवदन्तियों को ही प्रमाण के रूप में प्रस्तुत करते हैं। किंवदन्तियों को सामाजिक–सांस्कृतिक इतिहास का महत्त्वपूर्ण स्रोत माना गया है। ये समाज की कुछ मान्यताओं, विश्वासों और विचारधारा का पता देते हैं, लेकिन उनमें सांकेतिकता होती है। वे शब्दशः तथ्य नहीं होते। पुरुषोत्तम अग्रवाल लिखते हैं–"किंवदन्तियाँ अफ़वाहें नहीं होतीं, वे तर्कबुद्धि का अभाव भी नहीं सूचित करतीं। किंवदन्तियाँ सांस्कृतिक भाषा हैं, जिसके व्याकरण को जाने बिना किसी समाज की बात समझना असम्भव है।"[9] लेकिन किसी कवि का मूल्याँकन करते समय यह सवाल ज़रूर महत्त्वपूर्ण हो जाता है कि किंवदन्तियों का उपयोग आप किस उद्देश्य से करते हैं।

हमारा मानना है कि निर्गुण–सगुण का शुक्लजी ने जिस प्रकार कठोर विभाजन किया है, उसमें शुक्लजी के पास ज़्यादा विकल्प भी नहीं हैं। वे ये मान ही नहीं सकते कि हो सकता है कि नामदेव सगुण भक्ति और निर्गुण

भक्ति दोनों के गीत गाते हों। सूरदास ने अपने एक पद में भक्त नामदेव का उल्लेख अत्यन्त आदर के साथ किया है। भला सगुण पन्थ के यात्री सूरदास नामदेव को क्यों इतने आदर से याद करते हैं? शुक्लजी इस प्रश्न के समाधान में नहीं उलझते।

सूरदास के बारे में भी यह चला दिया गया कि पहले तो वह विनय के पद गाया करते थे, बाद में वल्लभाचार्य द्वारा दीक्षित होने पर वे कृष्णलीलाओं का गान करने लगे। जबकि यह भी तथ्यों द्वारा ग़लत सिद्ध किया जा चुका है। सूरदास के विनय के पद सबके सब पहले के नहीं हैं, बल्कि बाद में भी वे विनय के पद रच रहे थे, जब वे लीलाओं क़ा गान कर रहे थे। भक्तिकाव्य से जुड़ी पाण्डुलिपियों का अध्ययन करने वाले कुछ विद्वानों ने बताया है कि पुरानी पाण्डुलिपियों में सभी निर्गुण और सगुण कवियों के प्रति उनके अनुयायियों में उतना भेद–भाव नहीं दिखता। मीराबाई की कविताएँ ऐसे संकलनों (पाण्डुलिपियों) में मिल जाती हैं, जिनमें कबीर की कविताएँ संकलित हैं। (1582 की 'फतेहपुर पाण्डुलिपि')[10] कबीर की कविताएँ ऐसे संकलनों में मिल जाती हैं, जिनमें सूरदास के पद संकलित हैं। (1582 की पाण्डुलिपि 'पद सूरदासजी का')[11] रैदास के भी कुछ पद इन दोनों पाण्डुलिपियों में मिलते हैं। डॉ. शुकदेव सिंह ने लिखा है–''गाजीपुर में बावरी पन्थ के प्रमुख स्थान भुडुकड़ा मठ के पास 'करहा' मठ है। यह मठ सूफ़ियों, जोगियों और वैरागियों की मिली–जुली संस्कृति का मठ है। आजकल इस पर रामानन्दियों का वर्चस्व है। इस मठ पर भी मुझे एक ऐसा हस्तलेख मिला, जिसमें विद्यापति जैसे रसिक कवि की रचनाएँ हैं, साथ ही सन्तों, भक्तों, सगुण और निर्गुण रचनाओं का संग्रह है।''[12] सगुण भक्ति परम्परा में आने वाले नाभादास 'भक्तमाल' में कबीर, रैदास आदि सन्त कवियों के प्रति गहरी श्रद्धा व्यक्त करते हैं और उनकी उपेक्षा करना तो दूर, उनकी भक्ति की महिमा कहाँ–कहाँ तक फैली है, इसका वर्णन करते हैं। सन्त रैदास में भक्ति के निर्गुण और सगुण दोनों रूप मिल जाते हैं। स्वयं ज्ञानदेव, जिन्हें शुक्लजी ने नामदेव को नाथपन्थ और निर्गुण भक्ति के मार्ग में दीक्षित करने वाला कहा है, नाथपन्थी होने के बावजूद सगुण ईश्वर के वैसे विरोधी नहीं थे, जैसा शुक्लजी मानते हैं। उन्हें तो उस वारकरी सम्प्रदाय का संस्थापक तक कहा जाता है जिसमें भगवान विट्ठल की पूजा की जाती है और जिसमें सन्त एकनाथ और सन्त तुकाराम जैसे महान सगुण भक्त आते हैं।

हमें देखना चाहिए कि निर्गुण भक्त सगुण भक्ति के किन तत्त्वों को अपनाते हैं और किन तत्त्वों को अपने लिए उपयोगी नहीं मानते, बल्कि उनका विरोध करते हैं।

ऐतिहासिक रूप से यह तथ्य है कि कबीर के समय में मुस्लिम शासन था और इस्लाम का प्रभाव तेज़ी से फैल रहा था। लेकिन शुक्लजी इसे कबीर और नामदेव दोनों के मामले में निर्णायक तत्त्व मान लेते हैं। निर्गुण भक्ति के बारे में वे कहते हैं, ''यह सामान्य भक्तिमार्ग एकेश्वरवाद का एक अनिश्चित स्वरूप लेकर खड़ा हुआ, जो कभी ब्रह्मवाद की ओर ढलता था, कभी पैगम्बरी ख़ुदावाद की ओर।''[13] 'ढलता था' से दो आशय हो सकते हैं, एक तो अस्त होना, ख़त्म होना या डूबना, जैसे कि 'ढलता सूरज' कहते हैं या 'उम्र ढल गयी' कहते हैं। दूसरा आशय 'लुढ़कना' हो सकता है। ढलान की ओर चीज़ें लुढ़ककर गिरती हैं। जाने शुक्लजी का 'ढलता था' से कौन–सा आशय है। हमारा मानना है कि वे 'झुकता था' कहना चाहते थे, लेकिन 'झुकना' उनके उद्देश्य की पूर्ति नहीं कर रहा था, इसलिए उन्होंने 'ढलता था' कहना ज़रूरी समझा। शुक्लजी के अनुसार यह ज्ञानाश्रयी शाखा ''भारतीय ब्रह्मज्ञान और योग साधना को लेकर और उसमें सूफ़ियों के प्रेमतत्त्व को लेकर उपासना क्षेत्र में अग्रसर हुई और सगुण के खण्डन में उसी जोश के साथ तत्पर रही, जिस जोश के साथ पैगम्बरी मत बहुदेवोपासना और मूर्तिपूजा आदि के खण्डन में रहते हैं।''[14] आश्चर्य है कि ये शब्द उस विद्वान के हैं, जो उपनिषदों के दर्शन से, शंकराचार्य के अद्वैतवाद के दर्शन से, सांख्य दर्शन से और बौद्ध सिद्धों तथा नाथ सम्प्रदाय की मान्यताओं से यानी भारतीय दर्शन और साधना की परम्पराओं से बहुत अच्छी तरह परिचित है। जिस नाथपन्थ का कबीर आदि निर्गुण कवियों पर बड़ा प्रभाव माना गया है, उसके भीतर ब्राह्मण गुरु भी हुए हैं। स्वयं गोरखनाथ ब्राह्मण थे, उन्होंने संस्कृत में रचना की है। नामदेव को प्रभावित करने वाले ज्ञानदेव भी ब्राह्मण थे और उन्होंने भगवद्गीता का भाष्य लिखा है।

नाथपन्थ ने एक तरफ़ निर्गुण ब्रह्म की उपासना की है, तो साथ ही जात–पान्त और मूर्तिपूजा की पुरज़ोर आलोचना भी की है। लेकिन इन भारतीय परम्पराओं से ज़्यादा शुक्लजी इस्लाम से आयी परम्पराओं पर ध्यान देते हैं। कबीर को सामने रखते हुए शुक्लजी के लिए ऐसा करना सहज

भी था क्योंकि कबीर का पालन–पोषण एक मुसलमान परिवार में हुआ था। लेकिन द्विवेदीजी ने कहा है कि वह परिवार जिस जुलाहा समुदाय से आता था, ऐसे समुदाय उस समय न हिन्दू, न मुसलमान वाली स्थिति में रह रहे थे। उनका यह भी अनुमान है कि वह परिवार पहले से नाथपन्थ को अपना चुका था और कबीर को नाथपन्थ के आरम्भिक संस्कार वहीं से मिले थे। लेकिन हम ऐसा करके शायद एक बार और कबीर के स्वतन्त्र चिन्तन और विवेक की उपेक्षा ही करेंगे। और इस तरह कबीर जैसे भक्त कवि के अपने चुनाव और अपने निर्णय का कोई महत्त्व नहीं रह जायेगा।

कोई प्रतिभावान व्यक्ति अपने परिवेश, अपनी परम्पराओं से तो सीखता ही है, लेकिन वह कुछ चुनता है और कुछ रचता भी है। कब तक हम कबीर को इस और उस मत का काव्यानुवाद करने वाला सिद्ध करते रहेंगे? इसके अलावा अन्तःसाक्ष्यों पर जायें तो कबीर कई जगह कहते है–'हम भी पाहन पूजते'। यानी मैं भी मूर्तियों की पूजा कर रहा होता। कबीर इसी तरह से अपने इस्लामिक संस्कारों का वर्णन नहीं करते, जिन्हें उन्होंने अपने भक्तिमार्ग के कारण छोड़ दिया। इसके विपरीत एक पद में वे कहते हैं–

आया था संसार मैं, देखन कौं बहुरूप।
कहै कबीरा सन्त हो, परि गया नजरि अनूप।।[15]

इसे हम कबीर का निज विवेक और स्वतन्त्र चिन्तन ही कह सकते हैं।

शुक्लजी के अनुसार कबीर ने निराकार ईश्वर के लिए 'वेदान्त का पल्ला पकड़ा'। वह भी ऐसे पकड़ा कि 'रामानन्दजी के शिष्य होकर भारतीय अद्वैतवाद की कुछ स्थूल बातें ग्रहण कीं' और 'कबीर का 'ज्ञानपक्ष' तो रहस्य की गुह्य भावना से विकृत मिलेगा।' क्या यह सत्य है?

सबसे पहले तो हम विचार करेंगे कि 'ज्ञान' का क्या अभिप्राय है और ज्ञानपक्ष का शुक्लजी के अनुसार भक्ति में क्या स्थान है।

उपनिषद् ग्रन्थों में ब्रह्मज्ञान को ही ज्ञान कहा गया है। ब्रह्मज्ञान से सम्बन्धित चर्चा को ज्ञानकाण्ड के नाम से जाना जाता है। उपनिषदों में ब्रह्मज्ञान को ब्रह्म से साक्षात्कार, ब्रह्मानन्द आदि अर्थों में व्यक्त किया गया है। शुक्लजी ने वेदों में प्रतिपादित 'पूजा' या यज्ञ के विधान से उपनिषदों में प्रतिपादित 'उपासना' का अन्तर बताते हुए लिखा है–''पूज्य के लिए जहाँ केवल अर्जित द्रव्यों का, जो व्यक्ति की सत्ता से बाहर की वस्तुएँ हुआ करती थीं,

अर्पण अपेक्षित था, वहाँ इस उपासना में व्यक्ति की भीतरी वृत्ति को, उसके जीवन के कुछ अंश को लगाना आवश्यक हुआ। छान्दोग्य उपनिषद् में साफ़ कहा गया कि मनुष्य का जीवन भी एक प्रकार का यज्ञ ही है। यह यज्ञ ज्ञानयज्ञ कहा गया। ज्ञानयज्ञ का अभिप्राय बुद्धि और हृदय, बुद्धिवृत्ति और रागात्मिका वृत्ति दोनों को ब्रह्म या परमात्मा में लगाना है। इस ज्ञानयज्ञ को द्रव्ययज्ञ से श्रेष्ठ माना गया।"[16]

वृहदाकारण्य उपनिषद् में एक श्लोक है, जिसका उल्लेख आचार्य शुक्ल, पीताम्बरदत्त बड़थ्वाल, परशुराम चतुर्वेदी, प्रायः सभी विद्वान करते हैं। इसमें कहा गया है–"जिस प्रकार कोई पुरुष अपनी प्रियतमा द्वारा आलिंगित होने पर सभी बाहरी व भीतरी बातों को भूल जाता है, इसी प्रकार जीवात्मा भी परमात्मा के साथ संयुक्त हो जाने पर सभी बाहरी व भीतरी बातों का ज्ञान खो देता है।"[17] शुक्लजी ने एक अन्य श्लोक का भाव प्रकट करते हुए लिखा है–"एक स्थान पर उपनिषद् में यही बात इस ढंग से कही गयी है कि ब्रह्म–साक्षात्कार का आनन्द या ब्रह्मानन्द प्रियतमा के समागम से सौ गुना होता है।"[18] उपनिषदों में यह ब्रह्मज्ञान के स्वरूप की ही अभिव्यक्ति है, उनमें ब्रह्मानन्द को 'भक्ति' नहीं कहा गया है। लेकिन ऐसी अभिव्यक्तियों में ब्रह्म और जीव के एकत्व की भावना स्पष्ट है। यह एकत्व अद्वैत ही है जिस पर आगे शंकराचार्य ने अपना अद्वैतवाद का सिद्धान्त विकसित किया। मुण्डकोपनिषद् में इस अद्वैत के सम्बन्ध में कहा गया है–ब्रह्मैव भवति' यानी ब्रह्म का ज्ञान हो जाने पर जीव ब्रह्म बन जाता है। यह 'ज्ञान' की वस्तुस्थिति है। कबीर इस ब्रह्मज्ञान को प्राप्त करने का दावा ही नहीं करते, बल्कि कहते हैं–*सन्तो, ज्ञान की आँधी आयी रे!*

क्या शुक्लजी भक्ति के भीतर ज्ञानपक्ष का विरोध करते हैं? नहीं। वस्तुस्थिति तो यह है कि वे भक्ति के भीतर ज्ञान के महत्त्व पर बल देते हैं। वे कर्म और ज्ञान से समन्वित भक्ति के पक्षधर हैं। उनके शब्दों में "गीता का उपदेश तो यही रहा कि जानते चलो, भक्ति करते चलो और कर्म करते चलो। ज्ञान प्रसार के भीतर ही भक्ति होती है। जहाँ तक हम ईश्वर को जान पाते हैं, वहीं तक उसकी भक्ति कर सकते हैं।...जानना और बात है और जानकर उसमें हृदय को प्रवृत्त करना और बात। पर जानने का फल हृदय को प्रवृत्त करने में ही है। ज्ञान का फल भक्ति में ही है। केवल जानने से ही मनुष्य के जीवन में, उसके सम्पूर्ण व्यक्तित्व में उन्नति नहीं होती।

जाने हुए स्वरूप की ओर जब हृदय आकर्षित होता है और उस स्वरूप तक पहुँचने के लिए जब व्यक्ति का स्वरूप उसके मेल में होने लगता है तभी जीवन की साधना का आरम्भ होता है।"[19] नारदभक्तिसूत्र में भी ज्ञान को अंग और भक्ति को अंगी कहा गया है अर्थात् ज्ञान साधन है और भक्ति साध्य। पुरुषोत्तम अग्रवाल जी ने 'सन्तो! आयी ज्ञान की आँधी' पद का उद्धरण देते हुए कहा है–"कबीर ज्ञान पर बल अवश्य देते हैं, लेकिन इस ज्ञान का साध्य तो प्रेम ही है। बहुत–सी मान्यताओं के 'मोह वितण्डा' को ध्वस्त करने वाली ज्ञान की जो आँधी कबीर की चेतना में आयी है, उसकी सार्थकता तो प्रेम की वर्षा होने में ही है :

आँधी पीछैं जो जल बूठा, प्रेम हरी जन भीनां।
कहै कबीर भान के प्रगटे, उदित भया तम शीनां।।'[20]

क्या यह सम्भव है कि शुक्लजी जैसे अध्येता को इस अत्यन्त प्रसिद्ध पद का ज्ञान न हो? और कबीर अपनी साखियों में और पदों में सिर्फ़ 'ज्ञान' की तो बात नहीं करते, सैकड़ों बार 'भगति' शब्द का प्रयोग भक्ति का आदर्श बताने के लिए और अपनी भक्ति को व्यक्त करने के लिए किया है।

मेरे विचार में शुक्लजी की खिन्नता का कारण है उनका अविश्वास। अपना अविश्वास और चिढ़ वे इन शब्दों में व्यक्त करते हैं–"परदेशी विदेशी कई प्रकार के भिन्न–भिन्न अवयवों को अधूरे और कच्चे ढंग से लेकर निर्गुणपन्थी भक्तों की जो परम्परा कबीरदास से चली, उसके भीतर कट्टर ज्ञानवादियों की नक़ल पूरी–पूरी दिखाई पड़ती है।"[21] इसी निबन्ध में थोड़ा आगे उन्होंने लिखा है–"भागवत धर्म के उपासकों और भक्तों के लिए सर्वसाधारण के बीच पाखण्ड खड़ा करने का मार्ग सदा के लिए रोक दिया गया कि हमने ब्रह्म को पूर्ण रूप से जान लिया, जहाँ सुर नर मुनि कोई नहीं पहुँच पाया वहाँ तक हम पहुँचे हुए हैं। इसी से इस भारतीय भक्तिमार्ग की परम्परा में आगे चलकर भी ज्ञानमार्ग की सुनी–सुनाई बातों को लेकर पहेली गढ़ने की चाल नहीं चली।" 'भारतीय भक्तिमार्ग' शुक्लजी सगुण भक्तिमार्ग को कह रहे हैं और 'ज्ञानमार्ग की सुनी–सुनाई बातों को लेकर पहेली गढ़ने की चाल' से संकेत निर्गुणपन्थी कवियों की ओर है। अपने हिन्दी साहित्य का इतिहास में उन्होंने कहा ही है कि कबीर ने 'रामानन्द जी के शिष्य होकर भारतीय अद्वैतवाद की

कुछ स्थूल बातें ग्रहण कीं।'' ऐसा लगता है कि शुक्लजी इन भक्त कवियों से दार्शनिक आचार्य होने की आशा करते हैं। उपनिषदों में तो ब्रह्मज्ञान के लिए ऐसी कोई आशा नहीं की गयी है। निश्चित रूप से कबीर को संस्कृत भाषा का ज्ञान नहीं था और शास्त्रों का अध्ययन उन्होंने नहीं किया था। उन्होंने ज्ञान सत्संग और अपने अनुभव से प्राप्त किया था। कबीर प्रतिभाषाली भक्त कवि थे, यह तो शुक्लजी स्वयं भी मानते हैं। वैसे कबीर और समाज की निम्न कही जाने वाली जातियों से आने वाले लेकिन अपने समय में अत्यन्त प्रसिद्ध और सम्मानित निर्गुणपन्थी कवि संस्कृत के शास्त्रों का अध्ययन करते तो कहाँ करते, क्या ये सवाल शुक्लजी को नहीं मथता?

दूसरी तरफ़ डॉ. श्यामसुन्दर दास जी के शब्द देखें–''ब्रह्म के निरूपण में शब्दों के प्रयोग में जो अत्यन्त शुद्धता और सावधानी बहुत आवश्यक है, कबीर में उसे पाने की आशा करना व्यर्थ है, क्योंकि कबीर का तत्त्वज्ञान दार्शनिक ग्रन्थों के अध्ययन का फल नहीं है, वह उनकी अनुभूति और सारग्रहिता का प्रसाद है।''[22] शुक्लजी से अनुभव, उम्र और अध्यापन के क्षेत्र में वरिष्ठ, नागरी प्रचारिणी सभा में शुक्लजी को अपना सहयोगी बनाने वाले और देश के किसी भी विश्वविद्यालय में पहला हिन्दी विभाग गठित करने वाले डॉ. श्यामसुन्दर दास ने मानों शुक्लजी को जवाब देने के लिए ही लिखा है, ''उनका ज्ञान पोथियों से चुराई हुई सामग्री नहीं थी और न ही सुनी–सुनाई बातों का बेमेल भण्डार ही था।''[23] श्यामसुन्दर दास ने 'कबीर ग्रन्थावली' में कबीर की अनेक रचनाओं के उदाहरण से दिखाया है और कहा है कि ''हमने कबीर की रचना में वेदान्त सम्मत अद्वैतवाद की एक पूरी–पूरी पद्धति के दर्शन किये हैं।''[24] 'कनककुंडलन्याय', 'जलतरंगन्याय' आदि वेदान्त की ब्रह्म–जीव सम्बन्ध से जुड़ी धारणाओं को कबीर ने कैसे अपनी बानियों में व्यक्त किया है, इसे श्यामसुन्दर दास ने स्पष्ट उदाहरणों से दिखाया है। हालाँकि कबीर जैसे विद्रोही कवि को किसी एक दर्शन के अनुशासन में पूरी तरह बन्धना स्वीकार नहीं था। उन्होंने सभी पूर्व परम्पराओं को ठोंक–बजाकर अपनी भक्ति और अपनी संवेदना के अनुकूल बनाकर ही स्वीकार किया था। तभी वे अपनी कविता को 'निज ब्रह्म विचार' यानी 'अपना ब्रह्म विचार' कहते हैं। इसे उन्होंने अपनी संवेदना की आँच में तपाकर अर्जित किया है। जिस नाथपन्थ का उन पर प्रभाव माना जाता है, उसकी भी कई बातों का वे विरोध करते हैं और कुछ बातों को अपनाते हैं।

हजारी प्रसाद द्विवेदी ने नाथपन्थ से कबीर के विरोध वाले विषयों को 'कबीर' में दिखाया है।[25] अद्वैतवाद के दार्शनिक सिद्धान्तकार शंकराचार्य हैं। शंकराचार्य ने दर्शन के क्षेत्र में ब्रह्म और जीव के अद्वैत को स्थापित करने के बावजूद व्यवहार में वर्णव्यवस्था का समर्थन किया। और इसके लिए शास्त्रों को प्रमाण के रूप में प्रस्तुत किया। क्या कबीर जैसे वर्णव्यवस्था की बेड़ियों और शास्त्रज्ञान पर चोट करने वाले भक्त कवि और शंकराचार्य के जीवन–दर्शन में पूरी तरह समानता हो सकती थी? निष्कर्ष यही निकलता है कि कबीर किसी भी परम्परा से बना–बनाया तैयार माल लेने का काम नहीं करते बल्कि उन्हें अपनी तरह से रचते हैं और अपनी मौलिक प्रतिभा के अनुसार उसे 'निज ब्रह्म विचार' का रूप देते हैं। अब हम महसूस कर सकते हैं कि कबीर को 'ज्ञानाश्रयी' कहने के पीछे उद्देश्य उनके ज्ञानमार्ग का सम्मान करना नहीं, बल्कि उनका अवमूल्यन करना है।

अब हम लगे हाथ इस प्रश्न पर भी विचार कर लेते हैं कि क्या निर्गुण ब्रह्म सिर्फ़ ज्ञान का विषय हो सकता है और उसकी भक्ति नहीं की जा सकती है, जैसा कि शुक्लजी मानते हैं और इसी आधार पर वे निर्गुण भक्ति परम्परा को भारतीय परम्परा में नहीं मानते। इसका जवाब आचार्य हजारी प्रसाद द्विवेदी ने दिया है। उन्होंने विद्यारण्यस्वामी का, जो दार्शनिक मध्वाचार्य का ही दूसरा नाम बताया जाता है, इस विषय पर मत दिया है। विद्यारण्यस्वामी ने पंचदशी में लिखा है–''यदि कहो कि जो वाणी और मन के गोचर है ही नहीं, उसकी उपासना कैसे हो सकती है, तो उलटे तुम्हीं से प्रश्न किया जा सकता है कि जो वस्तु वाणी और मन के परे है, अर्थात् जिस तक न वाणी पहुँच सकती है और न मन, उसका अनुभव भी तो सम्भव नहीं है, उसका जान लेना भी तो सम्भव नहीं दिखता। फिर यदि यह सम्भव है तो उपासना क्यों सम्भव नहीं है?'' द्विवेदीजी कहते हैं–''विद्यारण्यस्वामी के कथन में ही कबीर के आलोचकों का उत्तर पाया जा सकता है क्योंकि उन्होंने स्पष्ट भाषा में कहा है कि निर्गुण ब्रह्मतत्त्व की उपासना असम्भव नहीं है।''[26]

कबीर की प्रेमानुभूति

आचार्य शुक्ल ने कबीर और अन्य सन्त कवियों को 'ज्ञानाश्रयी शाखा' के अन्तर्गत रखा है और सूफ़ी कवियों को 'प्रेममार्गी शाखा' में।

दूसरी तरफ़ उन्होंने यह भी कहा है कि कबीर और अन्य निर्गुणपन्थी कवियों ने प्रेमतत्त्व सूफ़ियों से लिया है। सूफ़ियों से ही प्रेमतत्त्व लेने के बावजूद निर्गुणपन्थी भक्त कवियों को शुक्लजी प्रेममार्गी मानने को तैयार नहीं हैं। है न अजब विडम्बना? ज्ञानपक्ष भी आधा–अधूरा है और प्रेमतत्त्व भी विचारणीय नहीं है! जबकि इसी प्रेमतत्त्व के लिए शुक्लजी जायसी के 'पद्‌मावत' की जी खोलकर प्रशंसा करते हैं। हालाँकि हम यह भी मानते हैं कि शुक्लजी सिर्फ़ प्रेमतत्त्व के लिए जायसी की प्रशंसा नहीं करते, बल्कि इसलिए भी करते हैं कि 'पद्‌मावत' में कथातत्त्व और प्रबन्धात्मकता है, इस सहृदयता के लिए भी करते हैं कि मुसलमान होकर जायसी ने हिन्दू परिवारों की कथा कही है और इसलिए भी करते हैं कि नागमति के वियोग आदि वर्णनों में उन्हें भारतीय परम्परा मिलती है। लेकिन सूफ़ी काव्य इस लेख में हमारा विषय नहीं है। हम कबीर की कविता में 'प्रेमतत्त्व' पर ही अपनी बात केन्द्रित रखेंगे।

हम जानते हैं कि कबीर हिन्दी के प्रायः सभी सूफ़ी कवियों के पूर्ववर्ती कवि हैं। आश्चर्य है कि हमने सूफ़ी कवियों पर कबीर का प्रभाव नहीं देखा है। जबकि जायसी के पद्‌मावत में नाथपन्थ का गहरा प्रभाव दिखाई देता है। नाथपन्थ का प्रभाव उस समय लगभग आधे देश पर फैला हुआ था। हो सकता है जायसी ने समाज में प्रचलित नाथपन्थी परम्परा से नाथपन्थी तत्त्व ग्रहण किये हों और रत्नसेन को योगी बनता दिखाया हो। लेकिन नाथपन्थी प्रभाव की समानता के आधार पर कबीर और जायसी के प्रेमतत्त्व के बीच सम्बन्ध की जाँच तो की ही जा सकती थी। हो सकता है चूँकि जायसी ने पद्‌मावत में सूफ़ी गुरुओं के नाम दिये हैं, इसलिए कबीर से उनके किसी तरह के सम्बन्ध को अप्रासंगिक माना गया हो। लेकिन कबीर ने तो अपने सूफ़ी गुरुओं के नाम नहीं दिये हैं, फिर इतने निर्भ्रान्त तरीक़े से यह क्यों मान लिया गया कि कबीर ने सूफ़ियों से प्रेमतत्त्व लिया? क्या भारत में माधुर्य भाव की भक्ति की अपनी कोई परम्परा नहीं थी? क्या सिर्फ़ निर्गुण ब्रह्म के उपासक होने के आधार पर ही कबीर का सम्बन्ध माधुर्य भक्ति की उस पूर्ववर्ती परम्परा से नहीं जोड़ा जा सकता था? क्या यह सम्भव नहीं था कि कबीर ने उनका आत्मसातीकरण किया हो? शायद कबीर को उन परम्पराओं के ज्ञान से ही वंचित माना गया हो, हम निश्चित रूप से इस बारे में नहीं जानते।

हम यह जानते हैं कि कबीर बहुश्रुत थे। उन्होंने लम्बा जीवन पाया था। अनेक साधु–सन्तों से मिलना–जुलना था। अलग–अलग क्षेत्र के लोगों के सम्पर्क में रहते थे। अनेक उच्च वर्ग के लोग भी उनकी शिष्य–परम्परा और अनुयायियों में थे। वे समाज के एक कोने में साधना करने के बजाय बीच बाज़ार में बुनकर के अपने पेशे का धर्म भी निभा रहे थे। अपनी मुख्य कार्यस्थली बनारस से अपदस्थ किये जाने के बाद उन्होंने मगहर में काफ़ी उम्र गुज़ारी थी और अनेक अन्य जगहों की यात्राएँ की थीं। छोटी उम्र से साधकों–सन्तों के साथ सत्संग किया था। भक्तों और अनुयायियों को घूम–घूमकर उपदेश दिये थे। इतनी गहरी धार्मिक रुचि वाले व्यक्ति होने के कारण अलग–अलग धार्मिक और भक्ति परम्पराओं के ज्ञान से उन्हें वंचित तो किसी भी हाल में नहीं माना जा सकता। बस, उनको चयनात्मक रूप से कुछ परम्पराओं के साथ ही नत्थी कर दिया गया है। इसके पीछे वास्तविकता का आधार नहीं है, यह बात नहीं है। लेकिन प्रेममूलक भक्ति की सूफ़ी से इतर जो भारतीय परम्पराएँ रही हैं, उनसे भी जोड़कर कबीर की प्रेमानुभूति को देखा जाना चाहिए, हमारी यह दृढ़ मान्यता है।

कबीर का सम्बन्ध जिस अद्वैत वेदान्त से जोड़ा जाता है, उसके मूल यानी उपनिषद् ग्रन्थों में माधुर्य भाव का प्रवेश हो चुका था, यह हम दिखा चुके हैं। आलवार वैष्णवों में लगभग आठवीं सदी में आण्डाल ऐसी भक्त हो चुकी थीं, जो भगवान विष्णु के प्रति माधुर्य भाव की भक्ति करती थीं, उन्हें हम तमिल की मीराबाई भी कह सकते हैं। सातवीं सदी में नम्म आलवार पुरुष होकर स्त्री रूप में विष्णु की भक्ति के गीत रचते हैं। नम्म आलवार को भगवान के अवतार जैसा दर्जा है। कहा जाता है कि वे भक्ति में भावुक होकर स्त्री का वेश धारण कर लिया करते थे। आलवार वैष्णव भक्तों में वे सबसे बड़े भक्त कवि माने जाते हैं। उन्होंने रचनाएँ भी बहुत की हैं। और पुरुषोत्तम अग्रवाल ने बताया है कि "शूद्रवंशोत्पन्न नाम्मालवार की एक हजार में से दो सौ सत्तर कविताएँ स्त्री की आवाज़ में रची गयी हैं।"[27]

यहाँ हम मीराबाई के जीवन से जुड़े एक प्रसंग की चर्चा करेंगे। यह किंवदन्ती है या सच, हम निश्चित रूप से नहीं जानते। हो सकता है किंवदन्ती ही हो, लेकिन यह एक तथ्य की ओर इशारा करता है। प्रसंग यह है कि मीराबाई वृन्दावन में चैतन्य महाप्रभु के प्रसिद्ध शिष्य जीवगोस्वामी से मिलने की इच्छा प्रकट करती हैं। लेकिन उनके एक शिष्य ने उन्हें यह

कहकर मिलने की इजाज़त नहीं दी कि वह एक स्त्री हैं और स्वामीजी किसी स्त्री से नहीं मिलते। इस पर मीराबाई कहती हैं, 'वृन्दावन में पुरुष तो एकमात्र कृष्ण ही हैं। बाक़ी सभी जीव तो स्त्रियाँ ही हैं। इस अर्थ में जीवगोस्वामी भी स्त्री ही हुए, न कि पुरुष।' यह मीराबाई या किवदन्ती के रचयिता की कोई मौलिक उद्भावना नहीं थी। कृष्णभक्ति में ऐसा माना गया है। भागवत पुराण के दशम स्कन्ध में चित्रित माधुर्य भाव की भक्ति के अन्तर्गत गोपीभाव की भक्ति को प्रतिपादित किया गया है, जिसके अनुसार सर्वोच्च भगवान ही एकमात्र पुरुष हैं। ब्रह्मा से लेकर नीचे तक सभी प्राणी स्त्रियों की भाँति हैं, जो उनसे मिलने के लिए लालायित हैं। हिन्दी प्रदेशों में रामभक्ति के अन्तर्गत भी रसिक सम्प्रदाय बल्कि रामानन्दी सम्प्रदाय के अन्तर्गत भी भक्ति का यह रूप प्रचलित हुआ, जिसकी शुक्लजी निन्दा करते हैं। ये सब ईश्वर को पुरुष और भक्त को स्त्री दिखाने वाली परम्पराएँ हैं। कबीर भी ख़ुद को स्त्री और ब्रह्म को पुरुष मानकर माधुर्य भाव की भक्ति को व्यक्त करते हैं।

सूफ़ी परम्परा में इसका उलटा है। परमात्मा स्त्री है और साधक जीवात्मा पुरुष। पीताम्बरदत्त बड़थ्वाल लिखते हैं–"भारतीय परम्परा का अनुसरण करने वाले कबीर इसके विपरीत परमात्मा को पति के रूप में स्वीकार करते हैं क्योंकि इस प्रकार प्रकट किया हुआ एक व्यक्ति का प्रेम भेंट के रूप में होता है जहाँ परमात्मा द्वारा अपने जीवों के लिए प्रदर्शित प्रेम स्वभावतः दया का रूप ग्रहण कर लेता है।"[28]

कबीर ने सूफ़ी मत से कुछ नहीं लिया, हम ये नहीं कहते। कबीर की कविता में प्रेम की उल्लासमयता, प्रेम का नशा और प्रेम की उद्दामता, ये ऐसे तत्त्व हैं, जो सूफ़ी मत और सूफ़ी कवियों में प्रचुरता में मिलते हैं। यह असम्भव नहीं कि कबीर ने सत्संग के माध्यम से इसका प्रभाव ग्रहण किया हो और अपनी भक्ति में उसे अपनाया हो। लेकिन उसमें ब्रह्म और जीव के मिलन की और जीव के ब्रह्म से विरह की जो मार्मिक अभिव्यक्तियाँ मिलती हैं, उसमें सूफ़ी कवियों की तरह किसी और पात्र को माध्यम नहीं बनाया गया है, सूफ़ी कवियों की तरह लौकिक प्रेम के माध्यम से अलौकिक प्रेम की व्यंजना नहीं की गयी है, बल्कि ख़ुद की आध्यात्मिक अनुभूतियों को सीधे स्त्री बनकर व्यक्त किया गया है, जो स्पष्ट रूप से जीव और ब्रह्म के सम्बन्ध की वेदान्त की परम्परा से जुड़ती हैं। अन्तर बस इतना है कि

जो काम सगुण वैष्णव भक्त करते हैं तो शुक्लजी को स्वाभाविक लगता है, क्योंकि उसके पीछे पुराणों का आधार है, लेकिन वही काम निर्गुण भक्त कबीर को करते देखते हैं तो उन्हें वह अभारतीय लगने लगता है। वह मान ही नहीं पाते कि निर्गुण ब्रह्म भक्ति का विषय हो भी सकता है।

भक्ति की बात थोड़ी देर के लिए रहने देते हैं। साधना के क्षेत्र में तो स्त्री और पुरुष के सम्बन्ध की धारणा बौद्ध सिद्धों में काफ़ी पहले से चली आ रही थी। इसे वहाँ 'प्रज्ञा' और 'उपाय' कहा गया है। आचार्य परशुराम चतुर्वेदी ने लिखा है–"बौद्ध सहजिया कवि नैरात्मा (प्रज्ञा) की भूरि–भूरि प्रशंसा करता है और उसके काल्पनिक आलिंगन की रहस्यमय अनुभूति को सहजानन्द अथवा सहजोपलब्धि का महत्त्व देता है।"[29] इसी लेख में वे कहते हैं, " 'सहज' की उपलब्धि के लिए जो शून्यता का पूर्ण ज्ञान (अनुभव) अपेक्षित था, वह 'प्रज्ञा' के रूप में किसी सुन्दरी रमणी का प्रतीक बन गया और जिस सार्वभौम करुणा को उक्त दशा की पूर्ण अनुभूति का आवश्यक साधन समझा गया था, उसे 'उपाय' का नाम देकर एक ऐसे रूप में कल्पित किया गया कि वह किसी पुरुष का प्रतीक हो गया।"[30]

बौद्ध सिद्ध आलवार भक्तों की तरह सुदूर दक्षिण भारत के भी नहीं थे। वे आस–पास के ही थे। आरम्भिक हिन्दी या *अपभ्रंशमिश्रित पूरबिया* में उनकी ढेर सारी रचनाएँ हैं। पदों की परम्परा ही हिन्दी में वहाँ से ली गयी मानी जाती है। दोहों की भी उनमें समृद्ध परम्परा है। हिन्दी में ये दोनों परम्परा पहली बार कबीर लेकर आते हैं। जिस नाथपन्थ का कबीर पर गहरा प्रभाव माना जाता है, वह नाथपन्थ सिद्धों के प्रभाव में विकसित हुआ माना गया है। प्रश्न है कि जिस परम्परा से कबीर काव्य–रूप लेते हैं क्या उस परम्परा की आध्यात्मिक धारणाओं से कबीर अपरिचित होंगे? बौद्ध सिद्धों से सन्त साहित्य का सम्बन्ध बतलाते हुए परशुराम चतुर्वेदी ने लिखा है, "उनकी कथन–शैली में स्वछन्दता थी, स्पष्टवादिता थी और एक ऐसे व्यंग्य का पुट भी रहा करता था, जो श्रोताओं पर सीधी चोट करता था। सन्तों ने सांसारिक विडम्बनाओं का कथन करते समय उसे पूर्ण रूप से अपनाया।"[31] कबीर के काव्य पर बौद्ध सिद्धों की परम्परा का कई रूपों में प्रभाव पड़ा है, जिसकी चर्चा परशुराम चतुर्वेदी ने 'कबीर साहित्य की परख' में की है। लेकिन शुक्लजी और द्विवेदीजी के आभामण्डल के कारण हमने इन मनीषियों की रचनाओं पर समुचित ध्यान नहीं दिया है।

सांख्य दर्शन में पुरुष और प्रकृति की जो धारणा है, ब्रह्म और जीव की पुरुष और स्त्री के रूप में धारणा उससे भी विकसित हुई मानी जाती है। सांख्य कोई प्राचीन लुप्तप्राय दर्शन नहीं रहा है, बल्कि एक जीवन्त दर्शन रहा है, जिसका प्रभाव परवर्ती भक्ति साहित्य पर इतना माना गया कि स्वयं इसके प्रवर्तक कपिल मुनि को ही भागवत पुराण में ईश्वर के चौबीस अवतारों में एक अवतार कहा गया। सांख्य दर्शन से ही योग दर्शन का विकास होता है। वही योगदर्शन, जो हमें नाथपन्थ में भी मिलता है। इन परम्पराओं से हम कबीर की भक्ति के दर्शन को जोड़कर देखने की कोशिश क्यों नहीं करते? क्या शुक्लजी का 'हिन्दी साहित्य का इतिहास' कबीर सम्बन्धी हमारी समझ के सामने एक पहाड़ बनकर खड़ा है?

सन्दर्भ

1. रामचन्द्र शुक्ल, हिन्दी साहित्य का इतिहास, नागरी प्रचारिणी सभा, वाराणसी, सं. 2053, पृ. 70–71
2. वही, पृ. 71
3. वही, पृ. 64
4. वही, पृ. 64
5. वही, पृ. 65
6. वही, पृ. 70
7. वही, पृ. 64
8. वही, पृ. 66
9. पुरुषोत्तम अग्रवाल, अकथ कहानी प्रेम की, राजकमल प्रकाशन, नयी दिल्ली, 2010, पृ. 143
10. जॉन स्ट्रेटन हॉली, भक्ति के तीन स्वर, राजकमल प्रकाशन नयी दिल्ली, 2020,
11. पुरुषोत्तम अग्रवाल, अकथ कहानी प्रेम की, पृ. 209
12. शुकदेव सिंह, रैदास बानी, प्रस्तावना, राधाकृष्ण प्र., नयी दिल्ली, 2003 पृ. 17
13. रामचन्द्र शुक्ल, हिन्दी साहित्य का इतिहास, पृ. 66
14. वही, पृ. 71
15. कबीर ग्रन्थावली, पारसनाथ तिवारी, पृ. 170
16. रामचन्द्र शुक्ल, भक्ति का विकास, 'सूरदास' में संकलित, नागरी प्रचारिणी सभा, वाराणसी, संवत 2026, पृ. 12–13
17. पीताम्बरदत्त बड़थ्वाल, हिन्दी काव्य में निर्गुण सम्प्रदाय, अवध पब्लिशिंग हाउस, लखनऊ, सं. 2007, प्रथम संस्करण, पृ. 354
18. रामचन्द्र शुक्ल, भक्ति का विकास, 'सूरदास' में संकलित।

19. वही, पृ. 21–22
20. पुरुषोत्तम अग्रवाल, अकथ कहानी प्रेम की, पृ. 53
21. रामचन्द्र शुक्ल, भक्ति का विकास, 'सूरदास' में संकलित, पृ.10
22. श्यामसुन्दर दास, कबीर ग्रन्थावली, वाणी प्रकाशन, 2017, पृ. 27.। मूल रूप से यह नागरी प्रचारिणी सभा, वाराणसी द्वारा प्रकाशित हुआ था।
23. वही, पृ. 38
24. वही, पृ. 34
25. हजारी प्रसाद द्विवेदी, कबीर, राजकमल प्रकाशन नयी दिल्ली, 2000, पृ. 93
26. वही, पृ. 112
27. पुरुषोत्तम अग्रवाल, अकथ कहानी प्रेम की, पृ. 57
28. पीताम्बरदत्त बड़थ्वाल, हिन्दी काव्य में निर्गुण सम्प्रदाय, पृ. 356
29. परशुराम चतुर्वेदी, मध्यकालीन प्रेमसाधना, साहित्य भवन, इलाहाबाद, 1952, पृ. 26
30. वही, पृ. 23
31. परशुराम चतुर्वेदी, कबीर साहित्य की परख, भारती भण्डार, इलाहाबाद, प्रथम संस्करण, सं. 2011, पृ. 16

कबीर की भारतीयता

इस दृष्टि से कबीर पर कम विचार किया जाता है कि कबीर महान भारतीय संस्कृति के वाहक हैं। दर्शन और अध्यात्म उस महान संस्कृति के मूलभूत तत्त्व हैं। सामान्य जनजीवन में यह संस्कृति हज़ारों वर्षों से रची–बसी है, तो इसका मुख्य कारण है धर्म की भावना और अपने धर्म पर गहरा विश्वास। इसीलिए इसे सनातन संस्कृति कहते हैं। दुनिया के कई देशों में वहाँ की संस्कृति पर गहरा आघात हुआ और पूरी संस्कृति नष्ट हो गयी। लेकिन भारतीय संस्कृति की जड़ें इतनी गहरी हैं कि अनेक विदेशी आक्रमणों से भी यह नष्ट नहीं हुई और निरन्तर सांस्कृतिक पुरोधाओं को जन्म देती रही। दक्षिण भारत में शंकराचार्य, रामानुजाचार्य जैसे सांस्कृतिक नायकों का आविर्भाव होता है और उत्तर भारत में रामानन्द, कबीर, तुलसी, सूर जैसे नायकों का।

मध्यकाल में भारतीय संस्कृति संकट और संघर्ष के दौर से गुजर रही थी। इस्लाम के रूप में एक नये धर्म और एक नयी संस्कृति से सामना हो रहा था और उससे संघर्ष और संवाद की एक नयी प्रक्रिया चल रही थी। इसका वर्णन इतिहासकारों ने किया है। हिन्दी साहित्य के इतिहास में आचार्य रामचन्द्र शुक्ल ने इसका उल्लेख भक्तिकाल के आविर्भाव के एक मुख्य कारण के रूप में किया है। जबरन धर्मान्तरण की प्रक्रिया उस समय ज़ोरों पर थी, यह एक ऐतिहासिक तथ्य है। एक निराशा और हताशा का वातावरण व्याप्त था। ऐसे वातावरण में उत्तर भारत में स्वामी रामानन्द अपनी उदार दृष्टि के साथ रामभक्ति का प्रचार–प्रसार करते हैं। कबीर का ऐसे रामानन्द का शिष्य होना मात्र संयोग नहीं था। रामानन्द एक आकाशधर्मा गुरु थे। भारतीय संस्कृति और मूल्यों की रक्षा के साथ–साथ उन्हें धर्म की गिरती दशा को भी सुधारना था। उन्होंने समाज के सभी वर्गों को साथ

लिया और भक्ति का क्षेत्र सबके लिए खोल दिया। कबीर भक्ति की इस खुली दृष्टि के परिणामस्वरूप ही रामानन्द के शिष्य बने थे।

उत्तर भारत में धर्म और संस्कृति की गिरती दशा को सँभालने का सबसे बड़ा दायित्त्व गोस्वामी तुलसीदास के माध्यम से पूरा होता है। लेकिन इसकी प्रक्रिया की शुरुआत रामानन्द और कबीर से होती है। आचार्य शुक्ल ने यह सही कहा है कि "कबीर ने ठीक मौक़े पर जनता के उस बड़े भाग को सँभाला जो नाथपन्थियों के प्रभाव से प्रेमभाव और भक्तिरस से शून्य और शुष्क पड़ता जा रहा था।" (इतिहास, पृ. 36) लेकिन उस समय चल रही धर्मान्तरण की प्रक्रिया पर जब हम दृष्टि डालते हैं तो हम इस निष्कर्ष पर पहुँचते हैं कि कबीर ने उस प्रक्रिया को थामने में एक महत्त्वपूर्ण भूमिका निभाई थी। एक मानव धर्म का प्रचार करने वाले कबीर के सामने धर्मान्तरण धर्म नहीं, अधर्म का एक विद्रूप चेहरा था। तलवार और धर्म का आपस में क्या सम्बन्ध हो सकता है। धर्म के ऐसे विद्रूप चेहरे के समानान्तर उन्होंने धर्म के सच्चे स्वरूप पर लोगों का विश्वास जगाने का काम किया था।

धर्म यानी कर्त्तव्य। जो करणीय हो वही कर्त्तव्य है और वही धर्म है। यही धर्म भारतीय संस्कृति का आधार है। कबीर रामानन्द से रामनाम का मन्त्र लेकर इसी मानव धर्म का प्रचार करते हैं।

कबीर एक युगद्रष्टा थे। हिन्दी साहित्य के भक्तिकाल में वे एक जगमगाते नक्षत्र की तरह तो उदित होते ही हैं, उनकी कविता में निहित सन्देश को देखते हुए यह कहा जा सकता है कि उनकी चमक आगे युगों तक मद्धिम नहीं पड़ने वाली है। कबीर की कविता में जो चीज़ बहुत अपनी लगती है और उन्हें हमारे समसामयिक बनाये रखती है, वह है निर्भीक होकर सच कहने का साहस। वे अपनी कविताओं में अपना युग–सत्य मुखर होकर कहते हैं और इसके लिए हर जोखिम उठाते हैं। वे कहते हैं कि सच कहता हूँ तो लोग मारने को दौड़ते हैं।

साधो, देखो जग बौराना।
साँची कही तो मारन धावै, झूठे जग पतियाना।

गहराई से सोचें तो सन्त कबीर में पूरी दुनिया से निडरता और सच कहने की यह ताक़त कहाँ से आती है?

कबीर को व्याख्यायित करने वाली वामपन्थी विचारधारा हमें भटकाती है। वह हमें नियन्त्रित करती है कि हम सिर्फ़ उस विचारधारा के चश्मे से कबीर को जानें और समझें। लेकिन जब हम स्वतन्त्र दृष्टिकोण से कबीर के विपुल काव्य–संसार पर, उनकी भक्ति भावना पर विचार करते हैं, तो पाते हैं कि कबीर में यह ताक़त आती है अपने राम पर गहरे और दृढ़ विश्वास से। वही राम जो तुलसी के यहाँ सगुण रूप में लीलाएँ दिखाते हैं और कबीर के यहाँ निर्गुण निराकार हैं, गूँगे के गुड़ की तरह हैं, लेकिन जिनकी भक्ति के रस में कबीर सराबोर हैं।

हरि रस पीया जानिए कबहुँ न जाय खुमार।
मैमंता घूमत रहे, नाहीं तन की सार।।

श्यामसुन्दर दास ने लिखा है–''यह परमानन्द की अवस्था है, जिसमें मनुष्य का लौकिक अंश, जो अज्ञानावस्था में प्रधान रहता है, किसी गिनती में नहीं रह जाता। उसे अपने में अन्तर्हित आत्मतत्त्व का ज्ञान हो जाता है और उस ब्रह्म के साथ तादात्म्य की अनुभूति हो जाती है। इसी को आत्मसाक्षात्कार होना कहते हैं।''

हम आगे देखेंगे कि कबीर को भक्ति का यह परमानन्द कैसे प्राप्त होता है, कैसे वह भारतीय सनातन संस्कृति के वाहक बन जाते हैं।

कबीर के राम

कबीर ने राम के प्रति भक्ति का मन्त्र अपने यशस्वी गुरु स्वामी रामानन्द से प्राप्त किया था और अन्त तक इसे मज़बूती से थामे रखा। रामनाम के मन्त्र के सहारे वे माया मोह के इस संसार में रहते हुए भी माया मोह के बन्धनों से मुक्त हो जाते हैं। राम उनके हृदय में बसते हैं। अपने राम को ढूँढ़ने के लिए उन्हें कहीं जाने की ज़रूरत नहीं। राम के प्रति स़च्चा और एकनिष्ठ प्रेम उन्हें अपने हृदय में ही उनकी अनुभूति कराता है। वे कहते हैं–

कबीर खोजी राम का, गया जो सिंघल दीप।
राम तो घट भीतर रमि रह्या, जो आवे परतीत।।

राम तो भक्तों के वश में रहते हैं। वे सच्ची भक्ति करने वाले के हृदय में सदैव निवास करते हैं। यही तो कबीर की भक्ति का सार है–

कस्तूरी कुंडलि बसै, मृग ढूँढ़े बन माँहि।
ऐसे घट घट राम हैं, दुनियाँ देखै नाँहि।।

कबीर ने अपने समस्त काव्य में राम के प्रति भक्ति अनेक रूपों में व्यक्त की है। कहीं स्वयं को उनका पुत्र मानते हैं, कहीं प्रेमी मानते हैं और कहीं स्वयं को उनका दास मानते हैं। महत्त्वपूर्ण बात यह है कि रामनाम का मन्त्र उनके काव्य में सदैव अनुगूँजित होता रहता है। हमारा मानना है कि इस रामनाम के माध्यम से कबीर भारतीय सनातन संस्कृति की एक मज़बूत आवाज़ बन जाते हैं। उनके काव्य में हमें ऐसे स्वरों पर ध्यान देने की ज़रूरत है। भारतीय संस्कृति में धर्म को कर्तव्य अर्थात् करणीय कहा गया है। हम कबीर को ऐसे ही कर्तव्यरूपी धर्म का प्रचार करते पाते हैं और उसमें वेद, उपनिषद्, गीता सबके आध्यात्मिक स्वरों को सुना जा सकता है।

एकनिष्ठ भक्ति

कबीर राम के प्रति एकनिष्ठ प्रेम करने वाले भक्त हैं। राम के प्रति प्रेम का द्वार वहाँ खुलता है, जहाँ संसार की किसी अन्य वस्तु की लालसा नहीं रह जाती। छल, कपट, माया, मोह, सब त्यागने के बाद राम का प्रेम, राम की भक्ति, राम का अनुग्रह प्राप्त होता है।

प्रेम गली अति सांकरी, जामै दो न समाहिं।

राम के प्रति प्रेम की यह उदात्त अवस्था ही भक्ति है। नारदभक्तिसूत्र में इसीलिए भक्ति को प्रेमरूप कहा गया है—सा त्वस्मिन् परमप्रेमरूप।।

कबीर के राम अनोखे हैं, अद्वितीय हैं, तीनों लोक से न्यारे हैं और सबको सँभालने वाले हैं, तभी कबीर को उन पर इतना भरोसा है, जब वे कहते हैं—

अब मोहि राम भरोसा तेरा
जाके राम सरीखा साहेब भाई, सो क्यूँ अनत पुकारत जाई।।
जा सिरि तीनि लोक कौ भारा, सो क्यूँ न करै जन को प्रतिपारा।।
कहै कबीर सेवौ बनवारी, सींचौं पेड़ पीवै सब डारी।।

भक्ति की अवस्था भक्त कबीर को अनहद में ले जाती है, जहाँ पूरा जग राममय प्रतीत होता है। यहाँ सहज ही तुलसी याद आते हैं। वे कहते हैं—'सियाराममय सब जग जानी।' दोनों की भक्ति के मार्ग अलग हैं, लेकिन दोनों की भक्ति का गन्तव्य एक है।

कबीर और तुलसी दोनों को राम के भक्त प्रिय हैं। कबीर कहते हैं–

निरमल निरमल राम गुण गावै, सो भगता मेरे मनि भावै।।
जे जन लेहिं राम नाऊँ, ताकी मैं बलिहारी जाऊँ।।
जिहि घटि राम रहे भरपूरि, ताकि मैं चरनन की धूरि।।
जाति जुलाहा मति कौ धीर, हरशि हरशि गुंण रमैं कबीर।।

अपने राम और अपनी भक्ति पर दृढ़ निष्ठा के कारण ही कबीर को जन्म–मरण का कोई भय नहीं है। उनका मानना है कि जिन्हें अपने ईश्वर, परब्रह्म का साक्षात्कार हो जाता है, वे स्वयं अमर हो जाते हैं। वे इस नश्वर संसार के मायावी बन्धनों से स्वतन्त्र हो जाते हैं–

हम न मरैं मरिहै संसारा, हम कूँ मिल्या जिवावनहारा।
अब न मरौं मरनै मन माना, तेई मुए जिन राम न जाना।।

भक्त कबीर के इस गहरे धार्मिक और आध्यात्मिक पक्ष की वामपन्थी चष्मे से देखने वाली आलोचना ने हमेषा उपेक्षा की है।

वेदान्त की दृष्टि और कबीर

कबीर ईश्वर और भक्त की एकता पर विश्वास करते हैं। ब्रह्म–जीव सम्बन्ध की यह दृष्टि उन्हें भारतीय अद्वैतवाद के दर्शन से मिली है। हम सभी जानते हैं कि जगद्गुरु शंकराचार्य ने अद्वैतवाद के दर्शन को प्रतिपादित किया था और देश भर में इसका व्यापक प्रचार किया था। उनका अद्वैतवाद भारतीय वेदान्त का दर्शन है, जो उपनिषद् ग्रन्थों में बिखरा पड़ा है, जिसे समेटकर उसकी सुसंगत व्याख्या करके जगत्गुरु ने संसार के समक्ष प्रस्तुत किया था। शंकराचार्य पूरे संसार में एक महानतम दार्शनिक के रूप में विख्यात हैं। भारतीय समाज में शंकराचार्य के प्रति व्यापक रूप से गहरी श्रद्धा पाई देती है। कबीर के काव्य में देखें तो अद्वैतवाद के वेदान्त दर्शन से ही मुख्य प्रेरणा ली गयी है। यह मध्यकाल के विषम राजनीतिक वातावरण में भारतीयता के प्रति उनके गहरे प्रेम का परिचायक है। कबीर ग्रन्थावली में उनकी अनेक ऐसी कविताएँ संकलित हैं, जिन पर हमने बहुत कम ध्यान दिया है। इन कविताओं में कबीरदास ने अपनी भक्ति के लिए अद्वैतवाद के सिद्धान्त का अत्यन्त रचनात्मक प्रयोग किया है।

जल मैं कुम्भ कुम्भ मैं जल है, बाहरि भीतर पानी।।
फूटा कुम्भ जल जलहिं समाना, यह तत कथौ गियानी।।

अद्वैतवाद के इस दर्शन को हम केवल रहस्यवाद कहकर व्याख्यायित नहीं कर सकते। हमें कबीर के दर्शन को गहराई से समझना है। अद्वैतवाद के दर्शन से प्रभावित कबीर कहते हैं—

पाणी ही ते हिम भया, हिम ह्वै गया बिलाइ।
जो कुछ था सोई भया, अब कुछ कहा न जाइ।।

इतनी गहरी दार्शनिक अनुभूति के लिए कबीर के काव्य को पुनः—पुनः पढ़ने की आवश्यकता है। श्यामसुन्दर दास ने कबीर—काव्य के भीतर अद्वैतवाद के निरूपण की अत्यन्त महत्त्वपूर्ण चर्चा की है। उन्होंने कबीर—काव्य में मौजूद अद्वैतवाद के अनेक सिद्धान्तों की ओर हमारा ध्यान आकर्षित किया है। वे लिखते हैं—"वेदान्त के 'कनककुण्डलन्याय' के अनुसार जिस प्रकार सोने से कुण्डल बनता है और उस कुण्डल के टूट—टाट अथवा पिघल जाने पर वह सोना ही रहता है, उसी प्रकार नामरूपत्मक दृश्यों की उत्पत्ति ब्रह्म से होती है और ब्रह्म ही में वे समा जाते हैं।" कबीर काव्य में यह इस प्रकार निरूपित हुआ है—

जैसे बहु कंचन के भूषण ये कहि गालि तवावहिंगे।
ऐसे हम लोक वेद के बिछरे सुन्निहि माँहि समायहिंगे।।

अद्वैतवाद के इस दार्शनिक मार्ग पर चलने के कारण ही कबीर को ज्ञानमार्गी या ज्ञानाश्रयी कहा गया है। ब्रह्मज्ञान को भक्ति में बदल देना कबीर की निजी उपलब्धि है, जिसे परवर्ती अनेक भक्तों ने अपनाया। यही कारण है कि रामभक्त नाभादास ने 'भक्तमाल' में उन सब भक्तों को अत्यन्त श्रद्धा से याद किया है।

मध्यकालीन धर्मसत्ता को चुनौती

कबीर भारतीय ज्ञानमार्ग पर चलते हुए भक्ति की जो अलख जगाते हैं, वह मध्यकाल की परिस्थितियों को देखते हुए आसान नहीं था। कबीर के समय उत्तर भारत में आततायी शासकों का राजनीतिक विस्तार हो चुका था। राजनीतिक विस्तार से सत्ता का अहंकारी और क्रूर हो जाना स्वाभाविक है।

माया–मोह के बन्धनों से मुक्त कबीर को अहंकारी सत्ता डरा नहीं सकती थी। बल्कि कबीर हमें अप्रत्यक्ष रूप से उस क्रूर राजनीतिक सत्ता को सदैव चुनौती देते हुए और उसकी वास्तविक हैसियत बताते हुए दिखाई पड़ते हैं।

कबीर माया का दर्शन क्यों देते हैं? आमतौर पर माना जाता है कि इससे वे आम जनता को माया–मोह के संसार से दूर रहने को कहते हैं। लेकिन उस युग को देखें और उनकी प्रसिद्धि को देखें। क्यों सत्ता उनके पीछे पड़ी रहती है। क्यों सिकन्दर लोदी उन्हें हाथियों से कुचलवाने को उद्धत हो जाता है। कबीर सत्ता के अहंकार में डूबे हुए आततायियों को माया के दर्शन के माध्यम से सत्ता की निस्सारता का ज्ञान देते हुए उससे बचने के लिए सावधान करते हैं। और सत्ता इसे अपने लिए ख़तरा मानती है। सारी बादशाहत, सारी ताक़त, दबदबा, शानो–शौकत को ये सन्त–फ़क़ीर धूल के समान बता रहा है।

जायसी ने लिखा था– छार उठाय लीन्हिं एक मूठि दीन्हि उड़ाय पिरिथमी झूठी।

कबीर जायसी से पहले अपनी कविता में यह सीख दे देते हैं। उनका माया का दर्शन संसार की शानो–शौकत को तुच्छ समझता है।

साईं इतना दीजिए जामे कुटुम्ब समाइ
मैं भी भूखा न रहूं साधु न भूखा जाय।

ऐसा कहने वाला सत्ता से क्या डरता! सत्ता ऐसे फ़क़ीरों से डरती है। कबीर के काव्य में निर्मल जीवन का सन्देश मिलता है तो साथ में जीवन–संघर्ष की प्रेरणा भी मिलती है। अलग–अलग ढंग से उनकी अनेक कविताओं में इसे देखा जा सकता है, लेकिन यहाँ हम एक सुप्रसिद्ध दोहे का उदाहरण देना चाहेंगे–

सूरा ऐसा चाहिए, जो लरै दीन के हेत।
पुरजा पुरजा कटि मरै, कभी न छांड़ै खेत।।

भक्ति काव्य के अन्दर ऐसी अभिव्यक्तियों का सम्यक मूल्याँकन किया जाना अभी बाकी है।

क्बीर के सन्दर्भ में अक्सर यह बात की जाती है कि कबीर धर्म की सत्ता का विरोध करते हैं। लेकिन मध्यकाल की परिस्थितियों का सामान्य ज्ञान रखने वाला भी कोई बता सकता है कि उस समय धर्म की सत्ता का

दुरुपयोग कौन कर रहा था। कौन धर्मान्तरण की मुहिम चला रहा था। क्या धर्म और राजनीतिक सत्ता का गठजोड़ भारतीय जनता को हीनता की स्थिति में पहुँचाने का काम नहीं कर रहा था? ऐसे समय यदि कबीर धर्म की सत्ता का विरोध करते हैं, तो उसके ऐतिहासिक परिप्रेक्ष्य को भी समझना चाहिए। कबीर जब धर्म की सत्ता को चुनौती देते हैं तो यह प्रकारान्तर से उस समय की वर्चस्वषाली धर्मसत्ता को ही चुनौती है।

मनुष्य की एकता पर विश्वास

मध्यकाल में धर्म का क्षेत्र अनेक कुरीतियों से ग्रस्त हो चुका था। कबीरदास ने धार्मिक कुरीतियों, कर्मकाण्डों और अन्धविश्वासों का विरोध किया। साथ ही उन्होंने जातिगत भेदभावों का विरोध करके अपने गुरु रामानन्द की तरह ही भक्ति का मार्ग सबके लिए खोल दिया। उन्होंने स्पष्ट शब्दों में कहा–

जाति न पूछो साधु की, पूछ लीजिए ज्ञान।
मोल करो तलवार का, पड़ा रहन दो म्यान।।

इस तरह हम कबीर को एक समाजसुधारक और धर्म सुधारक के रूप में भी देखते हैं। इसी का परिणाम है कि मध्यकाल में समाज के हर वर्ग में भक्ति–आन्दोलन का प्रसार होने लगता है, जिसे आगे चलकर वल्लभाचार्य, सूरदास और गोस्वामी तुलसीदास अभूतपूर्व ढंग से विस्तार देते हैं।

सतगुरु की महिमा अनन्त

कबीर ने अपने काव्य में गुरु को अत्यधिक महत्त्व दिया है। लेकिन गुरु होने की भी शर्त है। गुरु का सद्गुरु होना अनिवार्य है। ऐसा गुरु जो शिष्य के मन को गढ़े, उसे सद्मार्ग के रास्ते पर ले जाये, उसे गोविन्द तक ले जाने में, ईश्वर के साक्षात्कार में सहायक बने। उसकी महिमा उन्होंने यहाँ तक गयी है–

गुरु गोविन्द दोउ खड़े, काके लागूं पाय।
बलिहारि गुरु आपनै, गोविन्द दियौ बताय।।

ऐसे गुरु की महिमा अनन्त है क्योंकि वह ज्ञान का प्रकाश देता है, वह हाथ में ज्ञान का दीपक देता है, सद्मार्ग पर ले जाता है। कुछ उदाहरण देखिए–

सतगुरु की महिमा अनन्त, अनन्त किया उपगार।
लोचन अनन्त उघाड़िया, अनन्त दिखावणहार।।

पीछे लागा जाइ था, लोक वेद के साथि।
आगै थैं सतगुर मिल्या, दीपक दीया हाथि।।

ग्यान प्रकासया गुरु मिल्या, सो जिनि बीसरि जाइ।
जब गोविन्द कृपा करी, तब गुरु मिलिया आइ।।

यहाँ यह स्पष्ट होना चाहिए कि कबीर काव्य में वर्णित सतगुरु केवल सांसारिक गुरु नहीं है, वह आध्यात्मिक गुरु है, जो ब्रह्मज्ञान देता है, संसार के मूलभूत सत्य का हमें बोध कराता है। लेकिन आजकल के माया–मोह में फँसे, ढोंगी आध्यात्मिक गुरुओं को जब हम देखते हैं, तो समझ पाते हैं कि कबीर के समय भी ऐसे गुरुओं की कमी नहीं थी। तभी वे ऐसे ढोंगी, पथभ्रष्ट, ज्ञानविहीन गुरुओं से बचने की सलाह आज से पाँच सौ वर्ष पहले ही दे गये हैं। वे सच्चे गुरु को पहचानने की सीख देते हुए कहते हैं–

जाका गुरु भी अंधला, चेला खरा निरंध।
अन्धा अन्धा ठेलिया, दून्यू कूप पड़ंत।।

कच्चे शिष्य को कच्चा गुरु मिल जाये तो फिर क्या कहना! ऐसे गुरुओं से बचना ही भला है, जो कच्चे शिष्य को सच्चा मार्ग दिखाने की जगह पथभ्रष्ट ही बना सकता है। आजकल के कितने आध्यात्मिक गुरु कबीर की अपेक्षाओं पर खरे उतरते हैं, हमें देखने की ज़रूरत है।

ज्यों की त्यों धर दीनी चदरिया

कबीर के जीवन पर जब हम दृष्टि डालते हैं तो हमें कबीर स्वयं एक सतगुरु के रूप में दिखाई पड़ते हैं। उनका जीवन हमारे लिए एक सीख बन जाता है। ऐसा कैसे होता है? जवाब है, कबीर ने केवल दूसरों को उपदेश नहीं दिये, अपने जीवन में अपने आदर्शों को उतारा। तभी वे एक सच्चे सन्त बने। केवल एक आध्यात्मिक गुरु बनकर नहीं रह गये। वे अपने निन्दकों को भी प्रिय मानकर उसे अपने निकट रखने को तैयार थे–

निन्दक नियरे राखिए, आंगन कुटि छवाय।
बिन पानी साबुन बिना निरमल भया सुभाय।।

अपनी आत्मा को निर्मल बनाना ही उनके उपदेशों का लक्ष्य और सन्देश था। वे संसार को सीख दे पाते हैं क्योंकि उन्होंने स्वयं शिष्य होकर सीखा है। संसार का सत्य जाना है। और इस माया–मोह के संसार में रहकर भी माया–मोह के बन्धनों से अपनी आत्मा को मुक्त रखा है। उसकी मैल अपनी आत्मा पर नहीं जमने दी है।

झीनी झीनी बीनी चदरिया।।
काहे कै ताना काहे कै भरनी,
कौन तार से बीनी चदरिया।।
इड़ा पिङ्ला ताना भरनी,
सुखमन तार से बीनी चदरिया।।
आठ कँवल दल चरखा डोलै,
पाँच तत्त्व गुन तीनी चदरिया।।
साँ को सियत मास दस लागे,
ठोंक ठोंक कै बीनी चदरिया।।
सो चादर सुर नर मुनि ओढ़ी,
ओढ़ि कै मैली कीनी चदरिया।।
दास कबीर जतन करि ओढ़ी,
ज्यों कीं त्यों धर दीनी चदरिया।।

आलोचकों ने अक्सर कबीर की निर्गुण भक्ति को उनकी ऐतिहासिक युग–दृष्टि से स्वतन्त्र करके आज की दृष्टि से देखने की कोशिश की है और यह सिद्ध करने पर बहुत ऊर्जा ख़र्च की है कि उनकी निर्गुण भक्ति सगुण ब्रह्म की भक्ति के विरोध में है। हमें मध्यकाल की भक्ति पर आज की दृष्टि आरोपित करना उचित नहीं लगता। ऐसे आलोचकों को हमें यह तथ्य बताना ज़रूरी लगता है कि कबीर के लगभग सौ साल बाद ही सगुण भक्त नाभादास ने 'भक्तमाल' में कबीर की भक्ति की चर्चा भारतीय भक्तों की सूची के अन्तर्गत की है और उनकी भक्ति की महिमा का वर्णन अत्यन्त श्रद्धा के साथ किया है। अगर सगुण और निर्गुण भक्ति का भेद मध्यकाल में इतना ज़्यादा विभेदकारी होता तो हम नाभादास को ऐसा करते नहीं पाते। यहाँ हम आधुनिक आलोचना के ऋषि डॉ. रामविलास शर्मा के विचार उद्धृत करना चाहेंगे। वे कहते हैं–"प्रेम–ज्ञान–वैराग्य–निर्गुण–सगुण आदि के भेदभाव

उस समय अवश्य थे, किन्तु वे सब एक व्यापक आन्दोलन के अन्तर्गत थे। ये भेद उतने महत्त्वपूर्ण नहीं थे, जितने कुछ आलोचकों को आज वे लगते हैं।" हम कहना चाहते हैं कि कबीर की भक्ति भारतीय भक्ति परम्परा की अभिन्न कड़ी है। वह सगुण–निर्गुण के मतभेदों से परे मनुष्य की एकता की भावना पर आधारित भक्ति का अनोखा रसायन है, जिसका अनुभव रामरस चखने की इच्छा रखने वाले को ही प्राप्त हो सकता है। सिर्फ़ आलोचक बुद्धि से इस भक्ति के मर्म को नहीं पाया जा सकता।

सन्त रैदास की भक्ति भावना

सन्त रैदास भारतीय सन्त काव्यधारा के एक महान कवि हैं। वे एक ही साथ धर्म और समाज में व्यापक परिवर्तन के प्रतीक बन जाते हैं। उनकी भक्ति का स्वर अपने–आप में इतना विशिष्ट है कि समस्त भक्ति काव्य में उन पर अलग से बात किये जाने की ज़रूरत है। वे सदियों से भारतीय जनमानस में एक महान भक्त के रूप में प्रतिष्ठित हैं और एक व्यापक सामाजिक चेतना के संवाहक के रूप में भी वे समाज के एक प्रेरणास्रोत रहे हैं। उनकी कविताएँ भक्ति और समाज–व्यवस्था दोनों में ही मनुष्य मात्र की समानता, बराबरी की हकदारी का सन्देश लेकर आती हैं। कबीर की तरह आक्रामक और विद्रोही स्वर में नहीं, विनम्रता लेकिन एक निर्णायक दृढ़ता के स्वर में, जिसे सावधानी से पढ़ने पर हम सहज ही महसूस कर सकते हैं।

कबीर की तरह रैदास ने भी अपना कोई पन्थ स्वयं नहीं चलाया, लेकिन निर्गुण भक्ति से जुड़े अनेकानेक पन्थों की पुरानी पाण्डुलिपियों में शायद ही ऐसी कोई महत्त्वपूर्ण पाण्डुलिपि हो, जिसमें नामदेव और कबीर के साथ रैदास एक अनिवार्य भक्त कवि के रूप में शामिल न हों। इसी बात से अपने समय में और परवर्ती समय में रैदास के महत्त्व का अन्दाजा लगाया जा सकता है। गुरुग्रन्थ साहिब के साथ–साथ कबीरपन्थी, दादूपन्थी, प्राणनाथी आदि निर्गुण भक्ति से जुड़े सम्प्रदायों के संग्रहों से प्राप्त पाण्डुलिपियाँ इसका प्रमाण हैं कि रैदास की कविताएँ परवर्ती परम्पराओं के लिए क्या मायने रखती हैं।

न सिर्फ़ निम्न कहे जाने वाले समाजों में, बल्कि समाज के उच्च वर्ग में भी उनकी भक्ति की प्रतिष्ठा का अन्दाज़ा इस बात से लगाया जा सकता है कि महान कृष्णभक्त प्रेमदीवानी मीराबाई उन्हें अपना आध्यात्मिक गुरु मानती हैं और राजस्थान की रानी झालीरानी उनका सत्संग पाने के लिए तत्कालीन

समाज के ब्राह्मण वर्ग का कोप तक झेलती हैं। लेकिन रैदास की भक्ति की यह महानता थी कि वे न सिर्फ़ रानी झाली को उस संकट से निकलने में सहायता करते हैं बल्कि उन कुपित ब्राह्मण पुरोहितों को धर्म के असली मर्म का साक्षात्कार कराकर उनका हृदय परिवर्तन करने में सफल रहते हैं।

रैदास कबीर की तरह ही अपने जीवनकाल में ही एक किंवदन्ती बन चुके थे। सन्तों और भक्तों के जीवनचरितों से जुड़े सभी ग्रन्थों में, जो उनके जीवनकाल में ही रचे जाने शुरू हो गये थे, रैदास के जीवन के अनेक प्रसंग किंवदन्तियों के रूप में दर्ज हैं। ये किंवदन्तियाँ सारी की सारी कपोल–कल्पनाओं पर आधारित नहीं हैं, बल्कि वे अपने समय में रैदास के महत्त्व का पता देती हैं और बताती हैं कि एक सन्त के साथ समाज कैसे अपना सम्बन्ध जोड़ता है और अपनी स्मृतियों में सुरक्षित रखना चाहता है। पुरुषोत्तम अग्रवाल ने लिखा है–"किंवदन्तियाँ अफ़वाहें नहीं होतीं, वे तर्कबुद्धि का अभाव भी नहीं सूचित करतीं। किंवदन्तियाँ सांस्कृतिक भाषा हैं, जिसके व्याकरण को जाने बिना किसी समाज की बात समझना असम्भव है।"[1] सन्त रैदास के जीवन से जुड़ी किंवदन्तियों पर हम बाद में विचार करेंगे।

इतिहासकारों की मानें तो रैदास का समय अर्थव्यवस्था और समाज में व्यापक परिवर्तन का समय है। यह वह समय है जब कारीगरी और व्यापार की उन्नति हो रही थी और इसलिए इनसे जुड़े समुदायों में आत्मविश्वास का संचार हो रहा था। यह आत्मविश्वास धर्म और अध्यात्म के क्षेत्र में भी प्रकट होता है जब वे भक्ति के क्षेत्र में कम से कम कर्ता के रूप में पहली बार अपना दावा करते हैं। ऐसा नहीं कि इससे पहले का इतिहास ऐसे प्रयासों से ख़ाली पड़ा है। लेकिन ऐसे प्रयासों को वह सफलता नहीं देखने को मिली जो भक्तिकाल में हमें व्यापक रूप से देखने को मिलती है। आश्चर्य नहीं कि पूरे भक्तिकाल में इन समुदायों से जुड़े भक्तों की एक व्यापक संख्या भक्ति के क्षेत्र में इनकी व्यापक भागीदारी के रूप में सामने आती है, जो ऐतिहासिक रूप से अभूतपूर्व है। कबीर के पूर्ववर्ती कवियों को देखें तो नामदेव दर्ज़ी हैं, त्रिलोचन वैश्य हैं। स्वयं कबीर जुलाहा या शूद्र हैं, रैदास चर्मकार, धर्मदास, प्राणनाथ, पलटूदास, सुन्दरदास व्यापारी या वैश्य हैं, गुरु नानक खत्री हैं, ग़रीबदास जाट हैं, शिवचरण कोरी हैं, कूबाजी कुम्हार हैं, सेन का नाई और पीपा का दर्ज़ी होना प्रसिद्ध है। हालाँकि अन्तिम दोनों भक्त कवियों, सेन और पीपा को क्रमशः राजपरिवार का और राजा

भी बताया गया है, लेकिन वे स्वयं को नाई और दर्ज़ी कहते हैं। स्वयं को ब्राह्मण साबित करने के बजाय इन निर्गुण भक्तों द्वारा स्वयं को नाई और दर्ज़ी कहना, भक्तिकाल में इसका सांकेतिक महत्त्व है। पिछड़ी और निम्न कही जाने वाली जातियों का भक्त कवि के रूप में छा जाना और उन्हें व्यापक जनसमर्थन मिलना, ये सब मात्र संयोग तो नहीं हो सकता।

पुरुषोत्तम अग्रवाल ने इस सम्बन्ध में लिखा है–"वर्णाश्रमवादी लोग व्यापार के कारण उत्पन्न समृद्धि का लाभ तो उठाना चाहते थे, लेकिन व्यापार और वर्णाश्रम के बीच के अन्तर्विरोध का समाधान नहीं कर सकते थे। आर्थिक शक्ति हासिल कर चुके लोग प्रतीकात्मक पूँजी भी प्राप्त करना चाहते थे। लेकिन परजीवी पुरोहित चाहते थे कि कारीगर उत्पादन करे, व्यापारी पैसे की रचना करे लेकिन दोनों ही प्रतीकात्मक जगत में स्वयं को हीन मानते रहे।"[2] 'भक्ति का लोकवृत्त' की धारणा देते हुए वे लिखते हैं– "भक्ति का लोकवृत्त रक्तशुद्धि पर आधारित समुदाय की जगह समतापरक मूल्यों पर आधारित समुदाय के विचार को स्थापित करता है। वह जाति और मज़हब पर आधारित सामाजिक पहचान को समाप्त भले न कर पाये, उसका महत्त्व ज़रूर घटाता है। जुलाहे कबीर और व्यापारी प्राणनाथ सद्गुरु मान लिए जाते हैं, पठान रज्जब दादू के परम शिष्य और संस्कृत के ज्ञाता बनते हैं। पन्द्रहवीं सदी में राजा पीपा दर्ज़ी बन जाते हैं और उन्नीसवीं सदी में कोरी शिवचरण 'भक्तमाल' के प्रामाणिक प्रतिष्ठित व्याख्याकार।"[3]

द्विवेदीजी वर्णव्यवस्था में उपेक्षित समुदायों से आने वाले सन्त कवियों के बारे में लिखते हैं–"द्रविड़ देश में जो भक्ति उत्पन्न हुई थी, उसका वही रूप नहीं है, जो कबीर आदि निर्गुण सन्तों में प्राप्त होता है। इसका क्या कारण हो सकता है? निःसन्देह यहाँ कुछ ऐसी सामाजिक परिस्थितियाँ थीं जिनके कारण द्रविड़ देश की उत्पन्न भक्ति ने उत्तर में आकर यह रूप ग्रहण किया।"[4]

निश्चित रूप से ये सामाजिक परिस्थितियाँ एकाएक उत्पन्न नहीं हो गयी थीं। नाथ सम्प्रदाय और उससे पहले सहजयानी सिद्ध सम्प्रदाय ने इसके लिए ज़रूरी पृष्ठभूमि तैयार कर दी थी। उनके द्वारा की गयी वर्णव्यवस्था की कठोर आलोचना ने वर्णव्यवस्था में उपेक्षित तबकों को नैतिक बल प्रदान किया। यही नहीं प्राचीन काल में भी ऐसे दर्शन रहे हैं, जो वर्णव्यवस्था को स्थापित करने वाली विचारधारा के विपरीत विचारधारा को प्रस्तुत करते हैं।

बौद्ध दर्शन के अलावा लोकायत दर्शन और आजीवक सम्प्रदाय के दर्शन को हम प्रमाण के तौर पर देख सकते हैं। भारतीय इतिहास में इनके बीज बिखरे हुए मिलते हैं। भक्तिकाल की जो बदली हुई सामाजिक पृष्ठभूमि है, उसमें इन दर्शनों से एक संवाद दिखाई देता है। ये सदियों की प्रक्रिया है, जिसमें बहुत–सी चीज़ों को छोड़ा गया है और कुछ चीज़ों को, विशेष रूप से शास्त्रों को अन्तिम प्रमाण न मानने और सामाजिक समानता के दर्शन को स्वीकार किया गया है। निश्चित रूप से कोई भी दर्शन मूल्याँकन में अपने लिए छूट की माँग नहीं कर सकता। उन्हें हर समय में अपनी प्रासंगिकता के सवाल का सामना करना पड़ता है। भक्तिकाल की पृष्ठभूमि में इन दर्शनों का भी सीधा प्रभाव नहीं पड़ा है। इन्हें अनेक अन्तर्धाराओं के रूप में ही पहचाना जा सकता है। प्रखर विद्वान और दलित चिन्तक डॉ. धर्मवीर ने कबीर और रैदास को आजीवक सम्प्रदाय के मखली गोसाल की परम्परा में रखकर देखा है और कबीर और रैदास की विचारधारा और आजीवक सम्प्रदाय की विचारधारा से उनकी समानता पर विस्तार से लिखा है। हमारा मानना है कि भक्तिकाल की सामाजिक पृष्ठभूमि में किसी भी विचारधारा के प्रभाव को अन्तर्धारा के रूप में ही देखना ज़्यादा उचित है।

तात्कालिक रूप से सामाजिक–आर्थिक–राजनीतिक और सांस्कृतिक घटनाएँ भी परिवर्तन की भूमिका तैयार करती हैं जिससे किसी बीज को पनपने का अवसर मिलता है। इसके अलावा स्वयं भक्त कवियों के मौलिक चिन्तन के प्रभाव को नकारा नहीं जा सकता, जो अपनी मौलिक प्रतिभा के साथ–साथ अपने नीर–क्षीर विवेक का परिचय देते हैं। हजारी प्रसाद द्विवेदी लिखते हैं–"जिस कवि या लेखक के पास सचमुच ही कुछ कहने की वस्तु होती है, उसके व्यक्तित्व का अगर विश्लेषण किया जाये तो यह मालूम होगा कि समाज में प्रचलित रूढ़ियों में वह कुछ ऐसी त्रुटि देख रहा है जो उसे बुरी तरह खल रही है। वह खलने वाली बात का विरोध करता है और उसके स्थान पर कुछ ऐसी बातों को प्रतिष्ठित करना चाहता है, जो उसके मन के अनुकूल होती हैं।"[5]

सन्त रैदास में ऐसी कौन–सी बातें हैं जो उन्हें एक महान सन्त कवि का दर्जा देती हैं। इस पर जब हम विचार करते हैं तो दो चीज़ें हमें सीधे दिखाई देती हैं। एक, अपने कर्म पर विश्वास और दूसरा अपने ईश्वर पर विश्वास। जीवन के व्यावहारिक और पारमार्थिक दोनों पहलुओं में जो

विश्वास की एकता है, वह रैदास की भक्ति को विशिष्ट बनाती है। स्वभाव में विनय और सच कहने का दृढ़ आत्मविश्वास ये दोनों जब जुड़ जाते हैं, तो रैदास की भक्ति का स्वरूप एक अलग पहचान ले लेता है। रैदास का एक पद उदाहरण के तौर पर देखें, जिसे आचार्य रामचन्द्र शुक्ल ने भी अपने इतिहास में उद्धृत किया है, तो हमें रैदास के इस आत्मविश्वास की एक झलक मिलती है। इस पद की आत्मकथ्यपूर्ण पंक्तियाँ हैं–

जाके कुटुम्ब सब ढोर ढोवंत,
फिरहिं अजहुं बनारसी आस पासा।
आचार सहित विप्र करहिं डंडउति,
तिन तनै रविदास दासानुदासा।

रैदास चर्मकार समुदाय में जन्में थे। जूते बनाने का काम करते थे। उनके पिता ने इस काम में अच्छी तरक़्क़ी करके कुछ आर्थिक हैसियत बना ली थी। लेकिन कहा जाता है कि रैदास इस काम में जो कमाई होती थी, उसे साधुओं–सन्तों में दान दे दिया करते थे। व्यावहारिक पिता का इस पर नाराज़ होना स्वाभाविक था। लेकिन उन्होंने नाराज़ होकर रैदास को घर से ही निकाल दिया और घर के पीछे बिना छत के उन्हें रहने को छोड़ दिया। अपनी पत्नी के साथ रैदास वहीं रहने लगे। लेकिन उन्होंने न अपने कर्म पर विश्वास छोड़ा और न अपने धर्म से कोई समझौता किया। उनका काम चलता रहा और भक्ति भी चलती रही। साधुओं की संगति भी चलती रही। रैदास ने अपने कई पदों में अपनी जाति का उल्लेख किया है। उदाहरणस्वरूप, एक पद में वे कहते हैं–

ऐसी मेरी जाति विख्यात चमार,
हिरदय राम गोविन्द गुनसार।।

इससे उनके गहरे आत्मविश्वास का पता चलता है।

रैदास का जन्म बनारस में 1450 ई. के आस–पास हुआ था। 'रैदास बानी' के सम्पादक शुकदेव सिंह का मानना है कि "रैदास का उद्भव 1433, 1455 के आस–पास हुआ होगा।" चरित काव्यों मसलन अनन्तदास की रैदास परिचई, नाभादास की भक्तमाल और सेन कवि की कबीर–रैदास गोष्ठी को आधार मानें तो रैदास का जन्म संवत् 1475 में

और निर्वाण संवत् 1597 में हुआ था। वे क़बीर के समकालीन थे। कुछेक ग्रन्थों में उन्हें उम्र में कबीर से बड़ा कहा गया है, लेकिन चरित ग्रन्थों के अनुसार देखें तो वे कबीर से उम्र में करीब बीस साल छोटे थे। शुकदेव सिंह ने लिखा है–"रैदास की तर्कसंगत आयु सन्त कबीर से प्रायः बीस बरस कम आँकना ही उचित है।"[6] अनन्ददास लिखित रैदास की परिचई में जब प्रसंग आता है कि चित्तौड़ की झालीरानी के आदरपूर्ण अनुरोध पर रैदास वहाँ जाने पर विचार करते हैं, तब अगले दिन प्रातःकाल वे 'गुरु समान कबीर बड़ भ्राता' के पास जाते हैं और उनसे विचार कर उनकी आज्ञा लेते हैं–*दयौ आग्याँ तौ हम अनुसरिहौं, कहौ चलूँ कहो उत्तर भरिहै।*[7] सन्त रैदास ने अपने एक पद में 'कबीर सधना सेन तरे' कहकर इन भक्त कवियों को अपने से वरिष्ठ के तौर पर याद किया है। *(नामदेव कबीर तिलोचन सधना सेन तरे। कह रविदास, सुनहु रे सन्तहु। हरि जिउ तें सबहि सरै।।)*

भक्त कवि सेन की कबीर–रैदास गोष्ठी पढ़ने से पता चलता है कि सेन और रैदास दोनों के कबीर के साथ अत्यन्त आत्मीय सम्बन्ध थे और वे दोनों उन्हें ब्रहमज्ञानी मानकर उनसे मिलने जाया करते थे। कबीर और रैदास "दोनों में गुरुभाई जैसा प्रेम था, तर्क करने की समतुल्यता थी। निकटता इतनी कि दोनों एक–दूसरे को तुर्क और चमार कह सकते थे। लेकिन किसी तीसरे का हस्तक्षेप उन्हें स्वीकार नहीं था।"[8] कबीर–रैदास गोष्ठी पढ़कर दोनों के बीच संवाद की प्रक्रिया और दोनों के विचारों की स्वतन्त्रता का पता चलता है। इसकी एक–दो झलक देखें–

कबीर कहै जी।।
जैता फूल र तेती बासना।।
जेता पवन रे पाणी।।
जे या उतपति प्रलैं होती।।
तौ प्रकृति कहाँ समाँणी।। 6 ।।
रैदास कहै जी।।
प्रकृति समाँणी परम पुरुष में।।
सो बनरावण मैं आया।।
गोपिन कै संगी ग्वालैनि कै संगी।।
चटकी दे दे गाया।। 7 ।।

कबीर कहै जी।।
नां वै नाचै नां वै गावै।।
नां वै बेणी बजावै।।
पुरुष न नारि नाथ नारायण।।
वै औतार न आवै।। 8 ।।
रैदास कहै जी।।
जे लीला औतार न होती।।
तौ जीव कहाँ निसतरतै।।
अंध धंध की शबरि न होती।।
सब जीव नरक परते।। 9 ।।
कबीर कहै जी।।
कहाँ नरक है कहाँ सुरग है।।
कौ आया कौ देश्या।।
हंस बटाऊ कीया पयाँना।।
चलत न काहू पेश्या।। 10 ।।
रैदास कहै जी।।
तुम आवागमण ह्वैण द्यौ स्वांमी।।
गावंण द्यौ गोपाला।।
वा कै रूप छली बृज बनिता।।
मोहण नन्द कै लाला।। 13 ।।
कबीर कहै जी।।
कहाँ नन्द अरु कहाँ के लाला।।
कहो कहाँ तै आया।।
अलश पुरस बिनासी पूरण।।
कहूं क बिरला पाया।। 14 ।।
रैदास कहै जी।।
चहुं दिस नन्द रु चहुँ दिस लाला।।
चहुं दिस बेदां गाया।।
जहाँ जहाँ पाप प्रगट्या स्वांमी।।
तहाँ तहाँ उठि ध्याया।। 15 ।।

कबीर कहै जी।।

नही तहाँ पाप पुनि भी नाहीं।।
नही तहाँ बेद र बाणीं।।
कहै कबीर सुनौ रैदासा।।
जोति मैं जोति समाँणी। 16 ।।

इस तरह तर्कों की पूरी शृंखला है, जो कबीर और रैदास के बीच चलती है, जिसे सेन ने प्रस्तुत किया है। इसमें रैदास और कबीर दोनों के ब्रह्म और भक्ति सम्बन्धी चिन्तन पर प्रकाश पड़ता है। इसमें रैदास सगुण भक्ति के पक्ष में प्रबलता से तर्क रखते हुए कबीर से संवाद करते हैं। माना जाता है कि इस गोष्ठी के बाद रैदास कबीर से प्रभावित होने के बावजूद सगुण भक्ति की राह पूरी तरह नहीं छोड़ते। वे निर्गुण ईश्वर को मानते हैं, उनके प्रसिद्ध पदों के साक्ष्य के आधार पर उनकी पहचान उचित ही निर्गुण सन्त कवि के रूप में की गयी है। लेकिन निर्गुण सन्तों में जिस कवि में वैष्णवता के दर्शन सबसे ज़्यादा होते हैं, वे रैदास ही हैं। बड़ा कवि वही है जो चीज़ों को अपने मौलिक और अर्जित तर्क के आधार पर स्वीकारे, सिर्फ़ परम्परा के आधार पर नहीं। रैदास अत्यन्त विनयशील कवि के रूप में जाने जाते हैं इसलिए सामान्यतः हम उनके तर्कों पर ध्यान नहीं देते।

रैदास की भक्ति और सामाजिक दृष्टि

रैदास ने अपने पदों में कहीं स्वामी रामानन्द का नाम नहीं लिया है। इसलिए रैदास बानी के सम्पादक शुकदेव सिंह उनके रामानन्द के शिष्य होने सम्बन्धी मान्यता का पूरी तरह खण्डन नहीं करते, तो बहुत मान्यता देते भी नहीं दिखाई देते। नाभादास ने भक्तमाल में रामानन्द के बारह शिष्यों में रैदास का नाम भी लिया है। इसलिए यह आमतौर पर प्रसिद्ध है कि वे स्वामी रामानन्द के शिष्य थे। रैदास ने जिस तरह का सामाजिक और आध्यात्मिक चिन्तन प्रस्तुत किया है, अगर उस पर रामानन्द का वास्तव में ही प्रभाव है तो यही कहा जा सकता है कि रामानन्द वास्तव में एक आकाशधर्मा गुरु थे। वेद ज्ञान से वंचित निम्न जाति में जन्म लेने वाले सन्त रैदास कहते हैं कि जाति जन्म से नहीं कर्म से निर्धारित होनी चाहिए, क्योंकि यही वेद का धर्म है। सम्भव है स्वामी रामानन्द ने अपनी उदार दृष्टि के कारण ऐसी मान्यता का प्रचार किया हो। यदि ऐसा नहीं है, तो यह रैदास का अपना तर्क कहा जायेगा–

जन्म जाति को छाँड़ि करि, करनी जान परधान।
इत्यौ वेद कौ धरम है, करै रविदास बखान।।

एक अन्य पद में भी वे जन्म के आधार पर प्रतिभा की पहचान करने के बजाय कर्म के आधार पर मनुष्य का मूल्यांकन करने की बात करते हैं, जो सन्त कबीर के 'जाति न पूछो साधु की' के समतुल्य है। वे कहते हैं–

रविदास जन्म के कारनै, होत न कोउ नीच।
नर कूं नीच करि डारि है, ओछै करम को नीच।।

रैदास का कर्म हम दो रूपों में देख सकते हैं। एक, जो वे ईश्वर की भक्ति का काम करते हैं। दूसरा, जो वे चर्मकार का काम करते हैं। उन्हें दोनों ही कामों में कोई लज्जा भाव नहीं है। कर्म में कैसी लज्जा। लज्जा तो परजीवी होने में है। वे अपने एक पद में अपने पुश्तैनी चर्मकार के काम को धर्मतुल्य मानते हैं और उसी में मुक्ति का विश्वास व्यक्त करते हैं, क्योंकि उनके अनुसार यह सुकृत है–

रविदास निज हत्थहि राखौ रांबी आर।
सुकिरित ही मम धर्म है,तारैगा भवपार।।

सत्य, सन्तोष और सदाचार यही जीवन में सुख का आधार है। इसी से जीवन में आनन्द का संचार होता है। और जो मनुष्य पाँच विकारों को त्याग देता है, वह इसी जीवन में देवता का पद प्राप्त कर लेता है, इन विचारों को एक पद में देखिए–

सत, सन्तोश अरु सदाचार जीवन के आधार।
रविदास भए नर देवते, जिन त्यागे पंच विकार।।

सन्त रैदास की भक्ति में सर्वत्र एक तल्लीनता का भाव मिलता है, चाहे वह सीधे–सीधे निर्गुण ईश्वर को निवेदित हो या उसमें सगुण ईश्वर का आभास मिलता हो। वे कहते हैं, 'लोग अनेक प्रकार से धर्म का निरूपण करते हैं, वेद–पुराण सुनकर शंकाएँ उत्पन्न होती हैं, संशय और अभिमान दूर करने का मूल उपाय कोई नहीं बतलाता।'

बहुविध धर्म निरूपियै, करता दीसे सब लोइ।
कवन कर्म तै छूटियै जिहि साधे सब सिधि होइ।।

कर्म अकर्म बिचारिये संका सुनि बेद पुरान।
संसा सद हिरदै बसै, कौन हिरै अभिमान।।

वे कहते हैं, 'भाग्य से परम पुरुष गुरु से भेंट हो, तब जाकर अनुभूति के बन्द कपाट खुलते हैं। भक्ति, योग और ज्ञान के समन्वित मार्ग से ही विकार दूर होकर भ्रम के बन्धन कटते हैं। उसके अनुसार विचार करने पर सगुण निर्गुण दोनों एक ही जान पड़ते हैं।'

परम पुरुष गुरु भेंटियै, पूरब लिखत लिलाट।
उनमन मन मन ही मिलै, छुटकत बजर कपाट।।
भक्ति युक्ति मति सति, भ्रम बन्धन काटि विकार।
सोयी बसि रसि मन मिले, गुन निर्गुन एक विचार।।

उनके पदों में भावना और विचार, भक्ति और ज्ञान इस तरह आपस में लिपटे हैं कि उन्हें अलग नहीं किया जा सकता। भावप्रवणता प्रायः सभी पदों में देखी जा सकती है। पहले हम उनके पदों में निर्गुण भक्ति की कुछ विशेषताएँ देखते हैं।

'ऐसा ध्यान धरो बनवारी' पद में वे कहते हैं–

जापै क्रिपा सोयी भल जानै, गूंगौ साकर कहाँ बखाने।
सुन्न मंडल में तेरा बासा, तातैं जीय मैं रहौं उदासा।।

उस निर्गुण ब्रह्म का निवास शून्य मंडल में है। उसकी कृपा जिस पर होती है, वही उसका सुख अच्छे से जानता है। लेकिन इस सुख का, भक्ति के इस आनन्द का वह वर्णन नहीं कर सकता, वैसे ही जैसे एक गूंगा व्यक्ति शक्कर का स्वाद ले सकता है, लेकिन उसका वर्णन नहीं कर सकता। हम कबीर को भी ऐसा कहते देखते हैं और कबीर से पहले नाथ पन्थ में भी ऐसी अभिव्यक्ति मिलती है। रैदास ऐसे ब्रह्म की महिमा को अनुभव करते हैं, जिसे अनुभव से ही जाना जा सकता है, भक्ति से ही पाया जा सकता है, यहाँ भक्ति ही सहज समाधि है, इसमें पूजा के बाह्याचारों की कोई आवश्यकता नहीं है–

अविगति नाथ निरंजन देवा, मैं क्या जानूँ तुम्हारी सेवा।
बाँधूँ न बन्धन छाउं न छाया, तुमहिं सेउं निरंजन राया।।

सिव सनकादि अन्त न पाया, खोजत ब्रहमा जन्म गँवाया।
तोरो न पाती, पूजौं न देवा, सहज समाधि करौं हरि सेवा।।

'गगन मंडल मैं आरती कीजै' पद में वे कहते हैं–

सहस कंवल सिंहास राजै, अनहद बाजन नित ही बाजै।।

रैदास के गीतों में माधुर्य भाव की भक्ति के पद ज़्यादा नहीं मिलते, लेकिन कुछेक पदों में ऐसी अनुभूतियाँ व्यक्त हुई हैं। वे रामरस पीने की बात करते हैं। कलाली से प्याला भरने की बात करते है, और राम के पति रूप में आगमन की बात भी करते हैं। 'सुख की सार सुहागिनी जानै', 'हम घर आयहु राम भरतार', 'देहु कलाली एक पिआला' आदि पदों में इसे हम देख सकते हैं। 'सुख की सार सुहागिनी जानै' पद में वे कहते हैं–

सुख की सार सुहागिनी जानै, तजि अभिमान सुखरलियाँ मानै।
तनम न देह न अन्तरु राखै, अपरा देखि न सुनै अमाखै।।

('हम घर आयहु राम भरतार' पद में देखिए–

हम घर आयहु राम भरतार, गावहु सखि मिली मंगलाचार।
तन मन रत करहिं आपुनो, तौ कहुँ पाइहि पिव पिआर।।
पीतम कूँ जो दरसन पाए, मन मन्दर मंह भयो उजियार।
हौं मड़ई तै नौ निधि पाई, क्रिपा कीन्हि राम करतार।।
बहुत जनम तैं बिछुरे पिब पायो, जनम जनम बिलई रार।।

कहि रैदास हौं कछु नहिं जानौं, चरन कवल मंह तुव मुरार।।)

रैदास के अनेक पदों में ऐसी अनुभूतियाँ मिलती हैं, जिन्हें हम सगुण या निर्गुण किसी एक श्रेणी में नहीं रख सकते, उनका आकर्षण ऐसा है, कि सब उन्हें अपना मान सकते हैं। उनके एक अत्यन्त प्रसिद्ध पद से इस बात की पुष्टि हो सकती है। 'अब कैसे छूटै राम रट लागि' नामक इस पद में वे कहते हैं–

प्रभुजी तुम चन्दन हम पानी, जाकी अंग अंग बास समानी।
प्रभुजी तुम घन बन, हम मोरा, जैसे चितवत चन्द चकोरा।
प्रभुजी तुम दीपक, हम बाती, जाकी जोत बरै दिन राति।
प्रभुजी तुम मोती हम धागा, जैसे सोने मिलत सुहागा।

ऐसी भावप्रवण अभिव्यक्ति किसी भी भक्तिमार्ग के लिए दुर्लभ उपलब्धि है।

सन्त रैदास ने अपने अनेक पदों में राम, गोविन्द, माधव आदि सगुण ईश्वर के नाम लिए हैं। ऐसे नाम कबीर भी प्रचुरता से लेते हैं। रैदास ने इन नामों से निर्गुण ब्रह्म को अनुभूत तो किया ही है, लेकिन अनेक पदों में स्पष्ट रूप से सगुण भक्ति की अवतार, लीला आदि मान्यताओं को भी व्यक्त किया है। 'सोयी उबरो जिहिं आपु निवाजत' पद में ऐसी अभिव्यक्ति देखिए–

तारक ध्रु कूं अंक राखि हरि, खंभ फारि प्रह्लाद उबारत।
त्रांस दई लंकेस अनुज कहँ, सरनि राखि प्रभ अभय उचारत।

खट रस सजिअ सुजोधन के, हरि दास विदुर कौ मान बढ़ावत।
सबरी गीध अजामिल सदा, राम किरपा, गनिका तरि जावत।

कवन कवन पापी जन तरिओ, कहि रैदास गनइ नहिं आवत।

रैदास ने भक्तिमार्ग में माया को अविद्या मानते हुए उसे बाधा बताया है। ऐसी अभिव्यक्तियाँ 'मन मोरा माया मंह लपटानो', 'माधो भ्रम कैसे न बिलाइ', 'माधो अविद्या हित कीन्हिं', 'माया मोहिला कांहा' आदि पदों में देखी जा सकती है। 'मन मोरा माया मंह लपटानो' में वे कहते हैं–

माया मंह हिलि मिलि रहियौ, फोकट सारे जनम गंवानो।
'मनु मेरो थिरु न रहाई' पद में कहते हैं–
माया ममिता मोह लपटानो, दिन दिन उरझत जाई।

वे स्पष्ट रूप से कहते हैं–'का तू सोवै जागि दिवाना।' 'ऐसी भगति होइ न भाई' पद में वे माया और बाह्याचारों–कर्मकाण्डों से ध्यान हटाकर रामनाम की लगन लगाने को कहते हैं। ये पूरा पद भक्ति की उनकी मान्यता को स्पष्ट करता है। कुछ पंक्तियाँ देखें–

राम नाम बिनु जे कछु करिए, सो सब भरम कहाई।
भगति न रस–दान, भगति न कथै ज्ञान, भगति न वन मैं गुहा खुदाई।
भगति न इन्द्री बाँधे, भगति न जोग साधै।
भगति न आहार घटाई, ऐ सब करम कहाई।

'ऐसो कछु अनुभौ कहत न आवै' पद में वे कहते हैं–

सब में हरि है हरि में सब है, हरि अपनो जिन जाना।
सखि नहीं अउर कोई दूसर, जाननहार सयाना।

वेदान्त दर्शन की दृष्टि से देखें तो रैदास की भक्ति विशिष्टाद्वैतवाद के ज़्यादा करीब पड़ती है। लेकिन अपने सामाजिक दर्शन में रैदास भारतीय अतीत की विद्रोही परम्पराओं से जुड़ते हैं। जो प्रचलित वर्णव्यवस्था और ब्राह्मण की सर्वोच्चता पर आधारित वर्चस्ववादी व्यवस्था से सीधे टकराती हैं। रैदास राम का नाम लेते हुए भी रामराज्य की परिकल्पना नहीं करते। वे जानते हैं कि रामराज्य की परिकल्पना वर्णव्यवस्था के स्वीकार और महिमामंडन की शर्त साथ लेकर आती है। इसलिए रैदास एक काल्पनिक राज्य बेगमपुरा की परिकल्पना प्रस्तुत करते हैं। रैदास की बेगमपुरा की परिकल्पना अत्यन्त महत्त्वपूर्ण है, जिस पर सबसे महत्त्वपूर्ण ढंग से गेल ओमवेट ने विचार किया है। बेगमपुरा यानी ऐसा नगर, जहाँ कोई गम नहीं है। कोई दुख नहीं है। 'दुखु अंदोहु नही तिहि ठाउ'। कोई किसी को सताता नहीं है। जहाँ सत्ता मनमाना टैक्स नहीं वसूलती। जहाँ किसी पर दाना–पाना का संकट नहीं आता। जहाँ हे भाई, सबकी सदा ही खैरियत ही खैरियत है। ऐसा वतन है बेगमपुर।

बेगमपुरा सहर को नाउ दुखु अंदोहु नहीं तिहि ठाउ।
नां तसवीस खिराजु न मालुखउफु न खता न तरसु जवालु।
अब माहि ख़ूब वतन गह पाई ऊहां खैरि सदा मेरे भाई।
काइमु दाईमु सदा पातिसाही दोम न सेम एक सोआही।
आबादानु सदा मसहूर ऊहां गनी बसहि मामूर।
तिउ तिउ सैल करहि जिउ भावे महरम महल न को अटकावे।
कहि रविदास खलास चमाराजो हम सहरी सु मीतु हमारा।

सन्त रैदास के जीवनचरित के साथ कई जनश्रुतियाँ या किंवदंतियाँ जुड़ी हैं, जिन्हें उनके चरित लेखकों ने जगह दी है। अधिकतर किंवदन्तियाँ सभी जीवनचरितों में, मसलन अनन्तदास की परिचई, नागरीदास का पद प्रसंग, नाभादास की भक्तमाल आदि में लगभग एक जैसी मिलती हैं, इसलिए ये नहीं कहा जा सकता कि ये किंवदन्तियाँ इन लेखकों ने स्वयं रची होंगी।

ज़्यादातर यही अनुमान लगाया जा सकता है कि लोकसमाज में अपनी–अपनी मान्यता के अनुसार ये किंवदन्तियाँ गढ़ी गयी होंगी, जिन्हें इन चरितलेखकों ने दर्ज कर लिया होगा। इनमें से कुछ किंवदन्तियाँ ऐसी मान्यताओं को प्रस्तुत करती हैं, जिनका स्वयं रैदास ने अपनी कविताओं में विरोध किया है। मसलन रैदास का पूर्वजन्म में ब्राह्मण होना। शुकदेव सिंह ने लिखा है कि 'रैदास के जीवन की एक–एक घटना और उनसे जुड़े एक–एक पद के सम्बन्ध में साधु और चरितकार समाज में एक ही प्रकार की जनश्रुतियाँ प्रचलित थीं। उनके चमत्कार के सम्बन्ध में जो जनविश्वास बन गये थे, वे उनके जीवनकाल में ही बनने लगे थे। इसका अनुमान इसी से लगाया जा सकता है कि रविदासजी की मृत्यु संवत 1597 में हुई और उनकी मृत्यु के 48 वर्ष बाद संवत् 1645 में जब अनन्तदास वैष्णव ने उनकी परचयी लिखी, तब तक रैदास परम सिद्ध, सन्त, चमत्कारी, अनेक धर्म सम्प्रदायों के धर्मपुरुष, श्रेष्ठ कवि और महात्मा स्थापित हो चुके थे।"[9] जनश्रुतियों में रैदास का पूर्वजन्म में ब्राह्मण होना कब और कैसे स्थापित हुआ, कोई नहीं जानता। लेकिन हम ये स्पष्ट रूप से जानते हैं कि रैदास अपनी कविताओं में कहते हैं कि जिसने चारों वेदों का खण्डन किया, विप्र उसकी दण्डवत करते हैं। ऐसे रैदास के मुँह से जनश्रुतियों में कहलवाया गया है कि वे पूर्वजन्म में ब्राह्मण थे और मांसभक्षण के कारण उन्हें चमारजन्म मिला। ऐसी मान्यताओं का दलित चिन्तकों की ओर से उचित ही कठोरता से खण्डन किया गया है।

हर महान सन्त के साथ चमत्कारों की कथाएँ भी जुड़ जाती हैं। रैदास के जीवन से भी कई चमत्कार–कथाएँ किंवदन्तियों के रूप में जुड़ी हैं, जिनका वर्णन चरित लेखकों ने किया है। उन चमत्कार–कथाओं से ये तो ज़रूर सिद्ध हो जाता है कि रैदास अपने समय में अत्यन्त प्रसिद्ध हो चुके थे और भक्ति का उनका मार्ग अनेक लोगों के लिए आदर्श बन गया था।

सन्दर्भ

1. पुरुषोत्तम अग्रवाल, अकथ कहानी प्रेम की, राजकमल प्रकाशन., नयी दिल्ली, 2010, पृ. 143
2. वही, पृ. 143
3. वही, पृ. 141

4. हजारी प्रसाद द्विवेदी, मध्यकालीन धर्मसाधना, साहित्य भवन, इलाहाबाद, 1952, पृ. 87
5. वही, पृ. 86
6. शुकदेव सिंह, रैदास बानी, राधाकृष्ण प्रकाशन, नयी दिल्ली, 2003 पृ. 253
7. वही, पृ. 273
8. वही, पृ. 253
9. वही, पृ. 248

तुलसीदास का रामकाव्य

भक्त शिरोमणि गोस्वामी तुलसीदास का समस्त साहित्य रामभक्ति के रस से आप्लावित है। उनकी प्रामाणिक रचनाओं की संख्या बारह मानी गयी है–रामचरितमानस, रामलला नहछू, वैराग्य संदीपनी, बरवै रामायण, पार्वती मंगल, जानकी मंगल, रामाज्ञा प्रश्न, दोहावली, गीतावली, कृष्ण गीतावली, कवितावली और विनयपत्रिका। रामचरितमानस तो श्रीरामचन्द्र की भक्ति का सागर है ही, अन्य काव्य भी, विशेष रूप से गीतावली, कवितावली और विनयपत्रिका का इस दृष्टि से अत्यधिक महत्त्व है। अपने आराध्य के प्रति अनन्य भक्ति के अलावा उनसे सम्बन्धित तुलसीदास जी का जितना भी चिन्तन और दृष्टिकोण सम्भव था, इन काव्य रचनाओं में उन सबका समावेश मिलता है। एक कृति रचते समय जो बात उसके विषयानुशासन में नहीं अँट पा रही थी, उसे उन्होंने दूसरी कृति के लिए लिखकर रख लिया। एक प्रकार के छन्दों में रचना करते समय कुछ भाव दूसरे प्रकार के छन्दों या गीतों में प्रकट होना चाह रहे थे, तो उन्होंने उन्हें लिखकर रख लिया, जिन्हें दूसरी रचनाओं में संकलित कर लिया गया। इस तरह मुख्य विषय तो रामकथा और राम के प्रति भक्ति ही है, लेकिन उसके अनेक आयाम इन रचनाओं में दिखाई देते हैं। सृजनात्मक स्तर पर विविधता दिखाई देती है। भले ही उन्होंने कहा हो–'कवित विवेक एक नहिं मोरे', लेकिन भक्तिकाल में वे अपनी रचनात्मकता को लेकर सबसे सजग और प्रयोगशील कवि के रूप में दिखाई देते हैं। न तो वे कोई काव्यरूप अछूता छोड़ते हैं, और न ही भाषा की दृष्टि से अपने को सीमित रखते हैं। अवधी और ब्रजभाषा दोनों में ही उनकी महत्त्वपूर्ण रचनाएँ हैं, जो दोनों ही भाषाओं पर उनका अधिकार दर्शाती हैं।

रामचरितमानस उनकी सबसे महत्त्वपूर्ण, गौरवमयी और लोकप्रिय रचना है। लेकिन क्या उनके समस्त रामकाव्य में रामकथा का स्वरूप एक समान रहा है,

या रामकथा से जुड़े कुछ प्रसंगों को उन्होंने अपनी किसी रचना में जोड़ा है और किसी में छोड़ा है? उनके द्वारा रचित समस्त रामकाव्य को समझने के लिए उनके समस्त रामकाव्य के विषयों और विषयों के निरूपण को एक साथ देखना ज़रूरी हो जाता है। तभी हम रामभक्ति धारा में गोस्वामी तुलसीदास जी के योगदान का सम्पूर्णता में मूल्याँकन कर पायेंगे। गोस्वामीजी ने अपना रामकाव्य प्रबन्धकाव्य के अलावा मुक्तक के रूप में भी लिखा है। ज़ाहिर है दोनों के प्रवाह की गति भी भिन्न होगी। रस की दृष्टि से भी विभिन्नता मिलेगी। इस विश्लेषण में महाकवि तुलसीदास की रामभक्ति और काव्यत्व के विविध पक्षों को समेटने पर हमारा विशेष बल रहेगा।

रामचरितमानस

सबसे पहले हम तुलसीदास की सबसे महान रचना रामचरितमानस की बात करते हैं, जो न सिर्फ़ भारत, बल्कि पूरे विश्व के सबसे महान काव्यों में से एक है। इसका महाकाव्यत्व सिर्फ़ इसके काव्य–स्वरूप के कारण नहीं, बल्कि इसकी विषयवस्तु के कारण भी है। हिन्दी में रामचरितमानस से सौ साल पहले विष्णुदास ने रामायणकथा नामक प्रबन्ध काव्य लिखा था, लेकिन उसमें भक्ति की वह दृष्टि नहीं मिलती, जो गोस्वामी तुलसीदास की रचना में सर्वत्र व्याप्त है। हिन्दी साहित्य में रामभक्ति की यह दृष्टि गोस्वामी तुलसीदास की ही देन है। भक्ति की दृष्टि से उनसे पहले अग्रदास रामभक्ति का काव्य लिखते हैं, लेकिन उसमें रसिक भाव मुखर है, जिसे गोस्वामी तुलसीदास और उनके अनन्य प्रशंसक आधुनिक आलोचक आचार्य रामचन्द्र शुक्ल दोनों सख़्त नापसन्द करते हैं।

तुलसीदास रामचरितमानस की रचना पूरी तैयारी के साथ करते हैं। भक्ति, विचारधारा, काव्यत्व, हर दृष्टि से। इसे उनके पूरे रचनाकाल को देखते हुए युवाकाल की रचना माना गया है, रामचरितमानस की रचना पूर्ण होने के समय उनकी उम्र 43 वर्ष की थी, जिसे मध्याह्न काल भी कहा जा सकता है। यह चढ़ता हुआ सूरज अपने प्रखर तेज के साथ इस महाकाव्य में उपस्थित है। तुलसीदास भक्ति और काव्य के क्षेत्र में पूरी शिक्षा–दीक्षा के साथ, शास्त्र और दर्शन में पूरी तरह से पारंगत होकर आते हैं। क़रीब पाँच वर्ष की उम्र से ही उन्हें बाबा नरहरिदास ने पाला–पोसा और शिक्षा दी। तो भक्ति की एक दिशा उन्होंने अपने बालपन में ही प्राप्त कर ली थी।

इस सम्बन्ध में शुक्लजी लिखते हैं, "बाबा नरहरिदास ने उसे (बालक तुलसीदास को) अपने पास रख लिया और शिक्षा–दीक्षा दी। इन्हीं गुरु से गोस्वामीजी रामकथा सुना करते थे। इन्हीं अपने गुरु बाबा नरहरिदास के साथ गोस्वामीजी काशी में आकर पचगंगा घाट पर स्वामी रामानन्द के स्थान पर रहने लगे। वहाँ पर एक परमविद्वान शेष सनातनजी रहते थे जिन्होंने तुलसीदासजी को वेद, वेदांग, दर्शन, इतिहास–पुराण आदि में प्रवीण कर दिया।"[1] यह अध्ययन पन्द्रह वर्षों तक चला। "पन्द्रह वर्ष तक अध्ययन करके गोस्वामीजी फिर अपनी जन्मभूमि राजापुर लौटे।"[2] यह अध्ययन और प्रशिक्षण रामचरितमानस में पूरी तरह से प्रकट हुआ है। गोस्वामीजी की प्रतिभा का पूर्ण विकास भी इसमें दिखता है। उन्होंने रामचरितमानस का आधार मुख्य रूप से चौदहवीं–पन्द्रहवीं सदी में रचित संस्कृत महाकाव्य अध्यात्म रामायण को बनाया है और अधिकतर ढाँचा भी उसी का रखा है। मौलिक उद्भावनाएँ बहुत ज़्यादा नहीं की हैं। लेकिन भक्ति और काव्यत्व की अपनी निजी विशेषताओं का परिचय उन्होंने पूरे महाकाव्य में दिया है। रामचरितमानस के कुछ अन्य स्रोतों की चर्चा हम बाद में करेंगे, जिसका संकेत स्वयं तुलसीदासजी ने भी दिया है।

आचार्य रामचन्द्र शुक्ल ने रामचरितमानस की चार प्रमुख विशेषताओं का उल्लेख अपने इतिहास में किया है–1. कथा काव्य के सब अवयवों का उचित समीकरण, 2. कथा के मार्मिक स्थलों की पहचान, 3. प्रसंगानुकूल भाषा और 4. श्रृंगार रस का शिष्ट मर्यादा के भीतर बहुत ही व्यंजक वर्णन। मिश्रबन्धुओं ने हिन्दी नवरत्न में तुलसीदास पर लिखते हुए उनके काव्यत्व की 21 प्रकार की विशेषताओं का वर्णन किया है, जिनमें से प्रायः सभी विशेषताएँ रामचरितमानस में देखने को मिल जाती हैं। शुक्लजी ने हिन्दी साहित्य का इतिहास में तुलसी की काव्य–दृष्टि के सम्बन्ध में लिखा है, "साफ़ झलकता है कि तुलसी अपने तक ही दृष्टि रखने वाले भक्त न थे, संसार को भी दृष्टि फैलाकर देखने वाले भक्त थे। जिस व्यक्त जगत के बीच उन्हें भगवान के राम रूप की कला का दर्शन कराना था, पहले चारों ओर दृष्टि दौड़ाकर उसके अनेक रूपत्मक स्वरूप को उन्होंने सामने रखा है, फिर उसके भले–बुरे पक्षों की विषमता देख–दिखाकर अपने मन का यह कहकर समाधान किया है–

सुधा सुरा सम साधु असाधू, जनक एक जग जलधि अगाधू।[3]

रामचरितमानस में तुलसीदास सर्वत्र भगवान की लीला से जुड़ी कथा का वर्णन करते हैं, लेकिन साथ ही भक्ति के उपदेशों के माध्यम से, ईश्वर और जीव सम्बन्धी दर्शन की अभिव्यक्ति के माध्यम से वे पूरी तरह से एक भक्त के रूप में प्रकट होते हैं। ऐसा भक्त जो भक्ति के लिए विकल होकर प्राचीन कथा के भीतर भी कुछ पलों के लिए एक पात्र बनकर प्रवेश कर जाता है–

तेहि अवसर एक तापस आवा, तेजपुंज लघुबयस सुहावा।
कवि अलशित–गति वेश बिरागी, मन क्रम वचन राम अनुरागी।

यह तापस कोई और नहीं है, तुलसी स्वयं हैं, जो राम का दर्शन कर उनकी कृपा पाने हेतु एक पात्र के रूप में राम के समक्ष पहुँच जाते हैं।

रामचरितमानस की कथा से सभी अवगत हैं। हम यहाँ रामचरितमानस के स्रोत ग्रन्थों, कुछ कथा प्रसंगों के चुनाव–त्याग की दृष्टि और भक्ति के स्वरूप पर संक्षेप में विचार व्यक्त करेंगे। रामचरितमानस के आरम्भ में देवों की वन्दना से जुड़े श्लोक संस्कृत में दिये गये हैं। वन्दना के बाद छठे और अन्तिम श्लोक में तुलसी ने लिखा है–

नानापुराण निगमागम सम्मतं यद्,
रामायणे निगदतं क्वचिदन्यतोऽपि।
स्वांतः सुखाय तुलसी रघुनाथगाथा,
भाषा निबन्धमतिमंजुलमातनोति।।

इस श्लोक से पता चलता है कि तुलसीदास का उद्‌देश्य राम की कथा को इस रूप में प्रस्तुत करना था कि जो सुनने में अच्छी लगे और सबको समझ में आ जाये। साथ ही 'स्वान्तः सुखाय' कहकर उन्होंने यह जताया है कि इस कथा का उद्‌देश्य अपनी ही अन्तरात्मा को प्रसन्न करना है। हालाँकि एक दूसरी जगह वे कहते हैं–'सुरसरि सम सब कहँ हित होई', यानी सबका हित या लोकमंगल भी उनका उद्‌देश्य रहा है। इस श्लोक के पहले हिस्से को देखें तो उसमें ग्रन्थ–रचना के लिए अपनाये गये स्रोतों का उल्लेख और संकेत किया गया है। इसके अनुसार यह ग्रन्थ नाना पुराणों, आगम और निगम के अनुसार लिखा गया है।

साथ ही इसमें 'रामायण' का उल्लेख भी है और कहा गया है–'क्वचिदन्यतोऽपि' अर्थात् अन्य प्रमाणों के अनुसार।

'रामायण' के अनुसार होने का तात्पर्य डॉ. माताप्रसाद गुप्त ने वाल्मीकि रामायण न मानकर अध्यात्म रामायण के अनुसार होना माना है, क्योंकि रामचरितमानस पर अध्यात्म रामायण का स्पष्ट प्रभाव दिखाई देता है। इतालवी विद्वान एल. पी. टेरीसॅरी के तुलसी पर लिखे एक लेख (1912 ई. में प्रकाशित) की चर्चा करते हुए माताप्रसाद गुप्त ने लिखा है–"लेखक का परिश्रम व्यर्थ नहीं गया क्योंकि इस लेख से एक बात कम से कम अवश्य स्पष्ट हो गयी कि वाल्मीकि का 'रामायण' कथा के ढाँचे के लिए हमारे कवि ने अपने सामने नहीं रखा था।"[4] आगे उन्होंने लिखा है–"लेखक ने यद्यपि इस बात का उल्लेख किया है कि हमारे कवि के ऊपर अन्य ग्रन्थों के साथ 'अध्यात्म रामायण' का भी प्रभाव पड़ा है और उससे भी उसने काम की बातें ली हैं, पर ऐसा जान पड़ता है कि कभी उसने तुलनात्मक दृष्टि से 'मानस' और 'अध्यात्म रामायण' का अध्ययन नहीं किया था। यदि वस्तुतः उसने ऐसा किया होता तो उसे ज्ञात होता कि वाल्मीकि के रामायण की अपेक्षा 'अध्यात्म रामायण' हमारे कवि की रचना के अधिक निकट है।"[5]

सी. बांदविल ने अपने एक महत्त्वपूर्ण लेख (नागरी प्रचारिणी सभा से प्रकाशित तुलसी ग्रन्थावली, भाग–3 में संकलित) में लिखा है–"यह स्पष्ट है कि रामचरितमानस की कथा मोटे तौर पर वाल्मीकि की कथा से मिलती है। इसके अतिरिक्त लोक में तुलसीदास वाल्मीकि के अवतार माने जाते हैं। अतएव एक अत्यन्त सीमित अर्थ में कहा जा सकता है कि वाल्मीकि रामायण रामचरितमानस का उस अंश में प्रमुख स्रोत है, जिस अंश में हिन्दी रामायण वाल्मीकि की परम्परा पर निर्भर है। यह सभी मध्यकालीन रामायणों के लिए और विशेषतः अध्यात्म रामायण के लिए भी सत्य है। पर इस प्रश्न की खोज शेष रहती है कि क्या तुलसीदास ने सीधे वाल्मीकि रामायण से सामग्री ली?"[6] बांदविल ने लिखा है कि रामचरितमानस में वाल्मीकि रामायण के समान जो अंश मिलते हैं, "वही अंश अध्यात्म रामायण में भी उपलब्ध हैं और यह बिलकुल सम्भव है कि तुलसी ने सीधे वहीं से उसका ग्रहण किया हो।"[7]

वाल्मीकि रामायण से मिलते–जुलते अंशों के अलावा बहुत–सी सामग्री रामचरितमानस में ऐसी है, जिनका सीधा सम्बन्ध अध्यात्म रामायण से है,

और यह सामग्री कहीं और नहीं मिलती। उदाहरण के लिए रामचरितमानस में जो शिव–पार्वती संवाद है, जिसमें शिव राम की कथा पार्वती को सुनाते हैं, विशेष रूप से बालकाण्ड में, वह अध्यात्म रामायण से ग्रहण किया गया है। कथा के अनेक अंश और विभिन्न घटना–प्रसंगों के बीच–बीच में भक्ति का उपदेश देने की युक्ति भी अध्यात्म रामायण में वैसी ही है जैसी मानस में। जटायु प्रसंग, शबरी प्रसंग आदि अनेकानेक प्रसंगों में भक्ति का उपदेश देने की पद्धति दोनों में एक समान है। इन लिए हुए अंशों का तुलसी ने निश्चित रूप से अपने मानस में अत्यन्त रचनात्मक रूप में उपयोग किया है, जो तुलसी की अपनी काव्य–प्रतिभा का सुफल है। हालाँकि अध्यात्म रामायण से देखा जाये तो रामचरितमानस में कई अन्तर भी हैं, जो तुलसी की अपनी काव्य दृष्टि और भक्ति के आदर्श के अनुसार स्पष्ट दिखाई देते हैं। उदाहरण के लिए अध्यात्म रामायण में स्वर्णमृग रूपी मारीच के वध के प्रसंग में मारीच जब छलपूर्वक 'हा लक्ष्मण' चिल्लाता है और सीता चिन्तित होकर लक्ष्मण को जाकर देखने को कहती हैं और लक्ष्मण मारीच–वध के प्रति आश्वस्त होने के कारण जाने को तत्पर नहीं होते, तो सीता उनके चरित्र पर लांछन लगाती हैं और लक्ष्मण बुरी तरह मर्माहत होते हैं। (वाल्मीकि रामायण में भी ऐसा ही वर्णन है।) तुलसी ने इस अप्रिय प्रसंग को बिल्कुल बदल दिया है।

चित्रकूट प्रसंग को मानस का एक अत्यन्त महत्त्वपूर्ण प्रसंग माना गया है, जहाँ भरत–राम मिलन, पिता दशरथ की मृत्यु का समाचार सुनकर राम का गहरा शोक मनाना आदि के कारण भावाकुल वातावरण है, तो वशिष्ठ, जनक आदि ज्ञानियों द्वारा अध्यात्म और भक्ति सम्बन्धी चर्चाओं के कारण एक दार्शनिक वातावरण का भी निर्माण होता है। अध्यात्म रामायण से इस प्रसंग में रामचरितमानस का अन्तर स्पष्ट दिखाई देता है। अध्यात्म रामायण में दार्शनिक चर्चाएँ बहुत संक्षेप में हैं, जबकि मानस में इसे बहुत विस्तार दिया गया है। मानस में मिथिलापति जनक को भी अपनी पत्नी और अन्य लोगों के साथ चित्रकूट में दिखाया गया है। अध्यात्म रामायण में जनक चित्रकूट नहीं आते।

रामचरितमानस में इन्द्र और अन्य देवता सरस्वती से भरत की बुद्धि फेरने का उपाय करने को कहते हैं, ताकि राम पूर्वनियोजत लीला को सम्पन्न कर सकें। अध्यात्म रामायण में ऐसा कोई उल्लेख नहीं है।

अध्यात्म रामायण में इसी चित्रकूट प्रसंग में कैकेयी को राम से क्षमायाचना करते दिखाया गया है, जबकि मानस में ऐसा वर्णन नहीं है।

अध्यात्म रामायण में सीता निर्वासन का हृदयविदारक प्रसंग वर्णित है, जो मानस में नहीं आया है। यज्ञ के अवसर पर वाल्मीकि के साथ सीता और लव–कुश का प्रवेश और इससे सम्बन्धित समस्त प्रसंग अध्यात्म रामायण में है, लेकिन मानस में नहीं है। मानस में रामराज्य के वर्णन के अन्तर्गत 'दुइ सुत' लव–कुश का उल्लेख मात्र आया है, जिनका यश तुलसीदास के अनुसार वेद–पुराण भी गाते हैं। *(दुइ सुत सुन्दर सीता जाये, लव कुस बेद पुराननि गाये।)* इसमें उनका जन्म वन में होने का कोई संकेत नहीं है। यहीं यह भी सूचना दे दी गयी है कि चारों भाइयों को दो–दो पुत्र हुए हैं। *(दुइ दुइ सुत सब भ्रातन्ह केरे, भए रूप गुन सील घनेरे।)*

और भी कुछ अन्तर देखे जा सकते हैं। कबन्ध प्रसंग का उल्लेख करके अध्यात्म रामायण से समानता–असमानता की चर्चा हम समाप्त करेंगे। अध्यात्म रामायण में इन्द्र के यहाँ कुशल गन्धर्व और गायक कबन्ध को श्राप मिलने और विचित्र शरीर प्राप्त हो जाने का प्रसंग वैसा ही है, जैसा मानस में है। लेकिन अध्यात्म रामायण में श्राप देने वाले ऋषि अष्टावक्र हैं, जबकि मानस में ऋषि दुर्वासा कबन्ध को श्राप देते हैं। इसके अलावा इस प्रसंग में तुलसी ने पहले यह बताया है कि राम के हाथों मृत्यु होने के कारण कबन्ध को मोक्ष मिलता है और इसी प्रसंग में राम कबन्ध को उपदेश भी देते हैं। लेकिन इस उपदेश में राम के मुख से वर्णव्यवस्था का समर्थन करने वाली जो उक्ति कहलवाई गयी है, वह अध्यात्म रामायण में नहीं है और इसे पूरी तरह से तुलसी की अपनी वर्णाश्रमधर्म–समर्थक सामाजिक दृष्टि का परिणाम कहा जा सकता है। तुलसी की अपनी आध्यात्मिक और सामाजिक दृष्टि रामचरितमानस में सर्वत्र देखी जा सकती है।

अध्यात्म रामायण के अलावा मानस के टीकाकारों ने कुछ अन्य स्रोतों का भी उल्लेख किया है, जिनसे तुलसीदास ने या तो सामग्री ग्रहण की है या फिर प्रेरणा ली है। इस सन्दर्भ में भुशुंडि रामायण तथा तीन संस्कृत नाटकों प्रसन्नराघव (रचनाकार–जयदेव), महावीर चरित (रचनाकार–भवभूति) और हनुमन्नाटक (रचनाकार–अज्ञात) के नाम प्रमुखता से लिए जाते हैं, जिनका मानसकार ने प्रभाव ग्रहण किया है। भवभूति रचित 'महावीर चरित' में ही मेघनाद की 'शक्ति' लगने पर लक्ष्मण के मूच्छित होने का वर्णन है।

वाल्मीकि रामायण और अध्यात्म रामायण में रावण की 'शक्ति' से लक्ष्मण का मूच्छित होना बतलाया गया है। इनके अलावा पद्मपुराण और आनन्द रामायण जैसे ग्रन्थों से भी मानस के कुछ प्रसंग पूरी तरह से मिलते हैं। भुशुंडि रामायण में ही कागभुशुंडि की कथा है, जो मानस में रामकथा कहने वाले एक पात्र के रूप में आये हैं। यहाँ फिर से कहना ज़रूरी है कि तुलसीदास ने अपनी पूर्वपरम्परा की इन संस्कृत रचनाओं का अत्यन्त सृजनात्मक उपयोग किया है और उन प्रसंगों को अपनी मौलिक प्रतिभा और भक्ति–दृष्टि के अनुसार नया रूप दिया है।

रामचरितमानस कवि द्वारा मार्मिक स्थलों की पहचान के लिए प्रसिद्ध है। वनगमन के प्रसंग में ग्रामीण स्त्रियों द्वारा राम का परिचय पूछे जाने पर सीता का लज्जा करके इशारे से उन्हें अपना पति सूचित करना और ऐसे अनेक प्रसंग तुलसी के मनोभावों के मर्मस्पर्शी अंकन की क्षमता को दर्शाते हैं, जहाँ प्रभु केवल प्रभु नहीं रह जाते, मानवीय भावों के वाहक बन जाते हैं। अयोध्या काण्ड में आये केवट प्रसंग को याद करें। जब गंगा पार करने के बाद राम केवट को कुछ देना चाहते हैं। लेकिन संकोच में पड़े हैं कि केवट को देने के लिए उनके पास कुछ नहीं है। वे राम, जो राजपरिवार में पले–बढ़े, जिनका राज्याभिषेक होने वाला था, वही राम ख़ाली हाथ संकोच में खड़े हैं। सीता उनके मन के भाव पढ़ लेती हैं। वे अपनी मणिजटित अँगूठी उतारकर राम को दे देती हैं, जिससे वे अपना धर्म निभा सकें।

तुलसी ने इस प्रसंग में राम और सीता दोनों के मानवीय भावों के आदर्श को अत्यन्त मनोवैज्ञानिक ढंग से दिखाया है। यही नहीं, केवट भी जब अँगूठी लेने से मना कर देता है और कहता है कि जब आप लोग इसी मार्ग से लौटेंगे, तब आप जो देंगे, मैं स्वीकार कर लूँगा, तो यह प्रभु राम की भक्ति पाने की चतुराई मात्र नहीं रह जाती, जिसका वर्णन तुलसी पहले करते हैं। यह एक मन को छूने वाला प्रसंग बन जाता है, जो साहित्यिक पाठकों के मन से कभी नहीं उतर पाता।

तुलसीदास ने लिखा है–

रामचरित जे सुनत अघाहीं, रस बिसेस जाना तिन नाहीं।

अर्थात् रामचरित से जिसका चित्त ऊबने लगे, समझिए उसने इसका आस्वादन किया ही नहीं। उसने इसमें निहित रस का आनन्द लिया ही नहीं।

तुलसी स्वयं रामभक्ति के रस का छककर पान करते हैं। इसका प्रमाण है कि वे रामचरितमानस जैसा महाकाव्य लिखने के बाद भी रामचरित से जुड़ी काव्य रचनाओं का ढेर लगा देते हैं। इनमें से अधिकतर रचनाएँ भक्ति ही नहीं, काव्यत्व की दृष्टि से भी श्रेष्ठ हैं। हम यहाँ बारी–बारी से ऐसी कुछ रचनाओं की विशेषताओं की चर्चा संक्षेप में करेंगे।

गीतावली

गीतावली तुलसीदास के गीतों या पदों का संग्रह है, जिसे रामगीतावली के नाम से भी जाना जाता है। ब्रजभाषा में रचित गीतावली में तुलसी ने रामचरित को कुछ कृष्णभक्त कवियों की तर्ज़ पर प्रस्तुत किया है। तुलसीदास की ये विशेषता रही है कि उन्होंने ब्रजभाषा काव्य में अत्यन्त प्रचलित जिन छन्दों या काव्यरूपों को अपनाया है, उनके लिए भाषा भी ब्रजभाषा ही अपनाई है। गीतावली, कवितावली, विनयपत्रिका, श्रीकृष्ण गीतावली को प्रमाण के तौर पर देखा जा सकता है। गीतावली में उन्होंने उस पद–शैली को अपनाया है, जिसे सूरदास अपनी लेखनी से माधुर्य के शिखर पर पहुँचा चुके थे। लेकिन उसमें रामचरित लिखा जाना बाक़ी था, जो तुलसीदास के हाथों सम्पन्न हुआ। गीतावली में रामकथा सात काण्डों में विभाजित करके प्रस्तुत की गयी है, जिससे इसके एक प्रबन्ध काव्य होने का आभास होता है। लेकिन इसके सभी काण्डों में वह सन्तुलन और प्रवाह नहीं है, जो प्रबन्ध काव्य में होता है। इसलिए रामचरित के वर्णन पर आधारित होने के बावजूद इसे मुक्तक काव्य ही माना जाता है। उदयभानु सिंह ने इसे 'गीतबद्ध मुक्तक काव्य' ही कहा है।[8] इसके दो प्रमुख कारण उन्होंने बताये हैं। एक, कि "इसमें रामकथा के चुने हुए प्रसंगों का पूर्वापर सम्बन्धरहित चित्रांकन किया गया है। अनेक बातों की पुनरावृत्ति भी हुई है।" दो, कि "प्रायः प्रत्येक गीत अपने में पूर्ण और अभीष्ट भाव–व्यंजना में समर्थ है।"[9]

गीतावली की कई विशेषताएँ हैं, जो रामचरितमानस से इसे अलग करती हैं। इसमें रामकथा की परिधि को बढ़ाया गया है। इसमें सीता निर्वासन और लव–कुश के प्रसंग को तुलसी ने शामिल किया है, जो रामचरितमानस में उन्होंने छोड़ दिया था। इन प्रसंगों को तुलसी ने केवल गीतावली में ही जगह दी है। हालाँकि इन प्रसंगों का अत्यन्त संक्षेप में ही वर्णन किया गया है। फिर भी तुलसी के अन्य ग्रन्थों को देखते हुए इसका महत्त्व माना जा सकता है। "रामाज्ञा प्रश्न में सीता–त्याग, लव–कुश जन्म,

उनके द्वारा राम की सभा में रामायण–गान और सीता के अवनि (धरती) प्रवेश का भी उल्लेख है। किन्तु उनका वर्णन नहीं है। कवितावली में सीता–परित्याग का संकेत मात्र है। अन्य कृतियों में कवि ने रामराज्य का वर्णन करने के बाद कैकेयी को भुला दिया है। गीतावली के अन्त में उस उपेक्षिता का भी स्मरण किया गया है।"[10] इसके अलावा इसमें कृष्णभक्ति परम्परा के समान शृंगार और विलास का वर्णन भी है, जिसकी शुक्लजी ने आलोचना की है और इसे सूरदास का अनुकरण माना है।[11] कुछ आलोचकों ने इसे तुलसी की माधुर्य भाव की भक्ति को भी अपनी कविता में जगह देने की तुलसी की दबी हुई इच्छा भी माना है।

जैसा कि हम पहले कह चुके हैं कि तुलसीदास न केवल एक समर्पित रामभक्त थे, वे अत्यन्त सजग कवि भी थे। यही कारण है कि उन्होंने सृजनात्मकता के सभी आयामों को उदारता से अपनाया है।

गीत को कोमल भावों के अधिक उपयुक्त माना गया है। तुलसीदास ने भी गीतावली में इस नियम का निर्वाह किया है। गीतावली में युद्ध आदि के प्रसंगों, जैसे राम–रावण युद्ध, लंका दहन, लक्ष्मण–परशुराम विवाद आदि महत्त्वपूर्ण प्रसंगों को छोड़ दिया गया है। दूसरी तरफ़ बाल लीला, माता कौशल्या के राम से वियोग, अयोध्या में भरत–हनुमान मिलन जैसे भावप्रवण प्रसंगों का विस्तार से वर्णन किया गया है। बाललीला–वर्णन में माँ की भावना का यह उद्‌गार देखिए–

छगन मगन अँगना खेलिहौ मिलि ठुमुक ठुमुक कब धैहौ।
कलबल वचन तोतरे मुजुल कहि 'माँ' मोहिं बुलैहो।।[12]

कई पदों में केवल पालना और झूला झुलाने का वर्णन किया गया है, जो अत्यन्त ही सरस है। इनमें मातृत्व और पितृत्व की भावना भी पूरे सामर्थ्य के साथ व्यक्त हुई है। इनमें राम, भरत, लक्ष्मण और शत्रुघ्न की बालसुलभ चेष्टाओं का अत्यन्त सजीव वर्णन किया गया है। घुटनों के बल चलते राम तथा अन्य तीनों शिशुओं का वात्सल्यपूर्ण चित्रण मन मोहने वाला है। इन चित्रों में बिम्बात्मकता और भाषा का माधुर्यगुण मुखर है। शब्द लगता है, जैसे सुनाई दे रहे हों–

बसी मानहु चरण कमलिनी अरुनता तजि तरनि।
रुचिर नूपुर किंकिनी मन हरति रुनझुनु करनि।।[13]

अथवा

छोटि छोटि गोड़ियाँ अंगुरियाँ छबीली छोटीं,
नख जोति मोति मानो कमल दलनि पर।
ललित आंगनि खेलैं ठुमुकु ठुमुकु चलैं,
झुंझुनु झुंझुनु पांय पैंजनि मृदु मुखर।।[14]

गीतावली में राम के विरह में सम्पूर्ण अयोध्या के दुख में डूबे होने जैसे भावों का वर्णन किया गया है। पशु–पशियों तक को व्याकुल दिखाया गया है। 'शुक, सारिका संवाद में इसका मर्मस्पर्शी चित्रण है।[15] 'जननी निरखति बान धनुहियाँ', माई री मोहि कोऊ न समझावे' आदि पद में माता कौशल्या के वनवासी पुत्र राम के वियोग में व्याकुल, दीन दशा को देखा जा सकता है। माता कौशल्या एक पद में एक पथिक द्वारा राम को सन्देश भेजती हैं जिसमें राम के घोड़ों की वियोग–दशा का वर्णन है।

राम, लक्ष्मण, सीता के चौदह बरस के वनवास से लौटने के बाद 'रामराज' का यह वर्णन देखिए–

मुदित चौदह भवन सब सुख सुखी सब सब काल।
मिटे कलुश कलेस कुलशन कपट कुपथ कुचाल।
गये दारिद दोश दारुन दम्भ दुरित दुकाल।
कामधुक महि कामतरु तरु, उपल मनिगन लाल।
नारि नर तेहि समय सुकृति भरे भाग सुभाल।
बरन–आश्रम–धरमरत, मन बचन बेश मराल।
राम सिय सेवक सनेहि साधु सुमुख रसाल।
राम–राज–समाज बरनत सिद्ध सुर दिगपाल।[16]

गीतावली के उत्तरकाण्ड में कुछ हद तक शृंगारिक वर्णन किया गया है। इसके अन्तर्गत हिंडोला–झूलन, वसन्त विहार आदि का विस्तृत वर्णन किया गया है, जो तुलसीदास की विख्यात दास्य भाव की भक्ति से भिन्न चरित्र का है। इन वर्णनों में माधुर्य भाव की भक्ति अत्यन्त स्पष्ट है। रूप–सौन्दर्य के वर्णन में रीतिकालीन वर्णन–शैली की झलक भी दिखाई पड़ती है।

कवितावली

कवितावली तुलसीदास की अत्यन्त महत्त्वपूर्ण रचना है, जिसे कई विद्वानों ने उनकी सर्वाधिक प्रौढ़ रचना माना है। यह भी ब्रजभाषा में रचा गया है। इसमें सवैया, घनाक्षरी और छप्पय जैसे छन्दों में रामकथा तथा साथ ही अपनी निजी जीवन–व्यथा–कथा तथा कलियुग की विकरालता का वर्णन करना कवि का उद्‌देश्य रहा है। इसे पहले कवित्त रामायण भी कहा जाता था। लेकिन रामायण के कथात्मक ढाँचे से अनेक भिन्नता होने के कारण इसका कवितावली नाम ही व्यापक तौर पर स्वीकार किया जाता है।

कवितावली में सात काण्ड हैं और उनके नाम रामचरितमानस के सात काण्डों के समान ही हैं–बालकाण्ड, अयोध्याकाण्ड, अरण्यकाण्ड, किष्किंधाकाण्ड, सुन्दरकाण्ड, लंकाकाण्ड और उत्तरकाण्ड। लेकिन पूरा ग्रन्थ पढ़कर यह सहज ही अनुमान हो जाता है कि गोस्वामीजी ने इसकी रचना सुनियोजित रूप से नहीं की है बल्कि यह समय–समय पर स्फुट रूप में लिखे छन्दों का संग्रह है, जिसे एक व्यवस्था देकर 'कवितावली' के रूप में संकलित किया गया है। इस संकलन के बारे में निश्चित रूप से ज्ञात नहीं है कि इसका संकलन तुलसीदासजी ने स्वयं किया था या बाद में इसे ग्रन्थ का आकार दिया गया। इस ग्रन्थ की विषयवस्तु में तीन चीज़ें महत्त्वपूर्ण हैं। एक तो रामभक्ति के रस में हमेशा डूबे रहने वाले तुलसी का प्रिय विषय यानी रामायण की कथा। दूसरा कलिकाल के रूप में अपने युग की कुछ समस्याओं का वर्णन और तीसरा अपने जीवन का वृत्तान्त, जिसमें निजी जीवन के दुख–दर्द और पीड़ा का वर्णन आत्मचरित की दृष्टि से भी और तुलसी के जीवन के बारे में अन्तःसक्ष्य प्रस्तुत करने की दृष्टि से भी अत्यन्त महत्त्वपूर्ण है। आत्मचरित का जितना वर्णन तुलसी जैसे महाकवि ने कवितावली में किया है, ऐसा वर्णन भक्तिकाल में बहुत कम किया गया है और इतने विस्तार से तो किसी भी अन्य कवि ने नहीं किया है।

कवितावली के सात काण्डों के बारे में यह कहा जा चुका है कि यह रचना की पूर्वयोजना का परिणाम नहीं हैं बल्कि स्फुट छन्दों को विभिन्न काण्डों के अन्तर्गत विषयानुसार संकलित किया गया है। इसका प्रमाण है सभी काण्डों में छन्दों की संख्या का अत्यधिक विषम अनुपात। कवितावली में कुल 445 छन्द हैं। इन पदों में बालकाण्ड के अन्तर्गत 22 छन्द,

अयोध्याकाण्ड के अन्तर्गत 28 छन्द, अरण्यकाण्ड और किष्किंधाकाण्ड के अन्तर्गत 1–1 छन्द, सुन्दरकाण्ड के अन्तर्गत 32 छन्द, लंकाकाण्ड के अन्तर्गत 58 छन्द और उत्तरकाण्ड के अन्तर्गत 183 छन्द हैं। इसमें कोई मंगलाचरण भी नहीं है, जो सभी प्रबन्धकाव्यों में होता है। इसमें रामकथा के अनेक प्रसिद्ध और अनिवार्य प्रसंग नहीं आये हैं। अयोध्याकाण्ड का उदाहरण लें। कवितावली के अयोध्याकाण्ड में सीधे राम के वन–प्रस्थान का वर्णन है। उसके पहले राम के राज्याभिषेक की तैयारी, मन्थरा–कैकेयी संवाद, कैकेयी का राजा दशरथ से तीन वचन माँगना, राजा दशरथ का राम को अपनी विवशता और वनवास सम्बन्धी कठोर निर्णय की जानकारी देना आदि कथा के अनिवार्य प्रसंगों का कोई वर्णन नहीं है। अरण्यकाण्ड में शूर्पणखा प्रसंग, रावण द्वारा सीताहरण जैसी रामकथा से जुड़ी अनिवार्य घटनाएँ ग़ायब हैं। इससे यही सिद्ध होता है कि यह रचना पूर्वनियोजित नहीं है, बल्कि रामकथा से सम्बन्धित कवित्त छन्द में लिखी रचनाओं को बाद में एक रचना के रूप में संकलित किया गया है।

तुलसीदास की जो एक रचना 'हनुमानबाहु' के नाम से प्रसिद्ध है, वह 'कवितावली' के उत्तरकाण्ड के बाद का हिस्सा है, जिसकी स्वतन्त्र रूप से भी चर्चा की जाती है। इसका रामचरित से कोई सम्बन्ध नहीं है। यह कवि के आत्मचरित के रूप में आया है। इसे कवितावली में परिशिष्ट के रूप में देखा जा सकता है। इस तरह एक ही ग्रन्थ में अलग–अलग विषयों के छन्दों को सम्मिलित करने का एक ही आधार है और वह है इन सबों में अपनाये गये एक प्रकार के छन्द। कवित्त और सवैया अलग–अलग छन्दों के नाम हैं, जिनके अनेक उपभेद भी हैं। लेकिन विद्वानों के अनुसार घनाक्षरी, छप्पय और सवैया को सम्मिलित रूप से कवित्त भी कहा जाता है। और इसी आधार पर इन छन्दों में लिखी गयी तुलसी की प्राय समस्त रचनाओं के संग्रह को 'कवितावली' कहा जाता है। तुलसी से पहले यह शैली वीरगाथा के चारण कहे जाने वाले कवियों ने अपनाई थी। तुलसी के अपने समय में गंग आदि कवि इस शैली में रचनाएँ कर रहे थे। वीरगाथा के कवियों ने छप्पय छन्द को बहुलता से अपनाया था, वहीं गंग आदि कवि कवित्त और सवैया का प्रयोग बहुलता से कर रहे थे। कवितावली में प्रसंगानुसार इन सभी छन्दों का प्रयोग किया गया है। विभिन्न रसों के अनुरूप छन्दयोजना बदल गयी है।

कवितावली में काव्यभाषा के गुण श्रेष्ठ रूप में दिखाई पड़ते हैं। इसकी भाषा के बारे में पं. सुधाकर पाण्डेय ने लिखा है–"कवितावली की भाषा अत्यन्त परिमार्जित और भाव के अनुरूप अपने को सर्वत्र अभिव्यक्त करती है और कहीं–कहीं तो भाषा इतनी सशक्त हो गयी है कि भावों को भी ऊँचा उठा देती है और इतनी चित्रमयता कहीं–कहीं दिखाई देती है कि केवल मूर्ति ही खड़ी नहीं होती, उसकी अन्तरात्मा का भी उद्घाटन हो जाता है। इसकी भाषा पूर्वी ब्रजभाषा है। मुहावरे और लोकोक्तियाँ इसके कथ्य को स्थान–स्थान पर प्रामाणिकता प्रदान करती हैं। बनारसी कहावतें भी इसमें हैं। अरबी–फ़ारसी के शब्द भी हैं। भाषा का प्रयोग भाव की अभिव्यक्ति के लिए हुआ है। भाषा भाव के ताल पर कवितावली में थिरकती मिलती है।"[17]

कुछ उदाहरणों के माध्यम से हम कवितावली में भाव और भाषा के सौन्दर्य की विशेषताएँ देख सकते हैं। बालकाण्ड से यह उदाहरण देखिए–

तन की दुति स्याम सरोरुह, लोचन कंजकि मंजुलताई हरैं।
अति सुन्दर सोहत धूरि भरे, छवि भूरि अनंगकी दूरि धरैं।।
दमकैं दतियाँ दुति दामिनि ज्यौं, किलिकैं कल बाल विनोद करें।
अवधेस के बालक चारि सदा, तुलसी मन मन्दिर में विहरैं।।[18]

बालकाण्ड से ही एक अन्य उदाहरण देखिए, इसमें बालहठ और बालसुलभ चेष्टाएँ किस तरह वर्णित हैं–

कबहूँ ससि माँगत आरि करैं, कबहूँ प्रतिबिम्ब निहारि डरैं।
कबहूँ करताल बजाइ कै नाचत, मातु सबै मन मोद भरैं।।
कबहूँ रिसिआइ कहैं हठि कै, पुनि लेत सोई जेई लागि अरैं।
अवधेस के बालक चारि सदा, तुलसी मन मन्दिर में विहरैं।।[19]

बच्चे कभी चन्द्रमा माँगने का हठ करते हैं। कभी अपनी ही परछाईं देखकर डर जाते हैं। कभी ताली बजाकर नाचने लगते हैं। कभी किसी चीज़ को माँगने की हठ करते हैं और गुस्से में मुँह फुला लेते हैं। यह सब देखकर माँएँ आनन्दित होती हैं। इन्हीं वर्णनों को देखकर कहा गया है कि सूरदास के बाद वात्सल्य–वर्णन में तुलसी ने ही सबसे ज़्यादा ऊँचाई को छुआ है। राम के बालरूप का वर्णन तुलसी ने और विस्तार से किया है और एक जगह तो ऐसी अत्युक्ति भी की है कि जो मनुष्य ऐसे बालरूप पर

न रीझें, ऐसे मनुष्य का जप, योग, समाधि करना व्यर्थ है। ऐसे मनुष्य गधे, सूअर और कुत्ते के समान हैं–

तुलसी अस बालक सो नहिं नेह, कहा जप जोग समाधि किये।
नर ते खर सूकर स्वान समान, कहै जग में फल कौन जिए।।[20]

कवितावली में सीता–राम के विवाह से सम्बन्धित दृश्यों का अत्यन्त सुन्दरता से वर्णन किया गया है। ऐसे ही एक प्रसंग का वर्णन इस प्रकार है कि सीता अपने कंगन के नग में राम के रूप को निहार रही हैं। ऐसा करते हुए उन्होंने अपना हाथ निरन्तर एक ही अवस्था में टेके रखा है और पलकें तक झपकाना भूल गयी हैं।

दूलह श्री रघुनाथ बने, दुलही सिय सुन्दर मन्दिर माहिं।
गावति गीत सबै मिलि सुन्दरी, वेद जुआ जुरि विप्र पढ़ाहीं।।
राम को रूप निहारति जानकी, कंकन के नग की परछाहीं।
यातें सबै सुधि भूलि गई, कर टेकि रही पल टारति नाहीं।।[21]

कवितावली में सुन्दरकाण्ड और लंकाकाण्ड में आये वर्णन अपनी चित्रात्मकता और ओजपूर्ण भाषा के लिए विशेष रूप से प्रसिद्ध हैं।

कवितावली में सर्वत्र तुलसी की रामभक्ति के अनुपम उदाहरण देखे जा सकते हैं। विशेष रूप से उत्तरकाण्ड में कवि ने अपने आराध्य राम के प्रति दास्य भाव की भक्ति विस्तार से व्यक्त की है। और इस तरह की भक्ति के वर्णन काव्यत्व की दृष्टि से भी अत्यन्त आकर्षक बन पड़े हैं। एक उदाहरण देखिए–

सियराम सरूप अगाध अनूप बिलोचन–मीनन को जलु है।
श्रुति रामकथा, मुख राम को नाम, हिये पुनि रामहि को थलु है।।
मति रामहिं सों, गति रामहिं सों, रति नाम सों, रामहि को बलु है।
सब की न कहै, तुलसी के मते इतनो जग जीवन को फलु है।।[22]

इस छन्द में अपने प्रभु के प्रति कवि का प्रेम सहज ही महसूस किया जा सकता है। रीतिकाल में अत्यन्त लोकप्रिय हुई शैली में तुलसी की रामभक्ति की यह अभिव्यक्ति देखिए–

ईसन के ईस, महाराजन के महाराज,
देवन के देव, देव! प्राणहूँ के प्रान हौ।

कालहू के काल, महाभूतन के महाभूत,
कर्महू के करम, निदान के निदान हौ।
निगम को अगम, सुगम तुलसीहू से को,
एते मान सीलसिंधु करुनानिधान हौ।[23]

तुलसी के राम विश्व के रचयिता, पालक, और संहारक हैं, सर्वशक्तिमान और सभी शक्तियों के मूल स्रोत हैं, करुणानिधान, पापनाशक, संकटमाचक और सेवकसुखदायक हैं।[24] कवितावली में तुलसी की रामभक्ति की चर्चा करते हुए उदयभानु सिंह ने लिखा है, "कवितावली में प्रपत्ति की छः विधाओं (अनुकूलता का संकल्प, प्रतिकूलता का त्याग, भगवान के रक्षकत्व में विश्वास, रक्षक रूप में उनका वरण, आत्मनिक्षेप, कार्पण्य) और विनय की सात भूमिकाओं (दीनता, मानमर्षण, भयदर्शन, भर्त्सना, आश्वासन, मनोराज्य, विचारणा) की भी सुविचारित योजना की गयी है। इस प्रकार कवितावली में तुलसी के भक्तिदर्शन का सांकेतिक निदर्शन मिलता है।"[25]

कवितावली के उत्तरकाण्ड में तुलसी ने जगह–जगह अपने को अयोग्य कहकर भर्त्सना की है और कहा है कि केवल राम की कृपा के कारण ही उन्हें सब रामभक्त के रूप में जानते है। राम के उद्धारकर्ता होने पर तुलसी ने अखण्ड विश्वास व्यक्त किया है। इसके लिए उन्होंने पुराणों तथा रामकथा के अनेक पात्रों के उदाहरण दिये हैं। लेकिन इस क्रम में उन्होंने सुग्रीव, विभीषण, शबरी जैसे पात्रों के चरित्र का अवमूल्यन भी कर दिया है, जिसे उचित नहीं कहा जा सकता क्योंकि रामकथा में राम को इन पात्रों का आवश्यक सहयोग भी प्राप्त हुआ है।

कवितावली में कलिकाल के बहाने लोगों की दुर्दशा का तुलसी ने जो वर्णन किया है, वह पूरे मध्यकालीन साहित्य में अतुलनीय माना जाता है। बहुत हद तक इसमें तुलसी अपने आदर्शवाद को छोड़कर पूरी तरह एक यथार्थवादी कवि के रूप में प्रतीत होने लगते हैं, जो कहता है कि समुद्र की आग से भी बड़ी आग पेट की आग है–

आगि बड़वागि तें बड़ी है आगि पेट की।

कलिकाल के वर्णन में उन्होंने अपने समाज और अपनी सामाजिक दृष्टि का भी परिचय दिया है।

विनयपत्रिका

विनयपत्रिका अपने आराध्य प्रभु राम के दरबार में कवि द्वारा भेजी गयी अरजी की शैली में रची गयी है। इसमें तुलसीदास के विनय भाव के 279 पद संकलित हैं। इसके आरम्भिक कुछ पदों में विभिन्न देवी–देवताओं से भी राम की कृपा के लिए प्रार्थना की गयी है। कुछ विद्वानों का मानना है कि विनयपत्रिका के आधे से ज़्यादा पदों की रचना पहले कर ली गयी थी और बाद में अरजी की शैली के पद जब लिखे गये तो पहले लिखे गये पदों का भी उसी में समावेश कर लिया गया। उदयभानुसिंह ने लिखा है–''उसका एक पूर्वरूप था 'रामगीतावली', जिसमें 176 गीत थे। उन गीतों के संकलनकाल तक कवि के मन में अरजी वाली कल्पना नहीं आयी थी। पुनः सम्पादन करते समय उसने 'विनयपत्रिका' की योजना की, 'रामगीतावली' के पाँच गीत अनुपयुक्त होने के कारण गीतावली में समाविष्ट किये गये। शेष गीतों के क्रम में भी परिवर्तन किया गया और 108 नये गीत जोड़े गये। इस प्रकार 279 गीतों का नया संग्रह तैयार हुआ।''[26]

विनयपत्रिका को तुलसीदास की अन्तिम रचना माना जाता है और इसके काव्यत्व, भक्तिरसमयता तथा दार्शनिक प्रौढ़ता की सभी विद्वानों ने दिल खोलकर प्रशंसा की है। इसमें भक्ति का माध्यम रामकथा को नहीं बनाया गया है, बल्कि सीधे आत्मनिवेदन किया गया है। राम के शील, शक्ति, सौन्दर्य के वर्णन के बजाय इसमें कवि की अपनी भक्ति भावना अपेक्षाकृत ज़्यादा मुखर है। हालाँकि राम का गुण–वर्णन करते समय कुछ पदों में रामकथा के प्रसंगों और पात्रों के नामों का उल्लेख आया है।

विनयपत्रिका में राम के भक्त वत्सल, शरणागत रक्षक, पापनाशक, उद्धारक आदि रूपों पर कवि की दृष्टि केन्द्रित रही है। और ऐसे ही राम से आत्मनिवेदन के माध्यम से, अपनी दशा का वर्णन करके करुणा, भक्ति और कृपा की प्रार्थना की गयी है। इसके अनेक पद अपनी भावनात्मकता, रसमयता, और संगीतात्मकता के लिए अत्यन्त प्रसिद्ध हैं। 'श्रीरामचन्द्र कृपालु भजु मन हरन भवमय दारुनं', 'केसव कहि न जाइ का कहिये', 'मैं तोहिं अब जान्यो संसार', 'ऐसी हरि करत दास पर प्रीति', 'कबहूँ मन विश्राम न मान्यो', 'काहे को फिरत मूढ़ मन धायो', 'जाके प्रिय न राम वैदेही', 'ऐसो को उदार जग माहीं', 'जानत प्रीति रीति रघुराई', 'बिनु सतसंग भगति नहिं होइ' आदि सुप्रसिद्ध पद इसके प्रमाण हैं।

विनयपत्रिका में 'नवधा भक्ति' के अन्तर्गत वर्णित भक्ति के विभिन्न साधनों को अपनाया गया है। इसमें सख्यभाव की भक्ति भी कुछ पदों में दिखाई देती है, जो दास्य भाव की भक्ति करने वाले तुलसी का एक विशिष्ट पहलू है, जो केवल विनयपत्रिका में ही मिलता है। ऐसे पदों में उन्होंने अपने आराध्य राम को प्रेमपूर्ण उलाहनाए दी हैं। यही नहीं, इसमें निर्गुण भक्ति से साम्य रखने वाले भी कई पद हैं। अपने आराध्य राम को उन्होंने कई नये विशेषणों से नवाजा है, उनमें से एक विशिष्ट नाम है 'ग़रीबनिवाज'। राम यहाँ 'ग़रीबनिवाज' भी हैं। इसी तरह कई पदों में उन्होंने राम को अपना 'साहिब' कहा है। 'महाराज', 'कोसलराय' आदि नाम भी इसी प्रकार के हैं। विनयपत्रिका के कई पदों में माधव, केसव और हरि नामों का भी प्रयोग हुआ है। किसी–किसी पद में राम और माधव दोनों ही नाम लिए गये हैं। 'सुनहुं राम रघुवीर गुसाईं' पद में एक पंक्ति है–'जहँ सतसंग कथा माधव की सपनेहुँ करत न फेरो'।

तुलसी के राम सगुण–निर्गुण ब्रह्मरूप हैं। रामकृपा से ही मुक्ति मिलेगी, इसका उन्हें पूरा भरोसा है–

ज्ञान भगति साधन अनेक सब सत्य झूठ कछु नाहीं।
तुलसिदास हरिकृपा मिटै भ्रम यह भरोस मन माहीं।।

राम की भक्ति उनके लिए राजमार्ग है–

बहुमत पुनि बहुपथ पुराननि जहाँ तहाँ झगरो सो।
गुरु कह्यो रामभजन नीको मोहिं लगत राजडगरो सो।।

'रामनाम जपु जिय सदा सानुराग रे' पद में वे रामनाम को अपने जीवन का आधार कहते हैं–

रामनाम प्रेम परमारथ को सार रे,
रामनाम तुलसी को जीवन आधार रे।[27]

तुलसी के अनुसार राम ऊसर भूमि को भी उपजाऊ बनाने वाले हैं, इसीलिए तो तुलसी ने स्वयं को सहज रूप से राम का गुलाम मान लिया है–

राम सों बड़ो है कौन? मोसों कौन छोटो?
राम सों खरो है कौन? मोसों कौन खोटो?
लोक कहै राम को गुलाम हौं, कहावौं।

'बिस्वास एक राम नाम को' पद की एक पंक्ति में वे 'रामगुलाम' शब्द का प्रयोग करते हैं–

को जानै को जैहे जमपुर को सुरपुर परधाम को।
तुलसीहिं बहुत भलो लागत जगजीवन रामगुलाम को।।[28]

कवितावली की तरह विनयपत्रिका में भी एक उक्ति मिलती है जिसमें तुलसी राम की भक्ति न करने वालों को बुरा–भला कहते हैं–

जो पै रहनि राम सों नाहीं।
तौ नर खर कूकूर सूकर से जाय जियत जग माहीं।।[29]

तुलसी के अन्य ग्रन्थों यथा दोहावली, बरवै रामायण, रामाज्ञा प्रश्न, रामलला नहछू, जानकी मंगल में भी राम के प्रति तुलसीदास की भक्ति–भावना अलग–अलग शैली और अलग–अलग प्रसंगों की प्रमुखता के साथ व्यक्त हुई है। जानकी मंगल में राम–सीता के विवाह से जुड़े प्रसंगों को प्रमुखता दी गयी है। इसमें विवाह से जुड़े रीति–रिवाज़ों के बारे में तुलसी का ज्ञान भी पता चलता है। कन्यादान, संकल्प, दहेज आदि के साथ–साथ विवाह के समय गाली देने की रस्म का भी तुलसीदास ने उल्लेख किया है।

देहिं गारि बर नारि नाम लै दुहुं दिसि।
जेंवत बढ़ेउ अनन्द, सोहावनि सो निसि।।

विवाह के बाद राम, लखन, भरत और शत्रुघ्न और उनकी नववधुएँ जब राजा जनक के यहाँ से विदा लेकर अयोध्या लौटती हैं, तो वहाँ के ख़ुशी भरे वातावरण का भी उल्लासपूर्वक वर्णन किया गया है। तुलसी ने कहा है कि जैसे चाँद या चाँद की रोशनी से कमल के फूलों का विकास होता है, वैसा ही उनके अयोध्या आगमन पर अयोध्यावासियों का हाल है–

विकसहिं कुमुद जिमि देखि बिधु भइ अवध सुख सोभामई।

जानकी मंगल के एक प्रसंग का उल्लेख करना यहाँ उचित होगा, जो रामचरितमानस से अलग दिखाया गया है। इसमें परशुराम और राम–लक्ष्मण का सामना स्वयंवर के अवसर पर नहीं दिखाया गया है, जैसा कि रामचरितमानस में है। इसमें विवाह से लौटते समय मार्ग में परशुराम मिलते हैं और अपना कोप दिखाते हैं। यह वर्णन अत्यन्त संक्षेप में है।

बरवै रामायण बरवै नामक 38 मात्राओं के छन्द में रचा अत्यन्त छोटा ग्रन्थ है। इसमें कुल 69 छन्द हैं। इसमें रामकथा को सात काण्डों में

बाँटकर प्रस्तुत किया गया है। इसमें रामकथा के कुछेक चुनिन्दा प्रसंगों का ही अत्यन्त संक्षेप में वर्णन किया गया है। कथा–प्रसंगों के भीतर से भावों को उभरने का अवसर इसमें नहीं मिल पाया है। स्पष्ट आभास मिलता है कि इसमें प्रस्तुत छन्दों को स्फुट रूप में लिखा गया होगा और बाद में उन्हें काण्डों के अनुसार वर्गीकृत कर दिया गया होगा। विद्वानों ने अनुमान लगाया है कि यह संकलन स्वयं तुलसी ने नहीं किया होगा, बल्कि उनके बाद किसी शिष्य ने किया होगा। छन्दों के विभाजन से ही पता चल जाता है कि यह कोई पूर्वनियोजित रचना नहीं है। इसके अन्तर्गत बालकाण्ड में 19 छन्द हैं, अयोध्याकाण्ड में 8, अरण्यकाण्ड में 6, किष्किंधाकाण्ड में 2, सुन्दरकाण्ड में 6, लंकाकाण्ड में 1 और उत्तरकाण्ड में 27 छन्द हैं।

कुल मिलाकर कहें तो तुलसी अपनी रचनाओं में सदैव रामरस में डूबे दिखाई देते हैं। राम पर उनका अखण्ड विश्वास ही उनके जीवन और काव्य का आधार बन गया है। रामकाव्य सम्बन्धी उनकी इतनी विशद और उदात्त रचनाएँ मुखर रूप में इसकी गवाही देती हैं।

सन्दर्भ

1. रामचन्द्र शुक्ल, हिन्दी साहित्य का इतिहास, नागरी प्रचारिणी सभा, वाराणसी, सं. 2053, पृ. 127
2. वही, पृ. 127
3. वही, पृ. 143
4. माताप्रसाद गुप्त, तुलसीदास, हिन्दी परिषद् प्रकाशन, इलाहाबाद विश्वविद्यालय, 1957, पृ. 10
5. वही, पृ. 10
6. तुलसी ग्रन्थावली, तृतीय खण्ड, नागरी प्रचारिणी सभा, वाराणसी, सं. 2033, पृ. 154
7. वही, पृ. 154
8. उदयभानु सिंह, तुलसी काव्य मीमांसा, राधाकृष्ण प्रकाशन, 2008, पृ. 438
9. वही, पृ. 438
10. वही, पृ. 439
11. रामचन्द्र शुक्ल, हिन्दी साहित्य का इतिहास, पृ. 74
12. तुलसी ग्रन्थावली, द्वितीय खण्ड, गीतावली, बालकाण्ड, नागरी प्रचारिणी सभा, वाराणसी, पृ. 228
13. वही, पृ. 237

14. वही, पृ. 240
15. वही, अयोध्याकाण्ड, पृ. 297
16. वही, उत्तरकाण्ड, पृ. 337
17. तुलसी ग्रन्थावली, तृतीय खण्ड, पृ. 66–67
18. तुलसी ग्रन्थावली, द्वितीय खण्ड, कवितावली, पृ. 131
19. वही, पृ. 131
20. वही, पृ. 131
21. वही, पृ. 134
22. वही, पृ. 174
23. वही, पृ. 192
24. उदयभानु सिंह, तुलसीकाव्य मीमांसा, पृ. 476
25. वही, पृ. 477
26. वही, पृ. 450
27. तुलसी ग्रन्थावली, द्वितीय खण्ड, विनयपत्रिका, पृ. 414
28. वही, पृ. 448
29. वही, पृ. 455

तुलसी-काव्य की समकालीनता

कोरोना महामारी ने समस्त भारतवासियों को अपना अत्यन्त त्रासकारी रूप दिखाया है। लाखों लोग इस आपदा के ग्रास बन गये। इस विश्वव्यापी आपदा ने जहाँ–जहाँ क़दम रखा, वहाँ तबाही का मंज़र ला दिया। स्वयं भारत में यह महामारी दूसरे देशों से आयी और साथ ही मृत्यु का एक ऐसा अनजाना चेहरा दिखाया, जिसे वैज्ञानिक और तकनीकी प्रगति की आँधी में हम भूल चुके थे। इस महामारी की पहली लहर ने जब अपना कहर बरपाया तो लोग सकते में आ गये और बरबस लोगों का ध्यान अतीत में आयी ऐसी महामारियों और आपदाओं की ओर गया। ऐसे में साहित्यिक रुझान रखनेवालों के लिए तुलसीदास की याद हो जाना स्वाभाविक था। तुलसीदास को याद किया भी गया। संगीत नाटक अकादमी ने तुलसी साहित्य के मर्मज्ञ विश्वनाथ त्रिपाठी से इस विषय पर पूरा व्याख्यान करवाया।

आधुनिक हिन्दी साहित्य में प्लेग, मलेरिया जैसी महामारियों और अकाल जैसी आपदाओं की चर्चा कहानियों, उपन्यासों, कविताओं और रिपोर्ताजों में मिलती हैं। लेकिन मध्यकाल में तुलसीदास महामारी और अकाल पर लिखने वाले अकेले कवि के रूप में दिखाई देते हैं। ऐतिहासिक रूप से देखें तो तुलसीदास के समय तीन बार अकाल पड़े थे और ताऊन नाम की महामारी ने अपना जानलेवा भयंकर रूप दिखलाया था। तुलसीदास जैसे महाकवि के लिए रामभक्ति में लीन होने के बावजूद अपनी युग–सच्चाइयों से आँखें मूँदे रहना सम्भव नहीं था। बल्कि वे अपने प्रभु राम से ही इन आपदाओं से मनुष्य की रक्षा करने की प्रार्थना करते हैं। तुलसीदास एक भक्त कवि थे। उनके लिए यह स्वाभाविक था कि वे अपने आराध्य से समस्त विपदाओं को दूर करने का विश्वास रखते। तुलसी में अपने आराध्य के प्रति अगाध विश्वास था। और जो दूसरी बात इस सन्दर्भ में ध्यान में आती है,

वह यह है कि वे सभी आपदाओं को कलियुग की करालता का परिणाम मानते हैं। वे समस्त आपदाओं और अव्यवस्थाओं को कलियुग का लक्षण और कलियुग की देन मानते हैं। ये उनकी धार्मिक विचारधारा के अनुरूप है, जो विभिन्न पुराणग्रन्थों और धर्मशास्त्रों द्वारा अनुमोदित है।

लेकिन साहित्य का विश्लेषण करने वाले अध्येताओं के लिए यह ज़रूरी होता है कि वे शब्दों के पार जाकर उनमें निहित अर्थों और व्यंजनाओं पर दृष्टि ले जायें। जब हम तुलसीदास के साहित्य को इस दृष्टि से देखते हैं तो हमें उनका युगबोध सहज ही अचरज में डालता है। विशेष रूप से एक भक्त कवि को अपने युग से इतना प्रभावित, इतना आक्रान्त और इतना परेशान देखकर हमें उसका भक्त रूप कई बार भूल जाना पड़ता है और उसका सामाजिक कवि वाला रूप एक़दम सामने दीख पड़ता है।

यह अवश्य है कि तुलसी साहित्य में इसका एक निश्चित सन्दर्भ है और वह सन्दर्भ है ईश्वर की शरणागतता, ईश्वर की भक्तवत्सलता, ईश्वर की संकटमोचनता। लेकिन भक्त कवि क्या याचना करता है, यह भी देखने वाली बात है। तुलसीदास अपने युग की जिन समस्याओं से चिन्ताग्रस्त हैं, जिनके प्रति अपनी खिन्नता, क्रोध और शोक प्रकट करते हैं, वे हैं वर्णाश्रम धर्म में आयी विश्रृंखलता, महामारी, अकाल और ग़रीबी। साथ ही राजनीतिक कुव्यवस्थाओं पर भी जगह–जगह अप्रत्यक्ष और प्रत्यक्ष रूप से अपने विचार प्रकट किये हैं। वे स्मार्त वैष्णव थे और वर्णाश्रम धर्म के समर्थक थे, इसमें कोई सन्देह नहीं। उनकी समस्त रचनाओं में हमें इसके समर्थन में कविताएँ मिलती हैं। यही कारण है कि अनेक आलोचकों ने इसकी आलोचना की है और इसे तुलसीदास के सामाजिक चिन्तन की एक बड़ी सीमा बताया है। जिस समय देश भर में वर्णव्यवस्था में सामाजिक, आर्थिक और राजनीतिक कारणों से तोड़–फोड़ हो रही थी, भारतीय समाज का निम्न वर्ग आत्मविश्वास से सिर उठा रहा था, उस समय तुलसीदास इस परिवर्तन के सामाजिक प्रभावों से क्षुब्ध हो रहे थे। वे वर्णव्यवस्था के टूटने पर अपनी चिन्ता व्यक्त कर रहे थे और इसे कलियुग का लक्षण बता रहे थे। रामचरितमानस के उत्तरकाण्ड में वे चिन्ता व्यक्त करते हैं कि लोग अपने–अपने वर्णों के अनुसार निर्धारित कर्त्तव्य नहीं निभा रहे हैं। निम्न वर्ग के अशिक्षित लोग भी ब्रह्मज्ञान की बातें करने लगे हैं और समाज में उन्हें ब्रह्मज्ञानी कहा जाने लगा है। लोग वर्णव्यवस्था का पालन नहीं कर रहे हैं,

शूद्र ब्राह्मण को उपदेश देने लगे हैं और आँखें दिखाकर कहने लगे हैं कि हम ब्रह्मज्ञान जानते हैं, क्या हम तुमसे कुछ घटकर हैं!

बरन धर्म नहिं आश्रम चारी। श्रुति विरोध रत सब नर नारी।।
सूद्र द्विजन्ह उपदेसहिं ग्याना। मेलि जनेऊ लेहिं कुदाना।।
बादहिं सूद्र द्विजन्हसन हम तुम ते कुछ घाटि।
जानइ ब्रह्म सो विप्रवर आँखि देखावहिं डाँटि।।

स्पष्ट है कि समाज बदल रहा था और समाज और साधना–उपासना के क्षेत्र में भी निम्न वर्ग द्वारा बराबरी के दावे किये जा रहे थे। तुलसीदास अपने युग के इन बदलावों को देख रहे थे और रामचरितमानस जैसे रामकथा आधारित भक्तिपरक ग्रन्थ में इन्हें दर्ज कर रहे थे। मानस में भले ही ये सभी काकभुशुंडि के कथन के रूप में आये हैं, जिन्होंने कलियुग के दोषों के रूप में इनका वर्णन किया है। लेकिन ये स्वयं तुलसीदास के ही निरीक्षण और वर्णन हैं और इन्हें भक्तिग्रन्थ में उनके युग–तथ्य का प्रक्षेपण कहा जा सकता है। कवितावली में भी ऐसे वर्णन मिलते हैं।

बरन धरम गयो आस्रम निवास तज्यो,
त्रासन चकित सो परावनो परो सो है। (कवितावली)
बर्न विभाग न आस्रम धर्म दुनि दुख दोष दरिद्र–दली है।
(कवितावली)

तुलसीदास का आदर्श है वर्णव्यवस्था आधारित समाज। उनके लिए वर्णव्यवस्था धर्माचरण का ही एक अंग है। उस समय नाथपन्थी योगमार्ग और निर्गुणपन्थी ज्ञानमार्ग लोगों को सगुण भक्ति के मार्ग से दूर ले जा रहे थे। ये दोनों ही वर्णव्यवस्था को नहीं मानते थे और उसे तोड़ने का सन्देश दे रहे थे। तुलसीदास सगुण राम के भक्त थे। निर्गुण भक्ति का प्रचार–प्रसार उन्हें क्षुब्ध कर रहा था। योग और निर्गुण भक्तिमार्ग उन्हें कुमार्ग प्रतीत हो रहा था। योग मार्ग का तो विरोध करते हुए उन्होंने कवितावली में कहा है–

गोरख जगायो जोग भगति भगायो लोग।[1]

हिन्दी के विद्वान आलोचकों ने तुलसी की समन्वय–साधना के प्रमाणस्वरूप यह बताया है कि तुलसी ने निर्गुण–सगुण में एकता लाने के

लिए दोनों में अभेद दिखलाया है। यह सच है कि तुलसीदास ने अपने आराध्य राम को निर्गुण–सगुण दोनों बताया है। दोनों में तत्त्वतः उन्होंने कोई भेद नहीं माना है।

अगुन सगुन दुई ब्रह्म सरूप। अकथ अगाध अनादि अनूपा।।[2]
सगुनहि अगुनहि नहि कछु भेदा। गावहिं मुनि पुरान बुध वेदा।।[3]
उनके अनुसार निर्गुण राम ही भक्तों के प्रेमवश सगुण रूप में प्रकट होते हैं।
अगुन अरूप अलख अज जोई। भगत प्रेम वस सगुन सो होई।।[4]

उनकी दृष्टि में राम ही निराकार ब्रह्म हैं और अवतार भी। लेकिन सगुण रूप की ही उन्होंने सर्वत्र प्रतिष्ठा और वन्दना की है और उसी के प्रति अपनी भक्ति प्रदर्शित की है। एक विनयपत्रिका ही उनकी ऐसी रचना है, जिसके कई पदों में निर्गुण राम के प्रति भक्ति का निरूपण किया गया है। सूरदास की इस धारणा के विपरीत कि निर्गुण की उपासना का मार्ग कठिन है और सगुण–भक्ति सुलभ है, तुलसीदास निर्गुण को अत्यन्त सुलभ कहते हैं और सगुण स्वरूप को मायासहित होने के कारण विचित्र और रहस्यात्मक मानते हैं, जिसकी महिमा मुनि लोग भी आसानी से नहीं समझ पाते और चक्कर में पड़ जाते हैं–

निर्गुन रूप सुलभ अति सगुन जान कोइ कोइ।
सुगम अगम नाना चरित सुनि मुनि मन भ्रम होइ।।[5]

लेकिन ईश्वर के निर्गुण स्वरूप को मान्यता देने वाले तुलसीदास ने केवल निर्गुण की उपासना करने वाले समकालीन साधना और भक्ति–मार्गों की मुखर आलोचना की है। निर्गुण–सगुण की तरह उन्होंने ज्ञान और भक्ति का भी अभेद बताया है, जिसे हिन्दी आलोचना में व्यापक रूप से उद्धृत किया जाता है। यथा–

भगतिहिं ग्यानहिं नहिं कछु भेदा।
उभय हरहिं भव सम्भव खेदा।।[6]

रामचरितमानस के उत्तरकाण्ड में यह कथन रामभक्त काकभुशुंडि का है। जब गरुड़ काकभुशुंडि से ज्ञान और भक्ति में क्या अन्तर है, यह जानने की जिज्ञासा प्रकट करते हैं, तब काकभुशुंडि पहले यह कहते हैं कि दोनों में

कुछ भी अन्तर नहीं है। दोनों ही सांसारिक कष्टों को दूर करने में समर्थ हैं। लेकिन आगे कहते हैं कि फिर भी मुनिजनों ने दोनों में कुछ अन्तर बताये हैं, जिसे आप ध्यानपूर्वक सुनें।

नाथ मुनीस कहहिं कछु अन्तर। सावधान सोउ सुनु बिहंगबर।।

काकभुशुंडि के माध्यम से तुलसीदास ये तर्क देते हैं कि ज्ञान, वैराग्य, योग, विज्ञान, ये सभी पुरुष वर्ग के हैं और भक्ति स्त्रीलिंग होने के कारण स्त्री वर्ग की है। ज्ञान, वैराग्य, योग आदि पुरुष होने के कारण माया, जो कि स्त्रीरूप है, उसके वशीभूत हो जाते हैं। जबकि भक्ति स्वयं स्त्री वर्ग की होने के कारण माया के वशीभूत नहीं हो सकती। यह संसार की रीति है कि एक स्त्री दूसरी स्त्री पर मोहित नहीं होती।

मोह न नारि नारि के रूपा। पन्नगारि यह रीति अनूपा।।
माया भगति सुनहु तुम्ह दोऊ। नारि वर्ग जानइ सब कोऊ।।

इस तरह तुलसीदास ज्ञान मार्ग को माया के वशीभूत हो जाने वाला सिद्ध करते हैं और भक्ति से स्पष्ट रूप से उसे अलग करते हैं। यह पूरा तर्क स्पष्ट रूप से तुलसीदास के युग में प्रचारित हो रहे ज्ञान मार्ग के विरोध में प्रस्तुत हुआ है। तुलसीदास अपने युग के दबाव से कभी मुक्त नहीं होते। नाथपन्थी योगमार्ग और निर्गुणपन्थी तथाकथित ज्ञानमार्ग दोनों ही वर्णव्यवस्था के विरोध में था। इनके प्रति तुलसीदास की खिन्नता का एक यह भी कारण है।

आज हम लोकतन्त्र और संविधान के युग में देख रहे हैं कि जिस सामाजिक परिवर्तन से तुलसीदास क्षुब्ध हो रहे थे, वही आज देश की मुख्य व्यवस्था है। वर्णव्यवस्था को आधुनिक लोकतान्त्रिक शासन–व्यवस्था कोई मान्यता नहीं देती। समाज में शक्ति संरचना में कई बदलाव आये हैं और निम्न कही जाने वाली जातियाँ राजनीतिक व्यवस्था के उच्च पदों पर विराजमान हुई हैं।

तो वर्णव्यवस्थावादी चेतना और चिन्तन आज हमारे लिए किसी काम के नहीं हो सकते। लेकिन एक भक्त और कवि के रूप में तुलसीदास ने सामाजिक दुर्दशा के जो अन्य व्यापक चित्र खींचे हैं, महामारी और ग़रीबी की जो चीत्कार उनके काव्य में सुनाई देती है, वो ध्यान देने लायक है।

और उन्होंने राजनीतिक व्यवस्था के जो आदर्श निर्मित किये हैं, वे फिर से याद किये जाने की ज़रूरत है। शासन–व्यवस्था के मुखिया को कैसा होना चाहिए, यह सवाल राजतन्त्र से ज़्यादा लोकतन्त्र के लिए प्रासंगिक है। अयोध्याकाण्ड के चित्रकूट प्रसंग में राम भरत को उपदेश देते हुए कहते हैं–

मुखिआ मुखु सों चाहिअइ खान पान को एक।
पालइ पोशइ सकल अंग तुलसी सहित विवेक।।

राजपद पाकर नीति का त्याग कर देने वाले राजाओं को स्मरण रखते हुए ही यह उपदेश दिया गया है–'नीति न तजिअ राजपद पाएँ।' राजपद अपने साथ दायित्त्वों और कर्त्तव्यों का भार लेकर आता है। कर्म, मन और वचन से समस्त प्रजा का पालन–पोषण और कल्याण करने में ही उसकी सार्थकता है–

कहब संदेसु भरत के आयें। नीति न तजिअ राजपदु पाएँ।।
पालेहु प्रजहिं करम मन बानी। सेएहु मातु सकल सम जानी।।

तुलसी अपने समय की राजनीतिक और सामाजिक दुर्दशा के व्यापक चित्र अपनी कविताओं में देते हैं। इन चित्रों में उनके निजी दुख भी अंकित हैं और जनता के दुखों को भी व्यक्त किया गया है। विशेष रूप से काशी नगरी की विषम परिस्थितियों के यथार्थ चित्र उनके काव्य में सहज उपलब्ध हैं। कवितावली और विनयपत्रिका का इस दृष्टि से विशेष महत्त्व है। "तुलसीदास के जीवन में कई बार भयंकर अकाल पड़े। विशेष करके सं. 1613–14, सं. 1630–31 और सं. 1680 के भीषण दुर्भिक्षों ने देश को तबाह कर दिया। प्राणरक्षा के लिए मनुष्य मनुष्य को खाने लगा। सड़कें और गलियाँ लाशों से पट गयीं।"[7]

तुलसीदास ने अकाल के भयंकर और हृदयविदारक दृश्यों से व्यथित होकर लिखा है–

कलि बारहिं बार दुकाल परै। बिनु अन्न दुखी सब लोग मरै।।[8]
दिन दिन दूनो देखि दारिदु दुकाल दुख
दुरितु दुराजु सुख सुकृत सकोच है।
माँगें पैत पावत पचारि पातकी प्रचंड

काल की करालता भले को होत पोच है।[8]

वर्तमान युग लोकतन्त्र का युग है। इसमें शासन जनता के लिए, जनता द्वारा और जनता का कहा जाता है। सत्ता राजसी ठाठबाट, निरर्थक युद्धों और झूठे सामन्ती अहंकारों से परिचालित नहीं होती, बल्कि जनता का कल्याण ही लोकतान्त्रिक शासन व्यवस्था का अन्तिम लक्ष्य होता है। प्राकृतिक आपदाएँ आज नहीं आतीं, ऐसा नहीं है। बाढ़, तूफ़ान, सूखा, अकाल सब आपदाएँ आती हैं। लेकिन जनता द्वारा चुनी हुई सरकारें राहत और बचाव के लिए तैयार खड़ी रहती हैं। लेकिन यह सर्वविदित तथ्य है कि प्राकृतिक आपदाओं की मार ग़रीबों पर ही ज़्यादा पड़ती है।

ग़रीबी से अकाल जैसी समस्याओं का सम्बन्ध गहरा है। अमर्त्य सेन ने लिखा है कि अकाल का सम्बन्ध क्रय–क्षमता से है। जिनकी क्रय–क्षमता अधिक होती है, अकाल उनके लिए मुसीबत नहीं बनता। वे अपनी क्रय–क्षमता के कारण साधन जुटा लेने में समर्थ होते हैं। क्रय–क्षमताविहीन लोगों के लिए अकाल मुसीबत बनकर आता है। इसलिए ज़रूरी है कि नागरिकों की क्रय–क्षमता में वृद्धि के उपाय किये जायें। तुलसीदास ने ग़रीबी और अकाल का वर्णन प्रायः सभी जगह एक साथ किया है। ग़रीबी उनके लिए कोई धार्मिक–आध्यात्मिक प्रश्न नहीं है, एक वास्तविक समस्या है। उसका सीधा सम्बन्ध भूख से है। पेट की आग से जुड़ी है ग़रीबी। भरे पेटवालों को भले ही ग़रीबी कोई समस्या न लगे, लेकिन तुलसीदास बचपन में ही ग़रीबी और अभाव का जीवन जी चुके थे। ग़रीबी के अनुभवों को उन्हें बाहर से महसूस करने की ज़रूरत नहीं थी। तभी तो वे कह पाते हैं–*'आगि बड़वागि तें बड़ी है आगि पेट की।'* समुद्र की आग से भी बड़ी पेट की आग है।

जिनके पास सम्पन्नता है, वे दूसरी जगहों से अनाज मंगा लेंगे या सपरिवार दूसरी जगह चले जायेगे। लेकिन अन्न के बिना कौन मरता है, इस बात को समझना महाकवि के लिए मुश्किल नहीं था। *'बिनु अन्न दुखी सब लोग मरैं'* जब वे कहते हैं, तो यह उनके बारे में है, जो दरिद्रता के रोग से भी ग्रस्त हैं। दरिद्रता को एक बड़ी समस्या और कलियुग के लक्षण के रूप में उन्होंने देखा है। इस दरिद्रता ने सबको ग्रस्त कर रखा है–

खेती न किसान को भिखारी को न भीख बलि,
बनिक को न बनिज न चाकर को चाकरी।
जीविकाबिहीन लोग सीद्यमान सोच बस,

कहैं एक एकन सों कहाँ जाई का करी?
वेदहू पुरान कहि लोकहू बिलोकियत,
सांकरै सबै पै राम रावरे कृपा करी।
दारिद दसानन दबाइ दुनि दीनबंधु,
दुरित दहन देखि तुलसी हहा करी।[10]

दरिद्रतारूपी रावण ने दुनिया को दबा रखा है, यह कहने का विवेक तुलसीदास को अपने गहरे युगबोध से ही प्राप्त हुआ है। यह केवल पौराणिक परम्परा के पिष्टपेषण से बहुत आगे की चीज़ है। दरिद्रता की इस समझ के कारण ही तुलसी के राम 'दीनबन्धु' और 'ग़रीबनिवाज' जैसे सामाजिक सम्बोधनों से विभूषित किये गये हैं। ऐसे दीन–दुखियों के राम से उन्होंने बार–बार विपदाओं को दूर करने की गुहार लगाई है। यही नहीं, उन्होंने कलिकाल के तमाम कष्टों का वर्णन करते हुए अपने आराध्य से यह भी कहना ज़रूरी समझा है कि *'लागैगी पै लाज वा विराजमान बिरुदहिं, महाराज आज जो न देत दादि दीन की।'*[11] अर्थात्, हे महाराज, अगर आपने सामर्थ्यहीन धन–बलहीन दीन दुखियों की आज सहायता नहीं की, तो आपके यश को लाज लगेगी, उसपे आंच आयेगी। अपने ईश्वर के प्रति ऐसी अभिव्यक्तियाँ भक्त कवि तुलसीदास को आधुनिक चेतना के करीब ले आती हैं, जहाँ कर्त्तव्य और अधिकार एक–दूसरे से अनिवार्य रूप से जुड़े होते हैं। अगर हम कर्त्तव्य करते हैं तो अधिकार की भी माँग करते हैं। ऐसे ही अधिकार से तुलसी जैसे विनयशील कवि को हम अपने प्रभु राम को सम्बोधित करते हुए देखते हैं।

तुलसीदास ने काशी को महामारी से ग्रस्त होते, लोगों को तड़पते और मरते अपनी आँखों से देखा था। स्वाभाविक था कि वे इस महामारी का वर्णन अपनी कविता में करते और अपने आराध्य से एक भक्त कवि होने के नाते इस विपदा से छुटकारा दिलाने की प्रार्थना करते। उन्होंने अपने आराध्य को इन सब सांसारिक झंझटों से दूर रखने की चेष्टा नहीं की है, बल्कि अपने युग–सत्य से वे बुरी तरह विचलित होते हैं और अपने आराध्य से भी अपेक्षा करते हैं कि वे पीड़ित मानवता के दुखों से व्याकुल होकर उनकी रक्षा करें।

संकर सहर सर नर नारी वारिचर
बिकल सकल महामारी माँजा भई है।
उछरत उतरात हहरात मरिजात

भभरि जगत जल थल मीचुमई है।
देव न दयालु महिपालु न कृपालु चित
बारानसी बाढ़ति अनीति नीति नयी है।
पाहि रघुराज पाहि कपिराज रामदूत
राम हू की बिगरी तुहि सुधारि लई है।[12]

उपर्युक्त कवित्त की आरम्भिक पंक्तियों में महामारी से छाई दुर्दशा का वर्णन है, तो बाद की पंक्तियों में राम और हनुमान से मनुष्यों को उबारने की प्रार्थना है। 'संकरसहर' यानी महादेव शिवशंकर की नगरी काशी। महामारी ने काशी में रहने वाले लोगों को अकुलाती, छटपटाती, तड़पती और मरती हुई मछलियों के समान बना दिया है। लोग महामारी की चपेट में आकर अपने प्राण त्यागते जा रहे हैं। जल–थल सब मृत्युमय हो गये हैं। न देवता मदद को आ रहे हैं, न महिपाल यानी राजा के मन में ही दया उत्पन्न हो रही है। दया और कृपादृष्टि के बजाय लोग ऐसे विषम समय में तरह–तरह के अत्याचार और अन्यायों से पीड़ित हो रहे हैं। ऐसी अनीति बनारस में बढ़ती ही जा रही है। इसलिए हे रघुपति राम, रक्षा कीजिए। हे रामदूत हनुमान, आपने तो राम की बिगड़ी भी बना दी थी। आप पीड़ित मनुष्यों की रक्षा कीजिए!

एक जगह वे अपने 'गौरीनाथ, भोलानाथ, भवानीनाथ' से प्रार्थना करते हुए कहते हैं कि इस नगर के लोग तो आपको अपने पुत्रों कार्तिकेय और गणेश के समान प्रिय हैं। फिर भी देखिए, वे व्याकुल और बेहाल हैं। काशी नगरी–रूपी लता को कलियुग–रूपी किरात काट रहा है। आप अपनी तीसरी आँख खोलकर उसे भस्म कर दीजिए।

छमुख गनेस तें महेस के पियारे लोग
बिकलबिलोकियत नगरी बिहाल की।
पुरि सुरबेलि केलि काटत किरात कलि
निठुर निहारिए उघारि डीठि भाल की।

एक भक्त कवि को अपने नगर की व्यथा और दुर्दशा से इतना व्यथित होते देखकर बहुतों को अचरज हो सकता है। लेकिन यही तो कवि का युगबोध और युग–दायित्त्व होता है, जिसे तुलसीदास बखूबी निभाते दिखाई देते हैं। इसे ही विश्वनाथ त्रिपाठी तुलसी का 'विवेक और लोकमंगल की

भावना' कहते हैं। उन्होंने लिखा है, "कलियुग का उल्लेखमात्र कर देने से तुलसी के समाज का मार्मिक चित्र नहीं प्रस्तुत होता, बुराइयों की तालिका प्रस्तुत कर देने से भी बात नहीं बन सकती थी। तुलसी कलियुग के नाम पर अपने समाज का जो वर्णन करते हैं, वह विशिष्ट दृश्यों और घटनाओं से युक्त है, इसीलिए वह पाठक के लिए दृश्य और चित्र बन जाता है।"[13]

तुलसीदास कहते हैं कि ब्रह्मा ने कल्याण और परमार्थ के केन्द्र के रूप में विशेष रुचि लेकर काशी नगरी को बनाया। भगवान विष्णु ने इसे अच्छी तरह बसाया और प्रलयकाल में शिवजी ने अपने त्रिशूल पर रखकर इसकी रक्षा की। ऐसी काशी नगरी को दुष्ट कलिकाल मृत्यु का प्रकोप फैलाकर नष्ट करना चाहता है। राजा परीक्षित ने कलिकाल को जीवित छोड़कर उस दुष्ट पर जो भलाई की, उस भलाई को उसने नष्ट कर दिया है। हे हनुमानजी, रक्षा कीजिए! हे करुणानिधान रामजी, रक्षा कीजिए! कलियुगरूपी कसाई काशीरूपी कामधेनु को मार रहा है।

मंगल की रासि परमारथ की खानि जानी,
बिरचि बनायी बिधि केसव बसाई है।
प्रलय हू काल राखी सूलपानि सूल पर,
मीचु बस नीच सोऊ चहत खसाई है।
छांड़ि छितिपाल जो परीछित भए कृपालु,
भलो कियो खल को निकाई सो बसाई है।
पाहि हनुमान! करुनानिधान राम पाहि।
कासी कामधेनु कलि कुहत कसाई है।[14]

इस तरह हम देखते हैं कि आधुनिक युग की चिन्ताएँ और बिल्कुल आज की चिन्ताएँ भी हमें तुलसीदास के काव्य में उपस्थित दिखाई देती हैं। आज के सुलगते हुए सवाल अगर भक्त कवि की कविता में हमें जगह–जगह झाँकते मिलें, तो निश्चित रूप से हमें भक्तिकाव्य को और सावधानी से पढ़ने की ज़रूरत जान पड़ती है। निश्चित रूप से आज हमें इन समस्याओं के जो समाधान चाहिए, वे समाधान आज से चार सौ साल पहले के कवि के काव्य में हमें नहीं मिलेंगे। आज हम लोकतान्त्रिक व्यवस्था में साँस ले रहे हैं और तुलसीदास का युग धार्मिक चेतना से अनुप्राणित और राजतन्त्र का युग था। इन दोनों के अन्तर का विवेक रखते हुए हम महाकवि तुलसीदास का काव्य पढ़ें, तो निश्चित रूप से हमें आधुनिक चेतना के लिए

अक्षय ज्योति हाथ लगेगी और एक सामयिक स्वर सुनाई देता जान पड़ेगा।

सन्दर्भ

1. तुलसी ग्रन्थावली, द्वितीय खण्ड, कवितावली, नागरी प्रचारिणी सभा, वाराणसी, पृ. 184
2. रामचरितमानस, गीताप्रेस, गोरखपुर, 1:23:1
3. वही, 1:116:1
4. वही, 1:116:1
5. वही, 7:27
6. वही, 7:115:7
7. उदयभानु सिंह, तुलसी काव्य मीमाँसा, राधाकृष्ण प्रकाशन, 2008, पृ. 226
8. रामचरितमानस, 7:101:5
9. कवितावली, 7:81
10. तुलसी ग्रन्थावली, द्वितीय खण्ड, कवितावली, पृ. 185–86
11. वही, पृ. 204
12. वही, पृ. 204
13. विश्वनाथ त्रिपाठी, लोकवादी तुलसीदास, राधाकृष्ण प्रकाशन, नयी दिल्ली, 2007, पृ. 85
14. तुलसी ग्रन्थावली, द्वितीय खण्ड, कवितावली, पृ. 205

सूरदास के भ्रमरगीत की मौलिकता

सूरदास वात्सल्य रस के सम्राट हैं, साथ ही माधुर्य भाव की भक्ति में भी पूरे भक्तिकाव्य में उनका कोई जोड़ नहीं है। ख़ासकर गोपियों और राधा के वियोग वर्णन में उन्होंने जिस मार्मिकता की अनुभूति कराई है, वह पूरे विश्व काव्य में अद्वितीय है। न सिर्फ़ गोपियों और राधा के वियोग का दुख हमें रसमग्न करता है, बल्कि जगह–जगह उनके कथन की वक्रता हमें सूरदास के काव्यत्व के प्रति अभिभूत करने में कोई कसर नहीं छोड़ती। आचार्य रामचन्द्र शुक्ल सहित अनेक विद्वानों ने गोपियों की वचनवक्रता की खुलकर प्रशंसा की है। इस दृष्टि से सूरदास कृत 'सूरसागर' का 'भ्रमरगीत' प्रसंग काव्यप्रेमियों के लिए सदा से ही आश्चर्य और आकर्षण का विषय रहा है। इसमें सूरदास का काव्यत्व सिर चढ़कर बोलता है। 'भ्रमरगीत' पढ़ते हुए हम भूल–से जाते हैं कि यहाँ गोपियाँ नहीं बोल रही हैं, कवि बोल रहा है। और यही सूरदास की सफलता के महान क्षण कहे जा सकते हैं। उनके काव्यत्व की सफलता है कि गोपियों के कथन कहीं भी आरोपित नहीं जान पड़ते। सीधे उनके हृदय से निकले जान पड़ते हैं। सूरदास की इस सफलता का रहस्य जानने के लिए हमें श्रीमद्भागवत से इसकी तुलना करना ज़रूरी जान पड़ता है। भागवत वह पौराणिक ग्रन्थ है, जिसके बारे में कहा जाता है कि वल्लभाचार्य ने सूरदास को उसके आधार पर भक्ति करने की प्रेरणा दी थी। भागवत न सिर्फ़ सूरदास, बल्कि प्रायः सभी कृष्णभक्त कवियों का प्रेरणास्रोत है। भ्रमरगीत, जिसकी सूरदास के बाद भी हिन्दी काव्य में एक लम्बी परम्परा दिखाई देती है, उसका भी मूल स्रोत भागवत ही है।

भागवत में माधुर्य भाव की भक्ति का विस्तृत नियोजन किया गया है। इसके दशम स्कन्ध में विस्तार से गोपियों और कृष्ण के शृंगारिक और आध्यात्मिक प्रेम की लीलाओं का वर्णन किया गया है। यह न सिर्फ़ धार्मिक

दृष्टि से, बल्कि साहित्यिक दृष्टि से भी मूल्यवान है। ऐसा लगता है कि भागवत पुराण के रचयिता का भागवत की रचना करते समय, ख़ासकर कृष्ण की लीलाओं का वर्णन करते समय धार्मिक के साथ–साथ एक निश्चित साहित्यिक उद्देश्य भी रहा है। इस कारण भागवत पुराण को धार्मिक ही नहीं, साहित्यिक दृष्टि से भी पढ़ा जा सकता है। साहित्यप्रेमियों को वहाँ कोरे धार्मिक उपदेश की नहीं, बल्कि साहित्यिक आनन्द की प्राप्ति भी होती है। स्वाभाविक था कि वहाँ कृष्ण और गोपियों की रासलीला सहित संयोग की लीलाओं के अलावा वियोग की लीलाओं का वर्णन भी अत्यन्त महत्त्व के साथ वर्णित हुआ। भ्रमरगीत भागवत में वर्णित वियोगलीलाओं के अद्भुत रत्न के रूप में सामने आता है। सूरदास ने इसी भ्रमरगीत प्रसंग को अपनी बेजोड़ काव्य–प्रतिभा से काव्यत्व के शिखर पर पहुँचा दिया, इसमें कोई सन्देह नहीं।

सवाल उठता है कि जब भ्रमरगीत भागवत पुराण में पहले से ही वर्णित हो चुका था, तो सूरदास ऐसा क्या करते हैं कि वह उनकी मौलिक उपलब्धि बन जाती है? मौलिकता का सवाल एक बुनियादी सवाल है, जिससे टकराये बिना कोई कवि, चाहे वह भक्त कवि ही क्यों न हो, साहित्य में युग–युगान्तर तक स्थायी महत्त्व प्राप्त नहीं कर सकता। सूरदास का काव्य अपने रचे जाने के पाँच सौ साल बाद भी हमें आकर्षित करता है, तो इसमें उनकी मौलिकता का योगदान तो है ही। सिर्फ़ परम्परा निभाने वाले कवि तो इतिहास की मोटी धूल की परतों में दबते चले जाते हैं और समय के साथ भुला दिये जाते हैं। सूरदास का काव्य अगर पाँच सौ साल बाद भी नया लगता है तो इसके पीछे उनकी मौलिकता के योगदान को पहचाने बिना नहीं रहा जा सकता।

भ्रमरगीत का सूरदास के लिए क्या महत्त्व है, इसका पता इसी बात से चलता है कि यह सूरसागर का एक बहुत बड़ा हिस्सा घेरता है। सूरसागर के दसवें स्कन्ध में 4078वें पद से लेकर 4710वें पद यानी कुल 633 पदों में इसका वर्णन है। इनमें से अधिकतर काव्यत्व की दृष्टि से उत्कृष्टतम पद हैं।

भागवत के दशम स्कन्ध के 46वें अध्याय में भ्रमरगीत का प्रारम्भ होता है और पूरे 47वें अध्याय में इसका थोड़ा विस्तृत वर्णन है। यह थोड़ा विस्तृत वर्णन भी सूरदास के भ्रमरगीत की तुलना में अत्यन्त संक्षिप्त कहा जा सकता है।

सूरदास ने तो, लगता है भ्रमरगीत को अपने काव्यत्व और भक्तिमार्ग की कसौटी बना लिया है। यही मूल अन्तर है भागवत और सूरसागर के रचयिताओं के बीच। भागवतकार ने इस रोचक और मार्मिक प्रसंग को सहज रूप से कथा का एक मार्मिक प्रसंग रहने दिया है। लेकिन सूरदास इस प्रसंग को अपनी भक्ति और विचारधारा की अभिव्यक्ति के लिए एक चुनौतीपूर्ण अवसर बनाते हैं। इस तरह वे कृष्ण की समस्त लीलाओं के बीच उस प्रसंग की पहचान करते हैं जहाँ वे अपनी भक्ति की श्रेष्ठतम अभिव्यक्ति कर सकते हैं। एक कवि के रूप में अपने विचारों की भी सबसे मुखर अभिव्यक्ति उन्होंने इसी भ्रमरगीत प्रसंग में की है।

सूरदास के भ्रमरगीत में कुछ बीज कारण हैं जो सूरदास की वर्णन शैली को मौलिकता प्रदान करते हैं। ये बीज कारण हम उद्धव और राधा के चरित्र–चित्रण के रूप में देख सकते हैं, निर्गुण–सगुण विवाद के रूप में देख सकते हैं, उद्धव से तकरार करती गोपियों की अद्‌भुत वचनवक्रता के रूप में देख सकते हैं। कुछ और भी कारण हैं, जिनकी हम आगे चर्चा करेंगे।

सबसे पहले हम जानते हैं कि भ्रमरगीत प्रसंग है क्या, और भागवत पुराण में उसकी चर्चा किस प्रकार की गयी है।

भ्रमरगीत प्रसंग में मुख्य बात यह है कि भ्रमर यानी भँवरे के बहाने एक प्रसंग रचा गया है और गोपियों के विरह की दशा का वर्णन किया गया है। भ्रमर को कृष्ण का दूत मानकर गोपियाँ उस पर व्यंग्य करती हैं, साथ ही सन्देश भिजवाने वाले और गोपियों को उनके हाल पर छोड़कर मथुरा में जा बसने वाले कृष्ण पर भी कटाक्ष किया गया है क्योंकि दोनों का चरित्र एक जैसा है। भागवत में विशेष बात यह है कि उसमें भ्रमर से संवाद सिर्फ़ एक गोपी करती है। उस गोपी की नज़र एक भँवरे पर पड़ती है और वह उस पर व्यंग्य करते हुए अपने दिल का हाल सुनाने लगती है। यह सारा वर्णन भागवत के दशम स्कन्ध के 47वें अध्याय में है। इसके पहले 46वें अध्याय में इस प्रसंग की पृष्ठभूमि बनती है। यानी उद्धव को कृष्ण अपने माता–पिता (नन्द और यशोदा, जिन्होंने उनका पालन–पोषण किया।) और गोपियों से मिलने के लिए भेजते हैं।

कृष्ण को पता है कि गोपियाँ उनके वियोग में बेहाल हैं क्योंकि उनकी आत्मा तो सिर्फ़ कृष्ण में ही बसती है। कृष्ण अपने सखा उद्धव का हाथ अपने हाथ में लेकर कहते हैं, 'हे सौम्यस्वभाव उद्धव, तुम ब्रज में जाओ,

वहाँ मेरे पिता–माता नन्द बाबा और यशोदा मैया हैं, उन्हें आनन्दित करो और गोपियाँ मेरे विरह में अत्यन्त दुखी हो रही हैं। उन्हें मेरे सन्देश सुनाकर वेदना से मुक्त करो। गोपियों का मन निरन्तर मुझमें ही लगा रहता है। उनका जीवन, उनका सर्वस्व मैं ही हूँ। मेरे लिए उन्होंने अपने पति–पुत्र आदि सभी सगे सम्बन्धियों को छोड़ दिया है। उन्होंने बुद्धि से भी मुझे ही अपना प्रियतम और अपनी आत्मा मान रखा है। मेरा यह संकल्प है कि जो मेरे लिए लौकिक और पारलौकिक धर्मों को छोड़ देते हैं, उनका भरण–पोषण मैं स्वयं करता हूँ। मैं उन गोपियों का परम प्रियतम हूँ। मेरे उन्हें छोड़कर यहाँ चले आने से वे बार–बार मुझे याद कर मूर्च्छित हो जाती हैं। वे मेरे विरह की व्यथा से व्याकुल हैं और बड़े ही कष्ट में हैं। मैंने उनसे कहा था कि मैं आऊँगा। मैं ही उनकी आत्मा हूँ। वे निरन्तर मुझमें ही तन्मय रहती हैं।'[1] इसके बाद उद्धव उनका आदेश मानकर ब्रज को चल पड़ते हैं।

ब्रज की शाम का बहुत ही सुन्दर और काव्यात्मक वर्णन भागवत में किया गया है। इसी ब्रज की भूमि पर रसखान जैसे कवि रीझते हैं। भागवत में वर्णन हुआ है कि जब उद्धव ब्रज में पहुँचते हैं तो सूर्यास्त का समय है। उस समय जंगल से एक साथ गायों के लौटने से हर तरफ़ धूल उड़ रही है। उस उड़ती हुई धूल से उद्धव का रथ घिर जाता है। अनुकूल समय होने के कारण उनके लिए मतवाले साँड़ आपस में लड़ रहे हैं और गर्जन कर रहे हैं। कुछ दिनों पहले ब्याई गायें अपने भारी थनों के बावजूद अपने बछड़ों के पास दौड़ी जा रही हैं। सफ़ेद रंग के बछड़े इधर–उधर उछल–कूद मचा रहे हैं। ब्रजवासियों के घर सजे हुए हैं। हर तरफ़ दीप जल रहे हैं। पक्षी चहक रहे हैं। पानी में कमल खिले हुए हैं। हंस और बत्तख उनमें तैर रहे हैं आदि।[2]

ऐसे वातावरण में ही उद्धव नन्द के द्वार पर पहुँचते हैं, जहाँ उनका बहुत आदर–सत्कार होता है। हालचाल के आदान–प्रदान करने के बाद नन्द कृष्ण के साथ अपनी तन्मयता का वर्णन करते हैं और यह भी कहते हैं कि उन्हें पता है कि वह देवताओं का कोई बहुत बड़ा प्रयोजन सिद्ध करने के लिए यहाँ आये हैं। नन्द कृष्ण की लीलाओं का वर्णन करते हुए भावुक हो जाते हैं और यह सब सुनते हुए यशोदा की आँखों में भी आँसू भर आते हैं। उद्धव उनसे कृष्ण के ईश्वर होने, उनके अजन्मा होने का वर्णन करते हैं। वे कहते हैं कि जैसे काठ में अग्नि रहती है, उसी तरह कृष्ण सबके हृदय के भीतर निवास करते हैं। वह क्रीडारहित और निर्गुण हैं, तो भी क्रीडा

करके सत्व, रज और तम इन तीन गुणों को धारण करते हैं और उन्हीं गुणों द्वारा सृष्टि की उत्पत्ति, पालन और संहार भी करते हैं। भगवान कृष्ण केवल आपके ही पुत्र नहीं हैं, वे सबके पुत्र, आत्मा, पिता, माता और ईश्वर हैं।[3] ये सब सुनते–सुनाते वे लोग रात बिता देते हैं।

सुबह होने पर गोपियाँ नन्द के द्वार पर उद्धव का सोने का रथ देखती हैं और आपस में बातें करने लगती हैं कि जो अक्रूर हमारे प्यारे कृष्ण को लेकर यहाँ से चला गया था, क्या वही फिर से आया है। अब वह क्या लेकर जायेगा आदि। तभी उद्धव उधर आते हैं और उन पर गोपियों की नज़र पड़ती है। वे आपस में बातें करने लगती हैं। यहाँ से 47वाँ अध्याय आरम्भ होता है। वे आपस में बातें करती हैं कि यह पुरुष देखने में तो बहुत सुन्दर है, लेकिन यह है कौन? कहाँ से आया है? किसका दूत है? उद्धव की वेशभूषा को देखते हुए वे आश्चर्य करती हैं कि इसने श्रीकृष्ण जैसी वेशभूषा क्यों धारण कर रखी है? वे पास आकर उद्धव से पूछती हैं तो पता चलता है कि वे कृष्ण का सन्देशा लेकर आये हैं।

वे विनम्रतापूर्वक उनके पास बैठ जाती हैं और कहती हैं कि हम जानती हैं कि आप यदुनाथ के पार्षद हैं और उन्हीं का सन्देश लेकर पधारे हैं। आपके स्वामी ने माता–पिता को सुख देने के लिए ही आपको यहाँ भेजा है। वरना उनके याद करने के लिए यहाँ है ही क्या। माता–पिता और सगे–सम्बन्धियों का प्रेम–बन्धन तो बड़े–बड़े मुनियों से भी नहीं छूटता। फिर वे जो कहती हैं, उसमें शिकायत और ताने का स्वर मुखर तो नहीं है, लेकिन उसे सहज ही इस रूप में लिया जा सकता है। वे कहती हैं–सगे–सम्बन्धियों के अलावा जो दूसरों के साथ प्रेम–सम्बन्ध का स्वाँग किया जाता है, वह तो किसी न किसी स्वार्थ के लिए होता है। भौंरों का फूलों से और पुरुषों का स्त्रियों से ऐसा ही स्वार्थ का प्रेम–सम्बन्ध होता है। जब वेश्या समझती है कि मेरे पास आने वाले के पास अब धन नहीं है तो वह उसे धता बता देती है। जब प्रजा देखती है कि यह राजा हमारी रक्षा नहीं कर सकता, तब वह उसका साथ छोड़ देती है। अध्ययन समाप्त होने पर कितने शिष्य अपने आचार्यों की सेवा करते हैं? यज्ञ की दक्षिणा मिली नहीं कि पुरोहितगण चलते बनते हैं। जब वृक्ष पर फल नहीं रहते तब पक्षीगण वहाँ से बिना कुछ सोचे–विचारे उड़ जाते हैं। भोजन कर लेने के बाद अतिथिगण ही कहाँ रुकते हैं। वन में आग लगते ही पशु भाग खड़े होते हैं।

चाहे स्त्री के मन में कितना भी अनुराग हो, उपपति उसका भोग कर लेने के बाद पलटकर भी नहीं देखता।[4]

सूरदास के भ्रमरगीत प्रसंग से इस सबकी तुलना करें तो कुछ ऊपरी समानता के बावजूद कई महत्त्वपूर्ण अन्तर दिखाई देते हैं। सूरदास ने अपने भ्रमरगीत प्रसंग में उद्धव को ब्रज भेजने का कारण बताया है। उन्होंने बताया है कि उद्धव ब्रह्मज्ञानी हैं और ज्ञानमार्ग पर अखण्ड विश्वास रखने वाले हैं। भावुकतापूर्ण भक्ति उन्हें छूती तक नहीं। कृष्ण गोपियों के प्रेम से उन्हें परिचित कराकर उनका ज्ञान का घमण्ड तोड़ना चाहते हैं और उन्हें प्रेमपूर्ण भक्तिमार्ग के महत्त्व का अनुभव कराना चाहते हैं। जब कृष्ण गोपियों के साथ अपने प्रेम की लीलाओं को याद करते हुए उनकी वर्तमान दशा का वर्णन करते हैं, उनके प्रति अपनी भावनाओं की अभिव्यक्ति करते हैं, तो उद्धव मन ही मन मुस्कराते हैं कि भगवान परब्रह्म, अजन्मा, निरंजन, अविनाशी होकर भी कैसे साधारण मनुष्य की तरह भावना में बहने का अभिनय कर रहे हैं। कृष्ण इसे ताड़ लेते हैं।

जदुपति लख्यो तेहि मुसकात।
कहत हम मन रही जोई सोइ भई यह बात।।[5]

उद्धव उनके सखा हैं। वे उद्धव के बारे में अच्छी तरह जानते हैं। वे सोचते हैं कि इसे सुन्दर रूप के साथ–साथ प्रेम और भक्तिपूर्ण हृदय भी मिला होता तो कितना अच्छा होता। यह तो ऐसा शुष्क प्राणी है कि इसके आगे प्रेम की बातें करो तो यह ध्यान और योग की महिमा का बखान करना शुरू कर देता है। ज्ञानमार्ग के प्रति इसका ऐसा अखण्ड विश्वास है कि यह भावुकता की प्रतिमूर्ति गोपियों के पास जाकर भी वही योग और ज्ञान की दुकान खोलकर बैठ जायेगा।

अति सुन्दर तन स्याम सरीखो देखत हरि पछिताने।
ऐसे को वैसी बुधि होती ब्रज पठवें तब आने।।
या आगे रस काव्य प्रकासे, जोग वचन प्रगटावे।
सूर ज्ञान दृढ़ याके हिरदय, जुवतिन जोग सिखावे।।[6]

यह जानते हुए ही कृष्ण निश्चय करते हैं कि उद्धव को अवश्य ही ब्रज में भेजना चाहिए। अपना मित्र होने के कारण उद्धव पर उनका पूरा विश्वास तो है ही, साथ ही वे चाहते हैं कि गोपियों के पास जाकर उनके

विचार बदल जाये। इसके लिए वे उद्धव की झूठी बड़ाई भी करने से नहीं चूकते। यह कृष्ण की शरारत है जिसे सीधे–सादे उद्धव नहीं समझ पाते। वे कहते हैं कि मैं तुम्हें सच्चे मन से तुरन्त ब्रजमण्डल भेजना चाहता हूँ। गोपियों के व्याकुल हृदय को सँभालने के लिए तुम्हीं सबसे योग्य पात्र हो। तुम ब्रह्मज्ञानी हो। निश्चय ही तुम विरह की नदी में डूब रही गोपियों को उबारकर सही मार्ग पर ले आओगे।

उद्धव यह मन निश्चय जानो।
मन क्रम बच मैं तुम्हें पठावत ब्रज को तुरन्त पठानो।।
पूरन ब्रह्म सकल अविनासी ताके तुम हौ ज्ञाता।
रेख न रूप जाति कुल नाहीं जाके नहिं पितु माता।।
यह मत दै गोपिन कहँ आवहु बिरह नदी में भासति।
सूर तुरत यह जाय कहो तुम ब्रह्म बिना नहीं आसति।।[7]

इस तरह अलग–अलग पदों में सूरदास यह वर्णन करते हैं कि श्रीकृष्ण उद्धव के ज्ञानमार्ग पर दृढ़ विश्वास को जानते हुए भी तरह–तरह से उन्हें गोपियों से मिलने और उनके हृदय को बदल डालने की प्रेरणा देते हैं। उद्ध व उनकी बातों को सच मान बैठते हैं और सोचते हैं कि भक्ति पर ज्ञान और योग की श्रेष्ठता को आख़िर कृष्ण ने मान ही लिया।

उद्धव मन अभिलाश बढ़ायो।
जदुपति जोग जानि जिय साँचो नयन अकास चढ़ायो।।
नारिन पै मोको पठवत हौ कहत सिखावन जोग।
मन ही मन अब करत प्रसंसा है मिथ्या सुख भोग।।[8]

'नयन अकास चढ़ायो' से स्पष्ट ही उद्धव के गर्व की मुद्रा का पता चलता है। इस तरह उद्धव भक्ति के यथार्थ ज्ञान और महत्त्व से पूरी तरह अपरिचित बताये गये हैं। यह सूरदास की मौलिक दृष्टि कही जा सकती है। वे भक्ति और ज्ञान दोनों मार्गों को बिल्कुल भिन्न ही नहीं, बल्कि विरोधी बताने के लिए उद्धव के चरित्र में नवोन्मेष करते हैं। वरना भागवत में उद्धव को ज्ञानी ही नहीं, कृष्ण का भावुक भक्त भी दिखाया गया है। भागवत में कहीं भी उद्धव को उपहास का पात्र नहीं बनाया गया है। उन्हें कृष्ण के सबसे बड़े भक्तों में एक दर्शाया गया है। भागवत के तृतीय स्कन्ध के प्रथम अध्याय में ही उद्धव

के भक्तिपूर्ण चरित्र से हमें परिचित करा दिया जाता है, जब विदुर उद्धव से मिलने आते हैं। वह श्रीकृष्ण के पृथ्वी पर अन्तिम समय के साक्षी हैं। उनकी अन्तिम लीलाओं को याद करते हुए विदुर के सामने वे रोने लगते हैं। और विदुर जैसे ज्ञानी भी भावुक हो जाते हैं। उद्धव को भागवत में जो आदर और सम्मान दिया गया है, उसका आभास सूरकाव्य में नहीं मिलता।

दूसरी बात, कि भक्ति की दार्शनिक परम्पराओं में ज्ञान को ईश्वर प्राप्ति का साधन माना गया है। उसका भक्ति से वैसा विरोध नहीं दिखाया गया है, जैसा सूरदास दिखाते हैं। भागवत में कई महान भक्तों का वर्णन किया गया है। वे ज्ञानमार्ग के विरोधी नहीं दिखाये गये हैं। न ही योग से उनका वैसा कोई विरोध है, जैसा सूरदास ने दिखाया है। भागवत में स्वयं श्रीकृष्ण को कई अवसरों पर योगेश्वर कहा गया है। महाभारत में भी गीता उपदेश देते समय कृष्ण योगमार्ग से ईश्वर की प्राप्ति को सम्भव बताते हैं। भागवत में महान भक्त प्रह्लाद के मुँह से नवधा भक्ति का वर्णन कराया गया है। वह मात्र गोपियों जैसी भक्ति–पद्धति नहीं है। भागवत के दशम स्कन्ध में अवश्य ही गोपियों के साथ श्रीकृष्ण की प्रेमलीलाओं के माध्यम से माधुर्य भाव की भक्ति की प्रतिष्ठा कराई गयी है, जो परवर्ती सभी कृष्णभक्त कवियों का आदर्श बन गया। लेकिन भगवद्भक्ति के अन्य मार्गों के प्रति भी भागवत में स्वीकार भाव मिलता है।

सवाल उठता है कि सूरदास ऐसा क्यों करते हैं। निश्चय ही यह एक ऐसा सवाल है जिसका जवाब कवि के अपने युग के वातावरण में है। वहीं से सूरदास ज्ञान और योगमार्ग को एक समस्या के रूप में पहचानते हैं और प्रेमपूर्ण भक्ति का विरोधी सिद्ध करते हैं। नाथपन्थी योगियों का प्रभाव उस युग में भी शेष था और कुछ अंशों में निर्गुण सन्तों के भक्तिमार्ग को प्रभावित भी कर रहा था। लेकिन आश्चर्य का विषय है कि सन्त कवियों ने नाथपन्थ की कुछ दार्शनिक मान्यताओं से प्रभावित होने के बावजूद व्यवहार में उनके योगमार्ग को नहीं अपनाया था। निश्चय ही उद्धव के माध्यम से ज्ञानमार्ग और योग को सूरदास के भ्रमरगीत में जो नीचा दिखाया गया है, उसका दायरा निर्गुण सन्तों तक सीमित नहीं है, जैसा कि आमतौर पर मान लिया गया है, बल्कि उसके पहले की योग परम्पराओं तक से सूरदास गोपियों के माध्यम से वाद–विवाद करते हैं और भक्तिमार्ग को श्रेष्ठ सिद्ध करते हैं।

सूरदास की एक और मौलिकता है कि उन्होंने गोपियों और उद्धव के बीच वाद–विवाद कराकर निर्गुण–सगुण के विवाद को प्रस्तुत किया है और सगुण की निर्गुण पर श्रेष्ठता सिद्ध की है। उद्धव इसमें भी साधन बने हैं। उन्हें निर्गुण ब्रह्म पर अखण्ड विश्वास रखने वाला बताया गया है और उनके विरुद्ध खड़ी हैं गोपियाँ, जो प्रेम को ही सर्वोपरि मानती हैं और इस प्रेम के आधार हैं सगुण कृष्ण। इससे कम उन्हें कुछ भी स्वीकार नहीं है। वे ज्ञान नहीं, प्रेम की भूखी हैं। यही उनकी भक्ति है।

इस तरह भक्ति के तीन विरोधी पक्ष देखे जा सकते हैं–ज्ञानमार्ग, योग और निर्गुण ईश्वर पर आस्था, जिनकी श्रेष्ठता का गर्व कृष्ण तोड़ना चाहते हैं और गोपियाँ अपने सधे हुए तर्कों से अन्ततः कृष्ण की इच्छा की पूर्ति करते हुए उन सबको धराशायी कर देती हैं। यह ज्ञान और योग पर भक्ति की, निर्गुण पर सगुण की विजय सिद्ध होती है। यह सब जितना तर्कपूर्ण है, उतना ही भावुकताभरा भी। गोपियों का अस्त्र उनका ब्रह्मज्ञान नहीं, उनकी निजी अनुभूतियाँ हैं जो प्रेम और स्नेह के अनुभवों से बनी हैं। वे प्रेम की साधना के अलावा और कोई साधना नहीं जानतीं।

गोपियाँ अपने अनुभूतिपरक तर्कों से उद्धव की बुरी गत करती हैं। कृष्ण ने उद्धव को भेजते समय ये सोचा ही था कि ये शुष्क दार्शनिक प्रेमपूर्ण भक्ति में डूबी गोपियों को भी योग सिखाने से बाज नहीं आयेगा। उद्धव भी यही सोचते हैं कि कृष्ण का मुझ पर विश्वास है और वे सचमुच मुझे गोपियों को योग की शिक्षा देने और ज्ञानमार्ग पर लाने के लिए भेजना चाहते हैं। कृष्ण के प्रेम की प्यासी गोपियों को जब ये शिक्षा दी जाती है तो वे बिफर पड़ती हैं। एक तो कृष्ण पास नहीं हैं, ऊपर से ये कृष्णवेशधारी उन्हें जप, तप और योग करने की सलाह दे रहे हैं। वे कहती हैं कि तुम्हारा धन्धा यहाँ नहीं चलने वाला। यहाँ योग और ज्ञान का कोई ग्राहक नहीं है–

जोग डगौरी ब्रज न बिकैहे।
यह ब्यापार तिहारो ऊधो, ऐसोयी फिरि जैहें।।

एक अन्य पद में वे कहती हैं–

आयो घोश बड़ो व्यापारी।
लादि खेप गुन ज्ञान जोग की ब्रज में आन उतारी।।

फाटक दै कर हाटत माँगत भौरे निपट जु धारी।
घुरही तें खोटो खायो है लये फिरत सिर भारी।।
इनके कहे कौन डहकावै ऐसी कौन अजानी?
अपनो दूध छाँड़ि को पीवे खार कूप को पानी।।

वे आश्चर्य करती हैं और कहती हैं कि ये कैसा जड़ मूरख है कि हम कोमलगात गोपियों को योग और तपस्या की सीख दे रहा है। तन पर राख मलकर साधना करने को कह रहा है।

अटपटि बात तिहारी ऊधौ सुनै सो ऐसी को है?
हम अहीरि अबला सठ मधुकर तीन्हि जोग कैसे सोहै?[9]

वे कहती हैं कि तुम्हारे योग और ज्ञान की साधना करने वाले लोग काशी में बसते हैं। तुम ग़लत जगह चले आये। तुम्हें काशी नगरी जाना चाहिए जहाँ योगी भोले शंकर के उपासक रहते हैं।

गोकुल सबै गोपाल उदासी।
जोग अंग साधत जे ऊधो ते सब बसत ईसपुर कासी।।

एक अन्य पद में भी वे यही बात कहती हैं–

ब्रजजन सकल स्याम–ब्रतधारी।
बिन गोपाल और नहिं जानत आन कहैं व्यभिचारि।।
जोग मोट सिर बोझ आनि कैं कत तुम घोश उतारी?
इतनी दूर जाहु चलि कासी जहाँ बिकति है प्यारी।।
यह सन्देश नहिं सुनै तिहारो, है मण्डली अनन्य हमारी।
जे रसरीति करी हरि हमसौं सो कत जात बिसारी?[10]

ब्रजवासी गोपियाँ जोगकथा से तंग आकर कहती हैं–

जोग कथा पा लागों ऊधों ना कहु बारम्बार।
सूर सयाम तजि और भजै जो ताकी जननी छार।।[11]

यहाँ एक बात उल्लेखनीय है कि पूरे वर्णन में सारे संवाद गोपियों के ही हैं, सारी अनुभूतियाँ, सारे तर्क उन्हीं के हैं। उद्धव ने अपने उपदेश में क्या–क्या कहा है, यह उनके संवादों के रूप में नहीं दिया गया है। गोपियाँ ही अपने संवादों में कहती हैं कि 'जोग कथा पा लागों ऊधों ना कहु बारम्बार।'

उनके संवादों से ही पता चलता है कि उद्धव ने उन्हें कौन–कौन से उपदेश दिये। गोपियाँ उनके ब्रह्मज्ञान के सारे उपदेशों को दरकिनार कर देती हैं और कहती हैं–

हमको हरि की कथा सुनाव।
अपनी ज्ञानकथा हे ऊधो, मथुरा ही ले जाव।।[12]

योग, ज्ञान और निर्गुण तीनों गोपियों के लिए एक है। सूरदास ने इन्हें इसी रूप में रखा है। गोपियाँ उद्धव से पूछती हैं कि जोग में ऐसी कौन–सी अच्छाई है जो तुम नन्दनन्दन की रस की रीति को छोड़ निर्गुण का फीका ज्ञान हमें बाँट रहे हो?

ए अलि! कहा जोग में नीको?
तजि रसरीति नन्ददंदन की सिखत निर्गुन फीको।।
देखत सुनत नाहिं कछु स्रवननि, ज्योति ज्योति करि धावत।
सुन्दर स्याम दलालु कृपानिधि कैसे हो बिसरावत?
सुनि रसाल मुरलि–सुर की धुनि सोइ कौतुक रस भावै।
अपनी भुजा ग्रीव पर मैलें गोपिन के सुख फूलैं।।
लोक कानि कुल को भ्रम प्रभु मिलि मिलि कै घर बन खेली।
अब तुम सूर खवावन आये जोग ज़हर की बेली।।[13]

गोपियों ने अपने कथनों में निर्गुण की जमकर खिल्ली उड़ाई है, जिसकी आचार्य रामचन्द्र शुक्ल, विश्वनाथ प्रसाद मिश्र आदि आलोचकों ने बहुत चर्चा की है। भ्रमरगीत के अनेक पद सगुण–निर्गुण विवाद प्रस्तुत करते हैं। गोपियाँ सीधे, सरल और चुभते हुए सवाल पूछती हैं। वे पूछती हैं निर्गुण ईश्वर कैसा दिखता है, वह कहाँ रहता है आदि।

निर्गुन कौन देस को वासी?
मधुकर! हँसि समुझाय सौंह दै बूझति सांच, न हांसी।।
को है जनक, जननि को कहियत, कौन नारि, को दासी?
कैसो बरन, भेस है कैसो केहि रस कै अभिलाशी।।

सूरदास की इस कथन–शैली की अनेक आलोचकों ने भरपूर प्रशंसा की है। देखने वाली बात है कि सूरदास ने निर्गुण को निर्गुण की शर्तों पर समझने–समझाने की कोशिश नहीं की है, बल्कि निर्गुण ईश्वर में सगुण

ईश्वर की विशेषताएँ खोजी हैं, जो गोपियों के लिए तो सहज है, लेकिन सूरदास जैसे ज्ञानी और भक्त कवि ने ऐसा किया है तो इसे गम्भीर दार्शनिक विमर्श मानना ही सही होगा, जो वे गोपियों के माध्यम से प्रस्तुत करना चाहते हैं। तभी उन्होंने स्वयं भगवान कृष्ण को भी निर्गुण ईश्वर को हीनतर साबित करने की इच्छा रखते हुए दिखाया है। कृष्ण चाहते हैं कि उद्धव गोपियों से 'रेख न रूप जाति कुल नाहीं जाके नहिं पितु माता' ऐसे ईश्वर की चर्चा करके मज़ाक़ का पात्र बनें और गोपियों से सच्ची भक्ति की शिक्षा प्राप्त करें। निर्गुण ईश्वर के अस्तित्व के जितने भी दार्शनिक तर्क हैं, अनेक पदों में उनको निराधार और नीरस साबित किया गया है और भगवान कृष्ण की मनोहर लीलाओं में रस की अनुभूति कराई गयी है।

गोपियों को अपने लिए नया चुनाव नहीं करना है। उन्होंने पहले ही अपना प्रेम, अपनी भक्ति चुन ली है और उसी में अनुरक्त हैं। अपने एकनिष्ठ प्रेम और अनुराग के कारण गोपियों का यह कथन सही ही है कि एक म्यान में दो तलवार कैसे रह सकते हैं।

हमारी गति पति कमलनयन की जोग सिखैं तें रांड़े।
कहो मधुप कैसे समायंगे एक म्यान दो खांड़े।।[14]

जिस हृदय में सगुण ईश्वर अच्छी तरह बसे हुए हैं, ऐसे एकनिष्ठ भक्त हृदय को कोई और क्यों प्यारा लगेगा। उन्हें आश्चर्य होता है कि रस की रीति सिखाने वाले कृष्ण के सामने किसी को निर्गुण ईश्वर कैसे भा सकता है। इसीलिए वे कहती हैं–

तेरो बुरो न कोऊ मानै।
रस की बात मधुप नीरस सुनु, रसिक होत सो जाने।।
दादुर बसै निकट कमलन के जन्म न रस पहचाने।[15]

गोपियों के माध्यम से सूरदास का मुख्य तर्क यह है कि भक्ति का मार्ग सरल मार्ग है और ज्ञान तथा योग का मार्ग कठिन है। गोपियाँ सरल मार्ग पर चलना चाहती हैं क्योंकि यह उनके हृदय का मार्ग है। इस तरह सूरदास ब्रह्मज्ञान को अस्वीकार नहीं करते, निर्गुण को अस्वीकार नहीं करते बल्कि सगुण भक्ति के सरल मार्ग की हिमायत करते हैं। निर्गुण ईश्वर भी भक्ति का आलम्बन हो सकता है, यह सूरदास के पूर्ववर्ती कबीर,

रैदास आदि भक्त दिखा चुके थे और इन सन्तों के लिए निर्गुण का अर्थ केवल योगमार्ग और ज्ञानमार्ग नहीं था। इसलिए जितनी आसानी से भ्रमरगीत को निर्गुण सन्तों के विरोध में खड़ा किया जाता है, वह बहुत सतही प्रयास जान पड़ता है।

निश्चित रूप से सूरदास ईश्वर को सिर्फ़ दर्शन या ज्ञान का विषय मानने के विरोधी दिखाई देते हैं। निर्गुण ईश्वर की भक्ति की समकालीन सन्त काव्य धारा से उनका विरोध कहीं स्पष्ट रूप से व्यक्त नहीं हुआ है। यह बहुत हद तक हिन्दी के आलोचकों की देन है। सर्वत्र उनका विरोध ऐसे निर्गुण ईश्वर से है, जिसे केवल योग के द्वारा ही पाया जा सकता है। निर्गुण–सगुण विवाद सम्बन्धी सभी पदों में सर्वत्र निर्गुण ईश्वर को प्राप्त करने का साधन योग को बताया गया है, जिसे गोपियाँ अपने लिए असंगत बताकर ख़ारिज कर देती हैं। उनकी सारी चिढ़ योग मार्ग की कठिनता और ज्ञानमार्ग की नीरसता से है। उनके लिए निर्गुण 'कण्टक पथ' है और सगुण कृष्ण की प्रेमभरी भक्ति 'राजपथ' है। योगमार्ग के प्रेमरहित होने के कारण ही वे कहती हैं–

प्रेमरहित यह जोग कौन काज गायो।
दीनन सों निठुर बचन कहे कहा पायो।।[16]

भागवत से तुलना करें, तो उसमें निर्गुण–सगुण का यह विवाद पूरी तरह अनुपस्थित है। भागवतकार ने सगुण भक्ति को स्वाभाविक रूप से स्वीकार किया है। उसके सामने निर्गुण कोई समस्या है ही नहीं क्योंकि निर्गुण ईश्वर भी वही है और सगुण भी वही। पारमार्थिक दृष्टि से वह निर्गुण है और लीला की दृष्टि से सगुण। उसमें तो एक प्रसंग में ब्रह्मा, विष्णु, महेश को भी अभिन्न कहा गया है। इसका एक कारण तो दृष्टि की उदारता हो सकती है। दूसरा कारण यह भी है कि भागवत की रचना के समय योग एक दर्शन के रूप में तो प्रसिद्ध था, लेकिन समाज में उसका व्यावहारिक रूप ज़्यादा प्रभावशाली नहीं था। उस समय तक योग को भक्ति का विरोधी नहीं समझा जाता था। यही कारण है कि कृष्ण को 'योगेश्वर' कहने में भागवतकार को कोई संकोच नहीं है। भागवत की रचना के समय हठयोग को व्यापक रूप से अपनाने वाला और देश के एक बड़े हिस्से पर प्रभाव डालने वाला नाथपन्थ अस्तित्व में ही नहीं था।

निर्गुण ब्रह्म और ज्ञानमार्ग का दार्शनिक प्रतिपादन और प्रचार शंकराचार्य ने भागवत की रचना के आस–पास ही किया था। लेकिन भागवत में उसके विरोध की कोई गूँज या अनुगूँज सुनाई नहीं देती। सूरदास के युग में नाथपन्थ देश के अनेक हिस्सों में फैला हुआ था। निर्गुण सन्तों के आने तक उसका प्रभाव थोड़ा कम हो चला था, लेकिन फिर भी शून्य नहीं हुआ था। नाथपन्थ योग और ज्ञानमार्ग पर आधारित था। वह भक्ति नहीं, मुख्यतः साधना का मार्ग था। सूरदास ने इसी साधना मार्ग का भ्रमरगीत में विरोध किया है और भक्ति के प्रेममार्ग की हिमायत की है।

सूरदास के भ्रमरगीत प्रसंग और भागवत के भ्रमरगीत प्रसंग में एक अन्य अन्तर यह है और इसे हम चाहें तो सूरदास की मौलिकता कह सकते हैं कि इसमें उद्धव को बार–बार अलि और भ्रमर कहकर सम्बोधित किया गया है। इस तरह सीधे उद्धव गोपियों के व्यंग्यवाण के शिकार बनाये गये हैं। भागवत में ऐसा नहीं है। भागवत में गोपियाँ उद्धव से अपनी दशा का वर्णन यह सोचे बिना करती हैं कि उनके सामने क्या बोलना चाहिए और क्या नहीं। वे स्त्रीसुलभ लज्जा को छोड़कर फूट–फूटकर रोने लगीं। उस समय उनमें से एक गोपी को श्रीकृष्ण से मिलन की लीला का स्मरण हो रहा था। तभी उसने देखा कि पास ही एक भँवरा गुनगुना रहा है। उसने ऐसा समझा मानो मुझे रूठी हुई समझकर श्रीकृष्ण ने मनाने के लिए दूत भेजा हो। ऐसी कल्पना करके वह उस भँवरे को खरी–खोटी सुनाने लगती है कि तू कपटी का सखा है इसलिए तू भी कपटी है। तू स्वयं भी तो किसी कुसुम से प्रेम नहीं करता, यहाँ से वहाँ उड़ा करता है। जैसे तेरे स्वामी हैं वैसा ही तू है। जैसा तू काला है वैसे ही वे भी हैं। तू भी फूलों का रस लेकर उड़ जाता है, वैसे ही वे भी निकले। वे हमारे लिए छटपटा रहे हैं, ऐसा तू क्यों कहता है। कौन ऐसी स्त्रियाँ हैं जो उनकी कपटभरी मुस्कान और भौंहों के इशारे के वश में न आ जाये। मालूम होता है, तू श्रीकृष्ण से ही यह सीखकर आया है कि रूठे हुए को मनाने के लिए दूत को, सन्देशवाहक को कितनी चाटुकारिता करनी चाहिए। अच्छा, तुम कहते हो कृष्ण का क्या अपराध है? यह बात न कहो। उनके लिए हमने अपने पति, पुत्र सबको छोड़ दिया, लेकिन उनमें ज़रा भी कृतज्ञता नहीं। वह कैसे निर्मोही निकले कि हमको छोड़कर चले गये, आदि।[17]

वह गोपी भगवान विष्णु के राम और वामन अवतारों की चर्चा कर कृष्ण की निष्ठुरता का प्रमाण देती है। कहती है–हे भँवरे, जब वे राम बने थे, तब उन्होंने कपिराज बालि को व्याध के समान छिपकर बड़ी निर्दयता से मारा था। बेचारी शूर्पणखा कामवश उनके पास आयी थी, परन्तु उन्होंने अपनी स्त्री के वश होकर उस बेचारी के नाक–कान काटकर उसे कुरूप बना दिया। और वामन अवतार में उन्होंने क्या किया? बलि ने तो उनकी पूजा की, उनकी मुँहमाँगी वस्तु दी और उन्होंने उसकी पूजा ग्रहण करके भी वरुणपाश से बाँधकर पाताल में डाल दिया। वैसे ही जैसे कौआ बलि का भोजन खाकर भी बलि देनेवाले अपने अन्य साथियों के साथ मिलकर उसे घेर लेता है और परेशान करता है। अच्छा, तो अब जाने दे, हमें श्रीकृष्ण से क्या? किसी भी काली वस्तु से हमें क्या प्रयोजन है? इस तरह से वह कृष्ण के साथ अपने गहरे प्रेम को याद करती हुई व्यंग्योक्ति करती है।[18]

सूरदास के भ्रमरगीत में भँवरे के मंडराने का यह पूरा प्रसंग नहीं लिया गया है। सीधे उद्धव को ही भ्रमर, मधुकर, अलि आदि कहा गया है। भागवत में गोपियाँ उद्धव को व्यंग्यवाण का शिकार नहीं बनातीं। यह ज़रूर है कि उद्धव जब गोपियों के पास आये हैं, तभी वह भँवरा भी उस गोपी को दिखता है। भँवरे को वह गोपी दूत समझती है और उद्धव भी दूत बनकर आये हैं। इस तरह ऐसा लग सकता है कि अप्रत्यक्ष रूप से उद्धव को ही कहा जा रहा है। लेकिन भँवरे के साथ सिर्फ़ एक गोपी का संवाद है, सभी गोपियों का नहीं। और उद्धव के साथ बातचीत में उन्होंने अपनी दशा का वर्णन तो किया है, लेकिन उद्धव के प्रति आदर का भाव भी बनाये रखा है। दूसरी तरफ़ सूरदास की गोपियाँ उद्धव को 'शठ', 'लम्पट' आदि अपशब्द बोलने से भी नहीं चूकतीं। इसका कारण सम्भवतः यही हो सकता है कि गोपियाँ अपने लिए योग और साधना आदि का उपदेश सुनकर बिफर पड़ी हैं और उद्धव को व्यवहार–बुद्धि से शून्य अज्ञानी सिद्ध करना चाहती हैं। इसके अलावा काव्यत्व की दृष्टि से देखें तो सूरदास का वर्णन भागवत से कमतर नहीं है, बल्कि आलोचकों ने भागवत के वर्णन को स्थूल माना है और सूरदास की गोपियों की वाग्विदग्धता की मुक्तकण्ठ से प्रशंसा की है।

भागवत और सूरदास के भ्रमरगीत के बीच एक बड़ा अन्तर राधा के चरित्र–चित्रण में दिखाई देता है। राधा को अमर पात्र बनाने में सूरदास का

बड़ा योगदान है। उससे सात–आठ सौ साल पूर्व की रचना भागवत पुराण में राधा का कोई उल्लेख नहीं है। उसमें सभी गोपियों के साथ जब कृष्ण की रासलीला का वर्णन होता है तो भी राधा केन्द्र में नहीं होतीं और न ही राधा–कृष्ण की जोड़ी दिखाई गयी है। भागवत में रासलीला के प्रसंग में यह वर्णन ज़रूर आया है कि कृष्ण के साथ एक गोपी अचानक से गायब हो गयी है। उस गोपी को यह गुमान होने लगता है कि कृष्ण तो मेरे हैं, मुझसे उनका विशेष प्रेम है और इसी कारण उसमें अभिमान का भाव आ जाता है। उसमें यह भाव आते ही कृष्ण उसे छोड़कर अन्तर्ध्यान हो जाते हैं। गोपियाँ कृष्ण और उस गोपी के चरणचिह्नों के सहारे उन्हें ढूँढ़ती हुई जब वहाँ पहुँचती हैं तो कृष्ण को न पाकर वियोग की ज्वाला में जलने लगती हैं। कृष्ण फिर उनकी प्रार्थना सुनकर आ जाते हैं। इस पूरे प्रसंग में उस गोपी विशेष का कोई नाम नहीं दिया गया है।

इसके विपरीत सूरदास ने मिलन और विरह दोनों ही से सम्बन्धित लीलाओं में राधा का अत्यन्त सुन्दर, भावपूर्ण और महिमा के साथ वर्णन किया है। उन्होंने भारतीय समाज में राधा–कृष्ण की जोड़ी को स्थापित करने और लोकप्रिय बनाने में बहुत बड़ा योगदान दिया है। उनसे पहले साहित्य–संसार में जयदेव और विद्यापति राधा–कृष्ण की प्रेमपूर्ण लीलाओं का विशद वर्णन कर चुके थे। जयदेव ने संस्कृत में और विद्यापति ने मैथिली में राधा–कृष्ण के गीत रचे थे। दोनों का ही काव्य अत्यन्त लोकप्रिय रहा है। लेकिन हजारी प्रसाद द्विवेदी सूरदास पर इन दोनों कवियों का प्रभाव नहीं मानते। वे संस्कृत के जयदेव, मैथिली के विद्यापति और बांग्ला के चण्डीदास के काव्य में वर्णित राधा और सूर द्वारा वर्णित राधा में अन्तर भी बताते हैं। वे लिखते हैं–"विद्यापति की राधा ईषद्दृद्भिन्नयौवना है, जयदेव की पूर्ण विलासवती, प्रगल्भा और चण्डीदास की राधा उन्मादिनी, मोम की पुतली। वे तीनों ही धन्य हैं। पर और भी धन्य है वह बाल–किशोरी, वह 'लाल की बतरस लालच से मुरली लुका' धरने वाली, वह 'आँख–मिचौनी में बड़री अँखियान के कारण बदनाम' बरसाने की छबीली वृषभानु–लली। वह बालिका है, वह किशोरी है, वह ग्वालिनी है, वह ब्रजरानी है। शोभा उस पर सौ जान से निसार है, श्रृंगार उसका गुलाम है, त्रैलोक्यनाथ उसकी आँखों की कोर के मुहताज हैं,

फिर भी वह तद्गत प्राणा है। विरह में वह करुणा की मूर्ति है, मिलन में लीला का अवतार। प्रेमी के सामने वह सरल है, गाती है, नाचती है, हिंडोले पर झूलती है—अपने को एक़दम भूल जाती है। प्रेम की गम्भीरता आनन्द कल्लोल से भर जाती है, पर विरह में वह गम्भीर है और गोपियों की तरह उसमें उतावलापन नहीं रहता। वह सच्ची प्रेमिका है। सूरदास की राधा तीन लोक से ज़्यादा न्यारी सृष्टि है—अपूर्व, अद्‌भुत, विचित्र।"[19]

'सूरदास' में द्विवेदीजी एक अन्य स्थान पर कहते हैं—"सूर—साहित्य में एक स्थान पर भी शायद राधिका का इस प्रकार का उच्छ्वसित रूप नहीं मिलेगा। प्रेम की उस आकण्ठपूर्ण कलशी में कभी भी छलक नहीं आयी। क्षण—भर के लिए विद्यापति की समान भूमि पर आकर सूरदास फिर अपने स्वाभाविक मार्ग पर आ जाते हैं। वही दिन—भर कृष्ण के साथ हास—विलास, मुरली की चोरी, माखन की बटाई और आँखों की लड़ाई। यशोदा राधिका का वेश सँवार देती हैं, कृष्ण के साथ खेलने की आज्ञा देती हैं, युगल मूर्ति का सारा दिन हँसी—ख़ुशी में कट जाता है।"[20] राधा का यह चरित्र सूरदास की निजी और अनूठी उपलब्धि है। भागवत में, जैसा पहले कहा गया है, राधा का उल्लेख भी नहीं मिलता।

भागवत और सूरदास की गोपियों के चरित्र में भी अन्तर है। सूरदास की गोपियों का अपने कृष्ण के साथ 'लरिकाई को प्रेम' है। राधा की तरह ही वे भी कृष्ण की बचपन की सखी हैं। और इस नाते वे कृष्ण पर अपना अधिकार मानती हैं और कृष्ण के बचपन की लीलाओं को बार—बार याद करती हैं। सूरदास ने इस बात पर बल नहीं दिया है कि गोपियाँ परकीया नायिका हैं। बल्कि वे भरसक इसका आभास तक नहीं होने देते। दूसरी तरफ़ भागवत में रासलीला के वर्णन में तो स्पष्ट रूप से सभी गोपियों के परकीया नायिका होने का स्पष्ट रूप से वर्णन तो है ही, (कृष्ण के लिए अपने पति और पुत्र आदि के त्याग को महिमामण्डित भी किया गया है।) भ्रमरगीत के प्रसंग में भी वे कृष्ण को स्पष्ट रूप से उपपति मानती हैं, जो उन्हें छोड़कर चला जाता है। सम्भवतः सूरदास ने प्रेम की गम्भीरता की रक्षा करने के लिए और मर्यादावश भी इस बात की उपेक्षा की है और उन्हें बचपन के साथी बताने पर ज़्यादा बल दिया है। सम्भवतः इसीलिए हमें सूरदास की गोपियों और राधा का प्रेम भागवत से ज़्यादा आकर्षित करता है। उनके विरह की मार्मिक

अनुभूतियाँ हमारे मन में ज़्यादा गहरी जगह बनाती हैं। सूरदास इसीलिए हमें जयदेव, विद्यापति और चण्डीदास से महान लगते हैं। उन्होंने अपने भ्रमरगीत में प्रेम को एक पवित्र, प्रगाढ़ और गम्भीर अनुभव बनाने में कोई कसर नहीं छोड़ी। कृष्ण के ईश्वरत्व के बावजूद उनके प्रति गोपियों और राधा के मानवीय प्रेम के उत्कर्ष की कोई सम्भावना सूरदास ने नहीं छोड़ी। सूरदास की यही विशेषता उनके महाकवि होने का प्रमाण है।

सन्दर्भ

1. श्रीमद्भागवत पुराण, गीताप्रेस, 10:46:3–7
2. वही, 10:46:8–13
3. वही, 10:46:14–43
4. वही, 10:47:4–8
5. रामचन्द्र शुक्ल, भ्रमरगीत सार, पद सं. 5, वाणी प्रकाशन, नयी दिल्ली, 2013, पृ. 3
6. वही, पद सं. 3, पृ. 3
7. वही, पद सं. 7, पृ. 4
8. वही, पद सं. 11, पृ. 5
9. वही, पद सं. 35, पृ. 17
10. वही, पद सं. 66, पृ. 28
11. वही, पद सं. 28, पृ. 15
12. वही, पद सं. 50, पृ. 22
13. वही, पद सं. 26, पृ. 14
14. वही, पद सं. 25, पृ. 13
15. वही, पद सं. 31, पृ. 16
16. वही, पद सं. 54, पृ. 24
17. श्रीमद्भागवत पुराण, गीताप्रेस, 10:47:11–16
18. वही, 10:47:17–19
19. हजारी प्रसाद द्विवेदी, सूर साहित्य, राजकमल प्रकाशन, नयी दिल्ली, 2017, पृ. 81
20. वही, पृ. 85

मेरे तो गिरधर गोपाल : मीराबाई

मीराबाई मध्यकालीन भक्ति साहित्य में बिजली की कौंध बनकर आती हैं और यह कौंध इतनी सशक्त और प्रभावशाली है कि उसकी चमक आज भी महसूस की जा सकती है। उनके जीवन सम्बन्धी तथ्यों को जानकर यह आश्चर्य होता है कि मध्यकालीन सामन्ती समाज में वे ऐसा कैसे कर पायी। उनके व्यक्तित्व और कृतित्व से परिचित होने के बाद यह सहज रूप से कहा जा सकता है कि वह नारीत्व का गौरव बनकर आती हैं। वह अपने कृतित्व से मध्यकालीन समाज में एक आधुनिक स्त्री की छवि को स्थापित करती हैं। आश्चर्य नहीं कि आधुनिक कवयित्री महादेवी वर्मा मीराबाई को अपना आदर्श मानती हैं।[1]

वो क्या बातें हैं जो मीराबाई को आधुनिक स्त्री के रूप में स्थापित करती हैं? इस सम्बन्ध में हम चार तथ्य प्रस्तुत करेंगे। एक, मीराबाई मध्यकालीन समाज में परिवार या समाज द्वारा थोपे गये निर्णय को स्वीकार नहीं करतीं। वे अपना चुनाव स्वयं करती हैं। और चुनाव करने के अपने अधिकार पर वह कोई समझौता नहीं करतीं। दूसरा, मध्यकालीन समाज में वह पुरुषों के क्षेत्र में प्रवेश करती हैं। भक्ति का क्षेत्र बेशक सबके लिए खुला हो, लेकिन पारम्परिक रूप से यह पुरुष प्रधानता वाला क्षेत्र रहा है। अनेक भक्तों ने तो नारी को माया का रूप ही माना है। ऐसे परिवेश में मीरा भक्ति के क्षेत्र में प्रवेश करती हैं। भागवत पुराण और नारदभक्तिसूत्र जैसे ग्रन्थों में भले ही गोपियों द्वारा कृष्ण की भक्ति को भक्ति का आदर्श सिद्ध किया गया हो, लेकिन समाज में घूम–घूमकर भक्ति का प्रचार करने और भक्ति के गीत गाने का काम पुरुष आचार्य और भक्त ही करते दिखाई देते हैं। तीसरा, मीरा पुरुषों के क्षेत्र में न सिर्फ़ प्रवेश करती हैं बल्कि आश्चर्यजनक सफलता भी प्राप्त करती हैं। वे पुरुष साधु–सन्तों, भक्तों और अनुयायियों के साथ उसी

सामान्य परिवेश का हिस्सा बनकर भक्ति करती हैं। इस तरह वह अपनी प्रतिभा और भक्ति की ताक़त से प्रतिकूल परिवेश को अपने अनुकूल बना लेती हैं। सोचिए, वृन्दावन में गौड़ीय सम्प्रदाय के आचार्य जीवगोस्वामी के यहाँ मिलने की इच्छा होने पर भी उन्हें यह कहकर मिलने नहीं दिया गया कि वे एक स्त्री हैं और स्वामीजी किसी स्त्री से नहीं मिलते। और मीराबाई का जवाब क्या था कि 'समूचे वृन्दावन में एक कृष्ण को छोड़कर और पुरुष है ही कौन?' उस परम पुरुष के सामने सारे भक्त तो स्त्रीरूप ही हैं।

मीराबाई उस मध्यकालीन पुरुषप्रधान समाज में, जहाँ उन्हें स्त्री होकर अपना निर्णय करने के कारण ज़हर का प्याला दे दिया जाता है, न सिर्फ़ भक्तों और साधु–सन्तों के बीच बल्कि व्यापक जनसमाज में बराबरी का अधिकार और सम्मान पाती हैं। वह अपने समय में ही अत्यन्त प्रसिद्ध हो चुकी थीं। चौथा, उनका जीवन एक उदाहरण बन गया था। वे अनेक दबी हुई स्त्री–आवाज़ों की अभिव्यक्ति बन जाती हैं। (अनेक गुमनाम विद्रोही स्त्रियों की आवाज़ें उनमें सुनी जा सकती हैं।) इस तरह इन तथ्यों के कारण मध्यकाल में ही मीराबाई स्त्री अस्मिता का प्रतीक बन जाती हैं।

मीराबाई के काव्य में सिर्फ़ एक भक्त की आवाज़ ही नहीं, एक स्त्री की आवाज़ भी गूँजती सुनाई देती है। मीराबाई एक भक्त कवयित्री हैं, इस तथ्य से हम इनकार नहीं कर सकते। इसलिए उनकी भक्ति के स्वरूप और उसके तत्त्वों पर चर्चा किये बिना रहा नहीं जा सकता। लेकिन यहाँ हम मीराबाई के काव्य में भक्ति की विविध आवाज़ों की ओर ध्यान आकर्षित करेंगे। इन आवाज़ों के टोन अलग–अलग हैं। कहीं पीड़ा का स्वर है, कहीं विरह का स्वर है, कहीं मिलन की लालसा और उत्कण्ठा है, कहीं ज़हर का प्याला दिये जाने की टीस है, और कहीं विद्रोह का स्पष्ट स्वर भी है। उनकी कविताओं में आत्मविश्वास का स्वर प्रबल है। कहीं अपनी अस्मिता को लेकर कोई संशय नहीं है।

मध्यकाल में एक राजकुल की कन्या और वधू के लिए पग घुँघरू बाँध नाचने की मुद्रा परिवार के भीतर रहकर संगीत शिक्षा और अभ्यास के लिए तो स्वीकार्य थी, लेकिन बीच समाज में, साधु–सन्तों के बीच यानी उस समय के 'पब्लिक स्फीयर' में घूम–घूमकर गाना उस युग में राजकुल–मर्यादा को लजाने के समान था। मीराबाई को न सिर्फ़ इसका बोध है, बल्कि अपनी अनेक कविताओं में वे सगर्व इसका उल्लेख करती हैं। और इसके पीछे विश्वास है अपनी निष्ठा का और निष्ठा जिसके प्रति है यानी अपने कृष्ण के आसरे का,

बनवारी–गिरिधारी का, जिसे वे अपना सर्वस्व सौंपने को तैयार हैं। बचपन से ही चूँकि वे कृष्ण की मोहिनी मूरत से प्रेम करने लगी थीं, इसलिए वह उनके बचपन के साथी भी हैं। उनसे उनका कोई परदा नहीं है। वे उस बनवारी के सामने अपना मन खोलकर रख देती हैं और बादलों के समान बरसने की उनसे कामना करती हैं।

उनके जीवन सम्बन्धी तथ्यों पर विद्वानों ने 19वीं सदी से लेकर अब तक बहुत कुछ लिखा है। भारतेन्दु हरिश्चन्द्र, कर्नल टॉड, देवीप्रसाद मुंशी, महादेवी वर्मा, परशुराम चतुर्वेदी, पद्‌मावती शबनम, विश्वनाथ त्रिपाठी आदि से लेकर हाल के वर्षों में अनामिका, माधव हाड़ा, अरविन्द सिंह तेजावत आदि तक। भक्तचरितों, जनश्रुतियों और जनस्मृतियों में भी मीरा का जीवन अच्छे से दर्ज है। बीसवीं और इक्कीसवीं सदी के पॉपुलर कल्चर में भी मीरा का साहसिक जीवन बहुत प्रिय विषय रहा है। यहाँ हम उनके जीवन सम्बन्धी तथ्यों और उनसे जुड़ी बहसों के विस्तार में नहीं जा रहे। यहाँ हमारा लक्ष्य उनके गीतों में विभिन्न स्वरों की ओर ध्यान दिलाना है। उनकी कविता भक्ति की कविता है, लेकिन उस भक्ति के काव्य में और कौन–कौन से आयाम हैं? इसके अलावा भक्ति के भी कौन–से आयाम मीराबाई की कविताएँ प्रस्तुत करती हैं, जो उन्हें एक अन्यतम और विशिष्ट कवयित्री के रूप में स्थापित करते हैं? इन्हीं प्रश्नों की हम साक्ष्यगत पड़ताल करेंगे।

मध्यकालीन सभी भक्त कवियों की तरह मीराबाई की रचनाओं की प्रामाणिकता को लेकर भी मतभेद रहे हैं। माना जाता है कि मीराबाई ने बहुत ज़्यादा रचनाएँ नहीं रचीं और बहुत से अन्य कवियों या कवयित्रियों की रचनाएँ भी मीराबाई की छाप के साथ मिलती हैं। यानी पद के अन्त में 'मीरा कहे प्रभु गिरधर नागर' जैसी पंक्तियों में मीरा का नाम मिलता है, जिससे ऐसे सभी पद प्रसिद्ध भक्त कवयित्री मीराबाई के नाम से प्रचलित हो गये हैं। कुछ विद्वानों ने भाषा के आधार पर प्रक्षिप्त पदों की पहचान करके उन्हें अलग भी किया है। मीराबाई की विभिन्न पदावलियों को देखें, तो किसी में 600 से अधिक पद मिलते हैं, तो किसी में मीरा के नाम से सवा दो सौ पदों को ही प्रामाणिक माना गया है। ये संख्या भी मीराबाई की मुकम्मल पहचान के लिए कम नहीं है क्योंकि उनमें उनकी भक्ति और नारीत्व के स्वरों की विविधता सहज ही मिल जाती है।

मीराबाई की भक्ति के स्वरों की बात करें तो उनमें माधुर्य भाव की भक्ति के स्वर प्रबल हैं। माधुर्य भाव की भक्ति अनेक अन्य कवियों में भी मिलती है। कबीर ने अपनी रचनाओं में स्त्री का रूप धरकर यानी स्वयं की स्त्री रूप में कल्पना करके और ईश्वर को अपना पति मानकर प्रेम और भक्ति का निवेदन प्रचुरता से किया है। सूरदास ने भी अपने पदों में माधुर्य भाव की भक्ति को ही प्रमुखता दी है। शास्त्रों में आदर्श भक्त मानी गयी गोपियाँ सूरदास के पदों में भी कृष्ण के प्रति प्रेम का ही सम्बन्ध रखती हैं और कृष्ण के अलावा किसी और पुरुष की उन्हें परवाह नहीं है। सूफ़ी कवियों ने भी भक्ति के क्षेत्र में माधुर्य भाव को ही प्रधानता दी। लेकिन ये सभी भक्त कवि स्वयं पुरुष हैं और पुरुष होकर माधुर्य भाव की भक्ति करना अपेक्षाकृत सहज रहा है। कबीर जैसे कवियों की स्वयं को स्त्री और ईश्वर को पति मानकर की गयी भक्ति ज़रूर मध्यकाल में भी बहुत लोगों के लिए अखरने वाली चुनौती बनकर आयी होगी और आधुनिक काल में तो रामचन्द्र शुक्ल जैसे आलोचक इसे रहस्यवाद कहकर ख़ारिज करने की ही चेष्टा करते दिखाई देते हैं। इस तरह कबीर और उनके जैसे कुछ अन्य निर्गुण सन्त कवियों की माधुर्य भाव की भक्ति सूरदास और सूफ़ी कवियों की माधुर्य भाव की भक्ति से भिन्न पहचान रखती है। उन्होंने ब्रह्म को पुरुष और पति मानकर स्वयं को ही पत्नी या प्रेमिका के रूप में प्रस्तुत किया। जबकि सूरदास और सूफ़ी कवियों ने माधुर्य भाव को प्रकट करने के लिए अपने पात्रों को माध्यम बनाया।

इस दृष्टि से मीराबाई इन सभी भक्त कवियों से विशिष्ट और भिन्न पहचान रखती हैं। उन्होंने स्वयं स्त्री होकर सीधे ईश्वर को पति और प्रेमी मानकर उसके प्रति माधुर्य भाव को प्रकट किया है। उनसे पहले भारतीय साहित्य में सदियों पहले आलवार भक्त कवयित्री आण्डाल और सूफ़ी परम्परा में राबिया ही ऐसा करती पाई जाती हैं। इनके अलावा तमिल की शैव भक्ति धारा में अक्क महादेवी भी ऐसी ही भक्त कवयित्री मिलती हैं। यह एक क्षीण पूर्ववर्ती परम्परा है, जिसमें हम मीराबाई को रखकर देख सकते हैं। लेकिन मीराबाई के जीवन की विषमताएँ उनकी कविताओं में स्पष्ट रूप से आती हैं, जो उपर्युक्त तीनों कवयित्रियों से ऐतिहासिक तथ्यों के कारण भी भिन्न हैं और उन कवयित्रियों ने स्त्री होने के कारण जीवन और समाजगत कुछ विषमताओं को अगर महसूस भी किया होगा तो उनका

कोई अत्यन्त स्पष्ट स्वर नहीं मिलता, जो हमें मीराबाई के काव्य में सहजता से मिल जाता है। मीराबाई के काव्य में उनके जीवन की विषमताएँ विद्रोह का स्वर लेकर प्रकट होती हैं।

तो सबसे पहले हम मीराबाई के काव्य के इसी पक्ष पर बात करेंगे।

मीरा की भक्ति भक्ति का एकान्त भाव व्यक्त करने के बावजूद सामाजिक अनुभूतियों भी साथ लेकर चलती है। उनके अनेक पदों में भक्ति और भक्त यानी मीरा के प्रति परिवार और समाज की प्रतिक्रियाएँ भी साथ–साथ दर्ज होती चली जाती हैं। ऐसी अनुभूतियाँ सीधी, सरल और साफ़ भाषा में व्यक्त हैं और सहजता से महसूस करने वाली हैं, लेकिन भक्ति काव्य की दृष्टि से देखें तो यह एक जटिल शिल्प को प्रस्तुत करती हैं। यहाँ एक ऐसा पद प्रस्तुत है, जो उनके काव्य के प्रायः सभी प्रतिनिधि भावों को एक साथ प्रस्तुत करता है। ऐसी क्षमता हम कह सकते हैं कि बहुत कम कवियों में पाई जाती है।

आली री मेरे नयनन बान पड़ी।
चित्त चढ़ी मेरै माधुरी मूरत, उर बिच आन अड़ी ।।
कब की ठाडी पन्थ निहारूँ, अपने भवन खड़ी ।।
कैसे प्राण पिया बिन राखूँ, जीवन मूल जड़ी ।।
मीराँ गिरधर हात बिकानी, लोग कहै बिगड़ी ।।

मीरा तो 'गिरधर के हात बिकानी' हैं, तो भी वह लोक की दृष्टि में बिगड़ी क्यों हैं? प्रेम की राह पर चलना तलवार की धार पर चलने के समान है, चाहे वह प्रेम ईश्वर से ही क्यों न हो। ईश्वर का भजन करने में कोई बुराई नहीं है, लेकिन ईश्वर से प्रेम करना लोगों की समझ के बाहर है। या तो वह पागल है, या तो वह 'बिगड़ी' है। इसे दो सन्दर्भों में देखा जा सकता है। एक तो यह कि मीरा राजमहल को ठुकराकर स्त्री होने के बावजूद पुरुष साधु–सन्तों के बीच उठती–बैठती हैं और इसी में उनका मन लगता है, जो राजकुल की मर्यादा को शर्मिन्दा करता है। मीरा के काव्य का बड़ा हिस्सा इस सन्दर्भ को दर्ज करता है। दूसरा सन्दर्भ है मीरा के प्रति संदेह। क्या ईश्वर से ही प्रेम है? या फिर यह और अर्थ में भी बिगड़ी है? यह सवाल उस युग में भी असम्भव नहीं था और आज भी।

मीरा काव्य के अनेक विश्लेषकों ने मीरा काव्य में व्यक्त प्रेम की अनुभूतियों का मनोवैज्ञानिक आधार पर भी विश्लेषण करने का प्रयास किया है। मीरा के चरित्र को अपवित्र करने की गरज से नहीं, बल्कि ऐसी अनुभूतियों के सच को जानने की गरज से। ऐसे प्रयासों की विश्वनाथ त्रिपाठी जैसे आलोचकों ने कड़ी आलोचना की है। लेकिन कुछ आलोचकों ने इस बहस को सहानुभूतिपूर्ण ढंग से लिया है। विश्वनाथ त्रिपाठी जी की पुस्तक की ही भूमिका में विद्यानिवास मिश्र जी ने लिखा है, ''हो सकता है लौकिक पति और अलौकिक पति श्रीकृष्ण इस अनुभव में एक हो गये हों, पर मीरा के पदों की शब्दयोजना में भौतिक संसार और उसका सौन्दर्य तो छलकता मिलता है, कहीं भी इस संसार और इसके सौन्दर्य के प्रति विषयासक्ति की अभिव्यक्ति नहीं होती। कोई भी पद इसका प्रमाण नहीं देता कि लौकिक विषयसुख का कोई आकर्षण या उसकी कोई स्मृति चाहे उन्नीत रूप में ही क्यों न हो, मीरा को बेधती हो। इसके ठीक विपरीत मीरा का प्रेम शुद्ध आत्मदान है, रूपसक्ति से सीधे प्रेमासक्ति में प्रवेश होता है, कामासक्ति की गन्ध भी मीरा में नहीं मिलती।''[2] आगे वे यह भी लिखते हैं, ''क्या लौकिक प्रेम की पवित्रता स्वयं ही इस परमानुभूति की प्रतिबिम्बित छाया नहीं है, क्या मीरा की पदावली का स्पष्ट अभिप्राय यही नहीं है कि वास्तविक अनन्यता बस एक से होती है, दूसरी अनन्यताएँ उससे छोटी हैं।''[3]

मीराबाई ने अपने जीवन की विषमताओं का वर्णन अपने गीतों में ही कई बार किया है। राजमहल के भीतर और बाहर साधु–सन्तों की निरन्तर संगति के कारण राजकुल की मर्यादा को लजाने का इलजाम, राणाजी द्वारा, जिन्हें अधिकतर विद्वानों ने मीराबाई का देवर माना है, विष का प्याला दिया जाना, लोगों द्वारा 'बिगड़ी' कहा जाना, ये वर्णन स्वयं मीरा के गीतों में हैं। लेकिन अपनी निष्ठा और आराध्य के प्रति समर्पण के बल पर मीरा इन सभी इलजामों का ज़हर पी जाती हैं और हार नहीं मानतीं, बल्कि विद्रोह के मार्ग पर चल पड़ती हैं। वे अपने एक पद में कहती हैं–

ज़हर दियो म्हे जानी राणाजी थे तो।
अपने कुल को परदो कर लो मैं अबला बौराणी।।
मेरौ न्याव प्रभु के आगे छाणैं दूध'र पाणी।
जैसे कंचन कसत कसौटी होत है बाराबानी।।

कोटि नृपति वारूँ सन्तन पर जिनके हाथ बिकानी।
मीरा के प्रभु गिरिधर नागर चरणकमल लिपटानी।।

और 'पग घुँघरू बाँध मीरा नाची रे' पद तो जगत प्रसिद्ध है ही, जो मीरा की भक्ति और विद्रोह से एक साथ हमें परिचित कराता है। वे न सिर्फ़ अपने चुने हुए मार्ग पर चलने का साहस करती हैं, बल्कि अपने आराध्य पर इतना दृढ़ विश्वास है कि अपने पदों में विष का प्याला देने वाले राजा का नाम लेने से भी नहीं हिचकतीं।

पगे घुंघरू बाँध मीरा नाची रे।
मैं सपने तो नारायण की, हो गयी आपही दासी रे।।
विष का प्याला राणाजी ने भेज्या, पीवत मीरा हांसी रे।।
लोग कहें मीरा भई बावरी, बाप कहे कुलनासी रे।।
मीरा कहे प्रभु गिरधर नागर, हरिचरणा की दासी रे।।

मीराबाई के काव्य में माधुर्य भाव भी मिलता है और प्रपत्ति भाव या शरणागत भाव भी। माधुर्य भाव यानी प्रेमपूर्ण भक्ति की अनुभूतियाँ। वह भी पति–पत्नी के दाम्पत्य भाव की या प्रेमी–प्रेमिका की श्रृंगारमूलक अनुभूतियाँ। ये अनुभूतियाँ ईश्वर को आलम्बन बनाकर व्यक्त की जाती हैं, इसलिए भक्ति की अनुभूतियाँ बन जाती हैं। मीराबाई के काव्य में भक्ति की अनुभूतियों को प्रेम की अनुभूतियों की तरह भी पढ़ा जा सकता है। इस प्रेम के आलम्बन हैं कृष्ण, जिन्हें नन्दलाल, गिरिधर जैसे कई नामों से सम्बोधित किया गया है।

अनेक पदों में कृष्ण को गिरधर नागर कहा गया है। अपने प्रेमी कृष्ण को बार–बार गिरधर कहने का क्या अभिप्राय है? याद करें सूरदास की गोपियाँ अपने प्रियतम कृष्ण को कितनी बार गिरधर जैसे संबोधन से पुकारती हैं? न के बराबर। यह मीराबाई और गोपियों का अन्तर है। मीराबाई कृष्ण से प्रेम करती हैं, उन्हें सजन और पिया भी कहती हैं। उन्होंने कृष्ण को अपने जनम जनम का साहिब भी कहा है। उनके कुछ पदों से यह भी अभिप्राय निकलता है कि वह अपने को पूर्व जन्म की गोपी ही मानती हैं। लेकिन गिरधर सम्बोधन का बार–बार प्रयोग हमें आग्रहपूर्वक यह भी बताता है कि मीरा एक पल भी यह भूल नहीं पातीं या भूलना नहीं चाहतीं कि उनके प्रेम का आलम्बन सिर्फ़ मोहिनी मूरत वाले, प्रेम का रास रचाने वाले कृष्ण कन्हैया नहीं हैं, वह स्वयं ईश्वर हैं, अविनाशी ब्रह्म भी हैं,

प्रेम की लीला करने के अलावा लोकमंगल की लीला करने वाले भी हैं। इसलिए प्रेम का निवेदन करने के साथ–साथ विनय के पद भी उनके यहाँ मिलते हैं, जिनमें ईश्वर रूप पर ज़ोर ज़्यादा है। विभिन्न अवतारों के रूप में लीला दिखाने और भक्तवत्सल होने का वर्णन भी है। इन पदों में वे तन–मन का ताप हरने वाले हैं, भक्तों का दुख दूर करने वाले हैं।

मन मेरे परसि हरि के चरन।
सुभग सीतल कमल कोमल, त्रिबिधि ज्वाला–हरन।।
अधम–तारन तरन–तारन, सब के पोषन भरन।।
सो चरन प्रहलाद परसे, दुःख दारिद हरन।।
सोयी चरन ध्रुव अटल कीने, इन्द्र पदवी धरन।।
जिन चरन वलि बाँध पठंये विप्र रूपज धरन।।
जिन चरन ब्रह्माण्ड बेध्यो, नख सुर सुरीय झरन।।
जिन चरन बन गऊ चारी, गोपलीला करन।।
सोयी चरन काली के मस्तक, कूबरी पाभरन।।
दासि मीराँ लाल गिरधर, राखो अपनी सरन।।

एक और पद देखें। इसमें भी प्रभु की भक्तवत्सलता और उनके प्रति भक्ति की महिमा का वर्णन करते हुए शरणागत भाव की अभिव्यक्ति हुई है–

ज्यो चित ल्याय हरि जप करै, ज्यो मन लाय हरि जप करै।
अमर होय मरे न कवहूँ, काल जासै डरै।
भक्ति तो प्रहलाद की सी, साँच उर में धरै।
भक्ति के बस स्यामसुन्दर, सिंह को वपु धरै।।
कोटि बैरी तृण बरावर, कहा वाको करै।
औट जिनकी नन्दनन्दन, कौन तासे अरै।।
भक्ति को परताप ऐसो, कुटिल गनिका तरै।
दास मीराँ लाल गिरधर, शरण हरि की परै।।

भक्ति का यह टोन अपेक्षाकृत कम पदों में है और माधुर्य भाव की भक्ति के पद ही मीरा का मुख्य स्वर है। लेकिन माधुर्यमूलक भक्ति की अनुभूतियों में भी वह हमेशा गोपियों की तरह अधिकार का भाव नहीं व्यक्त करती हैं, बल्कि अनेक पदों में प्रेम और विनय का मिश्रित स्वर है। उदाहरण के लिए यह पद देखें–

डारि गयो मनमोहन फाँसी।
आँबा की डाल कोइलि इक बोलै,
मेरो मरण अरु जग केरी हाँसी।।
विरह की मारी मैं बन बन डोलूँ,
प्राण तजूं करवत ल्यूं कासी।
मीराँ के प्रभु हरि अबिनासी,
तुम मेरे ठाकुर मैं तेरी दासी।

मीराबाई के माधुर्य भाव के गीतों में प्रभु के दर्शन की प्यास और प्रभु से मिलन की आस की मार्मिक अनुभूतियाँ व्यक्त हुई हैं। भक्ति की अनुभूतियाँ प्रेम की अनुभूतियाँ जान पड़ती हैं और इसलिए ये बहुत हृदयस्पर्शी और विश्वसनीय लगती हैं। प्रेम की विभिन्न अभिलाषाओं से ये गीत भरे पड़े हैं। इनमें उपालम्भ, शिकायत, दर्शन की अभिलाषा, छेड़छाड़ और विरह की विभिन्न मार्मिक दशाओं के वर्णन मीरा के प्रेम दीवानी रूप को सामने लाते हैं, जिनके लिए वे संसार में प्रसिद्ध हैं।

मीराबाई के बारे में प्रसिद्ध है कि उन्हें बचपन में कृष्ण की एक सुन्दर मूर्ति दी गयी थी। माँ का बचपन में ही देहान्त हो गया था। पिता युद्ध में व्यस्त रहते थे। इन परिस्थितियों ने उनके अन्दर प्रेम का एक गहरा अभाव पैदा कर दिया था, जिसकी पूर्ति वे कृष्ण के प्रति प्रेम में करने लगी थीं। कृष्ण की सुन्दर मोहिनी मूरत के प्रति बचपन से ही वे आकर्षित हो गयी थीं। बचपन का यह सहज आकर्षण और प्रेम उम्र के साथ–साथ प्रगाढ़ होता चला गया। जीवन की परिस्थितियाँ और विषम होती चली गयी और कृष्ण के प्रति प्रेम और भक्ति बढ़ती चली गयी। अपने अनेक पदों में मीराबाई ने कृष्ण के रूप–सौन्दर्य का और स्वयं पर पड़े उसके प्रभाव का वर्णन किया है। प्रेम का निवेदन करने वाले पदों में भी वे कृष्ण के रूप–सौन्दर्य का वर्णन करना नहीं भूलतीं। वे कहती हैं–

तुम बिन मेरी कौन खबर ले गोवरधन गिरिधारी।
मोर मुकुट पीताम्बर सोहै कुंडल की छबि न्यारी।।

'लोग कहें बिगड़ी' वाले पद में वे कहती हैं–

चित्त चढ़ी मेरै माधुरी मूरत, उर बिच आन अड़ी।
कब की ठाडी पन्थ निहारूँ, अपने भवन खड़ी।।

जिस पद में वे कृष्ण को अपना 'जनम जनम का साहिब' कहती हैं, उसकी पंक्तियाँ देखिए। इन पंक्तियों में रूप का प्रभाव, प्रेम की कामनाएँ, प्रेमी के प्रति समर्पित निष्ठा और अपने प्रेम का गौरव सब एक साथ प्रकट होते हैं–

मोर मुकुट पीताम्बर सोहै, स्याम बरण बड़भागी।।
जनम जनम को साहिब मेरो, वाहो स लौ लागी।।
अपणाँपियासंगहिलमिलखेलूँ अधर–सुधारस–पागी।।
मीराँ गिरधर के मन मानी, अब मैं भई सुभागी।।

मीरा के जीवन की विषमताओं को देखते हुए ये प्रेमानुभूतियाँ और हृदयस्पर्शी प्रभाव डालती हैं। और इन प्रेमानुभूतियों के लिए उन्होंने जो मूल्य चुकाया है, जिन राजकुल मर्यादाओं की देहरी लाँघकर आयी हैं, उन्हें देखते हुए ये अनुभूतियाँ और विशिष्ट जान पड़ती हैं। मीरा स्वयं कहती हैं–

तन मन धन सब अरपन कीनों छांडि कुल की लाज।
दो कुल त्याग भई वैरागन, आप मिलण की आग।।

अपने त्याग की याद दिलाती हुई ही वे उपर्युक्त पद में ही कृष्ण को उलाहना देते हुए कहती हैं, आप इतना मिजाज क्यों दिखाते हैं, आपके लिए मैंने सबकुछ त्याग दिया है। अब आप मेरे मन मन्दिर में आ विराजिए।

कृष्ण के वियोग में वन–वन भटकने का वर्णन भी उन्होंने कुछ पदों में किया है। एक पद में वे कहती हैं, तुम मुझसे प्रीति लगाकर, मेरा मन हरकर कहाँ चले गये।

कितहू गये नेह लगाइ।
प्रीति लगाइ मेरो मन हर लीनो, रस भरि टेर सुनाइ।।
हमसे बैर प्रीति कुबजा से, हमैं न कहूँ सुहाइ।
मेरे (तो) मन में ऐसी आवै, मरूँगी ज़हर बिष खाइ।।
हम कू छांड़ गये बिसवासी, बिरह की नाव चढ़ाइ।।
मीराँ के प्रभु हरि अविनाशी, रहे मधुपुरी छाइ।।

अपने प्रीतम कृष्ण के बिछोह में उनकी दशा दूभर हो रही है। वे उनसे मिलन चाहती हैं, उनका साथ चाहती हैं, लेकिन वे तो दूर बस गये हैं। मैंने सब साज–शृंगार, आभूषण त्याग दिये हैं, संसार के सारे आकर्षणों से मुँह मोड़ लिया है।

एक तुम्हीं हो, तुम्हीं से मेरी दुनिया है, मेरी इच्छाएँ हैं, तुम्हारे बिना मैं किसके संग होली खेलूँ?

इक अरज सुनो पिय मोरी, मैं किण संग खेलूँ होरी।
तुम तो जाय विदेसाँ छाये, हम से रहे चित चोरी।
तन आभूषण छोड़े सबही, तज दिये पाटपटोरी।
मिलन की लग रही डोरी।।

मीराबाई के इस तरह के गीत हमें विरह की विराट अनुभूतियों से भर देते हैं। इस दृष्टि से मीराबाई पूरे हिन्दी साहित्य में एक दुर्लभ कवयित्री हैं। प्रेम सम्बन्धी अनुभूतियों की इतनी सहज अभिव्यक्तियाँ हमें आश्चर्य में डाल देती हैं।

मीराबाई के कई गीत मीराबाई को कृष्णप्रेम में पगी एक गोपी के रूप में प्रस्तुत करते हैं। ऐसे गीतों में वे कृष्ण को न छेड़ने की हिदायत देती हैं, मनुहार करती हैं, यशोदा से शिकायत करने की धमकी देती हैं, कई बार यशोदा को अपने लाल को समझा देने के लिए कहती हैं कि नन्दलाल मुझे परेशान करते हैं। इस तरह के गीतों पर अभी तक आम पाठकों का ध्यान कम गया है। ऐसे गीतों में मीरा वृन्दावन में राधा या गोपियों के समान ही कृष्ण की लीलाओं का आनन्द उठाने की कल्पना करती हैं।

बड़ी बड़ी अँखियन वारो साँवरो, मो तन हेरो हँसके री।
मैं जमुनाजल भरन जात ही, सिर पै गागर लसके री।
सुन्दर स्याम सलोनो मूरत, मो हियरे गयी बसके री।।
जंतर मंतर लिख के लावै, ओषद लावै घसके री।
जो कोई लावै स्याम वैद को, तो उठ बोलूँ हँस के री।।
भृकुटी कमान बान वाके लोचन, मारत है तक कस के री।
मीराँ के प्रभु गिरधरनागर, कैसे रहूँ घर बस के री।।

ऐसे गीतों में बहुत रसपूर्ण कल्पनाएँ की गयी हैं, जो कृष्ण की लीलाओं के वर्णन में एक नया आयाम जोड़ती हैं।

मीराबाई के कुछ गीतों में निर्गुण भक्ति की शब्दावली भी मिलती है। मीराबाई के बारे में यह भी प्रसिद्ध रहा है उन्होंने रैदास को अपना गुरु बनाया था। मीरा का इस सम्बन्ध में एक पद भी मिलता है, जिसमें वे कहती हैं–

'रैदास सन्त मिले मोहे सतगुरु, दीन्हां सुरति सहदानि।' लेकिन आचार्य परशुराम चतुर्वेदी ने रैदास के निर्वाण और मीरा के जन्मवर्ष सम्बन्धी उपलब्ध तथ्यों के आधार पर दोनों को समसामयिक नहीं माना है।

चित्तौड़ की रानी झालीबाई और रैदास समसामयिक थे। रानी झालीबाई ने रैदास की शिष्यता ग्रहण की थी। 'भक्तमाल' में ऐसा वर्णन मिलता है। परशुराम चतुर्वेदी के अनुसार रानी झालीबाई चित्तौड़ नरेश राणा सांगा की माता थीं। और मीराबाई राणा सांगा की बहू। इस तरह रैदास और मीरा समसामयिक नहीं ठहरते। पद्मावती शबनम ने भी अपने शोधपूर्ण ग्रन्थ में यही मत व्यक्त किया है।[4] परशुराम चतुर्वेदी ने लिखा है, "अब तक उपलब्ध सामग्रियों के आधार पर उक्त दोनों का समसामयिक होना न देखकर कुछ लोग यह भी अनुमान करने लगे हैं कि मीराबाई के ऊपर कदाचित रैदास की बानी का पूर्ण प्रभाव रहा हो या वे किसी रैदासी सन्त की शिष्य रही हों।"[5]

हालाँकि सन्त रैदास या किसी रैदासी सन्त की शिष्या होना और निर्गुण भक्त होना एक ही बात नहीं है। स्वयं सन्त रैदास की भक्ति में ईश्वर के सगुण और निर्गुण दोनों ही के प्रति श्रद्धा भाव मिलता है। मीराबाई के निर्गुण भक्ति के कुछ पदों के बारे में यह कहा गया है कि ये पद उन्हें निर्गुण भक्त सिद्ध करने के लिए बाद में जोड़े गये और इसलिए ये प्रक्षिप्त हैं। लेकिन कुछ पदों की प्रामाणिकता को लेकर ऐसा कोई सन्देह व्यक्त नहीं किया गया है बल्कि उन्हें मीराबाई की ही रचना माना गया है। ऐसी रचनाओं में मीराबाई का मौलिक स्वर सुरक्षित है। ऐसा एक सुप्रसिद्ध पद प्रस्तुत है–

ए री मैं तो प्रेम दिवानी, मेरा दरद न जाने कोय।
सूली ऊपर सेज हमारी, किस विध सोना होय।।
गगन मंडल पै सेज पिया की, किस विध मिलना होय।।
घायल की गत घायल जानें, कै जिन लागी होय।।
जौहरि की गत जौहरि जानें, कै जिन जौहर होय।।
दरद की मारी बन बन डोलूं, बैद मिल्या नहिं कोय।।
मीरा की तब पीड़ मिटैगी, बैद साँवलिया होय।।

नारीत्व के गौरव, भक्ति की पवित्रता और गीतों की मधुरता, हर दृष्टि से मीरा हिन्दी साहित्य का गौरव हैं। उनके गीतों को जितना पढ़ा जायेगा, अपनी परम्परा की विविधताओं से हमारा परिचय उतना ही बढ़ता जायेगा।

सन्दर्भ

1. इस पूरे लेख में भक्त कवयित्री मीराबाई के लिए 'मीराबाई' के साथ–साथ 'मीरांबाई' या 'मीरां' नामों का प्रयोग भी किया गया है। कई विद्वानों ने 'मीरांबाई' नाम को ही वास्तविक और प्रामाणिक माना है। लेकिन 'मीराबाई' नाम का प्रयोग अत्यधिक प्रचलित है। इसलिए इस लेख में इस नाम का भी प्रयोग किया गया है।
2. विद्यानिवास मिश्र, विश्वनाथ त्रिपाठी कृत 'मीरा का काव्य' की भूमिका, वाणी प्रकाशन, 2019
3. वही, भूमिका
4. पद्मावती शबनम, मीरा : एक अध्ययन, लोकसेवक प्रकाशन, बनारस, प्रथम संस्करण, संवत् 2007, पृ. 95
5. परशुराम चतुर्वेदी, मध्यकालीन प्रेमसाधना, साहित्य भवन, इलाहाबाद, 1952, पृ. 79

कृष्ण प्रेमी रसखान

भक्तिकाल में मुरलीधर कृष्ण की छवि पूरे भारत में प्रेम और भक्ति का विषय बन गयी। उत्तर से लेकर दक्षिण तक, पूरब से लेकर पश्चिम तक, देश का कोई भी छोर इस प्रेमधुन से नहीं बच सका। सूरदास और मीराबाई के गीतों की स्वर–लहरी आज भी मन को मोहती है और ऐसी ही एक स्वर लहरी थी रसखान की, जिन्होंने कृष्णभक्ति की एक अनूठी मिसाल पेश की। प्रेम और भक्ति की धारा ने धर्म के बन्धनों को भी तोड़ दिया और पठान सैयद इब्राहिम 'रसखान' बनकर कृष्णभक्ति में विभोर हो सबको मोह लेने वाले गीतों की रचना करने लगे। रसखान की इस प्रेमरसमग्नता को देखते हुए भारतेन्दु ने कहा था–'इन मुसलमानन हरिजनन पर कोटिन हिन्दू वारिए।' 'मुसलमानन हरिजनन' की सूची में भारतेन्दु ने और भी नाम लिए हैं, लेकिन उनमें काव्यत्व की दृष्टि से सर्वश्रेष्ठ हैं रसखान।

रसखान के बारे में बताया जाता है कि वे एक प्रेमी जीव थे और लौकिक प्रेम से अलौकिक प्रेम यानी भक्ति की ओर मुड़े थे। अपने समय में ही रसखान प्रसिद्ध हो गये थे और मध्यकालीन सभी भक्तचरितों में उनका वर्णन मिलता है। इन भक्तचरितों में कुछ ऐतिहासिक तथ्य हैं और कुछ किंवदन्तियाँ भी हैं।

रसखान के कृष्णभक्ति की ओर मुड़ने के पीछे दो कारण माने जाते हैं। एक, कि उन्होंने श्रीमद्भागवत का फ़ारसी अनुवाद पढ़ा था और कृष्ण के चरित्र से बहुत प्रभावित हुए थे। दूसरी, कुछ वैष्णवजनों की संगति, जिनके सान्निध्य में उन्होंने कृष्ण की कोई मनमोहक मूर्ति देखी थी और फिर कृष्ण के हो गये। उन वैष्णवजनों ने रसखान को लौकिक प्रेम से अलौकिक प्रेम की ओर मुड़ने में सहायता की। वे वैष्णवजन तो सामान्य आराधक और भक्त ही बनकर रह गये और उनके नामों का भी हमें ठीक–ठीक पता नहीं है,

लेकिन कृष्णभक्ति का रसपूर्ण काव्य रचकर प्रेमी कवि रसखान इतिहास में अमर हो गये। वल्लभ सम्प्रदाय के ग्रन्थों में रसखान को वल्लभ सम्प्रदाय में दीक्षित कृष्णभक्त बताया गया है। दो सौ बावन वैष्णवों की वार्ता में कहा गया है, "एक दिन चार वैष्णव मिल के भगवतवार्ता करते हते। करते करते ऐसी वात निकसी जो प्रभू में चित्त ऐसो लगावनो जैसे रसखान को चित्त साहुकार के बेटा में लग्यो है। इतने में रसखान ये रास्ता निकस्यो। विननें ये बात सुनीं। तब रसखान ने कही जो तुम मेरी कहा बात करोहो। तब वैष्णवन ने जो बात हती सो बात कही। तब रसखान बोले जो प्रभु को स्वरूप दीखे तो चित्त लगाईये। तब वा वैण्णव ने श्रीनाथ जी को चित्र दिखायो। सो देखतहि रसखान ने वो चित्र ले लियो और मन में ऐसो संकल्प करयो जो ऐसेस्वरूप देखनो जब अन्न खानो। उहां सुं घोड़ा पर बैठ के एक रात्र में बृन्दाबन आयो और आखो दिन सब मन्दिरन में वेष बदलाय के फिरयो। और सब मन्दिरन सें दर्शन किये और वैसे दर्शन नहीं भये तब गोपालपुर में गयो और वेष बदलाय के श्रीनाथ जी के दर्शन करबे कुं गयो। तब सिंघपोरिया ने भगवदिच्छा सुं वाके चिन्ह बड़ी जात वाले के पहेचाण्ये। तब वाकूं धक्का मार के–काढ़ दियो। सो जाय के गोविन्दुकुंड पर पड़ रह्यो। तीन दिन सूधी पड़ रह्यो। खाबे पीबे की कछु अपेक्षा राखी नाहीं। तब श्रीनाथ जी ने जानी ये जीव दैवी है। और शुद्ध है और सात्विक है मेरो भक्त है याकुं दर्शन देउंतो ठीक। तब श्रीनाथजी ने दर्शन दिये। तब वे उठ के श्रीनाथ जी कुं पकड़बे दौरयो। सो श्रीनाथजी भाग गये फेर श्रीनाथ जी श्री गुसाईं जी सुं कही ये जीव देवी है। और म्लेच्छ योनि कुं पायो है। जासूं याके ऊपर कृपा करो याकुं शरण लेउ। जहाँ सूधी तुमारो सम्बन्ध जीव कुं नहीं होवे तहाँ सूधी मैं वा जीव कुं स्पर्श नहीं करुहुं वासुं बोलुं नहीं हुं। और वाके हाथ को खावुं हुं नहीं जासुं आप याको अंगीकार करो। तब श्री गुसाईं जी श्रीनाथ जी के वचन सुन के गोविन्दकुंड पें पधारे और वाकुं नाम सुनाये। और साक्षात् श्रीनाथ जी के दर्शन श्री गुसाईं जी केस्वरूप में वाकुं भये। तब श्री गुसाईं जी विनकुं संग ले के पधारे और उत्थापन के दर्शन कराये। महाप्रसाद लिवायो। तब रसखान जी श्रीनाथ जी केस्वरूप में आसक्त भये। तब वे रसखान ने अनेक कीर्तन और कवित्त और दोहा बहोत प्रकार के बनाये।"[1]

रसखान का जीवनकाल विद्वानों ने संवत् 1615 से 1675 या सन् 1558 से 1623 ई. माना है। शुक्लजी ने अपने इतिहास में इनका रचनाकाल 'संवत् 1640 के उपरान्त' माना है।[2] रसखान की रचना प्रेमवाटिका का रचनाकाल उनके अनुसार संवत् 1671 है।[3] रसखान ने अपने जीवनसम्बन्धी तथ्यों का बहुत उल्लेख नहीं किया है। उनके एक सवैये को सभी विद्वानों ने उद्धृत किया है, जिसमें उन्होंने कहा है–

देखि गदर हित साहिबी दिल्ली नगर मसान।
छिनहिं बादसा बंस की, ठसक छांड़ि रसखान।।[4]

इसके आधार पर उन्हें बादशाह वंश का माना गया है। इसमें रसखान ने कहा है कि उन्हें ऐसा गदर देखना पड़ा जिसमें दिल्ली नगर श्मशान–सा बन गया था। लेकिन इतिहास से ऐसी किसी बड़ी घटना की पुष्टि नहीं होती। रसखान का समय अकबर का शासनकाल ही था। अकबर के समय कुछ विद्रोह और षड्यन्त्र आदि हुए थे। सम्भवतः उन्हीं में से किसी की ओर रसखान ने संकेत किया है। रसखान मुग़ल नहीं थे, पठान थे। इसलिए बादशाह अकबर के वंश से उनका कोई सम्बन्ध नहीं माना जा सकता। ऐसा अनुमान लगाया जा सकता है कि उनका सम्बन्ध किसी अन्य राजपरिवार या सामन्ती परिवार से रहा हो, जिसका गौरव छिन गया हो और जिसके कारण रसखान को भी दुर्दिन देखने पड़े हों।

रसखान की प्रसिद्धि का आधार हैं 'प्रेमवाटिका' और 'सुजान रसखान' नाम के दो ग्रन्थ। इनमें 'प्रेमवाटिका' रसखान ने स्वयं तैयार की थी। इसका आकार एक छोटी पुस्तिका से ज़्यादा नहीं है। इसमें प्रेम सम्बन्धी 52 दोहे संकलित हैं। 'सुजान रसखान' के कवित्त और सवैयों का संकलन उनकी मृत्यु के बाद किया गया था। दोनों ग्रन्थों की अपनी–अपनी विशिष्टता है। 'प्रेमवाटिका' में प्रेम के सैद्धान्तिक आदर्शों और प्रेम की महिमा का बखान महत्त्वपूर्ण है जो प्रेमरस में डुबाने के साथ–साथ प्रेम के आदर्शों से भी हमें परिचित कराता है, जो भक्तिकाल में हिन्दी कविता के एक विशेष रंग को प्रस्तुत करता है।

'सुजान रसखान' पूरी तरह से कृष्ण की मनोहर लीलाओं, मुख्य रूप से ब्रजभूमि और वृन्दावन की यौवन–लीलाओं की स्मृति में विभोर होकर और उसी का अंग हो जाने की कामनाओं और अभिलाषाओं में रचा गया है।

इसमें अपने आराध्य कृष्ण के साथ कवि की तन्मयता देखते ही बनती है। अनेक कविताओं में कवि को भक्ति के लिए किसी और पात्र के माध्यम की कोई आवश्यकता ही नहीं पड़ी है। वह सीधे-सीधे अपने हृदय की बातें करता है और अपनी अभिलाषाओं का वर्णन करता है। यह वर्णन इतना डूबकर किया गया है कि समस्त भक्त कवियों में रसखान को एक विशिष्ट और उच्च स्थान दिलाता है।

रसखान की कविता अपने आराध्य कृष्ण के प्रति अनुराग की कविता है। इसमें भक्ति की गहरी भावना अभिव्यक्त हुई है। इस भक्ति के तीन पक्ष हैं। एक, उनकी कविताओं में कृष्ण के रूप-सौन्दर्य का और उनकी यौवन-लीलाओं का वर्णन किया गया है और इसके माध्यम से कृष्ण के प्रति अनुराग और भक्ति की भावना व्यक्त की गयी है। दो, कृष्ण के प्रति गोपियों के मनोभावों का वर्णन किया गया है। इसमें वियोग के बजाय संयोग की प्रधानता है। तीन, रसखान ने कृष्ण और ब्रजभूमि, जहाँ कृष्ण की लीलाओं की अमिट स्मृतियाँ बसी हैं, के प्रति अपनी अभिलाषाओं का वर्णन किया है।

कृष्ण की माधुरी मूर्ति के प्रति रसखान अनुराग की भावना रखते हैं। यही नहीं, वे इसे जीवन का सार समझते हैं। अपने लिए ही नहीं, सबके लिए वे इसे एक कसौटी मानते हैं। इसका एक कारण तो कृष्ण की भक्तवत्सलता के प्रति उनका अगाध विश्वास है, जिस कारण वे कहते हैं-'बाँसुरीवारो बड़ो रिझवार है, पीर हमारे हिये की हरैगो।' साथ ही भक्ति की यह विशेषता होती है कि भक्त जिससे प्रेम करता है, वह चाहता है, सब उससे प्रेम करें। सांसारिक प्रेम और भक्ति में यह मुख्य अन्तर है। कृष्ण से प्रेम के बिना रसखान इस जीवन को निरर्थक समझते हैं। समस्त पूजा-पाठ, तीर्थ, जप, तप, सुख, समृद्धि, ऐश्वर्य कृष्ण के प्रति प्रेम के सामने तुच्छ है। वे कहते हैं-

कंचन मन्दिर ऊँचे बनाय कै मानिक लाय सदा झमकावै।
प्रातहि ते सगरी नगरी गजमोतिन ही की तुलानि तुलावै।।
पालै प्रजानि प्रजापति सों बन संपति सों मघवाहि लजावे।
ऐसो भयो तो कहा रसखानि जो सांवरे ग्वाल सों नेह न लावै।।

'संपति सों सकुचावे कुबेरहिं, रूप सों देत चुनौती अनंगहिं', 'कहा रसखानि सुखसंपति सुमार कहा' जैसे कुछ अन्य सवैयों में भी उन्होंने ऐसे

ही भाव व्यक्त किये हैं कि समस्त सांसारिक ऐश्वर्य पास में है तो क्या है, राजपाट है तो क्या है, साधक, व्रतधारी है तो क्या है! यदि नन्दकुमार, पीतपटधारी, राधिका के प्रेमी कृष्ण, जो स्वयं राधिका के रंग में रंगे हैं, उनके रंग में मनुष्य नहीं रंगा, उनमें चित्त न लगाया तो सब व्यर्थ है।

रसखान की कविताएँ पढ़कर पता चलता है कि वे तन–मन से कृष्ण के हो गये थे। उन्होंने कृष्ण से स्वयं को इस प्रकार जोड़ लिया कि उनकी चाह थी कि शरीर के सारे कार्य–व्यापार बस श्रीकृष्ण के ही काम आयें। वाणी, कान, हाथ, पैर, प्राण सब उसी को समर्पित हों–

बैन वही उनको गुन गाइ, औ कान वही उन बैन सों सानी।
हाथ वही उन गात सरै, अरु पाय वही जु वही अनुजानी।।
जान वही उन प्रान के संग, औ मान वही जु करै मनमानी।
त्यों रसखानि वही रसखानि जु, है रसखानि वहै रसखानि।।

'रसखानि' से यहाँ एक अभिप्राय रस की खान प्रभु कृष्ण से है और दूसरा अभिप्राय स्वयं कवि से है। भक्तिकाल में हम तुलसीदास को भी अपने आराध्य राम के प्रति इस प्रकार समर्पित देखते हैं। तुलसीदास की भक्ति को दास्य भाव की भक्ति कहा गया है। हम इसी तर्ज़ पर रसखान के समर्पण को देखते हुए उनकी भक्ति को भी दास्य भाव की भक्ति कह सकते हैं। लेकिन हम देखते हैं कि तुलसीदास जहाँ सर्वत्र राम को ब्रह्म के रूप में और अपने स्वामी के रूप में देखते हैं, वहाँ प्रेमपुजारी रसखान की भक्ति में प्रेम का तत्त्व ही प्रमुख है। उनके कृष्ण स्वयं प्रेमी हैं और रसखान भी उनके इसी रूप के प्रेमी हैं। इसी प्रेमी–रूप की महिमा का बखान करना उनकी कविता का उद्‌देश्य है। इस प्रेमी रूप के अलंकरण हैं मोरपंख, बाँसुरी, पीतवस्त्र, अधरों की मुसकान इत्यादि। उनकी बाँसुरी की धुन जितनी मधुर है, उतनी ही मधुर उनके चेहरे पर शोभती मन्द–मन्द मुसकान है। गोपियों के ऊपर उनका तन रस बरसाता है, और उनके नैन तन–मन की तपन बुझाते हैं। जब वे आते हैं, तो प्राणों को रिझाते हैं।

जैसी धुनि बाँसुरी की मधुर मधुर, तैसी
बंक चितवनि मन्द मन्द मुसकान री।
क़दम विटप के निकट तरनी के तट
अटा चढ़ि देखु पीतपट फहरानि री।

रस बरसावै तन तपन बुझावै नैन
प्राननि रिझावै वह आवै 'रसखानि' री।

रसखान ने अपनी अनेक कविताओं में कृष्ण के रूप–माधुर्य का और उसके प्रति अनुराग का वर्णन किया है।

कल कानन कुन्डल मोरपखा, उर पे वनमाल विराजति है।
मुरली कर मैं अधर मुसकानि, तरंग महाछवि छाजति है।।
रसखानि लखे तन पीतपटा, सत दामिनी की दुति लाजति है।
वह बाँसुरी की धुनि कान परें कुलकानि तजि हियो भाजति है।।

गोपियाँ कृष्ण के इसी रूप की दीवानी हैं और इसी रूप–सौन्दर्य में बन्धकर उन्होंने लोक–लाज को त्याग दिया है–

लोक की लाज तजी तबहीं जब देख्यो सखी ब्रजचन्द सलोनो।
खंजन मीन सरोजन की छवि गंजन नैन लला दिन होनो।।
रसखानि निहारि सकै जु संभारि कै को तिय है वह रूप सठोनो।
भौंह कमान सों जोहन को सर, बेधत प्रानन नन्द को छौनो।।

एक अन्य सवैये में भी कृष्ण के रूप–सौन्दर्य, उनकी मीठी बातों और उनकी बाँसुरी की टेर का गोपियों पर क्या प्रभाव पड़ा है, उसे देखा जा सकता है–

बांकी बिलोकनी रंग भरी रसखानि खरी मुसकानि सुहाई।
बोलत बैन अमीरस दैन महारस ऐन सुने सुखदाई।।
सजनी बन में पुर बीथिन में पिय मोहन लागि फिरौं मैं री माई।
बाँसुरी टेर सुनाइ अली अपनाइ लइ ब्रजराज कन्हाई।।

बाँसुरी की टेर सुनकर गोपियाँ रीझती भी हैं और खीजती भी हैं। जसुमति से इसकी शिकायत भी करती हैं। और बाँसुरी की टेर इतनी सम्मोहक उन्हें लगती है कि वे इसके प्रभाव की तुलना विष से करती हैं। रसखान के इस सवैये में यह वर्णन देखिए–

रसखान ने लिखा है, 'जदपि जसोदा नन्द अरु, ग्वालबाल सब धन्य। पै या जग में प्रेम को, गोपी भई अनन्य।' भक्ति सम्बन्धी प्रसिद्ध ग्रन्थों यथा श्रीमद्भागवत तथा शाण्डिल्यसूत्र, नारदसूत्र जैसे भक्ति सिद्धान्त सम्बन्धी

ग्रन्थों में भी कृष्ण के प्रति गोपियों के प्रेम को भक्ति का आदर्श सिद्ध किया गया है। रसखान ने भी इसकी महिमा ख़ूब गयी है। इस प्रेम की महिमा ही है कि जो ईश्वर है, जिसकी महिमा देवता भी गाते हैं और उसे अनादि, अनन्त इत्यादि बताते हैं और ऋषि मुनि तक जिसका पार नहीं पाते हैं, वह गोपियों के इशारे पर नाचता फिरता है। गोपियाँ 'छछिया भर छाछ' के लिए उस ईश्वर को नाच नचाती हैं–

सेस गनेस महेस दिनेस सुरेसहु जाहि निरन्तर गावें।
जाहि अनादि अनन्त अखण्ड अछेद अभेद सुवेद बतावें।।
नारद से सुक व्यास रटें, पचि हारे तऊ पुनि पार न पावें।
ताहि अहीर की छोहरियाँ छछिया भरि छाछ पै नाच नचावें।।

जैसा कि उपर्युक्त छन्द में भी देखा जा सकता है, रसखान ने कृष्ण के ईश्वर रूप को सदा ध्यान में रखा है। लेकिन उनके प्रेमी रूप को प्रधानता दी है। उनका ईश्वर भक्तों के प्रेम के वश में रहता है। उपर्युक्त छन्द में कृष्ण के ईश्वरीय स्वरूप को अनादि, अनन्त, अखण्ड कहा गया है। एक अन्य सवैये में भी उन्होंने ऐसी मान्यता व्यक्त की है कि जो ईश्वर निर्गुण, निराकार, अगोचर है, वही भक्तों के प्रेम के वश में आकर उसे आनन्द प्रदान करने के लिए और उसका कल्याण करने के लिए सगुण रूप धारण करता है। रसखान इस बात को अत्यन्त सुन्दरतापूर्वक कहते हैं–

ब्रह्म मैं ढूँढ़यो पुरानन गानन बेद रिचा सुनि चौगुने चायन।
देख्यो सुन्यो कबहूँ न कहूँ वह कैसे सरूप और कैसे सुभायन।।
हेरत हेरत हारि परयो रसखानि बतायो न लोग लुगायन।
देखो दुरो बह कुंज कुटीर मैं बैठो पलोटत राधिका पायन।।

चन्द्रशेख़र पाण्डे ने लिखा है, "रसखान के कृष्ण इतने उदार और करुणागार हैं कि केवल भक्तों के संकट दूर करके तथा उन्हें आनन्द देकर ही सन्तोष नहीं कर लेते, वरन् अपने को उनका दोस तक बना लेते हैं, अपने से श्रेष्ठ अपने भक्तों को समझते हैं। तभी तो राधा के पैरों पर लोटते हैं और ग्वालबालों को कंधों पर चढ़ाकर घूमते हैं।"[5]

रसखान के काव्य–जगत में जैसा कि पहले भी कहा गया है, कृष्ण की प्रेम लीलाओं का वर्णन ही ज़्यादा है। लेकिन दो सवैये ऐसे भी मिलते हैं जो कृष्ण के

बालरूप को दर्शाते हैं। ये दोनों ही वात्सल्य–वर्णन के उच्च कोटि के उदाहरण बन जाते हैं। उनमें से एक सवैया देखिए जिसमें रसखान के काव्य–कौशल का और उनकी रसमग्नता का भरपूर दर्शन किया जा सकता है–

धूर भरे अति सोभित स्याम जू तैसी बनी सिर सुन्दर चोटी।
खेलत खात फिरैं अंगना पग पैजनियाँ कटि पीरी कछोटी।।
वा छवि को रसखानि बिलोकत वारत काम कला निज कोटी।
काग के भाग बड़े सजनी हरि हाथ सौं लै गयौ माखन रोटी।।

रसखान के काव्य पर सहृदय यों ही मोहित नहीं होते। वे एक श्रेष्ठ कृष्णभक्त के साथ–साथ एक श्रेष्ठ कवि भी हैं। उनके काव्य का अनूठापन ऐसा है कि उनकी तुलना किसी अन्य कवि से नहीं की जा सकती।

रसखान ने अपने अनेक कवित्त और सवैयों में कृष्ण के प्रति अपने अनुराग और ब्रजभूमि, जहाँ कृष्ण ने अपनी लीलायें की हैं, जो भूमि कृष्ण की स्मृतियों से सुवासित है, उसके प्रति गहरे लगाव को व्यक्त किया है। ग्वालबालों के साथ रहने, उन्हीं के संग गाय चराने, ब्रज की धूलि माथे पर लगाने, वहीं मधुर तान सुनने, गाने जैसी अभिलाषाएँ व्यक्त की हैं। *'ग्वालन संग जैबो औ चरैबो गाय उनहीं संग', गोरज बिराजै भाल लहलही बनमाल, ओ गैया पाछे ग्वाल गावै मृदुतान री'* जैसी पंक्तियों में ये भाव देखे जा सकते हैं। ऐसी ही अभिलाषापरक ये पंक्तियाँ देखिए–

या लकुटि अरु कामरिया पर, राज तिहुँ पुर को तजि डारौं।
आठहुँ सिद्ध नवोनिधि को सुख, नन्द की गाय चराय बिसारौं।।

रसखान कहते हैं, मुझे मुक्ता–मोतियों से जड़े सोने के महल नहीं भाते। गोकुल के गोबर से लिपे घरों में मेरा मन बसता है।

अब हम रसखान के उस छन्द से अपने इस लेख का समापन करेंगे, जो पाठक–जगत में अत्यन्त प्रसिद्ध है। इसमें रसखान ने अपनी उस अभिलाषा का वर्णन किया है, जो अपने–आप में अनूठी, आत्मीयता और अनुराग भरी है और भक्ति–काव्य में अपना अलग ही दर्जा रखती है।

मानुष हौं तो वहीं रसखानि बसों ब्रज गोकुल गाँव के ग्वारन।
जो पशु हौं तो कहा बस मेरो चरों नित नन्द की धेनु मँझारन।।
पाहन हौं तो वही गिरि को जो धरयो कर छत्र पुरंदर धारन।
जो खग हौं तो बसेरो करो नित कालिंदी कूल कदंब की डारन।।

सन्दर्भ

1. चन्द्रशेखर पाण्डे, रसखान में उद्धृत, हिन्दी साहित्य सम्मेलन, प्रयाग, 1962, पृ. 3–4
2. रामचन्द्र शुक्ल, हिन्दी साहित्य का इतिहास, नागरी प्रचारिणी सभा, वाराणसी, सं. 2053, पृ.105
3. वही, पृ. 105
4. वही, पृ. 105
5. चन्द्रशेखर पाण्डे, रसखान, पृ. 54

सूफ़ी काव्य में भारतीयता

हिन्दी का सूफ़ी काव्य भारतीय प्रेमाख्यानों की परम्परा का आध्यात्मिक विस्तार है। यह आध्यात्मिक विस्तार इस परम्परा में सूफ़ी मत और फ़ारसी सूफ़ी काव्य–परम्परा की मसनवी शैली के मिश्रण से हुआ है। इस तरह हिन्दी का सूफ़ी काव्य भारतीय आख्यान परम्परा और फ़ारसी काव्य परम्परा का मेल कहा जा सकता है। लेकिन एक बात जो बरबस हमारा ध्यान खींचती है, वह है भारतीय सांस्कृतिक जीवन और परम्परा से हिन्दी के सूफ़ी कवियों का गहरा परिचय और लगाव। यही कारण है कि इनके काव्य में भारतीयता के तत्त्व देखने–दिखाने की ज़रूरत हमें महसूस हो रही है। भारत में प्रेमाख्यान की परम्परा साहित्य और लोकजीवन में प्राचीन काल से चली आ रही थी। मध्यकाल के इन सूफ़ी कवियों ने उन प्रेमाख्यानों से बहुत कुछ अपनाया है। बल्कि यहाँ तक कहा जा सकता है कि फ़ारसी में रचे सूफ़ी काव्य की तुलना में हिन्दी के इन सूफ़ी कवियों की रचनाएँ भारतीय प्रेमाख्यानों के ज़्यादा नज़दीक लगती हैं।

हिन्दी में सूफ़ी काव्य लिखे जाने की परम्परा पाँच सौ से ज़्यादा वर्षों की रही है, जो हिन्दी साहित्य के इतिहास के कालखण्डों की दृष्टि से देखें तो भक्तिकाल, रीतिकाल तथा आधुनिक काल तक फैली है। रीतिकाल के दौर में नूर मुहम्मद की प्रसिद्ध रचना 'अनुराग बाँसुरी' रची गयी और आधुनिक काल में बीसवीं सदी के आरम्भ में (1917 ई.) नसीर की 'प्रेम दर्पण' रची गयी।[1] इसके अलावा दक्खिनी हिन्दी में भी अनेक सूफ़ी काव्य रचे गये। इन सबकी अपनी–अपनी विशेषताएँ हैं, जिनमें कुछ परस्पर समान और कुछ अत्यधिक विशिष्ट और भिन्न हैं।

हिन्दी के सूफ़ी काव्य की चर्चा आमतौर पर भक्तिकाल के दौरान सूफ़ी कवियों द्वारा लिखी गयी प्रसिद्ध रचनाओं को ही केन्द्र में रखकर की जाती है। सूफ़ी काव्यधारा भक्तिकाल की चार विशिष्ट काव्यधाराओं में से एक है।

मुल्ला दाऊद की चन्दायन, कुतुबन की मिरगावती, जायसी की पद्मावत, मंझन की मधुमालती, उसमान की चित्रावली (शेख नबी की ज्ञानदीप, कासिमशाह की हंस जवाहिर और अनुराग बाँसुरी) आदि से ही हिन्दी के सूफ़ी काव्य की मुख्य पहचान है। इनमें भी जायसी कृत पद्मावत की सबसे ज़्यादा चर्चा होती है। हम भी हिन्दी साहित्य के इतिहास की इसी परम्परा का अनुसरण करते हुए हिन्दी के सूफ़ी काव्य पर बात करेंगे।

सूफ़ी काव्य की परम्परा के इतिहास में जायें तो इसकी स्पष्ट परम्परा फ़ारसी में प्रारम्भ होती है प्राचीन ईरान और प्राचीन सीरिया में 11वीं और 12वीं सदी में। रूमी, हाफ़िज़, उमर ख़ैयाम, निज़ामी आरम्भिक महान सूफ़ी कवि हैं। इन सभी ने फ़ारसी में रचनाएँ लिखीं। रूमी, हाफ़िज़ और उमर ख़ैयाम ने मुक्तक रचनाएँ लिखीं। रूमी अपनी दृष्टान्त आधारित मसनवियों के लिए, हाफ़िज़ अपनी ग़ज़लों के लिए और उमर ख़ैयाम अपनी रूबाइयों के लिए विश्वविख्यात हैं। महाकाव्य के रूप में कथात्मक सूफ़ी काव्य लिखने की परम्परा मुख्य रूप से निज़ामी की ही देन है। निज़ामी की मसनवी शैली में लिखी पाँच रचनाएँ 'खम्स' या 'पंजगंज' नाम से विख्यात हैं। ये हैं–मखजन अल् असरार (सन् 1176 ई.), खुसरो–शीरीं (सन् 1180 ई.), लैला–मजनू (सन् 1182 ई.), इस्कंदरनामा (सन् 1191 ई.) और हफ्तपैकर (सन् 1198 ई.)। परवर्ती सूफ़ी कवियों पर निज़ामी की रचनाओं का व्यापक प्रभाव दिखाई देता है। इन रचनाओं ने कई ऐसे पारिभाषिक शब्द दिये जो सूफ़ी मत में अत्यन्त लोकप्रिय हो गये।

भारत में अमीर ख़ुसरों ने अपनी पाँच मसनवियाँ "निज़ामी की ही प्रतिस्पर्धा के भाव से और उन्हें 'खम्स' का रूप देकर ही लिखीं और उसने उन्हें क्रमशः 'मतल् उल अनवार', 'शीरी ख़ुसरो', 'मजनू लैला', 'आईन ए इस्कंदरी' तथा 'हश्त विहिश्त' के नाम दिये। उसकी रचनाओं 'शीरी ख़ुसरो' और 'मजनू लैला' की कथाओं का आधार स्वभावतः निज़ामी की वैसी रचनाओं में पाया जाता है, किन्तु एक भारतीय तथा परवर्ती कवि होने के कारण उसने उनमें कई ऐसी नवीन बातों का समावेश कर दिया, जो उनमें नहीं थीं।"[2] हिन्दी के सूफ़ी प्रेमाख्यान, पृ. 7

भारत में सूफ़ी मत का आगमन 11वीं सदी के आरम्भ में माना जाता है। हालाँकि इस्लाम का भारत में प्रवेश सन् 711 ई. में मुहम्मद बिन कासिम के आक्रमण के समय से ही हो चुका था। लेकिन सूफ़ी मत का

व्यवस्थित विकास इसके मूल स्थान में ही बहुत बाद में हुआ था और लगभग साथ–साथ में भारत में भी इसका आरम्भिक प्रचार होने लगा था। भारत में सूफ़ी मत का प्रचार करने का श्रेय अल हुज्वरी को दिया जाता है, जो सूफ़ी मत के एक प्रमुख सिद्धान्तकार माने गये हैं। वे एक प्रसिद्ध विद्वान और धर्माचार्य थे। वे सन् 1036 ई. में वर्तमान अफ़ग़ानिस्तान के गजनी शहर से भारत आये थे। उन्हें फ़ारसी भाषा के माध्यम से सूफ़ी मत की विस्तृत रूपरेखा प्रस्तुत करने का श्रेय दिया जाता है। 'कश्फूल मजहूब' उनका प्रसिद्ध ग्रन्थ है, जिसकी रचना 1050 ई. में मानी गयी है। लेकिन 'कश्फूल मजहूब' लिखे जाने के लगभग सौ साल बाद ईरान में निज़ामी ने अपने सूफ़ी महाकाव्य प्रस्तुत किये थे और उसके भी सौ साल बाद भारत में अमीर खुसरो मसनवी शैली में सूफ़ी महाकाव्यों की रचना करते हैं। खुसरो की ये रचनाएँ फ़ारसी में थीं। हिन्दी साहित्य के विद्यार्थियों और अध्यापकों में से बहुत कम को यह जानकारी है कि अमीर खुसरो हिन्दी से ज़्यादा फ़ारसी के बड़े रचनाकार हैं। हिन्दी में उन्हें हिन्दी साहित्य के इतिहास के आदिकाल के अन्तर्गत पढ़ा जाता है।

हिन्दी में मसनवी शैली में सूफ़ी काव्य लिखे जाने की परम्परा अमीर खुसरो के लगभग सवा सौ साल बाद सन् 1397 ई. में मुल्ला दाऊद कृत 'चन्दायन' से आरम्भ होती है। इनके बाद कुतुबन, जायसी, मंझन, उस्मान आदि आते हैं। अमीर खुसरो से हिन्दी के इन सूफ़ी कवियों में भाषा का अन्तर तो है ही। और भी अनेक अन्तर हैं। अमीर खुसरो से अलग हिन्दी के इन सूफ़ी कवियों ने प्रचलित भारतीय प्रेमाख्यानों को ही अपना आधार बनाया। शैली मसनवी रखी, लेकिन सांस्कृतिक परिप्रेक्ष्य पूरी तरह से भारतीय रखा। भाषा बोलचाल की अवधी रखी। छन्द, कथा–रूढ़ियाँ, साधना–पद्धतियाँ आदि सब भारतीय समाज और संस्कृति से ही अपनाएँ। अमीर खुसरों से इन सूफ़ी कवियों का एक बड़ा अन्तर और है। अमीर खुसरो अपने समय के कई दरबारों में रहे, जबकि हिन्दी के अधिकतर सूफ़ी कवि सत्ताकेन्द्रों से अलग रहकर अपनी रचनाएँ लिख रहे थे।[3] यही कारण है कि उन्हें भक्तिकाल के अन्तर्गत कबीर, सूर, तुलसी जैसे महान भक्त कवियों के बीच अत्यधिक सम्मान के साथ रखा जाता है।

इन सूफ़ी रचनाओं का सूफ़ी मत की दृष्टि से तो महत्त्व है ही, लेकिन अपने साहित्यक गुणों के कारण ये बहुत ज़्यादा प्रतिष्ठित हैं।

इनका काव्य सूफ़ी मत के प्रचार का निमित्त मात्र नहीं था, बल्कि इनका निश्चित साहित्यिक उद्देश्य भी था। ये सूफ़ी कवि लौकिक कथा को आध्यात्मिक या अलौकिक कथा से कम महत्त्व देते नहीं जान पड़ते। सूफ़ी काव्य के सन्दर्भ में 'इश्क़ हक़ीक़ी' (ईश्वरीय प्रेम) और 'इश्क़ मज़ाज़ी' (लौकिक प्रेम) पद बहुत प्रसिद्ध हैं। इस दृष्टि से देखें तो इन सूफ़ी कवियों में इश्क़ मज़ाज़ी की कथा इश्क़ हक़ीक़ी की कथा से कम महत्त्वपूर्ण नहीं है। इन सभी कवियों का मन लौकिक पात्रों की कथा कहने में ख़ूब रमता है और इसी के परिणामस्वरूप इनकी रचनाएँ प्रेमाख्यान के रूप में भी अत्यन्त लोकप्रिय रही हैं और बांग्ला आदि अन्य भाषाओं के अपने समकालीन और परवर्ती साहित्यकारों पर भी उनका व्यापक प्रभाव दिखाई पड़ता है।

हम इस निबन्ध में आगे इन सूफ़ी कवियों की रचनाओं में भारतीयता के तत्त्वों पर विचार करेंगे।

सबसे पहले विचार करते हैं कथा के स्रोत पर। हिन्दी क़े सूफ़ी कवियों के सामने फ़ारसी के सूफ़ी काव्य की कथाओं का अनुसरण करने का विकल्प था। उनसे पहले अमीर खुसरो फ़ारसी में लिखी अपनी सूफ़ी रचनाओं के लिए खुसरो–शीरीं और लैला–मजनूं जैसी फ़ारसी प्रेमकथाओं का अनुसरण कर चुके थे। लेकिन हिन्दी के सूफ़ी कवियों ने उनसे अलग मार्ग अपनाया और अपने आस–पास के समाज में प्रचलित कथाओं को अपनाने या उन्हीं से प्रेरित होकर काल्पनिक भारतीय पात्रों से बुनी कथा कहने का विकल्प चुना।

हिन्दी के पहले सूफ़ी कवि मुल्ला दाऊद ने चन्दायन (रचनाकाल 1397 ई.) में लोरिक–चन्दा की प्रसिद्ध लोककथा को चन्दायन का आधार बनाया। लोरिक–चन्दा की कहानी थोड़े फेरबदल के साथ अनेक प्रान्तों में पहले से प्रचलित थी। बिहार, छत्तीसगढ़ आदि में उन पर आधारित काव्य प्रचलित थे। न सिर्फ़ लोककथाओं के रूप में बल्कि लिखित साहित्य के रूप में भी उनका अस्तित्व था। पात्रों के नाम में मामूली–से फेरबदल के साथ लोरिक–चन्दा की कहानी के कई संस्करण पहले से प्रचलित थे। लोरिक चन्दा की कहानी में चन्दा के प्रेम में पड़ने से पहले लोरिक की एक पत्नी थी, जिसका नाम कहीं 'मैना' के रूप में मिलता है, कहीं 'मंजरी' के रूप में। कुछ संस्करणों में तो मैना और लोरिक की कथा ही मुख्य प्रेमकथा है। चन्दा की कथा का प्रसंग ग़ायब मिलता है। आचार्य परशुराम चतुर्वेदी ने लिखा है कि बिहार के भागलपुर के आस–पास के क्षेत्रों में लोरिक–चन्दा

की कहानी बृहत् रूप में रामायण की तर्ज़ पर 'लोरिकायन' के नाम से प्रसिद्ध थी, जिसके रामायण की तर्ज़ पर ही सात सर्ग भी माने गये थे।[4]

हिन्दी के पहले सूफ़ी काव्य 'चन्दायन' में लोरिक और मैना पति–पत्नी हैं। दोनों एक–दूसरे से प्रेम करते हैं। लेकिन फिर लोरिक चन्दा के प्रति आसक्त होता है। चन्दा को पाने के लिए लोरिक अनेक बाधाओं का सामना करता है। चन्दा के प्रति कई अन्य पुरुष भी आसक्त होते हैं। उन सबसे लोरिक की लड़ाई होती है। पराक्रमी लोरिक सबको मारते हुए चन्दा को प्राप्त कर लेता है। फिर चन्दा को साँप काट लेता है और वह मूर्च्छित हो जाती है। ऐसे में देवी भगवती लोरिक की सहायता करती हैं और चन्दा को स्वस्थ करने के लिए ओझा को भेज देती हैं। फिर चन्दा को साथ लेकर लोरिक लौटता है, जहाँ मैना और चन्दा दोनों लोरिक के साथ जीवन गुज़ारती हैं। चन्दायन में कई अन्य पात्र भी हैं और अनेक घटनाएँ हैं, जिनका वर्णन हम नहीं कर रहे हैं।

इस पूरी कथा में फ़ारसी का रंग चढ़ा हुआ नहीं मिलता। पूरी तरह से एक भारतीय लोककथा को साहित्यिक रूप दिया गया जान पड़ता है, जिसमें कई पूर्वप्रचलित साहित्यिक रूढ़ियों का समावेश मिलता है और कहीं–कहीं ईश्वर से प्रेम सम्बन्धी सूफ़ी मान्यता का समावेश भी है। चन्दायन में मैना पतिव्रता पत्नी के रूप में दिखाई गयी है और यह जानते हुए भी कि लोरिक एक दूसरी स्त्री चन्दा के प्रति आसक्त होकर उसे प्राप्त करने के लिए गया है, उसके वियोग में एक विरहिणी का जीवन बिताती है।

चन्दा के प्रति लोरिक के प्रेम और उसमें निहित संघर्ष की कथा ही सूफ़ी पद्धति के प्रेम की कथा बनती है। इस तरह इसमें भारतीय पतिव्रता पत्नी और सूफ़ी पद्धति के प्रेम, दोनों का समावेश किया गया है। आचार्य परशुराम चतुर्वेदी ने लिखा है कि "प्रेमाख्यानों के अन्तर्गत किसी प्रेमी नायक का अपनी विवाहिता पत्नी के होते हुए भी किसी अन्य सुन्दरी के प्रति आकृष्ट हो जाना तथा उसे प्राप्त करने के लिए यत्न करने लगना बहुत अधिक पाया जाता है। कहीं–कहीं तो उसकी वैसी पत्नियों की संख्या एक से अधिक भी दिख पड़ती है। वैदिक साहित्य के राजा पुरुरवा और महाभारत के राजा दुष्यन्त विवाहित रहने पर तथा अनेक रानियों के रनिवास में होते हुए भी, क्रमशः उर्वशी और शकुन्तला से प्रेम कर सकते थे। उनकी कहानियों को लेकर प्रेमगाथाएँ प्रस्तुत की जा सकती थीं।

इसके उदाहरण मध्यकालीन इतिहास में भी कम नहीं मिलेंगे, जहाँ पर अपने पति के इस प्रकार प्रवास में जाने के कारण पूर्व पत्नियों का विरहिणी बनकर झूरना तक दिखलाया गया है।"[5]

कुतुबन की मिरगावती (रचनाकाल 1503 ई.) हिन्दी का दूसरा सूफ़ी काव्य और जायसी के पद्मावत से पहले की रचना है। इसमें राजकुँवर और मिरगावती या मृगावती की प्रेम–कहानी का वर्णन है। इसमें जो प्रेम–कहानी कही गयी है, वह भारतीय समाज के लिए कोई नयी नहीं है। इसमें राजकुँवर एक अविवाहित राजकुमार है। उसे शिकार का बहुत शोक है। एक दिन वह अपने दोस्तों के साथ शिकार पर निकलता है। जानवरों का पीछा करने के दौरान उसे एक अति सुन्दर हिरणी दिखाई देती है। वह हिरणी का पीछा करना चाहता है, लेकिन उसे अचम्भित छोड़ते हुए वह हिरणी अचानक एक सरोवर में अदृश्य हो जाती है। राजकुमार उसी हिरणी की याद में व्याकुल रहता है। वह हर कहीं उसे तलाश करता है और उसकी याद में सब कुछ भुला देता है। उसके पिता के आकर उसे मनाने पर भी जब वह नहीं लौटता तो उसके पिता वहीं सरोवर के पास एक मन्दिर बनवा देते हैं, जहाँ राजकुँवर पड़ा रहता है। एक दिन वहाँ सरोवर में सात अप्सराएँ नहाने आती हैं। उन्हीं में एक अद्भुत सुन्दरी अप्सरा है मृगावती। राजकुँवर उसे देखते ही मोहित हो जाता है। वह उससे प्रेम–निवेदन करना चाहता है लेकिन वह उसके पास आते ही उड़ जाती है। एक दिन फिर वे अप्सराएँ उस सरोवर में नहाने आती हैं। इस बार राजकुँवर मृगावती से मिलने का एक उपाय निकालता है। वह चुपके से उसके वस्त्र छुपा देता है। जब मृगावती को अपने वस्त्र नहीं मिलते तो राजकुँवर से उसका सामना होता है। वह भी राजकुँवर के प्रति आकर्षित होती है। दोनों का मिलन होता है। दोनों साथ रहने लगते हैं। लेकिन जल्द ही मृगावती राजकुँवर को छोड़कर अपने पिता के नगर को चल देती है। जाते समय वह एक सेविका के पास एक संकेत छोड़ जाती है। उसी संकेत के सहारे राजकुँवर योगी बनकर उसकी तलाश में निकल पड़ता है।

रास्ते में वह समुद्र से घिरे एक द्वीप पर रुक्मिणी नामक एक युवती की एक राक्षस से रक्षा करता है, जिसके बाद उसके पिता राजकुँवर से उसका विवाह करा देते हैं। राजकुँवर मृगावती का एकनिष्ठ प्रेमी और इस विवाह के प्रति अनिच्छुक दिखाया गया है। वह रुक्मिणी से मृगावती से अपने

प्रेम के बारे में बताता भी है। रुक्मिणी का पिता उसे राजपाट का लालच देता है। लेकिन वह कहता है–योगी को राजपाट से क्या काम। फिर भी परिस्थितिवश उसे विवाह करना पड़ता है। लेकिन वह वहाँ नहीं टिकता और फिर से मृगावती की तलाश में निकल पड़ता है।

इस बीच मृगावती के पिता की मृत्यु हो जाती है और वह स्वयं उसके सिंहासन पर आसीन होकर शासन चलाती है। लेकिन वह राजकुँवर को नहीं भूलती। राजकुँवर वहाँ जोगी बनकर पहुँचता है। राजकुँवर को उसकी तपस्या का फल मिलता है। मृगावती और राजकुँवर का फिर से मिलन हो जाता है। दोनों वहाँ बारह बरस तक साथ रहते हैं। वहीं उनके दो पुत्रों का जन्म होता है। यहाँ अनेक मायावी घटनाएँ घटती हैं। राजकुँवर का माया से एक राक्षस द्वारा अपहरण कर लिया जाता है। उसके वियोग में मृगावती व्याकुल रहती है। उधर राजकुँवर उस राक्षस को मार देता है और मृगावती के पास लौट आता है। इस तरह फिर से दोनों का मिलन हो जाता है।

एक दिन राजकुँवर के पिता के दूत उसे बुलाने आते हैं कि उसके पिता वृद्ध हो चले हैं और उसका लौटना अत्यन्त आवश्यक है। राजकुँवर मृगावती से परामर्श कर बड़े बेटे को वहाँ का राजपाट सौंपकर मृगावती के साथ अपने नगर लौट आता है। रास्ते में वह रुक्मिणी को भी यह कहकर अपने साथ ले लेता है कि विवाहित पत्नी को छोड़ा नहीं जा सकता। लौटकर वे सभी एक साथ रहने लगने लगते हैं। एक दिन वन में शेर के शिकार के दौरान राजकुँवर की मौत हो जाती है। उसके वियोग में उसकी दोनों पत्नियाँ उसके शव के साथ सती हो जाती हैं।

इस तरह लौकिक और अलौकिक दोनों कहानियाँ एक साथ चलती हैं। मृगावती को पाने के लिए राजकुँवर जो साधना करता है, उसी के माध्यम से सूफ़ी मत का सन्देश दिया गया है। इसके अलावा सूफ़ी मत में प्रेम के अन्तर्गत विरह को जो अत्यधिक महिमा दी गयी है, उसका समावेश भी मिरगावती में पूरी तरह दिखाई देता है। इस सूफ़ी पक्ष के अलावा पूरी कथा को देखें, तो यह एक साहसिक कारनामों से भरी प्रेमकथा दिखाई देती है, जिसमें पारिवारिक सम्बन्धों का भी सघन ताना–बाना बुना गया है। इस कथा का भारतीय प्रेमाख्यानों की परम्परा से सीधा सम्बन्ध देखा जा सकता है।

मृगावती की कथा कुतुबन कृत मृगावती की रचना के पहले और बाद में भी कुछ असूफ़ी रचनाकारों द्वारा अपनायी गयी दिखती है, जो विशुद्ध रूप से प्रेमाख्यान ही हैं। उनका कोई आध्यात्मिक उद्देश्य नहीं है। यही नहीं, सोमदेव कृत विश्वप्रसिद्ध 'कथासरित्सागर' में भी एक मृगावती की प्रेम कथा मिल जाती है, जिसमें नायक का नाम सहस्रानीक है। हालाँकि यह अत्यन्त छोटी कथा है। लेकिन इसमें भी मृगावती और उसके पति का वियोग हो जाता है।[6]

जायसी के पद्मावत की कथा तो अत्यन्त परिचित है। जायसी से पूर्व के दोनों प्रसिद्ध सूफ़ी कवियों के काव्य से इसमें अन्तर यह है कि पहले की दोनों रचनाओं में ऐतिहासिक कथ्य नहीं है, जबकि जायसी ने पद्मावत में प्रेमकथा के साथ ऐतिहासिक कथा को भी समायोजित कर दिया है। कुतुबन कृत मृगावती की तरह जायसी कृत पद्मावत में भी नायक रत्नसेन राजकुँवर की ही तरह योगी का वेश धारण कर अपनी प्रेमपात्री की खोज में निकल पड़ता है और उसे अपने प्रेम मार्ग में अनेक परीक्षाएँ देनी पड़ती हैं। उसे हर तरह की बाधाओं का सामना करना पड़ता है, लेकिन वह हार नहीं मानता और अन्ततः पद्मावती उसे मिल जाती है। रत्नसेन की पहली पत्नी नागमति का गहरा पति–वियोग दिखाया गया है। पद्मावती के साथ लौट आने पर सभी एक साथ रहने लगते हैं। इसके बाद ऐतिहासिक कथा का प्रारम्भ होता है, जिसमें अलाउद्दीन ख़िलजी प्रतिनायक की भूमिका में दिखाया गया है। इसमें भी नायक की मृत्यु हो जाती है और पतिव्रत धर्म की रक्षा करते हुए पत्नी को सती होते दिखाया गया है।

पद्मावती की कथा में आये नगरों के नाम अधिकतर वास्तविक हैं, लेकिन कथा अधिकतर काल्पनिक है। विशेष रूप से सिंहलद्वीप की यात्रा आदि की कथाएँ। अलाउद्दीन ख़िलजी को जनसमाज में एक कामुक सुलतान माना जाता था। रानी पद्मिनी के प्रति उसकी कामलोलुप दृष्टि और छल से रानी पद्मिनी या पद्मावती को प्राप्त करने के प्रयास की कथा जायसी के पद्मावत लिखे जाने से पहले ही प्रसिद्ध हो चुकी थी। पद्मावत से कई वर्ष पहले लिखी प्रेमगाथा 'छिताईवार्ता' में इस प्रसंग का वर्णन हो चुका था। आचार्य परशुराम चतुर्वेदी का अनुमान है कि जायसी ने यह पूरा प्रसंग वहीं से लिया हो या ज़्यादा सम्भव है कि दोनों ही ने किसी तीसरे लोकप्रसिद्ध स्रोत से इसे अपनाया हो।[7]

जायसी की पूरी पद्मावत भारतीय सांस्कृतिक परम्पराओं की चित्रशाला है। इसके कथा–निरूपण में अनेक कथा–रूढ़ियाँ भारतीय लोकगाथाओं और प्रेमाख्यानक परम्पराओं से अपनायी गयी हैं।

हिन्दी के सूफ़ी प्रेमाख्यानों की परम्परा में अन्य ग्रन्थ हैं मंझन की मधुमालती, उस्मान की चित्रावली, शेख नबी की ज्ञानदीप, कासिमसाह की हंस जवाहिर और अनुराग बाँसुरी आदि। इन सबमें भारतीय प्रेमाख्यानक परम्परा की गूँज और अनुगूँज स्पष्ट पायी जाती है। इन रचनाओं में अधिकतर उन्हीं मार्गों पर चलने की प्रवृत्ति दिखाई देती है, जो चन्दायन, मृगावती और पद्मावत जैसी पहले की विख्यात रचनाओं से बने थे। इसलिए हम इस प्रसंग में और चर्चा नहीं कर रहे हैं।

इन सभी सूफ़ी रचनाओं में भारतीय साहित्यिक–सांस्कृतिक परम्पराओं को अपनाने का प्रमाण अन्य और चीज़ें हैं, जिनकी ओर ध्यान दिलाना हमें ज़रूरी लग रहा है। यह चर्चा हम अलग–अलग काव्य के उदाहरण से करने के बजाय अधिकतर समग्रता में करेंगे क्योंकि जिन विशेषताओं के साक्ष्य से हम बात करने जा रहे हैं, वे प्रायः सभी हिन्दी सूफ़ी काव्य में थोड़े बहुत फेरबदल के साथ मिलती हैं। कोई भी सूफ़ी काव्य उनसे शून्य होने का अपवाद नहीं प्रस्तुत करता।

आचार्य परशुराम चतुर्वेदी ने लिखा है, "जिस समय सूफ़ी प्रेमाख्यानों की रचना हुई उस समय तक उनके रचयिताओं के लिए अनेक ऐसी बातें प्रस्तुत की जा चुकी थीं, जिनका उपयोग वे किसी न किसी रूप में बड़ी सरलता से कर सकते थे। क्या कथावस्तु, क्या काव्य रूप, क्या रचना–शैली और कथा–रूढ़ियों जैसी सामग्री, इनमें से किसी के लिए भी उन्हें सर्वथा नवीन मार्ग निर्मित करने की कोई आवश्यकता नहीं थी। न उन्हें इसके लिए अधिक प्रयास ही करना पड़ा होगा।"[8]

जायसी पर केन्द्रित एक निबन्ध में उन्होंने लिखा है, "जायसी का पद्मावत शुद्ध भारतीय पात्रों को लेकर भारतीय वातावरण में ही विकसित होता है। इसके घटना क्षेत्र, अलौकिक पात्रों के क्रिया–कलाप, नायक–नायिका के आमोद–प्रमोद वा विरह–सन्ताप आदि सम्बन्धी सारी बातें भारतीय हैं। यहाँ तक कि सिंहलदीप तक में भी जो कुछ घटित होता है, वह भी भारतीय आदर्शों के प्रतिकूल जाता नहीं जान पड़ता। किन्तु जायसी ने उसका ढाँचा भारतीय खड़ा करके भी उसके भीतर प्रधानतः सूफ़ी प्रेम पद्धति का मार्ग ही प्रचलित किया है।[9]

यही बात सभी सूफ़ी कवियों के लिए कमोवेश कही जा सकती है। अब बात करते हैं भारतीय वेदान्त से सूफ़ी काव्य के दर्शन की समानता की। जायसी ग्रन्थावली में आचार्य रामचन्द्र शुक्ल ने इस विषय पर विस्तार से लिखा है। डॉ. पीताम्बरदत्त बड़थ्वाल और परशुराम चतुर्वेदी ने भी इस विषय पर लिखा है। भारतीय वेदान्त से सूफ़ी दर्शन की समानता का एक ऐतिहासिक कारण बताया जाता है। आठवीं सदी में अब्बासी वंश ने जब प्राचीन ईरान में अपनी राजधानी स्थापित की, तो उन्होंने अरबी की जगह फ़ारसी को अपनी मुख्य भाषा बनाया। उन्होंने धार्मिक रूप से एक उदार दृष्टिकोण अपनाया और अपने राज्य में दुनिया भर के दार्शनिक मतों के विशेषज्ञों को आमन्त्रित किया। इसमें भारतीय वेदान्त–दर्शन और यूनानी दर्शन की विशेष चर्चाएँ हुईं। वहीं सूफ़ी सन्तों को वेदान्त के ब्रह्मवादी दर्शन से परिचय प्राप्त हुआ और उससे प्रेरित होकर उन्होंने अपने सूफ़ी–सिद्धान्तों में उसका समायोजन किया।

आचार्य रामचन्द्र शुक्ल ने वेदान्त के दार्शनिक तत्त्वों से सूफ़ी दर्शन की समानताएँ दिखलाई हैं। हिन्दी के सूफ़ी काव्य में भी ये समानताएँ विशेष रूप देखी जा सकती हैं। इस समानता का मुख्य आधार अद्वैतवाद का सिद्धान्त है, जिसमें ब्रह्म और जीव की एकता का सिद्धान्त प्रतिपादित किया गया है और ज्ञान प्राप्त होने पर ब्रह्म से साक्षात्कार और ब्रह्मानन्द की बात की गयी है। शुक्लजी ने लिखा है, ''इसमें सन्देह नहीं कि सूफ़ियों को अद्वैतवाद पर लाने वाले प्रभाव अधिकतर बाहर के थे। ख़लीफा लोगों के ज़माने में कई देशों के विद्वान बगदाद और बसरे में आते–जाते थे। आयुर्वेद, दर्शन, ज्योतिष, विज्ञान आदि के अनेक भाषाओं के ग्रन्थों का अरबी में भाषान्तरण भी हुआ।...वेदान्त केसरी का गर्जन भी दूर–दूर तक गूँज गया था।''[10]

अद्वैतवाद के अलावा शुक्लजी ने 'फ़ना' ('गुज़र जाना अर्थात् अहंभाव का सर्वथा त्याग और विषय वासना की निवृत्ति') के सिद्धान्त की चर्चा की है और उसे बौद्धों के 'निर्वाण' की प्रतिध्वनि बताया है। ''कहने की आवश्यकता नहीं कि यह फ़ना बौद्धों के निर्वाण की ही प्रतिध्वनि थी।''[11]

हिन्दी के सूफ़ी काव्य में खुदा को स्त्री रूप में देखा गया है। नायक उससे प्रेम करता है और अपने–आपको भूलकर उसे प्राप्त करने के लिए सारे संकटों का सामना करता है। उससे प्रेम करना और उसे पाना ही

उसका चरम लक्ष्य है। हिन्दी के सभी सूफ़ी कवियों में यह बात समान रूप से मिलती है। बल्कि यही मूल रूप से उनका सूफ़ी–दर्शन है। इसे ब्रह्म और जीव के मिलन की तर्ज़ पर ही निरूपित किया गया है। सभी प्रेमी साधक जैसा व्यवहार करते दिखाये गये हैं। मृगावती के बाद से तो पद्मावत आदि ग्रन्थों में नायक को योगी बनकर प्रेममार्ग में चलते दिखाने की परम्परा ही बन जाती है, जो निश्चित रूप से फ़ारसी के सूफ़ी काव्य परम्परा से अलग बिल्कुल एक भारतीय परम्परा है।

हिन्दी के सूफ़ी कवियों ने अपनी प्रेमकथाएँ कहने के लिए अनेक ऐसी कथा–रूढ़ियाँ अपनायी हैं, जो भारतीय प्रेमाख्यानों में और उत्तर भारतीय समाजों में रची–बसी लोककथाओं में व्यापक रूप से मिलती हैं। नायक का राक्षसों के साथ तथा भयानक जंगली पशुओं के साथ युद्ध और संघर्ष, पशु–पक्षियों की आपसी बातचीत और उनकी बातचीत सुनकर नायक–नायिका का संकेत ग्रहण करना, पवन को दूत बनाकर प्रिय को सन्देश देना, षड्ऋतु वर्णन और बारहमासा आदि वर्णन भारतीय प्रेमाख्यानों में प्रचुरता से मिलते हैं। संस्कृत से लेकर अपभ्रंश के ग्रन्थों में और अनेक लोकगाथाओं में यह सब उपलब्ध है। उन्हीं परम्पराओं से मौलाना दाऊद, कुतुबन, जायसी आदि ने इन्हें अपनाकर अपने काव्य में उनका प्रयोग किया है। कुतुबन की 'मृगावती' में मृगावती राजकुँवर के राक्षस द्वारा अपहरण कर लिए जाने पर पवन को दूत बनाकर राजकुँवर को सन्देश भेजती है। स्पष्ट रूप से इस वर्णन पर कालिदास के मेघदूत की छाप महसूस की जा सकती है। कालिदास की यह मौलिक कल्पना बाद में निश्चित रूप से एक प्रचलित काव्य–युक्ति का रूप ले चुकी होगी, जहाँ से कुतुबन इसे ग्रहण करते हैं। जायसी के पद्मावत में नागमति का वियोग–वर्णन तो पूरी तरह से एक भारतीय परम्परा का ही प्रतिबिम्ब है। इसमें भँवरे, काग आदि के माध्यम से भी अपने प्रिय को सन्देश भेजने का प्रयत्न किया गया है। प्रिय को अपने विरह के दुख का सन्देश देने के लिए षड्ऋतु और बारहमासा का वर्णन सूफ़ी कवियों से पहले के भारतीय काव्य में व्यापक रूप से मिलता है। कालिदास के ऋतुसंहार, अद्दहमाण के सन्देश रासक और विनयचन्द्र सूरी के नेमिनाथ चतुष्पदिका आदि को उदाहरणस्वरूप देखा जा सकता है। मृगावती, पद्मावत, मधुमालती आदि सूफ़ी काव्य–ग्रन्थों में नायिका के विरह का वर्णन करने के लिए इस परम्परा को पूरी तरह अपनाया गया है।

हिन्दी के सूफ़ी कवियों ने हिन्दू देवी–देवताओं को नायक की मदद करते दिखाया है। चन्दायन में देवी भगवती लोरिक की प्रार्थना सुनकर उसकी मदद करती हैं और चन्दा की जान बच जाती है। पद्मावत में इसी तरह महादेव रत्नसेन की मदद करते हैं। हिन्दू परम्परा से कथा ग्रहण करने के साथ ही इन कवियों ने अपने पात्रों को हिन्दू देवी–देवताओं की आराधना करते दिखाने में भी कोई साम्प्रदायिक संकीर्णता नहीं दिखाई है।

भाषा और छन्दों के सन्दर्भ में भी हम सहज ही भारतीयता के तत्त्वों की पहचान कर सकते हैं। सभी सूफ़ी कवियों ने अपने ग्रन्थों में बोलचाल की अवधी का प्रयोग किया है। अवधी के जिस रूप का इन कवियों ने इतने व्यापक रूप में प्रयोग किया है इससे लगता है कि भाषा का यह रूप उस समय अवध क्षेत्र से बाहर भी व्यापक रूप से चलन में रहा होगा। सूफ़ी कवियों ने संस्कृत की तत्सम शब्दावली का प्रयोग भी बहुत स्वाभाविक रूप में किया है। इसके अलावा इन कवियों ने परम्परा से प्रचलित मुहावरों को भी व्यापक रूप से अपनाया है, जो इस भाषा और उससे जुड़ी संस्कृति से इन कवियों के घनिष्ठ सम्बन्ध का परिचय देता है।

यही नहीं इन कवियों ने उपमाओं और रूपकों के लिए व्यापक रूप से पूर्वप्रचलित पौराणिक कथाओं और भारतीय महाकाव्यों के पात्रों के नामों और उनसे जुड़े प्रसंगों का भी उपयोग किया है। रामायण और महाभारत के कई पात्रों के प्रसंग इन सूफ़ी काव्य ग्रन्थों में मिलते हैं। चन्दायन में रामायण की घटनाओं की चर्चा की गयी है। मृगावती में रामायण और महाभारत दोनों के पात्रों के कई उल्लेख मिलते हैं। मृगावती में दशरथ के पुत्र–वियोग, राम के सीता वियोग आदि जैसी घटनाओं का उल्लेख उदाहरणस्वरूप किया गया है।

दसरथ सुत वियोग – सुत वियोग दसरथ जस कीन्हां।
सीता हरण प्रसंग – रावन हरी राम घर सीता।
सेतु बन्धन प्रसंग – रामा सेत बाँधेउ सिय लागि।
रावण–वध प्रसंग – रावन मार सिय लै आवा।

इस तरह के अनेक उल्लेख मृगावती में किये गये है।[12] जायसीकृत पद्मावत में भी ऐसे उल्लेख मिल जाते हैं। महत्त्वपूर्ण बात यह है कि रामायण की कथा के विभिन्न प्रसंगों का जैसे इन कवियों ने उल्लेख किया है, उससे यह स्पष्ट पता लगता है कि रामचरितमानस के रचे जाने के

पहले रामकथा का व्यापक प्रचलन जनसमाज में रहा होगा, जिनसे इन सूफ़ी कवियों ने प्रेरणा ग्रहण की होगी।

कुल मिलाकर हम कह सकते हैं कि इश्क़ हक़ीक़ी का सन्देश देने वाले हिन्दी के सूफ़ी कवियों ने भारतीयता का दामन कसकर पकड़ा है और भारतीयता उनके यहाँ बाहरी अलंकरण की तरह नहीं, बल्कि काव्य–चेतना के अन्तरंग तत्त्व की तरह प्रकट होती है। यही कारण है कि इन सूफ़ी कवियों को पढ़ें, तो इनकी रचनाएँ बिल्कुल अपनी–सी लगती हैं।

सन्दर्भ

1. परशुराम चतुर्वेदी, हिन्दी के सूफ़ी प्रेमाख्यान, हिन्दी ग्रन्थ रत्नाकर, बम्बई, 1962, पृ. 16
2. वही, पृ. 7
3. यह एक सामान्य स्वीकृत धारणा है। हालाँकि इसके अपवादस्वरूप मंझन के बारे में परमेश्वरीलाल गुप्त ने लिखा है कि मधुमालती के रचनाकार का नाम मीर सैय्यद मंझन था। "अब तक हम उन्हें शेख मंझन समझते रहे, वह ग़लत है। नाम के साथ मीर का प्रयोग इस बात का संकेत करता है कि वे कोरे कवि न थे, बल्कि शासन में एक अधिकारी, सम्भवतः न्यायाधीश भी थे।" परमेश्वरीलाल गुप्त, कुतुबन कृत मिरगावती, पृ. 40
4. परशुराम चतुर्वेदी, हिन्दी के सूफ़ी प्रेमाख्यान, पृ. 32
5. वही, पृ. 39–40
6. विष्णु प्रभाकर (सम्पादक), कथासरित्सागर, सस्ता साहित्य मण्डल, नयी दिल्ली, 2010, पृ. 40–41
7. परशुराम चतुर्वेदी, हिन्दी के सूफ़ी प्रेमाख्यान, पृ. 70–71
8. वही, भूमिका, पृ. 21
9. परशुराम चतुर्वेदी, मध्यकालीन प्रेमसाधना, साहित्य भवन, इलाहाबाद, 1952, पृ. 90
10. रामचन्द्र शुक्ल, जायसी ग्रन्थावली, पृ. 179
11. वही, पृ. 179
12. परमेश्वरीलाल गुप्त, कुतुबनकृत मिरगावती, विश्वविद्यालय प्रकाशन, वाराणसी, 1967, पृ. 74–75

परमात्मा की अपार ज्योति को धारण करने वाले गुरु नानक देव

यह काया महल ही हरि का मन्दिर है। इसी में परमात्मा की अपार ज्योति को धारण करो।'

काइया महलु मन्दरू घर हरि का
तिथु महि राखी जोति अपार।

भक्तिकालीन सन्त काव्यधारा के महान भक्त गुरु नानक देव की उपर्युक्त पंक्तियाँ हमें जीवन की सच्ची दिशा देती हैं, भावनाओं को परखने की सच्ची कसौटी देती हैं और सही मायनों में ईश्वर का सच्चा पता देती हैं। ऐसी महान पंक्तियों के रचयिता की आत्मा कितनी महान और पवित्र होगी, इसकी कल्पना करना भी मुश्किल है। लेकिन हम कुछ मोटे–मोटे शब्दों में गुरु नानक देव की कविताओं में व्यक्त अनुभूतियों से साक्षात्कार करने का प्रयास करेंगे।

सन्त काव्यधारा निर्गुण ब्रह्म की उपासना पर आधारित है। निर्गुण ब्रह्म की सर्वव्यापकता के प्रति विश्वास और उसके प्रति भक्त का एकनिष्ठ समर्पण वह मूलभूत चीज़ है, जो सभी निर्गुण सन्त कवियों में एक समान पायी जाती है। गुरु नानक भी इसके अपवाद नहीं थे। सन्त कबीर उनके पूर्ववर्ती भक्त कवि थे और उनके द्वारा प्रचारित निर्गुण भक्ति का प्रसार दूर–दूर तक हो चला था।

गुरु नानक का जन्म सन् 1469 ई. में वर्तमान लाहौर के तलवंडी नामक गाँव में हुआ था। बचपन से ही नानक की अभिरुचि आध्यात्मिक क़िस्म की हो चुकी थी। युवा होते–होते वे निर्गुण भक्ति के मार्ग पर चल चुके थे। देश–भ्रमण करना अन्य सन्त कवियों की तरह उनके जीवन का भी अंग बन चुका था।

उन्होंने भ्रमण के माध्यम से संसार की नश्वरता और जीवन के सार को अनुभूत किया और सभी जीवों से प्रेम करने वाले सर्वव्यापी निराकार ईश्वर को ही एकमात्र सत्य के रूप में प्राप्त किया।

गुरु नानक का निर्गुण भक्ति के प्रति रुझान होने के पीछे एक निश्चित सामाजिक–राजनीतिक सन्दर्भ भी माना जाता है। बालक नानक का जन्म और पालन–पोषण जिस स्थान में हुआ था, वह इस्लाम अपना चुके एक राजपूत शासक राइभोइ के द्वारा शासित क्षेत्र था। आचार्य परशुराम चतुर्वेदी ने लिखा है, "गुरु नानक के जन्म के समय राइभोई का वंशज राय वुलर वर्तमान था और उसने उस गाँव की रक्षा के लिए एक दुर्ग भी बना लिया था। राय वुलर में धार्मिक सहनशीलता पर्याप्त मात्रा में विद्यमान थी। उसके द्वारा शासित ग्रामीण समाज में विद्वेष की भावना की जगह प्रेम और सद्भाव बना रहता था और वहाँ के लोग पूरे सुख और शान्ति का जीवन व्यतीत करते थे। गुरु नानक के प्रारम्भिक जीवन का वातावरण भी इसी कारण बहुत शान्त और निरापद रहा।"[1]

इस सामाजिक वातावरण में ही गुरु नानक ने निर्गुण ईश्वर की भक्ति का वह मार्ग अपनाया, जिसे कबीर प्रवर्तित कर चुके थे और उनसे पहले जिसका प्रचार नामदेव जैसे सन्त भी कर चुके थे। गुरु नानक ने इस निर्गुण भक्ति को अपना एक निराला रूप दिया, जिसकी अपनी एक गुरु परम्परा कायम हुई, जिसे हम सिक्ख धर्म के नाम से जानते हैं। इसके प्रवर्तक और प्रथम गुरु स्वयं गुरु नानक थे। उन्होंने अपने अन्तिम समय में अपने प्रिय शिष्य 'लहिना' को अपना उत्तराधिकारी घोषित किया, जिन्हें गुरु अंगद के नाम से जाना गया।

गुरु नानक ने समय–समय पर अनेक पदों, दोहों या सलोक की रचना की, जिन्हें आगे चलकर आदिग्रन्थ या गुरु ग्रन्थ साहिब में संकलित किया गया, जिन्हें उनके अनुयायियों द्वारा अत्यन्त श्रद्धा के साथ गाया और पढ़ा जाता है। विशाल भारतीय जनता में भी गुरु नानक के प्रति एक विशेष श्रद्धा और सम्मान का भाव मिलता है। निश्चित रूप से इसके पीछे उनकी महान आत्मा और महान प्रतिभा ही उत्तरदायी है, जिसके चलते उन्हें ऐसी व्यापक जनस्वीकृति प्राप्त हुई। हिन्दी साहित्य के इतिहास ग्रन्थों में उनके कृतित्व के बारे में बहुत कम जानकारी मिलती है। सन्त साहित्य के कुछ अध्येताओं ने ही उनके साहित्य पर थोड़ा प्रकाश डाला है।

ऐसे अध्येताओं में आचार्य परशुराम चतुर्वेदी और बलदेव वंशी के नाम लिए जा सकते हैं। हालाँकि इन अध्येताओं ने भी गुरु नानक के साहित्य की विशिष्टताओं को उजागर करते हुए कोई विस्तृत अध्ययन प्रस्तुत नहीं किया है, बल्कि सन्त साहित्य की परम्परा के अंग के रूप में ही उनके कृतित्व का परिचय दिया है। लेकिन फिर भी यह परिचय महत्त्वपूर्ण है।

गुरु नानक के साहित्य की चर्चा करते हुए परशुराम चतुर्वेदी ने लिखा है, ''उनकी प्रसिद्ध रचनाओं में सबसे प्रसिद्ध 'जपुजी' है जो प्रत्येक सिक्ख को प्रिय है और जिसे वह प्रति दिवस प्रातःकाल शान्तिपूर्वक पढ़ा करता है। इसमें कुल 38 छन्द हैं और इसके आदि तथा अन्त में भी एक सलोक है जिसके अन्तर्गत उनके उपदेशों का सार आ जाता है। यह सिक्ख धर्म के अनुयायियों के लिए वैसा ही महत्त्वपूर्ण है, जैसी हिन्दुओं के लिए 'श्रीमद्भगवद्गीता' की पुस्तक समझी जाती है। इसी प्रकार इनकी एक दूसरी प्रसिद्ध रचना 'असा दी बार' है, जो ईश्वर की स्तुति के रूप में है और जो उक्त 'जपुजी' के अनन्तर पढ़ी जाती है। इसके अन्तर्गत 34 पौडियाँ हैं, जिनके बीच–बीच में गुरु नानक देव तथा कहीं–कहीं गुरु अंगद के भी कुछ सलोक सम्मिलित कर लिए गये हैं। इसके अतिरिक्त उनकी रचनाओं में से कुछ 'रहिरास' नामक पद–संग्रह में आयी हैं। वे अन्य गुरुओं की वैसी ही रचनाओं के साथ सूर्यास्त के समय पढ़ी जाती हैं। कुछ को 'सोहिला' नामक संग्रह में स्थान मिला है, जिनका 'सोवन बेला' अर्थात् सोने के समय पाठ हुआ करता है। इस संग्रह में भी अन्य गुरुओं की रचनाएँ रखी गयी हैं। गुरु नानक की शेष रचनाएँ फुटकर पदों आदि के रूप में 'गुरु ग्रन्थ साहब' के अन्तर्गत भिन्न–भिन्न रागों में महला–1 के अन्तर्गत संग्रहित हैं। इनमें अनेक महत्त्वपूर्ण विषय–जैसे ब्रह्म, माया, नाम, गुरु, आत्मज्ञान, भक्ति, नश्वरता आदि का वर्णन व प्रतिपादन किया गया है।''[2]

अब हम गुरु नानक देव की रचनाओं की विषयवस्तु के आधार पर उनकी विशेषताओं पर प्रकाश डालने का प्रयास करेंगे। सबसे पहले तो यह कहना आवश्यक है कि गुरु नानक देव की रचनाएँ सन्त काव्य परम्परा का अंग होने के कारण सन्त–काव्य परम्परा की अनेक विशेषताएँ अपने साथ लेकर आती हैं। इसलिए अपने कथ्य में वे कबीर, नामदेव, रैदास जैसे सन्तों

की काव्यानुभूतियों से मिलती–जुलती हैं। लेकिन अपनी अभिव्यक्ति–शैली के कारण वे कई जगह अलग भी हो जाती हैं।

उनकी सबसे प्रसिद्ध और धार्मिक–आध्यात्मिक दृष्टि से सर्वाधिक महत्त्वपूर्ण पंक्तियों के माध्यम से, जिनका कि नित्य पाठ देश और विदेश में होता है, ईश्वर के प्रति उनकी धारणा का परिचय हम प्राप्त कर सकते हैं–

एक ओंकार सतिनाम करता पुरखु, निरभउ, निरबैरू।
अकाल मूरति अजूनी सैभं गुरप्रसादि।।
आदि सचु जुगादि सचु, है भी सचु नानक होसी भी सचु।

अर्थात् वह एक ओंकार परम पूर्ण ब्रह्म है। वही समस्त ब्रह्माण्ड का निर्माता है। वही परम सत्य है। वही ईश्वर है। वह सब कुछ करने में समर्थ है। वह पूरी तरह से निर्भय या भय से रहित है। वह किसी के प्रति बैर–भाव नहीं रखता है। वह काल के बन्धनों से परे है। वह सार्वकालिक, अविनाशी है। वह निराकार, अजन्मा है, जन्म–मरण के बन्धनों से मुक्त है। वह स्वयं के प्रकाश से प्रकाशित है। वह स्वयं दिव्य ज्योति है।

गुरु के प्रसाद अर्थात् कृपा से सब सम्भव है क्योंकि वही प्राणी या जीवात्मा को अज्ञान से ज्ञान की ओर, अँधेरे से प्रकाश की ओर मोड़ता है।

वह परमात्मा, परम ब्रह्म सृष्टि के आरम्भ में भी सत्य था, युग–युग से सत्य है और वर्तमान में भी सत्य है। भविष्य में भी वही सत्य रहेगा। इस तरह भूत, वर्तमान और भविष्य में वह निरंकार, अकाल पुरुष ही स्थापित है।

ईश्वर के विषय में इतनी व्यापक धारणा को अपनी इस रचना में समेटने वाले गुरु नानक देव की अनेक रचनाओं में ईश्वर की व्यापकता और उदारता के दर्शन मिलते हैं।

साचा साहिबु साचु नाइ
भाखिआ भाउ अपारू।
आखहि मंगहि देहि देहि
दाति करे दातारू।

ईश्वर सत्य है व उसका नाम सत्य है। अलग–अलग विचारों एवं भावों तथा बोलियों में उसे भिन्न–भिन्न नाम दिये गये हैं। सभी जीव उसकी दया की भीख माँगते हैं, सभी जीव उसकी कृपा के अधिकारी हैं

और वह परम ईश्वर भी हमें हमारे कर्मों के अनुसार अपनी दया प्रदान करता है।

गुरु नानक देव ने ईश्वर को धार्मिक मतभेदों और बाहरी विधि–विधानों से परे बताया है। बाहरी विधि–विधानों की जगह एकनिष्ठ भाव से आत्मा को परमात्मा में लीन कर देना ही उनके अनुसार मुक्ति का रहस्य है। वह परमात्मा हमारे अच्छे कर्मों से मिलता है। एक पद में वे कहते हैं–

हिन्दू के घरि हिन्दू आवै। सुतु जनेउ पड़ि गति पावै।।
सुतु पाइ करे बुरिआई। नाता धोता थाइ न पाई।।
मुसलमान करे वडिआई। बिणु गुरु पीर कै थाइ न पाई।।
राहु दसाइ ओथै को जाइ। करणी बाझहु भिसति न पाई।।

हिन्दू के घर में जन्म ले लेने से गले में सूत का जनेऊ तो पड़ जायेगा, लेकिन जनेऊ गले में धारण करके बाहरी क्रिया–कर्म कर लेने से बुरे कर्म करने का अधिकर नहीं मिल जाता। ठीक इसी तरह मुसलमान को भी बिना गुरु के, बिना सच्चे पीर के, सच्ची कल्याणकारी शिक्षाओं पर अमल किये बिना, सिर्फ़ मुसलमान होने के अभिमान में चूर होने से बहिश्त यानी स्वर्ग नहीं मिल जाता। उसके लिए अच्छे कर्म होने चाहिए, सच्ची मानव–सेवा और अपने ईश्वर के प्रति सच्ची आस्था होनी चाहिए। इस तरह गुरु नानक देव ने किसी निश्चित धर्म का अनुयायी होने के अहंकार के बजाय अच्छा कर्म करने पर सबसे ज़्यादा ज़ोर दिया है।

ईश्वर सार्वकालिक, अविनाशी और सर्वव्यापी है, यह बात सभी सन्त कवियों की रचनाओं में अभिव्यक्त हुई है। ईश्वर कहाँ रहता है, इस प्रश्न का जवाब देते हुए कबीर ने कहा है– *'कस्तूरी कुंडलि बसै, मृग ढूँढ़े बन माँहि।'* गुरु नानक कहते हैं–

काहे रे बन खोजन जाई।
सरब निवासी सदा अलेपा, तोही संग समाइ।।
पुष्प मध्य ज्यों बास बसत है, मुकर माहि जस छाई।
तैसे ही हरि बसै निरन्तर, घट ही खोजौ भाई।।
बाहर भीतर एकै जानों, यह गुरु ग्यान बताई।
जन नानक बिन आपा चीन्हे, मिटै न भ्रमकी काइ।।

एक दोहे में भी वे यही बात इस तरह कहते हैं–

मुरसिद मेरा मरहमी, जिन मरम बताया।
दिल अन्दर दिदार है, खोजा तिन पाया।।

जैसा कि उपर्युक्त दोहे में भी हम देख सकते हैं, ईश्वर की दयालुता के अलावा सच्चे गुरु की दयालुता की महिमा का उल्लेख भी गुरु नानक ने अनेक रचनाओं में किया है। 'मुरसिद' या 'मुर्शिद' अर्थात् गुरु या पथप्रदर्शक ने ईश्वर का मर्म बताया और यह ज्ञान दिया कि प्रभु का वास दिल के अन्दर ही है। जो सच्चे दिल से उसे वहाँ खोजता है, वह उसे प्राप्त कर लेता है।

सन्त कौन है, भक्त कौन है, भक्त होने की क्या शर्तें हैं, इस तरह के प्रश्नों पर उन्होंने अनेक रचनाओं में विचार व्यक्त किये हैं। दो दोहे देखिए–

हिरदे जिनके हरि बसे, ते जन कहियहि सूर।
कही न जाई 'नानका' पूरि रह्यौ भरपूर।।
मन की दुबिधा ना मिटे, भक्ति कहाँ के होय।
कउड़ी बदले 'नानका', जन्म चल्या नर खोय।।

निम्नलिखित पद में गुरु नानक ने 'सन्त' की श्रेष्ठ परिभाषा दी है। ऐसे सन्तों के हृदय में ही परमेश्वर का निवास होता है–'तेहि घट ब्रह्म निवासा'।

जो नर दुख में दुख नहिं मानै।
सुख सनेह अरु भय नहिं जाके, कंचन माटी जानै।।
नहिं निन्दा नहिं अस्तुति जाके, लोभ–मोह अभिमाना।
हरष शोक तें रहै नियारो, नाहिं मान–अपमाना।।
आसा मनसा सकल त्यागि के, जग तें रहै निरासा।
काम, क्रोध जेहि परसे नाहीं, तेहि घट ब्रह्म निवासा।।
गुरु किरपा जेहि नर पै कीन्हीं, तिन्ह यह जुगुति पिछानी।
नानक लीन भयो गोबिंद सों, ज्यों पानी सों पानी।।

गुरु नानक ने अपनी रचनाओं और उपदेशों के माध्यम से मानव–धर्म की स्थापना की है। उन्होंने सर्वत्र आत्मकेन्द्रित आस्था की जगह परदुखकातरता और निःस्वार्थ सेवा को महत्त्व दिया है। धर्म, धन, जाति, रंग, लिंग आदि के आधार पर किसी तरह के भेद–भाव के बजाय मनुष्य मात्र की समानता पर उन्होंने अत्यधिक बल दिया है। बलदेव वंशी ने लिखा है–

"अपने का धनबल, बाहुबल और जातिबल के आधार पर श्रेष्ठ मानने वालों को गुरु नानक ने मानवीय पाठ पढ़ाया तो साथ ही निम्न या नीचा कहे गये लोगों को आत्मिक बल प्रदान करके आत्मिक श्रेष्ठता का नैतिक बोध प्रदान किया। आर्थिक दृष्टि से निम्न लोगों को आत्मिक रूप में धनवान बनाया।"[3]

कबीर ने कहा है–

जाति न पूछो साधु की, पूछ लीजिए ज्ञान।
मोल करो तलवार का पड़ा रहन दो म्यान।।

सन्त रैदास कहते हैं–

रविदास जन्म के कारनै, होत न कोउ नीच।
नर कूं नीच करि डारि है, ओछै करम को नीच।।

अथवा

जन्म जाति को छांड़ि करि, करनी जान परधान।
इत्यौ वेद कौ धरम है, करै रविदास बखान।।

गुरु नानक देव भी कर्म के आधार पर जाति–निर्धारण पर ज़ोर देते हैं। वे कहते हैं– *'नानक उतमु नीच न कोई'*। कोई मनुष्य ऊँचा या नीचा नहीं है। उनकी दृष्टि में परमात्मा को भुला देने वाला ही 'कमजाति' या नीच है–

खसमु विसारहि ते कमजाति, नानक नावै बाझ सनाति।

कबीर के समान ही स्थापना देते हुए वे कहते हैं–

जाणहु जोति न पूछहु जाती आगै जाति न हे।

वे मानते हैं कि सभी मनुष्यों में एक ही प्रभु की ज्योति विद्यमान है। उस ज्योति को पहचानो। किसी की जाति पूछकर उसका मूल्याँकन मत करो। आगे यानी मृत्यु के बाद परलोक में जाति किसी के साथ नहीं जाती है।

नारी के विषय में गुरु नानक ने बहुत मानवीय होकर विचार व्यक्त किये हैं। नारी को जननी, बेटी, पत्नी, बहन अनेक रूपों में देखा गया है। लेकिन एक रूप कामिनी का भी है, जिसकी निन्दा भक्त कवियों ने बहुत ज़्यादा की है। इस निन्दा को कई बार स्त्री मात्र की निन्दा मान लिया जाता है। समाज के आधे हिस्से को इस तरह 'कामिनी' मान लिया जाना निश्चित रूप से भर्त्सना के योग्य है। यह समाज में स्त्री की अनेक आयामी भूमिकाओं

की सरासर उपेक्षा करना है। एक तर्क यह भी दिया जाता है कि पुरुष को या सन्तों को कामासक्त यदि स्त्रियाँ करती हैं, तो ऐसे ढीले चरित्र वाले सन्तों की भर्त्सना करना ज़्यादा सही होगा। इसके लिए केवल स्त्रियों को 'कामिनी' कहना उस पर एकतरफ़ा आरोप मढ़ देना है और पुरुषवादी रवैया है। कबीर जेसे सन्त कवि की बात करें, तो उन्होंने नारी को माया और कामिनी कहा है, तो साथ में जननी भी कहा है। उनके अनुसार–

नारी जननी जगत की पाल पोश दे तोश।
मूरख राम बिसार के ताहि लगावै दोश।।

उन्होंने परमेश्वर को भी जननी कहा है–'हरि जननी मैं बालक तोरा।' इस तरह उन्होंने मातृत्व के प्रति सम्मान व्यक्त किया है। अपनी अनेक कविताओं में उन्होंने स्वयं को ही स्त्री मानकर ईश्वर के प्रति प्रेम की अभिव्यक्ति की है। गुरु नानक ने नारी के प्रति बहुत स्वस्थ और मानवीय दृष्टिकोण का परिचय दिया है। सम्भवतः पूरे भक्तिकाव्य में किसी पुरुष भक्त कवि की नारी के सम्मान के सम्बन्ध में इतनी स्पष्ट अभिव्यक्ति नहीं मिलती, जितनी गुरु नानक के निम्नलिखित पद में मिलती है–

भंडि जमीऐ भंडि निमीऐ भंडि मंगणु वीआहु।
भंडहु होवै दोसती भंडहु चलै राहु।।
भंडु मुआ भंडु भालीऐ भंडि होवै बंधानु।
सो किउ मन्दा आखीऐ जितु जमहि राजान।।
भंडहु ही भंडु ऊपजै भंडै बाझु न कोइ।
नानक भंडै बाहरा एको सचा सोइ।।

उपर्युक्त पद में 'भंडु' का अर्थ स्त्री है, 'भंडि' का अर्थ स्त्री से और 'भंडहु' का अर्थ है स्त्री के द्वारा। पद का अभिप्राय यह है कि स्त्री से ही पुरुष का जन्म होता है। स्त्री के साथ ही उसकी सगाई होती है और विवाह होता है। स्त्री के माध्यम से ही वह समाज के और लोगों से रिश्तेदारी जोड़ता है। अगर स्त्री की मृत्यु हो जाये, तो संसार चलाने के लिए अन्य स्त्री की तलाश करते हैं। जिस स्त्री जाति से बड़े–बड़े महापुरुष और राजा भी पैदा होते हैं, उसे बुरा कैसे कहा जा सकता है? स्त्री से ही स्त्री पैदा होती है। हे नानक! यह सार्वभौम और सार्वकालिक तथ्य है कि केवल एक

परमेश्वर ही है, जो स्त्री से पैदा नहीं हुआ। अन्यथा संसार में सभी मनुष्यों को जन्म देने वाली स्त्री ही है। इस आधार पर नानक कहते हैं कि मनुष्य चाहे पुरुष हो या स्त्री, यदि वह नित्य ईश्वर के गुण गाता है, तो वह संसार में भाग्यशाली है।

इस तरह हम देखें, तो जीवन के प्रायः सभी पक्षों पर गुरु नानक देव की कविताओं में मनुष्यों को सद्मार्ग दिखाया गया है। ये किसी धर्म या सम्प्रदाय विशेष मात्र के लिए नहीं, सम्पूर्ण मानव की एकता पर आधारित मनुष्य मात्र के लिए कल्याणकारी उपदेश देने वाली रचनाएँ हैं। अन्त में, इस लेख का समापन करने के लिए हमें नज़ीर अकबराबादी की ये पंक्तियाँ सर्वाधिक उपयुक्त लगती हैं–

हैं कहते नानक शाह जिन्हें वह पूरे हैं आगाह गुरु।
वह कामिल रहबर जग में हैं यूँ रौशन जैसे माह गुरु।।
मक़्सूद मुराद, उम्मीद सभी, बर लाते हैं दिलख़्वाह गुरु।
नित लुत्फ़ो करम से करते हैं हम लोगों का निरबाह गुरु।।
इस बख़्शिश के इस अज़मत के हैं बाबा नानक शाह गुरु।
सब सीस नवा अरदास करो, और हरदम बोलो वाह गुरु।।

सन्दर्भ

1. परशुराम चतुर्वेदी, उत्तर भारत की सन्त परम्परा, भारती भण्डार, इलाहाबाद, 1972, पृ. 359
2. वही, पृ. 365
3. बलदेव वंशी, भारतीय सं जीवन और सन्देश, डायमंड बुक्स, नयी दिल्ली, 2007, पृ. 48

शंकरदेव के साहित्य में राष्ट्रीयता

शंकरदेव द्वारा रचित साहित्य उस अखिल भारतीय सांस्कृतिक आन्दोलन का एक अंग है जिसे भक्ति आन्दोलन कहा गया। महाराष्ट्र में नामदेव, एकनाथ, पंजाब में गुरु नानक एवं उत्तर भारत में सूर, कबीर, तुलसी, राजस्थान में मीरा, गुजरात में नरसीदास, बंगाल में चैतन्य महाप्रभु, उड़ीसा में चण्डीदास एवं दक्षिण में आलवार व नयनार और असम में शंकरदेव– इन सभी रचनाकारों में एक ही अन्तश्चेतना प्रवाहित हो रही थी जो समूचे देश को एकमेव भाव से देखती थी। हालाँकि भक्ति आन्दोलन की अखिल भारतीयता के अनवरत नाम जाप के बावजूद पूर्वोत्तर के भक्तिकाव्य और भक्त कवियों की प्रायः उपेक्षा ही हुई है। इस तथ्य को रेखांकित करते हुए प्रो. गोपेश्वर सिंह लिखते हैं–"भक्ति आन्दोलन के अखिल भारतीय चरित्र पर जब बात होती है तो पूर्वोत्तर भारत में चैतन्य महाप्रभु और उनके गौड़ी सम्प्रदाय तक हमारी दृष्टि जाती है और पूरा–का–पूरा वह क्षेत्र एवं उसमें सक्रिय भक्तिधारा हमारी दृष्टि से प्रायः ओझल रहती है। शंकरदेव का नामोल्लेख अवश्य ही कुछ इतिहासकार–आलोचक करते हैं, किन्तु शंकरदेव और उनके भक्तिकाव्य से भक्ति आन्दोलन के चरित्र को जो वैविध्य और विस्तार मिलता है, उसकी वे प्रायः अनदेखी करते हैं, अनदेखी इसलिए कि इससे सगुण–निर्गुण सम्बन्धी बँटवारे का जो सरल मार्ग हिन्दी में बन गया है, उससे कोई हटना नहीं चाहता, जबकि शंकरदेव में सगुण भक्ति अपने भीतर निर्गुण भक्ति के कुछ तत्त्वों को समाहित करके नया रूप ग्रहण करती है और सामाजिक आधार प्रस्तुत करती है।"[1] भक्ति आन्दोलन जागरणधर्मी चेतना से युक्त है। इस आन्दोलन ने समाज की परम्परागत जाति–वर्ण–पितृसत्तात्मक व्यवस्था का खुलकर विरोध किया। भक्ति आन्दोलन के फलस्वरूप समाज में निम्न समझी जाने वाली जातियों, स्त्रियों, आदिवासियों

में चेतना का विस्फोट हुआ जिससे भेदभाव, शोषण और अधीनता पर आधारित समाज व्यवस्था को उन्होंने नकार दिया। वस्तुतः समाज की सोच में परिवर्तन लाना भक्ति आन्दोलन की सबसे बड़ी उपलब्धि रही है। भक्ति आन्दोलन का वैशिष्ट्य इस बात में निहित है कि समाज के भेदभावों, असमानता एवं शोषण को पूरी ईमानदारी और गम्भीरता से रेखांकित करने के बावजूद उसने समाज को विघटित एवं विखण्डित नहीं होने दिया। कहना न होगा कि शंकरदेव का सम्पूर्ण जीवन इसी राष्ट्रीय भावना का विस्तारमात्र है।

शंकरदेव इस अर्थ में विशिष्ट हो जाते हैं कि उन्होंने केवल साहित्य ही नहीं रचा, सन्देश ही नहीं दिये बल्कि आगे बढ़कर विभिन्न कार्यक्रमों द्वारा एक नयी प्राणधारा का संचार भी किया। उनके रचनात्मक व्यक्तित्व का सबसे अनूठा पक्ष यह है कि उन्होंने अपने साहित्य के माध्यम से न सिर्फ़ असम बल्कि पूर्वोत्तर क्षेत्र के लोगों के मन में भक्ति के रसायन द्वारा समूचे राष्ट्र के प्रति भावात्मक एकता का सूत्रपात किया। प्रो. गोपेश्वर सिंह ने इस बात को लक्षित करते हुए लिखा है–"मिथिलांचल में जो सामाजिक–सांस्कृतिक महत्त्व विद्यापति का है और बंगाल में रवीन्द्रनाथ का, वैसा ही सामाजिक–सांस्कृतिक महत्त्व असम की संस्कृति और समाज में शंकरदेव का है। एक तरफ़ तो उन्होंने असम की अपनी पहचान को मजबूत किया और दूसरी तरफ़ उसे भारतीय चिन्ताधारा से जोड़ा और भारतीयता को विस्तार और मजबूती प्रदान की। 'धन्य–धन्य कलिकाल, धन्य नर तनुभाल, धन्य–धन्य भारतवरिषे' के उद्‌घोष के जरिए असमी जाति को राष्ट्र की मुख्यधारा से जोड़ने में वे सफल हुए।"[2]

अपने साहित्य में जब वे एक ईश्वर के रूप में कृष्ण को प्रस्तावित करते हैं तो अनायास ही लोगों के मानस में गुजरात के द्वारिकापुरी का और ब्रजक्षेत्र में मथुरा–वृन्दावन का, असम के अहोम क्षेत्र से ऐसा गहरा लगाव पैदा होता है जो तमाम भौगोलिक उच्चावचनों को एक झटके में पाट देता है। और इस प्रकार यह नववैष्णववाद एक राष्ट्रभाव को पैदा करता है। राष्ट्रीयता का रंग भाषा के रूप में साफ़–साफ़ झलकता है। शंकरदेव ने अपने साहित्य की रचना के लिए जिस भाषा का चयन किया है वह भी उनके राष्ट्रबोध को अभिव्यक्त करती है। उनके द्वारा साहित्य रचना में

प्रयोग की जाने वाली "ब्रजबुलि" वस्तुतः असमी भाषा और ब्रजभाषा के मिलन से बनने वाली भाषा है। ब्रजबुलि की ब्रजभाषा से ध्वन्यात्मक, व्याकरणिक एवं शाब्दिक स्तर की समानता एक समान मानसिक परिवेश का निर्माण करती है। यही साहचर्य भाव, जो राष्ट्रीयता की नींव होता है, शंकरदेव के व्यक्तित्व और कृतित्व में कूट–कूट कर भरा है। वस्त्र और आभूषणों के नामकरण तक इसका विस्तार है, जिसका एक प्रमाण–'वृन्दावनी चीर' है जिसका उल्लेख उनके साहित्य में है एवं जिसका प्रयोग सत्र–नामघरों में भी प्रायः किया जाता था।

श्रीमन्त शंकरदेव ने दो बार सम्पूर्ण भारत की यात्रा की थी। वे बद्रीनाथ से कन्याकुमारी तक और द्वारिकापुरी से जगन्नाथपुरी तक लगभग सभी प्रसिद्ध स्थानों तक गये थे। इस यात्रा में उन्होंने भारत की विविधता में एकता के दर्शन किये। भारतवर्ष की महान सांस्कृतिक परम्पराओं में अन्तर्भूत मौलिक एकात्मवाद को उन्होंने बड़ी गहराई से महसूस किया। तमाम विविधताओं के बीच भेद में अभेद का भाव एवं सांस्कृतिक एकता का मन्त्र इस यात्रा की बड़ी उपलब्धि रही जो उनके साहित्य से लेकर सत्र एवं नामघरों तक अन्तरधारा के रूप में प्रवाहित होती है। इसी का परिणाम है कि शंकरदेव को भारतभूमि से गहरा लगाव है और इसी लगाव के कारण उन्होंने कहा है कि कोटि–कोटि जन्मों के पुण्यों के कारण ही मनुष्य को कभी सौभाग्यवश भारतभूमि पर जन्म मिलता है। वे कहते हैं–

कोटि–कोटि जन्म अन्तरे जाहार
आसे महा पुन्यराशि
सिषि कदाचित मनुष्य होवय
भारतवरिषे आसि।[3]

भारत के गौरव को रेखांकित करते हुए भारतवर्ष के प्रति सभी लोगों के मन में भक्ति भाव जगाने एवं उनमें एक दार्शनिक व सांस्कृतिक ऐक्य का भाव पैदा करने में शंकरदेव की महती भूमिका रही। डॉ. सर्वेश्वर राजगुरु ने इसी सन्दर्भ में कहा है–"किसी व्यक्ति के करोड़ों जन्मों के अच्छे कर्मों के फलस्वरूप भारत में जन्म मिलता है। इस प्रकार असमी लोगों की संस्कृति भारत की संस्कृति का अभिन्न अंग बनती है। शंकरदेव ने उत्तर–पूर्व के लोगों को आपस में मिलाकर उनमें सशक्त राष्ट्रभावना का भाव भरा है।"[4]

राष्ट्रीयता विभेदों को तोड़ती है। जाति, धर्म, नस्ल, भाषा, लिंग, क्षेत्र आदि भेदों को समाप्त करके एकात्मता का सन्देश देती है। भेदभावरहित व्यवहार राष्ट्रीयता की पूर्वशर्त है। शंकरदेव भी कहते हैं कि हरिभक्ति में किसी प्रकार का भेदभाव नहीं होता–

शुना रामायण सबे सभासद यत
हरि भकतरि देखा महत्त्व।
तृण वन वृक्ष पशु पंतगरो गति
एकोवे न बाछे देखा हरिर भकति।।

इसी सन्दर्भ में डॉ. महेश्वर नियोग ने लिखा है–"माधवदेव ने नामघोष में रेखांकित किया है कि गारो, भोटा (भुटिया), यवना (मुस्लिम), मीरी, असमा (अहोम) और कछारी मूल के लोगों ने नामधर्म को स्वीकार किया था जो कि शंकरेदव के समय तक हिन्दूवाद परिधि से बाहर थे। अमूल्यरत्न में असम के भक्तों–गोविन्द (भुटिया) कन्डसाई (मुस्लिम) और भट्टदेव (ब्राह्मण) का जिक्र मिलता है जिन्हें शंकरदेव ने स्वयं नामधर्म में परिवर्तित किया था और ये भक्त असम के वैष्णव भक्तों में विशेष सम्माननीय भी रहे हैं।"[5]

श्रीमंत शंकरदेव ने आदिवासी जनजातियों को समाज की मुख्यधारा में शामिल करने का महत्त्वपूर्ण कार्य किया। इनको जागरूक करके नववैष्णववाद के द्वारा समतामूलक समाज की स्थापना की दिशा में यह एक बड़ा क़दम था। यह भारत की एकता और अखण्डता के लिए अनिवार्य था। शंकरदेव ने 'एकशरणम् नामधर्म' मार्ग सुझाया जिसमें नामस्मरण और कीर्तन का विशेष महत्त्व है। 'भागवत पुराण' में उल्लिखित भक्ति के नौ प्रकारों में से दो प्रकार ये भी हैं। इस भक्तिमार्ग में पुजारी की कोई ज़रूरत नहीं होती है। नामस्मरण और कीर्तन में भक्त, जोकि भगवान का प्यारा होता है, उच्च और निम्न अथवा पवित्र या अपवित्र के खाँचों में नहीं बँटा होता था। यही कारण है कि असम की सामाजिक संरचना में जाति प्रथा के पदाक्रम की कठोरता कम दिखाई पड़ती है। कहना न होगा कि इसमें शंकरदेव की महती भूमिका है। 'महाकवि शंकरदेव' विचारक एवं समाज सुधारक नामक पुस्तक में डॉ. कृष्ण नारायण प्रसाद 'मागध' ने रेखांकित भी किया है–"उनकी कविता का मूल स्वर मानवतावादी है। एको छिद्र न घरन्त हरि...चाण्डाल पर्यन्त करि हरि–भक्ति अधिकारी...शत्रु मित्र उदासीन सबातो

समान आदि उक्तियाँ उनकी ईश्वर कल्पना को साम्य भाव (साम्यवाद नहीं) तक ले जाती हैं। इनमें उनका मानव–प्रेम ही छलकता दिखाई देता है। मानव–मानव में साम्य भाव की यह व्यवस्था कृण्वन्तो विश्वमार्यम् का ही समसामयिक उद्‌घोष है।"[6]

एक राष्ट्र के निर्माण के लिए साझे विश्वास, इतिहास, भूक्षेत्र, साझे जीवन मूल्य व आदर्श और साझी राजनीतिक पहचान की ज़रूरत होती है। राष्ट्रीयता उस राष्ट्र के निवासियों को सामूहिक पहचान का बोध कराती है। राष्ट्रीय शैक्षिक अनुसन्धान और प्रशिक्षण परिषद की 'राजनीतिक सिद्धान्त' पुस्तक में राष्ट्र के बारे में लिखा है–"राष्ट्र बहुत हद तक एक काल्पनिक समुदाय होता है जो अपने सदस्यों के सामूहिक विश्वास, आकांक्षाओं और कल्पनाओं के सहारे एक सूत्र में बँधा होता है। यह कुछ ख़ास मान्यताओं पर आधारित होता है जिन्हें लोग उस समग्र समुदाय के लिए गढ़ते हैं, जिससे वे अपनी पहचान कायम करते हैं।"[7]

समान बर्ताव और सबके लिए स्वतन्त्रता किसी भी राष्ट्र के निवासियों को एकता में बाँधने के लिए अतिआवश्यक है। भेदभाव का निषेध और सभी को समान अवसरों की उपलब्धता ऐक्य भाव को जन्म देने के लिए ज़रूरी है। शंकरदेव ने इस बात को बहुत पहले ही बड़ी गहराई से समझ लिया था। यही कारण है कि न सिर्फ़ साहित्य में कथ्य के स्तर पर बल्कि शिल्प के स्तर पर भी उन्होंने भेदभाव को मिटाने का सफल प्रयास किया है। समता, एकता बन्धुता और समान अवसर उनकी भक्ति और भक्ति रचनाओं की आधारभूत मूल्यचेतना है।

भाषा केवल अभिव्यक्ति का माध्यम भर नहीं है बल्कि यह समूचे सत्ता विमर्श को, सांस्कृतिक परम्पराओं को और सामाजिक स्तरीकरण को भी व्यक्त करती है। शंकरदेव ने अपनी संवेदना को व्यक्त करने के लिए भाषा का चयन ख़ूब सोच समझ कर किया है। उन्होंने ब्रजबुलि और असमी भाषा को संस्कृत पर प्रधानता दी। ऐसा करते समय निःसन्देह उनकी दृष्टि भारतवर्ष पर रही होगी और ह्रदय के केन्द्र में एक राष्ट्र भाव रहा होगा। कहना न होगा कि उनका मूल उद्‌देश्य समावेशी रहा है जो राष्ट्रीयता के लिए बेहद ज़रूरी है। 'श्रीमन्त शंकरदेव–भारत बारिसे' नामक पुस्तक में सुदेशन पुरकायस्थ ने सही ही लिखा है–"ब्राह्मणवादी संरचना में शूद्रों और महिलाओं को उनके अधिकारों से वंचित रखा जाता था।

संस्कृत भाषा समाज के प्रभावशाली समूहों जैसे राजाओं, ब्राह्मणों एवं अन्य उच्च वर्णों द्वारा प्रयोग की जाती थी। लेकिन शंकरदेव ने उत्तर भारत के रामानन्द के समान आम आदमी की बोलचाल वाली भाषा को अपने सन्देशों और व्याख्यानों आदि के लिए अपनाया और उसे शास्त्रीय भाषा की गरिमा प्रदान की। उन्होंने भागवत पुराण का अध्ययन किया और उसके अंशों को असमी भाषा के गीतों, नाटकों में प्रयोग किया जिससे कि उनकी सीखें आम असमी व्यक्ति को प्रभावित कर सकें। इस प्रकार असमी भाषिक अस्मिता शंकरदेव के नववैष्णववाद के द्वारा आकार प्राप्त करती है।"[8]

यह समावेशी दृष्टिकोण भाषा के चयन तक ही सीमित नहीं था अपितु शंकरदेव के शब्द–भण्डार में भी इसकी झलक दिखाई पड़ती है। इनका काव्य लोकचेतना से सम्बन्धित और अनुप्राणित था। अतः लोकचेतना के प्रतीक स्वरूप देशज शब्दों का भी भरपूर प्रयोग मिलता है। उनमें असम की विभिन्न जनबोलियों के भी अनेक शब्द मिलते हैं। तद्भव और देशज शब्दों के उदाहरणस्वरूप ये शब्द देखे जा सकते हैं–छाति (छत्र), नेत (वस्त्र विशेष), तेतिक्षण (तत्क्षण), दरिशन (दर्शन), थान (स्थान), तंभ (स्तम्भ), मिथुन (जातीय पशु), मातिला (बुलाया), डाकि (पुकार), बोवाली (हाहाकार), ऐरि (त्यागना) आदि।

शंकरदेव ने अपने एकशरणम् नामधर्म द्वारा छोटे–छोटे समुदायों में बँटे असम के लोगों को आपस में जोड़ा। पुरोहितपन्थी बाह्याचारों से मुक्ति दिलाने और भारतीय दर्शन और अध्यात्म को लोकभाषा में प्रस्तुत कर मानवधर्म के रूप में नामधर्म का विकास करना उनकी संगठनवृत्ति और लोकनायकत्व का ही परिणाम था। भक्ति उनके लिए सामाजिक संगठन और उन्नयन का साधन थी, प्रेमोन्माद अथवा गलित भावुकता मात्र नहीं। उन्होंने तत्कालीन भारत में प्रचलित वैष्णव भक्ति का देशज और जनोन्मुखी रूप परिकल्पित और प्रस्तावित किया। डॉ. नगेन्द्र लिखते हैं–"शंकरदेव ने भागवत पुराण को अपना उपजीव्य ग्रन्थ बनाकर भक्ति विषयक विचार प्रस्तुत किये हैं। आत्म–समर्पण की भावना की स्वीकृति होने से यह भक्ति–सम्प्रदाय अन्य वैष्णवों से कुछ भिन्न लक्षित होता है किन्तु मूल विचार में भेद नहीं है। इनकी भक्ति में दास्य भावना का प्राधान्य है। दास्य भावना की भक्ति के कारण इन भक्तों को शरणिया शब्द से अभिहित किया जाता है।"[9] इस शरणिया भक्ति का आधारस्रोत ईश्वर के प्रति समर्पण के

साथ–साथ मानव–मैत्री और बन्धुता है। यहाँ इस तथ्य की ओर विशेष ध्यान देने की ज़रूरत है कि शंकरदेव के साहित्य में प्राप्त सामाजिक शिष्टाचार के निर्देश प्रायः सर्व–भारतीय हैं। यथा, अभिवादन पद्धति प्रायः समान है। जो व्यक्ति सम्माननीय होते थे उनके लिए 'नमो', 'नमस्ते', 'नमस्कार', 'प्रणाम' आदि सम्बोधनों का प्रयोग प्रचलित था। साष्टांग दण्डवत और प्रदक्षिणा का भी उल्लेख उनके साहित्य में मिलता है। यह वस्तुतः उनके काव्य में सांस्कृतिक एकात्मता का ही विस्तार है जो भारत की राष्ट्रीयता के निर्माण की नींव तैयार करता है। डॉ. विरिचि कुमार बरूदा ने 'शंकरदेव : वैष्णव सेंट ऑफ असम' में सही ही लिखा है–'शंकरदेव का महत्त्व एकशरणम् के प्रचार–प्रसार द्वारा असम को नवजीवन देने की दृष्टि से तो है ही, साथ ही तत्कालीन असम को शेष भारत से उसकी सांस्कृतिक अन्तरंगता और भावात्मक एकता कायम करने में भी है। शंकरदेव के कई शती पूर्व से असम शेष भारत से प्रायः अलग–थलग होता हुआ प्रतीत हो रहा था। शंकरदेव ने सबसे बड़ा कार्य यह किया कि समस्त सांस्कृतिक सम्बन्धों को पुनरुज्जीवित और सूत्रबद्ध कर मध्यकालीन असम की संकुचित भौगोलिक दृष्टि को विस्तार प्रदान किया।"[10]

शंकरदेव ने जिस सांस्कृतिक एकात्मता को प्रतिष्ठित और प्रोत्साहित किया है, उसमें बरगीत, भाओना, अंकिया नाट के साथ–साथ सत्र और नामघरों की विशेष भूमिका रही है। भारत की सांस्कृतिक चेतना ही बरगीतों का कथ्य है। भाओना, अंकिया नाट और सत्रीय नृत्य भारत की जातीय संस्कृति को बड़ी सजीवता से प्रस्तुत करते हैं। समाज को समरस और समान बनाने में इनकी महत्त्वपूर्ण भूमिका रही है क्योंकि इसमें जाति भेद नहीं था और किसी भी जाति से सम्बन्ध रखने वाला व्यक्ति इनमें भाग ले सकता था। सत्र केवल धार्मिक गतिविधियों के ही केन्द्र नहीं थे, अपितु संगीत, कविता, नृत्य, नाट्य एवं चित्रकला को पुनर्जीवित करने वाले विशेष स्थल थे। इतना ही नहीं सत्र में लोग वस्त्राभूषण, काष्ठ वस्तुएँ एवं मुखौटे आदि भी तैयार करते थे जिनका प्रयोग विभिन्न प्रस्तुतियों में किया जाता था। इन क्रियाकलापों से मेलजोल की भावना का विकास होता है जिससे उनमें साझा विश्वास पनपता था जो राष्ट्रीयता का अनिवार्य पहलू है। इस ऐक्यभाव की बड़ी ही सजीव उपस्थिति नामघरों में भी थी जिसके बारे में डॉ. विमल फूकन अपनी पुस्तक 'श्रीमन्त शंकरदेव : वैष्णव सेंट ऑफ़ असम'

में लिखते हैं–"नामघर लोगों का प्रार्थना–घर ही नहीं था। साथ–साथ प्रार्थना करने और विभिन्न क्रियाकलापों में भाग लेने से लोगों में निकटता आई। यह एक ऐसा स्थान था जहाँ विभिन्न सामाजिक मुद्दे–जिनमें लड़ाई–झगड़े से लेकर समुदाय के विकासपरक मुद्दे तक शामिल थे–पर बहस होती थी। यहाँ समाज के विभिन्न समुदाय के लोग इकट्ठे होते थे और लोकतान्त्रिक प्रक्रिया द्वारा एक निष्कर्ष पर पहुँचते थे। कई आयामों में नामघर ग्रामीण संसद के समान थे।"[11]

शंकरदेव की इन्हीं सब भूमिकाओं और संस्थाओं आदि को ध्यान में रखते हुए महात्मा गाँधी ने कहा था–"आसाम, भाग्यशाली है कि शंकरदेव ने पाँच सौ साल पहले इसके लोगों को एक ऐसा आदर्श प्रदान किया जो मेरे रामराज्य का आदर्श है।"[12] निष्कर्ष रूप में कहा जा सकता है कि शंकरदेव का साहित्य अपने मूल रूप में मानवीय है जो न केवल भेदभावरहित समाज की रचना के लिए संकल्पित है अपितु शोषण के विविध रूपों को नकारते हुए एक नामधर्म के माध्यम से समाज को संगठित भी करता है। इनका साहित्य आदिवासियों, नारियों एवं समाज के कमज़ोर वर्गों के लिए आशा की वह किरण है जिसके सहारे वे इस संसार को पार करना चाहते हैं। सम्मान, गरिमा और समानता के साथ–साथ एक राष्ट्रभाव इनके साहित्य का उज्ज्वल पक्ष है।

सन्दर्भ

1. भक्ति आंदोलन और काव्य, गोपेश्वर सिंह, पृ. 135.
2. भक्ति आंदोलन और काव्य, गोपेश्वर सिंह, पृ. 136.
3. महाकवि शंकरदेव–विचारक एवं समाज सुधारक : डॉ. कृष्ण नारायण प्रसाद 'मागध', पृ. 6
4. One as a result of the collection of pious deeds of his crores of births gets the opportunity to get birth in Bharatha. Thus the culture of the Assamese people has become an undifferent part of the Indian culture. Shankardeva tried to establish such strong feelings of nationalism among the people of north east by assimilating them.
   Srimanta Sankardeva – Bharata Barise- (edited) Dr. Bharat Ch. Kalita, p. 85
5. "In the Namaghosa, Madhavadeva refers to the acceptance of namadharma by people of Garo, Bhota (Bhutiya), Yavana

(Muslim), miri, Asama (Ahom) and Kachori origion, who were till the time of sankaradeva outside the pole of Hinduism. In old work called Amulyaratna names together these bhaktas of Assam-Govinda, a Garo; Paramanada a Miri; Narahari, an Ahom; Jayarama, a Bhutiya; candsai a muslim and Bhattadeva a Brahmin candsai (cand khan?) was converted by sankardeva himself into the faith and he was so much respected with in the order that he is counted among the great bhaktas identified with the beads of a Assam vaisnava's rosary."

Srimanta Sankardeva – Bharata Barise- (edited) Dr. Bharat Ch. Kalita, Kaliyugabda, 2005, p. 267

6. महाकवि शंकरदेव– विचारक एवं समाज सुधारक, डॉ. कृष्ण नारायण प्रसाद 'मागध', पृ. 508
7. राजनीतिक सिद्धांत, (सं.) हरि वासुदेवन, पृ. 97
8. "Under Brahmanical structure the sudras and women were deprived of their right. Sanskrit language which was used only by the dominant section of the society like Kings, the Brahmins and other upper varnas. But Sankardeva like Ramananda of Northern India (1299-1410) adopted the medium of the language of the common people for his teaching and gave it the dignity of classical language. The Bhagavata-Purana was the mainstay of Neo-Vaishnavism. He studies the Bhagavata. Purana and rendered portions of it into simple Assamese verses, songs and dramas, so that his teaching might appeal to the common people. Thus the linguistic identity of the Assamese people was basically constructed by Sanskrite Vaishnavism."

   Srimanta Sankardeva – Bharata Barise- (edited) Dr. Bharat Ch. Kalita, p. 154
9. भारतीय साहित्य का समेकित इतिहास, डॉ. नगेन्द्र, पृ. 239.
10. डॉ. विरिचि कुमार बरूदा– शंकरदेव, वैष्णव सेंट ऑफ़ असम, प्रीफेस
11. Naamghar is, however, more than a mere congregational hall of prayer. It brings about a degree of bonding within the community through people praying together and participating in its various activities. It is a confluence where various social issues, including disputes and developmental activities affecting the community, are discussed. Here, all sections of society assemble and arrive at decisions through a democratic process. In many respects, naamghar assumes the role of a village parliament albeit without legal or judicial sanction.

Srimanta Sankaradeva. Vaishnava Saint of Asam, Dr. Bimal Phukan, p. 76

12. 'Assam, indeed, is fortunate, for shankardeva has, five centuries back, given to Assame people an ideal of which is my ideal of Ramrajya." महाकवि शंकरदेव– विचारक एवं समाज सुधारक, डॉ. कृष्ण नारायण प्रसाद 'मागध', पृ. 240

उत्तर-पूर्व भारत का रामकाव्य और उसकी प्रासंगिकता

भारत की सुदीर्घ एवं समृद्ध सांस्कृतिक परम्परा के निर्माण में रामकाव्य का विशिष्ट योगदान है, जिसकी आधारशिला आदिकवि वाल्मीकि ने 'रामायण' की रचना करके रखी थी। कहना न होगा कि आदिकवि वाल्मीकि से पूर्व भी रामकथा मिथकों व दन्तकथाओं आदि के मौखिक रूप में प्रचलित थी। लिखित रूप में इस परम्परा की शुरुआत आदिकवि वाल्मीकि कृत 'रामायण' से ही मानी जाती है। आगे चलकर रामकाव्य को लोक से सम्बद्ध करते हुए महाकवि तुलसीदास ने इसे पुनःप्रतिष्ठित किया। भारत के उत्तर–पूर्वी राज्यों में भी रामकाव्य की समृद्ध परम्परा दृष्टिगोचर होती है, यथा–माधव कन्दली कृत 'पंचकाण्ड रामायण' (असमिया रामायण), श्रीशंकरदेव कृत 'उत्तरकाण्ड', महन्त रघुनाथ कृत 'शत्रुंजय', दुर्गावर कायस्थ कृत 'गीति रामायण' व माधवदेव कृत 'आदिकाण्ड'। ये सभी रचनाकार असम के हैं। इसी तरह मणिपुर में गोस्वामी शान्तिदास ने जहाँ राम भक्ति के प्रचार–प्रसार में अपना योगदान दिया तो वहीं बांगला की 'कृत्तिवास रामायण' का भाषा अनुवाद इकोबी सिंह ने किया।

माधव कन्दली कृत 'असमिया रामायण' में मूलतः 5 काण्ड हैं। इसके अलावा शंकरदेव कृत 'उत्तरकाण्ड' एवं माधव देव कृत 'आदिकाण्ड' से मिलकर 'असमिया रामायण' पूर्णता को प्राप्त करती है। इस महाकाव्यात्मक रचना में असम का सांस्कृतिक इतिहास वर्णित है। यहाँ ग़ौर करने की बात यह है कि जिस समय उत्तर भारत मुसलमानों के आक्रमण से त्रस्त था, उनके देव मन्दिर गिराये जा रहे थे, देवताओं का अपमान हो रहा था, ठीक उसी समय असम प्रदेश में राम–काव्य की रचना माधव कन्दली द्वारा (लगभग 1400 ई. के आस–पास) की जा रही थी। बंगाल तो फिर भी पददलित हुआ लेकिन असम के दुर्गम प्रदेश में ये आक्रमणकारी बार–बार

पराभूत हुए और अन्ततः उन्हें वापस लौटना पड़ा। ऐसे में जब माधव कन्दली पंचकाण्ड रामायण की रचना कर रहे थे तब उन पर इस्लामी संस्कृति का शून्य प्रभाव दृष्टिगोचर होता है।

उल्लेखनीय है कि असमिया रामायण के रचनाकार चाहे वो माधव कन्दली हों, शंकरदेव हों या फिर माधवदेव हों, उन पर वैष्णव भक्ति का ज़बरदस्त प्रभाव दिखाई पड़ता है। समस्त रामकाव्य में शैव–शाक्त एवं वैष्णव भक्ति का अद्‌भुत समन्वय देखने को मिलता है। समन्वय की इस परम्परा में सबसे प्रतिष्ठित गोस्वामी तुलसीदास हैं।

असमिया रामायण में भी ऐसे प्रसंग बहुत जगह आये हैं– जहाँ शैव–शाक्त व वैष्णव भक्ति का समन्वय दिखाई पड़ता है। असमिया रामायण में शिव ऐसे योगिराज हैं जिनकी कुपित दृष्टि से कुसुम सायक भस्म हो जाता है। वे ऐसे आदर्श पति हैं जो सती की आत्मग्लानि से अत्यन्त दुःखी हैं, किन्तु संयम और दृढ़ प्रतिज्ञा से वे तिलभर भी विचलित नहीं होते।

भारतीय संस्कृति के मूल में समन्वय की अद्‌भुत भावना दिखाई पड़ती है। संस्कृति के अन्वेषकों के लिए इस समन्वय को देखकर अचम्भित होना कोई बड़ी बात नहीं है। समस्त रामकाव्य इस दृष्टि से भी विचारणीय है कि उसके मूल में सगुण–निर्गुण, शैव–वैष्णव–शाक्त, द्वैत–अद्वैत, विद्या और अविद्या, प्रकृति और माया, लोक और वेद आदि का समन्वय दिखाई पड़ता है। पं. हजारी प्रसाद द्विवेदी ने तो तुलसी की समन्वयता देखकर घोषणा के स्वर में कहा था कि–"भारत का लोकनायक वही हो सकता है, जो समन्वय करने का अपार धैर्य लेकर आया हो।"[1]

उल्लेखनीय है कि जिसे हम भारतीय संस्कृति कहते हैं उसके उत्स में अनेक जातियों, विचारों, मान्यताओं एवं संस्कृतियों का अद्वितीय समन्वय है। परस्पर विरोधी संस्कृतियाँ इस धरती पर आकर सनातनी हो गयी। भक्ति आन्दोलन में भी हम देखते हैं कि एक ओर शंकर से प्रेरित 'जगत् मिथ्या ब्रह्म सत्यं' मानने वाला समाज था तो दूसरी ओर रामानुजाचार्य से प्रेरित समाज भी था, जिन्होंने अद्वैतवाद में आस्था होते हुए भी उसे विशिष्ट बताया था। शंकर के निर्गुण ब्रह्मवाद के विरुद्ध रामानुजाचार्य ने ब्रह्म के स्वभाव को सगुण बताया था।

कबीर भी ईश्वर को निर्गुण की सीमा में रखना पसन्द करते हैं, जिसका पुरज़ोर विरोध महाकवि सूरदास अपने भ्रमरगीत प्रसंग–'निरगुन कौन देस

कौ बासी' में करते हैं। ये विरोध आप तुलसी के यहाँ भी देख सकते हैं, लेकिन फिर भी उनके यहाँ समन्वय की चेष्टा है– *"अगुनहिं सगुनहिं नहिं कछु भेदा। गावहिं मुनि पुरान बुध बेदा।"*[2]

रामकाव्य के प्रणेताओं के हृदय में राम का स्वरूप निर्गुण, निराकार, अनिर्वचनीय आदि नहीं रहा है। अतः वे समस्त कवि राम के सगुण रूप के उपासक हैं। लेकिन उनका निर्गुण ब्रह्म के उपासकों से कोई जातिगत एवं भावात्मक दुराव भी नहीं है। 'असमिया रामायण' के लेखक माधव कन्दली ने भी अपनी रामायण में निर्गुणत्व के लिए निरंजन, अव्यक्त, अनादि, अनन्त, वेद–विधायक, जगत नायक, योगेश्वर आदि जैसे शब्दों का प्रयोग किया है। शंकराचार्य से प्रभावित होकर उन्होंने भी जगत् को अनित्य माना है–

अथिर संसार आक जाना महाशय[3]

लेकिन शंकर से प्रभावित होते हुए भी वे रामानुज की वैचारिक भूमि पर ही मन को टटोलते हैं। उन्होंने सगुण को माया निर्मित नहीं अपितु स्वयं माया को सगुण की वंशवर्तिनी बताया है। उनका विचार है कि ब्रह्म निज योग बल से प्रकृति के गुणों– (सत्व, रजत, तमस) में ही अपने आपको सृजित करता है। सभी जीव माया के अधीन रहते हैं–

1) निज योग बले प्रकृतिर गुण तिनि।
   आपोनाते आपोनस्क स्रजाहा आपुनि।।[4]
2) मायार अधीन आमि जीव निरन्तर।
   तुमिसे केवल मात्र मायार ईश्वर।।[5]

प्रमुख भारतीय दर्शन–सांख्य, योग, वेदान्त आदि में जगत् की सत्यता स्वीकार की गयी है। शंकर एवं माध्यमिक बौद्धों के विरुद्ध महाकवि तुलसीदास जाते हैं और जगत् को रामरूप और राम का अंग बताते हुए उन्होंने जगत् की सत्यता को सिद्ध किया है–

बिस्वरूप रघुवंस मनि करहु वचन बिस्वासु।
लोक कल्पना वेद कर अंग–अंग प्रति जासु।।[6]

किसी भी रचना पर उसके 'देश' और 'काल' का प्रभाव अवश्य पड़ता है। उत्तर–पूर्व क्षेत्र में लिखित रामकथा भी इससे अछूती नहीं हो सकती। जिस समय माधव कंदली, शंकरदेव, माधवदेव, महन्त रघुनाथ, दुर्गावर

कायस्थ आदि रचना कर रहे थे, उस समय भारत में दीनता चारों और फैली हुई थी। लोग दाने–दाने को मोहताज थे। महाकवि तुलसीदास को भी 'माँग' कर खाना पड़ता है। समाज में दरिद्रता इतनी है कि–

खेती न किसान को, भिखारी को न भीख, बलि,
बनिक को बनिज, न चाकर को चाकरी।
जीविका विहीन लोग सीद्यमान सोचबस,
कहै एक एकन सौं 'कहाँ जाई का करी।[7]

अठारहवीं शताब्दी के आरम्भ में मणिपुर के शासक पामहैबो ने रामानन्द की भक्ति से प्रभावित होकर 'रामानन्दी धर्म' का व्यापक प्रचार करवाया। इसी समय मणिपुर में राम मन्दिर का निर्माण भी हुआ और बांगला भाषा की 'कृत्तिवास रामायण' का अनुवाद सामने आया। इसी से प्रेरणा लेकर इस धरती पर रामायण के 'कथा वाचन' की परम्परा का आरम्भ होता है। यह असम के कीर्तनिया शैली जैसी होती है।

अरुणाचल प्रदेश की लोहित नदी घाटी के आस–पास की 'खामती जनजाति' रामकथा के आदर्शों व मूल्यों से सर्वाधिक प्रभावित मालूम पड़ती है। हालाँकि दुर्गम पहाड़ियों पर स्थित इस प्रदेश की संस्कृति पर रामकथा का नगण्य प्रभाव है। यहाँ स्पष्ट कर देना उचित होगा कि इस प्रदेश में स्वतन्त्र रूप से किसी रामकाव्य की रचना सम्भवतः नहीं हुई है। इन सब पर रामकथा का प्रभाव असमिया रामायण एवं कृत्तिवास रामायण से ही अधिकतम पड़ा है।

मेघालय की तीन प्रमुख जनजातियाँ–गारो, खासी व जयन्तिया भी रामकथा से प्रभावित हैं। इन जनजातियों ने अपनी क्षेत्रीय बोलियों में राम–कथा का अनुवाद भी कर लिया है, जिससे वहाँ के लोग अब आसानी से इस कथा से स्वयं को जोड़ लेते हैं।

बहरहाल, उत्तर–पूर्व के रामकाव्य का अनुशीलन करने के क्रम में हमें यह देखना चाहिए कि उत्तर–पूर्व में रचित रामकाव्य का स्वरूप क्या है? स्वरूप की चर्चा इसलिए भी आवश्यक है कि प्रचलित परिपाटी के अनुसार आदिकवि वाल्मीकि कृत रामायण हो या महाकवि तुलसीदास कृत श्रीरामचरितमानस हो या जैन कवि स्वयंभू कृत पउम चरिउ हो या फिर

कृत्तिवास रामायण हो; सभी का रचनात्मक फलक इतना विस्तृत है कि उसे काव्यशास्त्रीय शैली में 'प्रबन्ध काव्य' की संज्ञा दी जाती है।

माधव कन्दली का पंचकाण्ड रामायण आदिकवि वाल्मीकि के रामायण से प्रभावित है। दोनों में सबसे बड़ी विशेषता यही है कि मूलतः दोनों में पाँच काण्ड ही थे। आगे चलकर जब यह महसूस किया जाने लगा कि उक्त रचना के आदि और अन्त पर कम लिखा गया है तब माधवदेव ने 'आदिकाण्ड' लिखकर एवं शंकरदेव ने 'उत्तरकाण्ड' लिखकर रामकथा को विस्तृत किया।

वाल्मीकि कृत 'रामायण' में कथा राम के इर्द–गिर्द ही घूमती रहती है अर्थात् उसमें मुख्य कथा के अतिरिक्त अन्य अनन्तर कथाएँ कम हैं, वहीं भाषा रामायण (असमिया, बांगला, मणिपुरी आदि) में मूल रामायण के साथ–साथ अन्य लोक प्रचलित आख्यानों का मिश्रण स्वतः हो गया है। डॉ. रामनाथ त्रिपाठी लिखते हैं–"वाल्मीकि का वर्णन महामानव का है, अतएव कथावस्तु एवं चरित्र चित्रण में महापुरुष के युगीन आदर्शों का पूर्ण चित्रण है। भाषा रामायणों में मानव चरित्र का नहीं, अपितु नारायण की माया लीलाओं का वर्णन है। अतएव बीच–बीच में चमत्कार पूर्ण कथाएँ, स्तुतियाँ, कथा का फल, भक्ति अथवा नाम का महत्त्व सिद्ध करने के लिए अनेक कथाएँ सम्मिलित की गयी हैं। ब्रह्म राम एवं उनके परिवार के अनेक जनों के दोष ढँकने के लिए भी कई कल्पित आख्यानों की उद्भावनाएँ की गयी हैं। काव्य की दृष्टि से इनका मूल्य कम है किन्तु युगीन आवश्यकता देखते हुए अधिक है। इन कथाओं को संस्कृतज्ञ–जनों की उपेक्षा कर साधारण जन के लिए प्रस्तुत किया गया है।"[8]

मणिपुरी रामायण की विषय–वस्तु की बात की जाये तो यहाँ उल्लेखनीय है कि यह रामायण बांगला भाषा के कृत्तिवास रामायण का भावानुवाद है। इस भावानुवाद का श्रेय कवि अङोम गोपी को है। हालाँकि, उनके रामायण का केवल अरण्यकाण्ड, किष्किंधाकाण्ड, सुन्दरकाण्ड, लंकाकाण्ड एवं उत्तरकांड ही उपलब्ध है। क्योंकि 1756 ई. के आँस–पास जब बर्मी राजा आलुं फाया ने मणिपुर पर आक्रमण किया एवं वहाँ अपना आधिपत्य जमाया तब उसने राजमहल की विरासत को नष्ट कर दिया। बहरहाल, कवि गोपी द्वारा भावानुवादित 'मणिपुरी रामायण' में कुछ प्रसंग ऐसे भी हैं जिन्हें कवि की मौलिक उद्भावनाएँ कहने में कोई संकोच नहीं होता। यथा–लंकाकाण्ड में जब लक्ष्मण को शक्ति का आघात होता है,

उस समय हनुमान संजीवनी बूटी लाने हिमालय की ओर प्रस्थान करते हैं और इस यात्रा में वे नोंभाजिं पर्वत पर आते हैं और उस पर्वत के एक शिलाखण्ड को उखाड़–कर ले जाते हैं। इसी क्रम में उत्तरकाण्ड में कवि ने कदली वन की मोहक सुन्दरता का वर्णन लव–कुश द्वारा अश्वमेध यज्ञ के घोड़े को पकड़कर बाँधने के प्रसंग में किया है।

मिजोरम में रामकथा लोक परम्परा के रूप में विद्यमान है। राम, लक्ष्मणादि की चर्चा लोक कथाओं में की जाती है, लेकिन स्वतन्त्र रूप से सम्भवतः यहाँ किसी रामायण की रचना नहीं हुई है। फिर भी ऐसा मानना गलत होगा कि यह क्षेत्र रामकाव्य एवं रामकथा से सर्वथा अछूता रहा है। इस संस्कृति ने रामकथा के कुछ चरित्रों का नामकरण भी अपनी सुविधानुसार कर लिया है, यथा–खेना–लक्ष्मण, हावालामन–हनुमान, ल्युसारिहा–रावण आदि। इन लोक कथाओं में भी राम एवं खेना अर्थात् लक्ष्मण को भगवान का अवतार माना जाता है।

सनातन संस्कृति को हृदय में समेटे 'त्रिपुरा' में रामकथा का मूल कृत्तिवास रामायण एवं आध्यात्मिक रामायण के आधार पर तैयार होता है। लोक कला के प्रदर्शनों में राम से जुड़े प्रसंगों का अपनी विशिष्ट सांस्कृतिक परम्परानुरूप प्रयोग किया जाता है–

" 'Ramayana Pala Kirtan'- A Ramkatha based performing art tradition comprising song, dance and drama is prevalent in Tripura. It is sung at night during winter."[9]

वाल्मीकि कृत रामायण से जिस राम साहित्य की सुदीर्घ परम्परा का आरम्भ हुआ, उसने समस्त भारतवर्ष को प्रभावित किया। शायद ही कोई क्षेत्र इस कथा से अनभिज्ञ होगा। बहरहाल, इस कथा में घटनाएँ बदली हैं, पात्रों के चरित्र में भी उतार–चढ़ाव हुआ है, शैलियाँ बदली हैं, लेकिन नायक अर्थात् राम को जिस भूमि पर आदिकवि वाल्मीकि ने प्रतिष्ठित किया एवं आगे चलकर महाकवि तुलसीदास ने राम के आदर्श रूप को जैसे जीवन्त किया, उसी कारण आज जहाँ भी रामकाव्य की चर्चा होती है, राम के मर्यादापुरुषोत्तम रूप को ही सर्वाधिक स्वीकृति मिलती है। *"भए प्रकट कृपाला दीनदयाला कौसल्या हितकारी"*[10] कह कर जहाँ तुलसीदास भगवान राम के अवतार के समय ही उनका गुणगान कर देते हैं, तो वहीं लक्ष्मण के मुख से–

"राम ब्रह्म परमारथ रूप। अबिगत अलख अनादि अनूपा।।"[11] तक कहलवाते हैं।

असमिया रामायण के राम का चरित्र भी अत्यन्त उच्च कोटि का है, हालाँकि उसमें ब्रह्मत्व के साथ–साथ उनका निज स्वभाव जनसामान्य सदृश भी दिखाई पड़ता है। फिर भी "असमिया रामायण में जहाँ एक ओर राम के महामानवत्व का चित्रण है, वहीं उनके ब्रह्मत्व का भी। किन्तु असमिया के राम अपने ब्रह्मत्व को सदैव याद नहीं रखते। राम से सम्बन्धित पात्र भी राम के ब्रह्मत्व को सदैव ढोते हुए नहीं घूमते। गोस्वामी जी ने राम के ब्रह्मत्व के नाते ही राम के अतिरिक्त अन्य पात्रों में भी मर्यादा और शील का समावेश किया है। असमिया के पात्रों में तेज अधिक है।"[12]

असमिया रामायण में जहाँ एक ओर राम विनय एवं शील का आदर्श प्रस्तुत करते हैं, वहीं लक्ष्मण, राम के स्वभाव के बिल्कुल विपरीत दिखाई पड़ते हैं वे राम के प्रति श्रद्धावान होते हुए भी राम के पौरुष पर सन्देह करते हैं–

पौरुष एरिया दैव करिलाहा सार।
नपुंसक वृत्ति सब भैगैल तोमार।।[13]

ये वही राम हैं जो तुलसी के आराध्य हैं, जिनको तुलसी ने अधर्म के नाश, पापियों के संहार एवं आदर्श समाज के व्यवस्थापक के रूप में पहचाना था। असमिया रामायण में भी राम को वही स्थान प्राप्त है, वे आराध्य हैं–

परम ईश्वर राम सीता जगन्माव।
देखाइलन्त विषयी जनर इटो भाव।।[14]

राम–रावण युद्ध में जब लक्ष्मण मुर्च्छित होते हैं तब तुलसी नारी क्षति को कोई विशेष क्षति न मानते हुए लिखते हैं–

जैंहो अवध कवन मुँह लाई। नारि हेतु प्रिय भाई गँवाई।।
बरु अपजसु सहतेउँ जग माहीं। नारि हानि विसेष छतिनाही।।[15]

लेकिन असमिया के राम लक्ष्मण एवं सीता वियोग दोनों दुःखों को एक जैसा मानते हैं उनके यहाँ भाई एवं अपनी पत्नी को लेकर कोई असमानता नहीं है। सीता वियोग के बाद लक्ष्मण की मूर्च्छा इस दुःख को दोगुना कर देती है–

सीतार शोकत केन पराण नगैल। लक्ष्मणर शोक तातो शत–गुण थैल।।[16]

समस्त रामकाव्य में 'भ्रातृ भक्ति' का उच्चतम आदर्श एवं प्रतिमान प्रस्तुत करने वाले राम के प्राणों से भी प्रिय भरत, जिनके विषय में तुलसी को भी कहना पड़ता है–

बिस्व भरन पोषन कर जोई। ताकर नाम भरत अस होई।।[17]

भरत के समान भाई मिलना इस संसार में सचमुच दुर्लभ है। वे कैकेयी के छल–प्रपंच पर नाराज़ होते हैं। असमिया रामायण के भरत अपनी माँ कैकेयी के स्वभाव पर क्रुद्ध होकर दूतों से उनका हाल पूछते हैं–

बापर सुभगा, कलहतप्रिय, प्रचण्ड यार स्वभाव।
स्वामी सेवा करि, भाले कि आछन्त आमार कैकयी माव।।[18]

रामकाव्य परम्परा में 'सीता' को जगत् जननी माना जाता है। वे पतिव्रता एवं कुलवधु के संस्कार का अद्‌भुत उदाहरण प्रस्तुत करती हैं। उनके मन में राम के प्रति अगाध प्रेम एवं आदर है। राम को वे इतना पूज्य मानती हैं कि जहाँ राम के चरण चिह्न हैं उन पर वे पैर भी नहीं रखतीं–

प्रभु पद रेख बीच बिच सीता। धरति चरन मग चलति सभीता।।[19]

लेकिन असमिया की सीता पतिव्रता एवं कुलवधू होते हुए भी तेजस्विनी हैं। हम उनका उग्र रूप असमिया रामायण में ही देख पाते हैं, यथा–

1. जब राम उन्हें अपने साथ वन नहीं ले जाना चाहते।
2. अग्नि परीक्षा के समय।

लेकिन मिजोरम रामायण की सीता थोड़ी अलग दिखाई पड़ती हैं। वे राम के आग्रह पर रावण की मूर्ति बनाती हैं। आगे चलकर उन्हें अपनी शुद्धता का प्रमाण देना पड़ता है–

"Sita creates a stature of Lusariha (Ravana) at Rama's Insistence. The statue comes of life causing Rama's Suspicion about Sita' Chastity which leads to sita's exile."[20]

साहित्य अपने समाज एवं परिवेश से जुड़ा होता है। अतएव उस पर अपने समय एवं परिवेश का सीधा प्रभाव पड़ता है। इस दृष्टि से देखें तो चाहे वह वाल्मीकि कृत रामायण हो, जैन कवि स्वयंभू कृत पउम चरिउ हो या महाकवि तुलसी कृत श्रीरामचरितमानस हो, परिवेश और समय के अन्तराल के कारण उनके वस्तु एवं शिल्प में भी अन्तर दिखाई पड़ता है।

उत्तर पूर्व भारत में रचित एवं लोककथाओं के रूप में प्रचलित रामकथा में भी कुछ–न–कुछ अन्तर अवश्य दिखाई पड़ता है। लेकिन यह भी सत्य है कि किसी भी रामकाव्य में राम की धीरोदात्त नायक की छवि के अलावा अन्य कोई छवि कहीं नहीं दिखाई पड़ती। 'रामकथा सुन्दर करतारी' कह कर तुलसी ने स्पष्ट शब्दों में रामकथा की मार्मिकता को उजागर किया है। इस कथा की महिमा इतनी व्यापक है कि मानव संसार से संशय रूपी पक्षी स्वतः मन से दूर भाग जाता है। यह रामकथा की सारग्राह्यता ही है कि इसके अनुशीलन मात्र से पाठक को उस युग के समस्त सांस्कृतिक, सामाजिक, राजनीतिक एवं आर्थिक इतिहास का बोध हो जाता है। उत्तर पूर्व भारत को शुद्ध वैष्णव भक्ति का संस्कार देने एवं उसमें भारत की सनातन संस्कृति के प्रति श्रद्धा भाव जगाने में इन रामायणों का अद्वितीय योगदान है।

भारत में राम को लेकर लगभग सभी समाजों ने लिखा है। दरअसल, राम भारतीय समाज व्यवस्था में एक आदर्श व्यक्ति और सामाजिक मूल्यों को स्थापित करने वाले आदर्श के रूप में जाने जाते हैं। ज़ाहिर है ये मूल्य किसी एक समाज का नहीं, बल्कि सभी समाजों का ऐसा आदर्श होता है जिसे प्राप्त करने के लिए उस समाज के लोग निरन्तर संघर्ष करते दिखाई पड़ते हैं। यही कारण है कि भारत में लगभग प्रत्येक समाज के लोगों ने राम को लेकर काव्य या साहित्य का सृजन किया है जो उस समाज के नैतिक मानदण्डों, मूल्यों और सामाजिक व्यवस्था को कमोबेश उजागर करता है। चूँकि राम जिन मूल्यों के वाहक हैं, वे किसी एक काल या समय के समाज को वांछनीय नहीं हैं बल्कि सार्वभौमिक हैं। इसलिए राम और रामकाव्य की प्रासंगिकता प्रत्येक समाज में बनी रहेगी।

भारतीय समाज में रामकाव्य के माध्यम से एक आदर्श समाज व्यवस्था जिसे 'रामराज्य' कहते हैं, स्थापित करने का प्रयास दिखाई पड़ता है। आदर्श समाज व्यवस्था का स्पष्ट मतलब है कि जहाँ व्यक्ति का चरित्र विकास श्रेष्ठ हो, व्यापक मानवीय सम्बन्ध हों, परिवारिक संरचना में श्रेष्ठ मूल्यों का विकास हो, जहाँ समानता, सहिष्णुता और बन्धुता के मूल्यों को तरजीह दी जाती हो, जहाँ परिवार में पति–पत्नी, भाई, माता–पिता, त्याग और धैर्य के लिए जाने जाते हों। इसके साथ ही सिर्फ़ मानव ही नहीं बल्कि मानवेतर सम्बन्ध भी प्रभावी हों। उत्तर–पूर्व का रामकाव्य भी कमोबेश इन्हीं मूल्यों को रामकथा के माध्यम से अभिव्यक्त करता है। लगभग इन सभी में

राम को एक श्रेष्ठ व्यक्ति के रूप में दिखाया गया है जहाँ राम एक आदर्श पुत्र, आदर्श पति, आदर्श भाई, आदर्श राजा, अर्थात् मर्यादा पुरुषोत्तम के रूप में दिखाई पड़ते हैं। असमिया रामायण के चरित्र–चित्रण में राम का यही स्वरूप दृष्टिगोचर होता है। जहाँ राम को एक भगवान के रूप में नहीं, बल्कि एक श्रेष्ठ व्यक्ति के रूप में वर्णित किया गया है। यहाँ राम त्याग, विनम्रता और धैर्यशीलता के प्रतिमान प्रस्तुत करते हैं। डॉ. नगेन्द्र ने असमिया रामकाव्य की इसी विशेषता को उजागर करते हुए लिखा है "असमिया के राम अपने ब्रह्मत्व को सदैव याद नहीं रखते। राम से सम्बन्धित पात्र भी राम के ब्रह्मत्व को सदैव ढोते हुए नहीं घूमते। गोस्वामी जी ने राम के ब्रह्मत्व के नाते ही राम के अतिरिक्त अन्य पात्रों में भी मर्यादा और शील का समावेश किया है, असमिया के पात्रों में तेज अधिक है।"[21]

स्पष्ट है कि आधुनिक समाज में मानववाद और मानवतावादी मूल्यों का विकास हुआ है। इससे व्यक्ति को मान्यता मिली है। इसीलिए आधुनिक साहित्य में राम भगवान न होकर एक व्यक्ति और उसकी कमज़ोरियों से युक्त हैं। इससे राम सामाजिक यथार्थ को गहरे स्तर पर अभिव्यक्त कर पाते हैं। एक आधुनिक व्यक्ति के रूप में राम व्यक्ति के उन तमाम गुणों व अवगुणों को आदर्श सामाजिक व्यवस्था के बअक्स ज़्यादा बेहतर तरीक़े से प्रस्तुत कर पाते हैं। इसलिए राम आज ज़्यादा प्रासंगिक हो जाते हैं। क्योंकि वे सामान्य व्यक्ति को प्रस्तुत करते हैं। उत्तर–पूर्व भारत के रामकाव्यों में राम का चित्रण भगवान के बजाय मनुष्य के रूप में ज़्यादा हुआ है। इसलिए वह रामकाव्य आज ज़्यादा प्रासंगिक है। आज समाज में भ्रष्टाचार, व्यक्ति का नैतिक पतन, पारिवारिक विवाद, स्वार्थपरता, लोभ जैसे मूल्यों के कारण राष्ट्र के विकास पर प्रतिकूल प्रभाव पड़ रहा है। ऐसे में रामकाव्यों से राम के चरित्र का उदाहरण प्रस्तुत करते हुए एक बेहतर समाज का निर्माण किया जा सकता है।

साहित्य और समाज में अन्योन्याश्रित सम्बन्ध होता है। समाज बदलने के साथ–साथ साहित्य बदल जाता है और साहित्य के माध्यम से सामाजिक बदलाव भी सम्भव है। मध्यकाल में जिन रचनाकारों ने रामकाव्य लिखा उसमें स्त्री–पुरुष के मध्य समानता का भाव नहीं दिखाई पड़ता है। किन्तु आज़ादी के बाद भारतीय संविधान में स्त्री–पुरुष को समान सामाजिक और राजनीतिक अधिकार दिये जाने के बाद समाज में महिलाओं की स्थिति में काफ़ी सुधार हुआ है और उन्हें पुरुषों के समान अधिकार दिये जाने लगे हैं।

स्त्रीवादी आन्दोलनों ने महिलाओं की सामाजिक और राजनीतिक स्थिति को और सशक्त किया है।

उपर्युक्त बातों के अलावा साहित्य को देखने समझने और व्याख्यायित करने में तत्कालीन सामाजिक व्यवस्था की भी अहम भूमिका होती है। यदि किसी समाज में महिलाओं की स्थिति बेहतर हो अर्थात् मातृसत्तात्मक समाज हो तो स्त्री–पुरुषों के सम्बन्ध में समानता का भाव उसी समय के अन्य समाजों की तुलना में बेहतर हो सकता है। उत्तर–पूर्व भारत की सामाजिक व्यवस्था में महिलाओं की स्थिति उत्तर भारत में महिलाओं की स्थिति से कहीं बेहतर है क्योंकि उत्तर–पूर्व भारत में मातृसत्तात्मक समाज भी हैं अर्थात् महिला परिवार की मुखिया हैं। स्त्री–पुरुष सम्बन्धों को लेकर समानता का यह भाव उत्तर भारत के रामकाव्यों और उत्तर–पूर्व भारत के रामकाव्यों में स्पष्ट तौर पर उजागर होता है। उत्तर भारत में जहाँ रावण द्वारा सीता का हरण कर लिए जाने पर राम को उतना दुःख नहीं होता है जितना लक्ष्मण के मूर्च्छित होने पर क्योंकि यहाँ 'नारि हानि विसेष छतिनाही' की मान्यता है। जबकि उत्तर–पूर्व भारत के रामकाव्यों में राम, लक्ष्मण, सीता अर्थात् स्त्री–पुरुष के दुःखों को समान माना गया है।

स्त्री–पुरुष सम्बन्धों का यह प्रभाव अन्य सन्दर्भों में भी देखा जा सकता है जैसे–उत्तर भारत के रामकाव्य में सीता को पतिव्रता के साथ–साथ त्याग और बलिदान की मूर्ति माना गया है। जबकि उत्तर–पूर्व रामकाव्यों में सीता पतिव्रता के साथ 'तेजस्विनी' भी हैं। अर्थात् ज़रूरत पड़ने पर वह अपने अधिकारों और अपनी बात को भी रखती हैं।

आज भारतीय सामाजिक व्यवस्था में स्त्री–पुरुषों को समान महत्त्व दिया जा रहा है। समाज में महिलाओं की स्थिति बेहतर बनाने के लिए हमारी संसद ने महिलाओं के अधिकारों को सुनिश्चित करने के लिए विभिन्न क़ानून बनाये हैं और हमारी सरकार विभिन्न सरकारी योजनाओं के माध्यम से महिलाओं को और सशक्त बना रही है। ऐसे में उत्तर–पूर्व रामकाव्यों में अभिव्यक्त महिला–पुरुष समान सम्बन्धों का उदाहरण प्रस्तुत करते हुए समाज को प्रेरित किया जा सकता है और इसी सन्दर्भ में उत्तर–पूर्व रामकाव्य आज भी प्रासंगिक दिखाई पड़ता है।

उत्तर–पूर्व भारत प्राकृतिक और पर्यावरणीय दृष्टि से काफ़ी समृद्ध है यही कारण है कि आज भारत सरकार उत्तर–पूर्व क्षेत्र में पर्यटन को बढ़ावा दे रही है। उत्तर–पूर्व भारत की पर्यावरणीय समृद्धि के कारण ही यहाँ

के रामकाव्य में प्रकृति के प्रति लगाव का तत्त्व ज़्यादा है। उत्तर–पूर्व की लोककथाओं में राम को जंगल में रहने वाले व्यक्ति के रूप में अधिकतर चित्रित किया गया है। उत्तर–पूर्व की सामाजिक व्यवस्था में वहाँ के लोग प्रकृति से गहरे स्तर पर जुड़े हुए हैं। इसीलिए वहाँ के रामकाव्यों में प्रकृति–चित्रण ज़्यादा है। आज हमारे समाज में पर्यावरणीय संरक्षण की दृष्टि से समावेशी और धारणीय विकास पर बल दिया जा रहा है। मनुष्य अपनी मूलभूत आवश्यकताओं की पूर्ति के लिए पर्यावरण का दोहन करे, न कि अपने लालच की पूर्ति करे। अतः आज हमारे समाज में पर्यावरणीय नैतिकता का भाव विकसित करने वाले मूल्यों की आवश्यकता है। इस दृष्टि से उत्तर–पूर्व का रामकाव्य प्रकृति के साहचर्य में जीवन–यापन करने का उदाहरण प्रस्तुत करता है। अतः पर्यावरणीय मूल्यों की स्थापना की दृष्टि से भी उत्तर–पूर्व का रामकाव्य आज ज़्यादा प्रासंगिक है।

आज मनुष्य के अन्दर उच्च नैतिक मूल्यों के विकास की आवश्यकता हो, बेहतर सामाजिक और पारिवारिक सम्बन्ध की आवश्यकता हो, अथवा पर्यावरणीय हितों को ध्यान में रखते हुए समावेशी विकास की आवश्यकता हो, उत्तर–पूर्व का रामकाव्य अत्यन्त प्रासंगिक है।

सन्दर्भ

1. त्रिपाठी, रामनाथ, रामचरितमानस और पूर्वांचलीय रामकाव्य, दिल्ली, आदर्श प्रकाशन, प्रथम संस्करण–1972, पृ. 263
2. श्रीरामचरितमानस, 1/22/1
3. असमिया रामायण, छं. 6389
4. वही, छं. 580
5. वही, छं. 580
6. श्रीरामचरितमानस, 6/14
7. कवितावली
8. त्रिपाठी, रामनाथ, रामचरितमानस और पूर्वांचलीय, रामायण, दिल्ली, आदर्श साहित्य प्रकाशन, प्रथम संस्करण–1972, पृ. 263
9. Tripuri Ramayana, Ramayan in North East India, Jagadish Gen Chaudhari, p. 68
10. श्रीरामचरितमानस, 1/191/1
11. वही, 2/92/4